Nicolas Nabokov:
Zwei rechte Schuhe im Gepäck
Erinnerungen eines russischen
Weltbürgers

Deutsch von
Claus H. Henneberg und Hellmut Jaesrich

W0049695

Deutscher
Taschenbuch
Verlag

Für Dominique

Im Text ungekürzte Ausgabe
Dezember 1979
Deutscher Taschenbuch Verlag GmbH & Co. KG,
München
Lizenzausgabe mit freundlicher Genehmigung des
R. Piper & Co. Verlags, München
© 1975 Nicolas Nabokov
Titel der amerikanischen Originalausgabe:
›Bagazh: Reminiscences of a Russian Cosmopolitan‹
(Atheneum Publishers, New York)
© 1975 der deutschsprachigen Ausgabe: R. Piper & Co.
Verlag, München · ISBN 3-492-02133-6
Umschlaggestaltung: Celestino Piatti
Umschlagbild: Nicolas Nabokov bei den Proben zur
Uraufführung von ›Love's Labour's Lost‹ im Theatre
Royal de la Monnaie, Brüssel 1973, mit Lou Ann Wyckoff
und Patricia Johnson (Ullstein)
Gesamtherstellung: C. H. Beck'sche Buchdruckerei,
Nördlingen
Printed in Germany · ISBN 3-423-01500-4

Das Buch

Nicolas Nabokovs Lebensbericht beginnt und endet in Rußland. Dazwischen liegt ein Kaleidoskop von Begebenheiten und Begegnungen, so daß Nabokov selbst sagt: »Dies sind eigentlich keine Memoiren, sondern eher das Buch eines Geschichtenerzählers.« Als Sohn einer großbürgerlichen Familie 1903 in der Nähe von Minsk geboren, verbringt er eine glückliche Kindheit im zaristischen Rußland. Kutschfahrten, Schlittenreisen, Spiele, Feste und erste musikalische Versuche, all das findet mit dem Ausbruch der Revolution ein jähes Ende. Als Emigrant lernt der junge Musikstudent in Berlin und Paris die Prominenz der zwanziger Jahre kennen: Graf Kessler, Helene von Nostitz, Jessenin, Prokofjew und viele andere. Er besucht Rilke in Weimar, schließt lebenslange Freundschaft mit Strawinsky und schreibt sein erstes Ballettoratorium für Diaghilew. Die Wirren der Zeit verschlagen ihn nach Amerika, er komponiert und arbeitet als Dozent für Musik. Nach dem Krieg entstehen seine großen Werke: die Rasputin-Oper, das Ballett ›Don Quixote‹ und die Shakespeare-Oper ›Love's Labour's Lost‹. 1961 kommt er auf Einladung von Willy Brandt nach Berlin und leitet von 1964 bis 1966 die Berliner Festwochen. »Nicolas Nabokov hat also etwas zu erzählen, und seine Erinnerungen belegen, daß er auch erzählen kann – ganz unliterarisch, aber mit dem Talent des guten Gesellschafters, der seine Geschichten auskramt. Jedes Kapitel ist eine abendfüllende Anekdotensammlung.« (Deutsche Zeitung)

Der Autor

Nicolas Nabokov, geboren 1903 in Rußland, lebte seit 1933 in Amerika, komponierte 2 Opern, Ballettmusik und Orchesterwerke. Er starb im April 1978 in New York.

Inhalt

Vorwort 7

Bagásch 11
Ende einer langen Eisenbahnreise 15
Pokrowskoje 19
Ursprünge der Familie 21
Koló 23
Das Kinderhaus 29
Heimkehr 33
Unser Leben in Pokrowskoje 35
Eine Winterreise 41
Alltag und Vergnügungen in Lubcza 43
Das offene Fenster 51
Weihnachten 56
Wetterleuchten 65
Gen Süden 68
Omama Falz-Fein 72
Preobrashenka 76
Frühlingserwachen 82
Askania Nova 88
Onkel Friedrichs Arche Noah 92
Der Herrscher von Askania Nova 94
Musikalische Kinderkrankheiten in St. Petersburg 98
Die Brüder Diaghilew 105
Mütterchen Rußland will sich verändern 110
Wladimir Rebikow 121
Die Nabokovs 122
Berliner Borschtsch 138
Rilke in Weimar 142
Rodins Grab 153
Sergej Diaghilew 161
Nach Monte Carlo 170
Srg Srgwtsch Prkfw 184
Erste Begegnung mit Igor Strawinsky 201
Chez Prunier 206
›Apollon‹ und ›Psalmen-Sinfonie‹ 211
Amerika, du Land der Freuden 218
Im Dschungel 222
Nach Aurora 234

Provinzmusik 238
Viel Lärm um Oedipus 248
Bilder der Erinnerung 250
Abschied vom hohen Norden 260
Ein amerikanischer Diplomat 266
Das College der Hundert Großen Bücher ... 268
W. H. Auden 272
Musik unter den Generälen 279
Die Waldorf-Astoria-Konferenz 295
Der Kongreß für kulturelle Freiheit 303
Mein Rasputin 311
›Love's Labour's Lost‹ 317
Strawinsky in Hollywood 326
Über die Mauer 354
Nach Moskau 361
Brief an einen freundlichen Botschafter ... 379

Personenregister 384

Vorwort

Dies sind eigentlich keine Memoiren, sondern eher das Buch eines Geschichtenerzählers, eines Geschichtenerfinders. Wenn der Leser die Geduld aufbringt, die ersten vier oder fünf Kapitel über die Kindheit zu lesen, wird er begreifen, was ich mit dieser Warnung meine. Seit dem Alter von fünf Jahren bin ich ein leidenschaftlicher Geschichtenerzähler gewesen, und in einigen meiner Erfindungen habe ich geradezu eine prophetische Gabe entwickelt.

Außerdem beschäftigen sich nicht alle Geschichten, die ich in diesem Buch erzähle, mit mir selbst. Ich stecke zwar immer irgendwie dahinter, doch beziehen sich die in diesem Buch enthaltenen Berichte in erster Linie auf das Leben um mich herum, auf die Menschen, die mir begegnet sind, auf alles, was sich während meines unruhigen, weit umherschweifenden Lebens überhaupt ereignet hat. So habe ich zum Beispiel gar nicht erst versucht, meinen Lesern den vollständigen Katalog meiner mehrfach erneuerten Erfahrungen mit der Ehe und ihrer Kehrseite, dem Geschieden-Werden, aufzudrängen. Auch manche anderen Privatangelegenheiten habe ich nicht komplett behandelt. Diese Dinge betreffen nur mich und können unmöglich eine breitere Öffentlichkeit interessieren, deshalb gehören sie nicht hierher.

Ich bin zwar von Beruf Komponist, aber dies ist kein Komponisten-Buch. Ich habe neben der Musik an vielen Dingen Interesse gefunden und mich damit beschäftigt – was auch immer dabei herausgekommen sein mag.

Im allgemeinen habe ich beim Erzählen die chronologische Reihenfolge eingehalten, außer wenn ich versucht habe, das Porträt eines Menschen zu zeichnen oder die Entstehungsgeschichte eines Balletts oder einer Oper wiederzugeben. In einem solchen Fall hat dann das betreffende Kapitel seine eigene Chronologie bekommen.

In gewisser Hinsicht handelt mein ganzes Buch von der Erinnerung: von der Fähigkeit sich zu erinnern, ihren besonderen Leistungen und ihrem Versagen.

Ich habe niemals ein Tagebuch geführt und nie irgendwelche Notizen gemacht; ich vernichte gewöhnlich den größten Teil meiner Privatkorrespondenz und besitze so gut wie kein Archiv. Beim Schreiben dieses Buches habe ich auch niemanden befragt, am wenigsten das Gedächtnis meiner Verwandten, die sich zuallererst, wie ich wohl weiß, wie die Geier auf das von mir Erinnerte gestürzt haben würden, um es zu zerfetzen. Höchstens habe ich hin und wieder in einer Enzyklopädie nachgeschlagen, um ein Datum oder die Schreibweise eines Namens zu überprüfen.

Alles übrige, den eigentlichen Stoff, habe ich aus meinem eigenen Gedächtnis geschöpft. Ich habe auszuprobieren versucht, wie genau es ist, ob es imstande ist, das Aufbewahrte weder zu verzerren noch zu verschönern. Dabei habe ich mich immer bemüht, als ehrlicher Makler meines Gedächtnisses zu handeln. Wenn ich zum Beispiel ganze Dialoge um ein genau erinnertes Zitat herum neu erfinden mußte, war ich immer bestrebt, mich so nah wie möglich an das Erinnerte zu halten. Natürlich kann ich nicht dafür garantieren, daß in Gesprächen, die vor langer Zeit stattgefunden haben, genau jene Worte und Sätze gefallen sind, wohl aber dafür, daß ihr Sinn, ihr Gehalt genau dem entspricht, was mein Gedächtnis aufbewahrt hat. Ich ziehe als Geschichtenerzähler nun einmal die Dialogform der indirekten Rede vor.

In diesem Buch gibt es viele Zeitsprünge und Auslassungen. Es war unmöglich, in einem einzigen Band alles zu erzählen, woran ich mich erinnere und woran ein allgemeines Interesse bestehen könnte. Vielleicht werde ich irgendwann einmal in der Lage sein, einige dieser Lücken auszufüllen.

Für mich selbst ist dieses Buch noch etwas ganz anderes als die Summe der Geschichten, die es erzählt. Es ist ein Buch über die Freundschaft und über Freunde. Mein ganzes Leben ist ein *hortus deliciorum* der Freundschaft gewesen. Wenn ich zurückblicke, so ist mein Glaube an die Freundschaft größer als der an irgend etwas sonst. Mir war das ungeheure Glück beschieden, mein ganzes Leben hindurch immer eine Fülle von köstlichen, treuen und aufopferbereiten Freunden zu besitzen. So ist dies Buch zu einem Zeugnis meiner eigenen treuen Zuneigung für einige, wenn auch leider keineswegs für alle unter ihnen geworden.

Im übrigen verdanke ich dies Buch der Freundschaft, der Hilfsbereitschaft und dem Zuspruch so vieler aufopfernder Menschen, daß ich sie unmöglich alle aufzählen kann. Einige, wie meine Frau und meine Verleger, haben mich in den sich lang hinziehenden Jahren seiner Entstehung mit Rat und Tat unterstützt und voller Geduld die Geburtswehen mit mir ertragen. Andere, wie Elizabeth Hardwicke und Saul Bellow, waren mir durch das Gegenlesen des Manuskripts, durch nützliche Winke und ihre freimütig geäußerte Kritik behilflich. Wieder andere haben mich durch ihre Gastfreundschaft instand gesetzt, das Buch zu Ende zu schreiben. Ihnen allen sei an dieser Stelle mein aufrichtiger Dank gesagt.

Eine letzte Warnung: Ich behaupte keineswegs, ein Schriftsteller zu sein. Ich habe mein Bestes zu geben versucht und kann nur hoffen, wenigstens teilweise mein Ziel erreicht zu haben. Dies Ziel war und ist, wie Ariel so schön sagt, *to please* – zu gefallen, nicht mehr, nicht weniger – aber vielleicht doch ein kleines bißchen.

Eydtkuhnen war die deutsche Grenzstation auf der Bahnstrecke von Berlin nach Nordwestrußland und St. Petersburg. Ihr russisches Gegenstück hieß Wirballen oder Werjbolowo. Hier endeten die schmalen Schienenstränge der westlichen Eisenbahn, dort begannen die breiteren der russischen. Zwischen den beiden Orten lag für die Reisenden ein Inferno. Doppelte Paßkontrolle, der deutsche und der russische Zoll, schreiende Kinder, die ihre Eltern verloren hatten, Horden der verschiedensten Nationalitäten und Klassen, vor allem aber majestätische Gebirge von vermengtem und verschiedenartigem Gepäck, das umgeladen werden mußte.

Dieses Inferno passierten in Richtung Rußland an einem frühen Junimorgen im Jahre 1908 die drei Nabokov-Kinder, in Begleitung der gequälten Tante Karolina und einiger melancholischer Mitglieder des ausländischen Kinderpersonals.

Müde und schmutzig, aber voller Vorfreude, verließen die Kinder die engen Abteile und Gänge des rußbedeckten *wagonlits* und brachen beim Anblick der breiteren und geräumigeren Abteile der ersten und zweiten Klasse – angesichts des *wagonmikst* der kaiserlich-russischen Eisenbahn in Begeisterungsschreie aus.

Während Tante Karolina und das Kinderpersonal das Gepäck durchsahen und zählten, inspizierten Onja und Mitja die Korridore und Abteile, die WCs und den Samowar im Schlafraum der Schaffner, die Kupferlaternen mit ihren heruntergebrannten Kerzen und die verschiedenen Möglichkeiten, Fenster und Türen zu öffnen und zu schließen.

Ich saß verloren auf einem Fensterplatz zweiter Klasse und wartete darauf, daß der Zug wieder anfahren würde. Meine Träumerei berührte weder das Umsteigen noch den Fortschritt an Bequemlichkeit, und eigentlich bewegte mich nicht einmal der Wechsel von der deutschen Welt in die unbekannte Weite Rußlands. Ich war fünfeinhalb Jahre alt und kehrte zum erstenmal in meine Heimat zurück, die wir 1905, kurz vor der Scheidung meiner Mutter, verlassen hatten. Meine große Entdeckung des Tages, die mich in Erstaunen versetzte, war das Wort *bagásch*. Nicht »Gepäck«, sondern *bagásch*, ein russischer Terminus französischen Ursprungs, der eine viel größere Kollektion von Möglichkeiten umfaßte als sein Äquivalent in westlichen Idiomen.

Mit anderen Worten: In Werjbolowo begann für mich Rußland und mit Rußland *bagásch,* und von diesem Zeitpunkt an
wurde *bagásch* die ständige und zuverlässigste Begleitung meines langen Wanderlebens.

Wenn ich mir meine Kindheit in Erinnerung rufe, höre ich
Sätze wie: »*Faites vos bagages?*« – »*Qui a oublié ses bagages?*«
oder »*On a perdu les bagages! ...*« Und dann sehe ich *bagásch*
in Hotelhallen, Eisenbahnwaggons, auf Landauern, Dormeusen
und Autos oder auf riesigen Karren persenningbedeckte Berge
bilden, die uns in den Jahren zwischen 1908 und 1917 durch die
Steppen Südrußlands folgten.

Unter den verschiedenen Arten der *bagásch,* die in den Tagen
meiner Kindheit in Rußland üblich waren, gab es hauptsächlich
und am häufigsten das *porte-plaid* der höheren Stände (auf russisch *porte-pljed),* mutmaßlich ein Produkt des viktorianischen
England, und den aus Rußland stammenden *baoul* (ein ursprünglich türkisches Wort, das Bündel bedeutet) der mittleren
und unteren Stände.

Aber die Lebensspanne beider Spezies war kurz. Während
des Zweiten Weltkrieges begegnete man einem Mischgebilde
auf Militärflughäfen. Es wurde überwiegend von prall in ihrer
Pelle sitzenden amerikanischen Colonels getragen, war aber
nun von einem eleganten Gepäckstück zu einem khakifarbenen
Würstchen heruntergekommen. Bald nach Kriegsende wurde
das degenerierte *porte-pljed* von dem standardisierten und deka-
tierten schottischen Plaidgepäck der Züchter aus der New Yorker
Madison und Fifth Avenue verdrängt.

Im Sowjetstaat soll der *chemodán* (ein tatarisches Wort, das
Reisekiste bedeutet), der in meiner Kindheit zur Apanage der
höheren und mittleren Stände gehörte und dessen Außenhaut
vom Kalbsleder bis zum Fiber reicht, den *baoul* völlig verdrängt
haben.

Dem *porte-pljed* und dem *baoul* standen zahlenmäßig die
weißen und braunen Weidenkörbe am nächsten. Diese werden
heute noch in jeder Größe und Form gezüchtet. Da gab es den
kleinen, langen und flachen, der mit einer Stange verschlossen
wurde, die gewöhnlich verlorenging. Er diente dazu, das Essen
für die Reisenden aufzubewahren: kaltes Huhn, hartgekochte
Eier und Obst. Dann gab es den Korb mittlerer Größe, häufig
in ein Tuch verpackt und eingenäht, der von Leuten benutzt
wurde, die sich keinen Koffer leisten konnten und in einem
oder zwei solcher Körbe ihre ganze Habe von einem Wohnort

zum anderen schleppten. Schließlich gab es den riesigen, tiefen, mit einem Eisenband und einem großen schwarzen Schloß versehenen Korb, der für Wäsche und Schuhe benutzt wurde.

Die aufnahmefähigste und häufigste Sorte von schwerem Gepäck in unserem Haushalt war der *kofr* (ein deutsches Fremdwort). Jedes Mitglied der Familie hatte seinen *kofr*. Die Bezeichnung klang wie ein Anagramm aus dem Mädchennamen meiner Großmutter Nabokov: Korff, was ihr das Ansehen baltisch-bürgerlicher Würde gab. Es gab ihn sowohl aus Metall wie aus Fiber, und er ist jetzt, soviel ich weiß, auf der ganzen Welt verbreitet. In meiner Kindheit aber war er selbst noch im primitiven Krabbelalter. Er besaß noch nicht die Fähigkeit, aufrecht zu stehen, und lag infolgedessen flach auf dem Boden. »Aufrechte *kofrs*« oder Kabinenkoffer waren in Rußland unbekannt. Nur Gerüchte über sie, als einer Art höchst schätzenswerter Bequemlichkeit, wurden verbreitet, zum Beispiel von unserem Fräulein Abzieher, die den Atlantischen Ozean überquert und das Märchenland der Millionäre besucht hatte, womit der »aufrechte *kofr*« zu einem Traumgegenstand meiner Kindheit, einem überwältigenden Symbol für Luxus, Reichtum und technischen Fortschritt wurde.

Gegen Ende meines ersten Besuches in Amerika kaufte ich mir selbst ein solches Gepäckstück für reisende Millionäre in einem Niedrigpreis-Laden auf der Sixth Avenue. Es war blank und glänzte, hatte überall Griffe und Schubladen und ein riesiges Sicherheitsschloß aus Metall. Ich kam mir, als ich mit ihm aus dem Zug in Paris ausstieg, sehr bedeutend vor, und bald ging das Gerücht um, N. N. wäre *couvert de dollars* aus Amerika zurückgekehrt. Doch ach, der »aufrechte *kofr*« hielt nicht lange. Er fiel schon nach seiner zweiten Atlantiküberquerung auseinander und beendete sein Leben auf einem Abfallhaufen, wie damals sehr viele Illusionen über das Märchenland der Millionäre.

Zwei weitere Arten von *bagásch* sollen noch erwähnt werden: die Hutschachteln und das Necessaire.

Hutschachteln waren von unterschiedlicher Größe, Form und Machart. Damenhutschachteln waren zylindrische Gebilde aus dünnem Leder, Wachstuch oder einfach Pappe. Obendrauf konnte man Namen wie Lucy oder Georgette oder Mme. Iris lesen, die mehr als nur den Hut einer Dame zu versprechen schienen. Alle Damenhutschachteln waren zarte und zerbrechliche Objekte und daher vom Beginn der Reise an ein Gegenstand besonderer Obhut. »*Voyons! Vous voyez bien que c'est le carton à chapeau de votre mère! Pourquoi fourrez vous dessus vot' porte-plaid? Faites donc attention pour une fois!*«

Die Hutschachteln der Herren dagegen waren aus dauerhafterem Stoff gemacht und unterschiedlich in Form und Größe. Bei einem allgemeinen Umzug unseres Haushaltes hatte Koló Hutschachteln für seine Zylinder, seine Melonen, seine Uniformmützen und die großen eckigen Schachteln für die Pelzmützen.

Die dritte und letzte Art von Hutschachteln, die unsere Familienwanderschaften begleiteten, hatte mit Kopfbedeckungen wenig zu tun. Sie waren aus hellem Holz, zylindrisch in der Form und trugen oben auf dem Deckel eine Inschrift in Schwarz: etwa Nika, Lida oder T.K. (Tante Karolina). Sie enthielten emaillierte Nachttöpfe.

Und nun zuallerletzt das Juwel unter den Gepäckstücken, die kostbarste, überzüchtetste und schönste Spezies: das Reisenecessaire.

Ich ließ nur ein solches Necessaire gelten: das meiner Mutter. Alle anderen schienen im Vergleich dazu bäurisch und kläglich. Ihres aber war wie von einem fremden, mystischen Zauberer geschaffen. Es war die Vollendung seiner Art und eine Ehre für die ganze Gattung.

Es war aus dunkelrotem Leder gearbeitet und hatte zwei vergoldete Schlösser in Form von Medaillons obendrauf, die sich sanft und geräuschlos durch die Drehung eines winzigen Schlüssels öffnen ließen. Aus den Fächern und Schubläden stieg stets der gleiche Duft auf, der es mit seiner Besitzerin verband, eine Mischung aus wohlgegerbtem Leder und *Trèfle Incarnat*, ein Parfüm, das von der Maison Piver leider nicht mehr hergestellt wird.

Das Necessaire öffnete sich wie eine reife Frucht, wie die Lenden einer Göttin; die beiden Hälften des Deckels fielen sanft auseinander und gaben den Inhalt dem Blick des Betrachters preis. Die vier Innenwände waren mit gestepptem Wildleder bezogen. Drei dieser Seiten waren mit einer Welt aus Gold und Kristall ausstaffiert: kleine und große Cremedosen, Parfüm- und Kölnisch-Wasser-Flaschen, Zahnbürstenbehälter, eine Seifendose, vergoldet mit eingravierter Krone und Halbmonden. Die vierte Seite war ganz Elfenbein, Silber und Borste.

Inmitten der Schachtel, zwischen ihren vier Wänden, lag das höchste Entzücken: *les bijoux*. Selten, sehr selten, nur nach heftigem Betteln, entschloß sich meine Mutter, mir den Inhalt zu zeigen.

Ich drängte mich dicht an den Tisch, der mit dunklem Samt belegt war, und sah starr auf den wunderbaren Schatz. War die Besichtigung vorbei, wurde der Schatz wieder in seine passenden Behälter zurückgelegt. Der Reliquienschrein wurde abgeschlossen und in der Stahlkammer der Azovsko-Donskoi-Bank deponiert.

Das Necessaire wurde von meiner Mutter oder von meinem Stiefvater immer selbst getragen, niemals den Dienern oder den Kindern anvertraut. Es folgte getreulich allen Abenteuern unseres Lebens, nicht wie ein braves Haustier, eher wie ein sehr gütiger Freund, Schützer und Helfer in Zeiten der Not. Oft mußte es versteckt werden, und einmal wurde es im Garten vergraben, aber glücklicherweise wieder hervorgeholt, bevor feindliche Menschen es entdeckt hatten. Es überlebte die Wirren der Revolution, den Tod meines Stiefvaters und die Ermordung meiner Großmutter. Es begleitete uns auf unserer Flucht aus Rußland und blieb in den langen Jahren des Exils bei meiner Mutter.

Mit der Zeit war es zerkratzt und zerbeult worden, aber es behielt stets seine Haltung und Würde. Leider wurde es beständig leichter und innen immer weniger wunderbar. Einige Kristallsachen gingen verloren oder zerbrachen. Die kleinen Juwelendosen verringerten sich und enthielten weniger Begehrenswertes. Smaragde, Rubine, Diamanten und Perlen waren nach und nach gegen Fleisch, Brot, Miete und Kleidung eingetauscht worden, bis der alte Freund und Helfer seine *joie de vivre,* seinen Lebenszweck verloren hatte und müde und verbraucht geworden war.

Irgendwo zwischen Lubcza und Berlin muß er sich in Wohlgefallen aufgelöst haben, denn als ich meine todkranke Mutter 1936 zum letzten Male sah, war der treue Begleiter nicht mehr da. Ich stellte keine Fragen über sein Verschwinden, ganz wie es im Sinn des noblen Freundes gewesen wäre ...

Ende einer langen Eisenbahnreise

... Túm-to Krúm-to
 Cóme to crúm

Othersill – móthersill
Othersill – móthersill ...

– »Sieh mal ... Die riesigen Bäume ...
– Was sind das für Bäume?
– Alte Birken ...
– Was für Birken? ... Wo?
– Da ... in Reihen ... nun sind sie weg ...
– Das ist der Trakt ...«

... Púff – die blúff
Púff – die blúff;
Cóckin-cha – rócking-chair!
Cóckin-cha – rócking-chair!

– »Was ist ein Trakt? ...
– Der Trakt!
– Aber was ist das?
– Das sind die Straßen, die Potemkin gebaut hat,
an denen entlang er Birken gepflanzt hat.
– Wer?
– PO – TEM – KIN! ...
– Wer ist das? ... Und warum hat er das gemacht?
– Für Katharina die Große natürlich ...«

... óttomoo – bóttomoo
óttomoo – bóttomoo
pa-tóm ...
pa-tóm ...
pa-tóm ...
pa-tóm ...

– »Frau Müller, i wollt schon frage, ob man
net's Bagasch ...
– Sieh! ... Siiiieh! ... Da ist ein Fluß!
– *Mais n'interrompez donc pas toujours*
quand on parle!
– Was für ein Fluß? Wo?
– Kannst du nicht sehn – der Fluß? ... Da!
– Ah, ja ... Gott, wie er sich windet ...
– Njanja, Njanja, nimm Nikuschka vom Fenster
weg ...«

... úmper – búmper
úmper – búmper

      tátamoo – rátamoo
      tátamoo – rátamoo

... íddletick – fíddlestick
      píddletick – díddletick
      sámpa – pámpa
      dámp yer pánts
      dámp yer pánts

            – »Kuck mal da! – Da ist eine Eisenbrücke!
            – Wo?
            – Da, über den Fluß ...
            – Ja i sagt, man könnt's Bagasch runternehme und'n
              Provodnik rufe ...
            – Tjotja Karólja, Tjotja Karólja!
            – *Nuu schtó?* Ach Gott ... *J'ai oublié mon o'dkolonn
              dans le cabinet ...*
            – Ich werde es holen ...
            – Nein, du bleibst sitzen, Njanja Ljuba wird gehen ...
              Ja, natürlich, Fräulein Abzieher, rufen Sie den
              Provodnik ...
            – Tjotja! – Tjotja! Wie heißt dieser FLUSS?«

... Búmper – búmper
      Búm – perbúm ...

            – »Gospodi!!! Das ist ja schon der Njeman!!
              Schnell! Ruft den Provodnik!!
            – Und die Brücke? ...
            – Ach! *Nje pristawaitje djeti!* ... Njanja, Njanja ...
              Ruf den ...
            – Die Brücke!!!
            – *Attention à vos doigts ... j'ouvre la porte.*
            – *Mais voyons, Mamoazell, aidez-les donc!*
            – *Njanja, pomogaj!!*
            – Sieh! Wir kommen zur Brücke!
            – Da, ... jetzt ... sind wir drauf!!«

... búbúbú. búbúbú ... búbúbu. búbúbú ...
      Dribblebee – búm-te
      Dríbblebee– búm
      te – búm
      te – búm
      te – búm
      trea – brúmmertea

- crossack-a-cross – ack-a
- Grossakra
- Kaskara,
- Táskara ...

... KRGBRBOOMPSCHITBUUUNBSCHIT ...
... MOL – SCHAD

- »Was hat er gerufen?
- Molschad ... du Dummchen, unsere Station ...
  Kannst du nicht lesen?
- Doch, ich kann ...
- Nein, du kannst nicht ...
- Kinder, Kinder! ... um Himmels willen, bitte!
  Laßt uns aussteigen ... Schnell
- PRO – VOD – NIIIK!!! ... Bagaasch! ...
- Njanja, nimm Nikuschka zuerst raus.
- Fräulein Abzieher, helfen Sie ihr doch!!
- *Et les cartons à pot de chambre!!*
- Herrgott! Man muß ja wie vonnem Zaun runter-
  klettern ...
- Kuck mal den Mann in der Uniform?
- Wer?
- Da! ... Die rote Mütze ...
- Wer ist das?
- Der Stationsvorsteher ...
- Oh, und da sind Anton, Wassilji und Alexej!
- *Et voici les équipages! ...*
- *Où?*
- Da, hinter der Station ...
- Uff!! ... Gott sei Dank! ...
- *Enfin!«*

... Und so verließen wir den Zug in Molschad und wurden von
dem Stationsvorsteher und einer Gruppe von Dienern, Kut-
schern und Wagen in Empfang genommen. Der Zug fuhr wieder an, bevor wir Zeit hatten, das Gepäck zu zählen. Er verschwand im Wald und ließ eine graue Rauchwolke am tief-
blauen Himmel hinter sich. Ein kleiner Hund lief aus dem Sta-
tionsgebäude auf uns zu, bellte freundlich und wedelte mit dem
Schwanz. Er sprang an mir hoch und leckte meine Nase.
Wir überquerten die Schienen und gingen auf die andere Seite
des Stationsgebäudes, und unsere Sandalen hörten sich auf den

Planken des Bahnsteigs wie Schrotschüsse an. Dort warteten die Kutschen und Pferde auf uns, die man uns von Pokrowskoje entgegengeschickt hatte – zwei oder drei Viktorias, ein Phaeton, ein *kabrioljet* und ein riesiger Karren für das Gepäck.

Und während wir vor Aufregung platzend um die Pferde herumhüpften, drangen von allen Seiten, aus dem Wald, vom Fluß, vom Himmel und der Erde, wie ein Geschenk und eine Warnung, die Gerüche des russischen Sommers auf uns ein. Neue Gerüche, heiß, schwer und stark, süß, bitter und voll Reife, nach Heu und Honig, Teer und Pferdemist, Brot und Leder, nach dem Rauch verbrannten Kiefernholzes und nach Männerschweiß.

Pokrowskoje

Im Westen von Minsk, an einem Knie der Memel (Njemen auf polnisch, Njeman auf russisch) liegt Lubcza und zwanzig Kilometer südwestlich davon unsere Bezirkshauptstadt, Nowogrudok, berühmt durch die Ruinen eines alten Jagellonenschlosses und als Geburtsstätte von Adam Mickiewicz, Polens größtem, von Puschkin und der ganzen Fronde des 19. Jahrhunderts bewunderten Dichter. Etwas über sechzig Kilometer südlich von Nowogrudok befand sich ein Verkehrsknotenpunkt mit der dazugehörigen kleinen, aber sehr geschäftigen Stadt, Baranowitschi. Dort kreuzten sich zwei der wichtigsten Eisenbahnlinien des russischen Reiches, die von Westeuropa nach Moskau und die von St. Petersburg nach Odessa. Dieses Baranowitschi hatte, so hieß es, die beste Bahnhofsrestauration der ganzen Gegend aufzuweisen. Die Züge hielten hier dreißig bis sechzig Minuten, um den Reisenden Zeit für eine Menge Wodka, *hors d'œuvres* und ein Hauptgericht mit ein oder zwei Gängen Zeit zu lassen. Ich erinnere mich noch an die Köche in Weiß hinter den silbernen Platten aufgereiht, auf denen Schnepfen, Waldhühner, Rebhühner, Hasenrücken und anderes russisches Wild und Geflügel lagen, und vor ihnen mit gierigen Augen die sich drängenden Epikuräer der Oberklasse. Zwischen Baranowitschi und Nowogrudok lag Pokrowskoje, der Besitz meines Stiefvaters Nicolas von Peucker.

Zu Pokrowskoje gehörte kein Dorf, und die benachbarten Ortschaften waren unbeschreiblich schmutzig und ärmlich. Nach Regenperioden stand in der Mitte des Dorfes monatelang das Wasser, in dem sich unterernährte Schweine suhlten – schwarz von Fliegen, soweit ihre Körperteile herausragten. Kümmerliche Enten schwammen auf ihm, und Promenadenmischungen von Hunden nahmen hier ihr Bad. Die *isbas* (Katen) aus verrotteten Balken waren niedrig, ängstlich an die Erde geschmiegt, ihre strohgedeckten Dächer grün vor Moos. Die Kätner und ihre Kinder sahen schmuddelig aus, und über allem lag ein Zug von Hoffnungslosigkeit. Die kleinen Kinder liefen hinter unseren Kutschen her und riefen: »Gib uns eine Kopeke!«

Die wenigen Gebäude, die aus dem jahrhundertealten Elend hervorstachen, waren die russisch-orthodoxen oder römisch-katholischen Kirchen, die Polizeistation und in den größeren Dörfern das Gefängnis.

Beinahe jedes Dorf hatte seinen jüdischen Teil, der sehr viel sauberer und besser gehalten war als der russische. Hier waren die Häuser angestrichen, die Straßen gepflastert. In den jüdischen Geschäften gab es alles zu kaufen: Nägel, Stiefel, Pferdegeschirre, Seide und »Odekolon«. Ich ließ mich gerne in diese Geschäfte mitnehmen und kann immer noch das Bouquet ihrer Gerüche rekonstruieren: nach frischen Begels, mit Sesamsamen bestreuten Zopfbroten und säuerlichen Roggenbroten, nach gegerbtem Leder, Hering (getrocknet, gesalzen und geräuchert), eingelegten Gurken, Sauerkraut und Glycerinseife.

Trotz seiner sozialen und landwirtschaftlichen Unzulänglichkeiten war Weißrußland, besonders der Teil, in dem wir lebten, von eigenartiger stiller Schönheit. Man fühlte intuitiv sein Mißgeschick, seine unsichere Existenz und wurde zugleich von seiner liebenswerten Freundlichkeit angezogen.

Aus diesen kontrastierenden Empfindungen erwuchs bei jedem eine bleibende Liebe zu dem Land, ein wenig traurig, ein wenig hilflos, doch unendlich zart und ohne jede Bitterkeit.

Ich selbst fühle mich, was auch geschehen mag, immer noch als Bjelorusse. Es ist für mich die einzige Möglichkeit, einem Fleckchen Erde zuzugehören, mag es auch noch so entlegen und unerreichbar sein.

Es war kein Zufall, daß ich als einziges von den vier Kindern meiner Mutter in Lubcza auf die Welt gekommen bin, in einem Zimmer, von dem aus man die Biegung der Memel überblicken konnte. Es war auch kein Zufall, daß ich die ersten vollbewußten Tage meines Lebens in dem alten Haus von Pokrowskoje verbrachte, in seinem Garten, nahe dem Teich, in dem die fetten goldenen Karpfen in den letzten Strahlen der Dämmerung herumplanschten.

Ursprünge der Familie

In der nordwestlichen Region Rußlands, also in der Gegend, in der meine Mutter, mein Stiefvater und einer der Brüder meiner Mutter, Onkel Friedrich, Güter mit behaglichen Herrenhäusern, großen Ländereien, viel Acker und Wald besaßen, hat ganz sicher weder die Wiege der Nabokovs noch der Falz-Feins und noch weniger der Peuckers gestanden.

Nach der Familienüberlieferung kamen die Nabokovs ursprünglich aus Pskow, einer Stadt am Ilmensee, etwa dreihundert Kilometer südlich St. Petersburgs. Sie ließen sich dort im 13. oder vielleicht im 14. Jahrhundert nieder, und ihr Name leitet sich nicht etwa, wie man denken könnte, von *ljech na bok* her (sich auf die Seite legen), was einleuchtend wäre, sondern, wie einer meiner Vettern, der sich für solche Dinge interessiert, erst jüngst entdeckte, aus dem alten Arabischen oder Persischen (ich weiß nicht, welcher Sprache, da ich beide nicht kenne) Nab Ocq oder Nab Ocqo, welches in einer der beiden Sprachen einfach »Sohn des ...« heißen soll.

Es geht die Sage, daß zur Zeit des Tatarenjoches ein Nabokov-Vorfahre, vermutlich ein Verwandter des Khan, nach Pskow kam und sich an der Grenze niederließ. Er trieb dort einen Tribut von den Aus- und Einwandernden ein. Er oder seine Nachkommen wurden nahezu wohlhabend. Diese heirateten russische Mädchen oder Jungen, konvertierten zum Christentum und wurden, wie so viele Tataren, wie die Godunows, Jussupows, Schuwalows, um nur einige zu nennen, vollkommen russifiziert.

Ich habe immer geglaubt, daß diese Geschichte ein Familienmythos sei und daß der mit dem Khan verwandte Ahne, der Tributeintreiber von Pskow, nie existiert habe. Die Familie, meinte ich, habe ihn im Laufe der Jahrhunderte erfunden, als Entschuldigung für die faulenzerische Bedeutung des Namens. Es kann aber auch sein, daß es diesen Fronvogt tatsächlich gegeben hat, nur daß er kein Tatar, sondern vielleicht ein Perser, Araber, Armenier oder Jude im Dienste des Khans gewesen ist.

Wie dem auch sei, im Herzen Litauens oder Weißrußlands hat es jedenfalls vor unserer Zeit keine Nabokovs gegeben.

Auch die Familie meiner Mutter, die Falz-Feins, hatte nichts mit Litauen oder Weißrußland zu tun. Erst 1890 oder 1891 kauften zwei Brüder meiner Mutter zu niedrigem Preis ein großes Stück Land, das einem deutschen Zweig der Fürsten Hohenlohe gehört hatte. Ihre Besitzungen lagen in der »Priljessje« (Waldland) genannten Gegend, etwas weiter nordwestlich, und hatten in der Vergangenheit abwechselnd zu Rußland, Litauen oder Polen gehört. Nun sind sie endgültig Weißrußland einverleibt. Bald darauf stieg Onkel Karl aus dem Geschäft aus und verkaufte seinen Anteil dem Bruder Friedrich. So verblieb dieser als alleiniger Besitzer der Ländereien von etwa vierzig- bis fünfzigtausend Dessjatinen (eine Dessjatine ist um ein Zehntel größer als ein Hektar). Sie schlossen große Waldflächen ein, in deren Mitte ein düsterer, stiller See lag, der Osero Kroman. Während ich den Namen Osero Kroman niederschreibe, wird meine Erinnerung von einer bestimmten Art von Süße durchdrungen. Es war ein geheimnisvoller See. Die verschiedensten Legenden wurden über ihn erzählt, einschließlich der über viele andere Seen berichteten: daß aus der Tiefe des Gewässers manchmal Kirchenglocken erklängen, weil dort einst ein Dorf gestanden habe, das im Wasser versunken sei.

Der Kroman-See und der kleine Fluß, der aus ihm hervorging, der Kromaniza, waren auf eine merkwürdige Art und Weise unsere meteorologische Station.

Eine Kolonie Biber hatte sich an der Ausmündung des Kromaniza niedergelassen. Sie hatten einen recht beachtlichen Damm über den kleinen Fluß gebaut, aus Baumstämmen, Gräsern, Schlamm und Wacholderzweigen. Biber aber scheinen mit einer merkwürdigen meteorologischen Prophetengabe ausgestattet zu sein. So paßten auch diese Biber die Höhe ihres Staudammes schon im Frühjahr genau der Regenmenge an, die im kommenden Sommer fallen würde, um »ihren« See immer auf dem gleichen Wasserstand zu halten. Infolgedessen wußten die Förster meines Onkels, die die Biberkolonie beobachteten und sie vor Störenfrieden schützten, schon im voraus, wie der Sommer ausfallen würde, ob trocken, ob naß, und wieviel Regenwasser die Biber für ihren kleinen Fluß und damit für den See erwarteten.

Meine Mutter war eben im Begriff zu heiraten, als ihr Bruder so gewinnbringend an dem Hohenloheschen Handel partizipierte. Sie besichtigte das Schloß von Lubcza, das ein Teil der Besitzung und Residenz der Hohenlohes gewesen war, verliebte sich darein und kaufte es mit dem angrenzenden Land von dreitausendfünfhundert Hektar ihren Brüdern ab. Obgleich das, was sie gekauft hatte, der schönste Teil des Ganzen war, stellte es kaum ein Zehntel dessen dar, was ihren Brüdern gehörte. Aber die lieben Brüder ließen sie einen sehr hohen Anteil von dem Kaufpreis bezahlen, den sie selbst den Hohenlohes entrichtet hatten.

Koló

Irgendwann zwischen 1905 und 1907 hatte sich meine Mutter von meinem Vater scheiden lassen und einen unserer Gutsnachbarn geheiratet, einen aufrechten Mann, Adelsmarschall in Nowogrudok.

Herr Nicolas von Peucker – nicht ganz Baron – war zu einem Teil Balte, zu einem Teil Grieche und nur ein wenig Russe. Dennoch war er, wie viele Mischlinge ausländischer Abstammung (besonders die Deutschen), die in der weiten slawischen Ebene geboren sind, leidenschaftlicher und patriotischer Russe. Wie eine unserer Gouvernanten zu sagen pflegte, war er *plus russe que le Pape!*

Nicolas von Peucker war ein hochgewachsener Mann mit konservativen Ansichten (nach Gesicht, Kleidung und Stellung) und allen geraden und korrekten Dingen zugetan: hochgeknöpften Schuhen, steifen Kragen mit aufrechtstehenden Ecken, einem wohlgepflegten, buschigen, jedoch nicht außergewöhnlich langen Schnurrbart, feiner Kleidung oder einer gut geschnittenen, seinem Zivilstand entsprechenden Uniform, zugetan aber auch pünktlicher Bezahlung von Zinsen und Hypotheken – bei den gehobenen Ständen Rußlands selten anzutreffen –, sorgfältiger und wirtschaftlicher Behandlung der Geldangelegenheiten meiner Mutter, maßvollem Trinken, Essen und anderen genießerischen Gewohnheiten, und natürlich dem Zaren, Glauben und Vaterland ergeben: der Formel, die vom äußersten konservativen Flügel der zaristischen Bürokratie zur Erhaltung eines gesunden Staatskörpers ausgegeben worden war.

Trotzdem, oder besser gesagt, eben deswegen, war Nicolas von Peucker ein geduldiger, freundlicher und gerechter Mann, geliebter und liebender Gatte, und – was mich betrifft – nicht nur mein Namensvetter, sondern auch mein Pate.

Wir Kinder nannten ihn Onkel Koló oder einfach Koló, und ich hielt ihn bis mindestens 1909 für den Hersteller und verschwenderischen Benutzer des berühmten Eau de Koló-gne.

Von meinem Vater weiß ich aus früher Kindheit nichts mehr. Mit Ausnahme einer alten ornithologischen Momentaufnahme – ein Vogel mit dem straußenfederngeschmückten Dreispitz eines Kammerherrn – habe ich an ihn keine Erinnerung bis zu dem Zeitpunkt, als wir uns 1911 in St. Petersburg niederließen.

Erst dann begannen unsere jährlichen Besuche – stets unangenehm und peinlich – im Hotel d'Angleterre, wo ich in einem stets von süßlichem Patschuligeruch erfüllten und damit an eine weibliche Gegenwart gemahnenden Zimmer auf Vaters Knien saß und mit höflicher Gleichgültigkeit ein Tintenfaß aus Zinn in Form eines Bulldoggenkopfes oder eine plumpe Metalluhr, auf deren Rückseite ein Schweizer Chalet eingraviert war, oder ein Taschenmesser mit Nagelfeile und allerlei weiterem Zubehör in Empfang nahm. Für das letztere (weil es sonst die Freundschaft zerschnitt) sollte ich meinem Vater nach altem Brauch eine Kopeke geben, was ich zu Recht weit von mir wies.

Auf jeden Fall waren zu der Zeit, als mein Vater wieder am Horizont meines Lebens auftauchte und die sporadischen Pilgerfahrten ins Hotel d'Angleterre einsetzten, die zärtlichen und vertraulichen Bande zu Koló fest und sicher geknüpft, und bis zu seinem Tode im August 1918 war er in jeder Hinsicht unser aller wirklicher Vater.

Datum, Ort und Zeit der Scheidung und Wiederverheiratung meiner Mutter wurde vor uns Kindern, oder wenigstens vor mir, zum Schutz vor den Bösartigkeiten der Erwachsenenwelt geheimgehalten. Später, sehr viel später erst, erfuhr ich, daß 1905, als ich zwei Jahre alt war, eine Flucht der Kinder und Gouvernanten von Lubcza aus die Memel abwärts in unserem Privatdampfer zur Bahnstation Nowojelnja stattgefunden hatte, von wo aus wir ins Ausland gingen. Während wir flohen, jagte mein Vater Bären, Elche und Hasen und machte gleichzeitig der Frau des Buschwächters den Hof. Als er aufs Schloß zurückkehrte, fand er es leer vor und weinte, so wurde berichtet, zwei Tage lang.

Danach gab es, wie man mir später erzählte, eine lange und

schmutzige Scheidungsaffäre, in deren Verlauf mein Vater, von skrupellosen Rechtsanwälten getrieben, sein Recht dadurch zu behaupten versuchte, daß er mich als Frucht des Ehebruches meiner Mutter bezeichnete.

Gegen Ende seines Lebens aber, als er 1946 nach langen Jahren der Not und Krankheit mit seiner Frau, der ehemaligen Buschwächtersfrau und Quelle des Patschuliduftes, aus der sowjetisch besetzten Zone Deutschlands geflohen war und bei mir in meinem Besatzungsquartier in Berlin lebte, stritt er ab, mich jemals als seinen Sohn verleugnet zu haben. Die Aussage, behauptete er, sei nicht von ihm gemacht worden, sondern von einer boshaften Verwandten. Diese habe damit versucht, den Ruf meiner Mutter zu schwärzen, um sich selbst gegen den Vorwurf zu verteidigen, er unterhalte eine Liebesbeziehung zu ihr. Vor Gericht war sie mit ihrer Beschuldigung nicht durchgekommen – meine Mutter gewann den Prozeß –, aber sie hatte Erfolg auf eine andere, ihr nie bekannt gewordene Weise: Sie senkte in mich den Zweifel über meine Herkunft und machte mich unsicher.

Ich glaube, ich war zehn Jahre alt oder vielleicht auch elf, als eines Tages ein Vetter mich ohne jeden Grund angrinste und mich einen Bastard nannte. Ich fragte eine Kusine, was er meinte, und sie erklärte mir unter geheimnisvollem Geflüster, jedermann wisse, daß ich nicht »Papa Nabokovs« Sohn sei, denn mein wirklicher Vater sei Koló, und es sei nun Zeit, daß ich es erfahre.

»Wenn du groß bist«, sagte sie, und einige wohlmeinende Gemüter schlossen sich später ihrem Rat an, »wirst du deinen Namen ändern müssen. Du wirst dazu gezwungen werden.«

Ihre Antwort traf und quälte mich auf verschiedene Weise: Sie warf einen Schatten auf die Beziehungen zwischen meiner Mutter und Koló, sie machte mich zu einem aus dem »normalen« Familienkreis Ausgestoßenen, verletzte aber vor allem meinen Stolz. Seit meiner frühesten Kindheit wußte ich, daß die Nabokovs eine alte und vornehme russische Familie mit allen möglichen Verbindungen war: ein Großvater Justizminister in der Regierung Alexanders II., ein Onkel brillanter liberaler Abgeordneter der ersten Duma (dem ersten russischen Parlament von 1905), ein dritter Generalgouverneur der baltischen Provinzen ...

Es war bitter zu erfahren, daß man mit all diesen fabelhaften Menschen nichts zu tun hatte, daß man vielmehr ein zufälliger

Mischling unterschiedlicher, unbedeutender, nichtrussischer Abstammung war.

Ich konnte mich nie dazu durchringen, meine Mutter oder meinen Stiefvater über meine Geburt zu befragen, obwohl mich die Zweifel viele Jahre lang immer wieder quälten; ich wagte es nicht einmal, nachdem ich mündig geworden war. Einmal schien meine Mutter mit mir darüber sprechen zu wollen. Es war, glaube ich, in der Mitte der zwanziger Jahre. Sie war aus Polen, ich aus Paris gekommen. Wir trafen uns auf halbem Wege in Deutschland und verbrachten zwei ruhige Tage in Konstanz am Bodensee. Es geschah recht selten, daß ich mit meiner Mutter allein war, und deshalb sind diese Tage als etwas besonders Glückhaftes in meinem Gedächtnis.

Am Abend des Abschieds, bevor ich sie zur Bahn brachte, saßen wir auf einer Bank am See. Es war ein grauer, nebliger Abend. Die Luft war voller Herbst.

Meine Mutter sah blasser aus als gewöhnlich, müde und gealtert. Wir waren traurig und zu gleicher Zeit darauf bedacht, den Abschied schneller hinter uns zu bringen. Nach einem langen Schweigen sagte sie, ohne mich anzusehen, irgendwie feierlich, aber ruhig: »Irgendwann, bevor ich sterbe, muß ich dir etwas über dich und deinen Vater erzählen ...«

Sie brach ab, zögerte, und dann sagte sie entschlossen: »Aber nicht jetzt – ein andermal. Ja später ... Laß uns jetzt zum Bahnhof gehen.«

»Ein andermal« kam nie wieder. Sie sprach niemals mehr mit mir darüber.

Obwohl die Frage nie beantwortet wurde, bin ich überzeugt, daß die von der verwandten Dame erhobene Beschuldigung vollkommen grundlos und falsch gewesen ist.

Nicolas von Peucker oder Koló drängte sich in mein Leben, bevor ich fähig war, das Ereignis ganz in mich aufzunehmen. Als ich zur Bewußtheit erwachte, war er schon da, als Gatte meiner Mutter inthronisiert und ein untrennbarer Bestandteil unserer Familie.

Aber in den frühen Jahren im Ausland weilten meine Mutter und er nur in Abständen – Meteoren gleich – unter uns. Sie kamen und gingen, wieder ins Nichts verschwindend, tauchten hier für eine Woche auf, blieben dort einen Monat lang auf den immer wechselnden Stationen unseres Wanderlebens. Ich erinnere mich selbst unbestimmt nicht mehr, mit ihnen gemeinsam gereist zu sein oder eine längere Zeit mit ihnen verbracht zu haben (»Geh und sage guten Morgen zu Mama und Koló«, oder »Geh und sage gute Nacht ... Sie reisen morgen früh wieder ab«).

Wir, die Kinder, waren der Obhut einer entfernten Verwandten überlassen, die wir Tjotja Karolja oder Tante Karolina nannten, und einer Herde von sprachlich heterogenen und zahlenmäßig dehnbaren Gouvernanten. Von ihnen sind mir nur einige wenige Namen und Gesichter in der Erinnerung geblieben, und auch die nur vage. Da gab es ein Fräulein Abzieher. Ihr folgten später die Misses Wiles, Spalding und Dare. Es gab eine dauernd anwesende Njanja Ljuba (eine strenggläubige Russin) und später die Zofe meiner Mutter, Klara. Der einzige gleichbleibende französische Name, an den ich mich noch erinnere, ist der von Mademoiselle Lucie Verrière, aber es muß sehr viel mehr französische Namen gegeben haben.

Jedenfalls umgab uns fortwährend eine ziemlich große Gruppe von Menschen, um uns zu baden, anzuziehen, spazierenzuführen, in vier Sprachen Lesen und Schreiben zu lehren, zu beschützen, zu verzärteln und von uns auf hundertfältige Weise Aufhebens zu machen.

Diese Verzärtelung während der Kindheit hat sicher einige meiner Charakterzüge mitgeprägt. Ich spüre es oft, daß bestimmte Charakterfehler nicht angeboren sind, sondern sich tatsächlich von diesen allzu wohlbehüteten Kinderjahren herleiten. Daß meine Angst vor Verantwortung, meine Ruhelosigkeit und Zügellosigkeit bei sinnlichen Vergnügungen, mein Widerstreben, Schwierigkeiten und Ungewißheiten ins Auge zu sehen (immer versucht, ihnen zu entfliehen), und vor allem die quälende Lähmung meiner Willenskraft, die jedes Stück schöpferischer Arbeit in meinem Leben zur Hölle gemacht hat – daß all diese Charakterzüge ihre Wurzeln in jenen Milch-und-Honig-Tagen meiner Kindheit haben.

Bis 1909 waren wir zu dritt: meine Schwester Onja (eine Kurzform von Sonja), die Älteste, mein Bruder Mitja (von Dimitrij) in der Mitte und ich als Dritter. Erst sechs Jahre später gebar meine Mutter ein Kind von Koló, meine Halbschwester Lydia. Daher war ich für eine ganze Weile der Jüngste, Blondeste, Rundlichste und, ach, Verzärteltste der ganzen Gesellschaft. Glücklicherweise wurde ich auch, als eine Art Kompensation, am meisten gehänselt. Es gab viele und verschiedene Arten von Quälgeistern. Aber andauernd und gewissermaßen professionell neckte mich mein Bruder Mitja, gelegentlich von Onja unterstützt. Das Ergebnis war immer das gleiche: eine doppelte Befeuchtung – zuerst meiner Hose und dann, durch meine Tränen, auf der Faltenfülle von Tante Karolinas gastlichen Blusen und Röcken.

Tjotja Karolja, Tante Karolina Muller (auch deutschen Stammes), gehörte seit undenklicher Zeit zum festen Inventar unseres Haushalts. Sie war die Kusine meiner Großmutter mütterlicherseits, früh verwitwet, und blieb unverändert im mittleren Lebensalter stehen, eine zeitlose Erscheinung. Erst sehr viel später, nach dem Ersten Weltkrieg, alterte sie plötzlich und fing an zu kränkeln. Zu der Zeit, von der ich spreche, war sie eine freundliche, ständig aufgeregte Frau, mit den Eigenschaften einer Glucke, den Unterschlupf bietend, den Kinder mit ständig abwesenden Eltern dringend nötig haben. Wie ich war sie rundlich und sehr reizbar, und wie ich pflegte sie aus dem geringsten Anlaß in Tränen auszubrechen.

Das schuf zwischen uns ein beständiges feuchtes Band, und infolgedessen war ich im Familienkreis als Tante Karolinas Liebling bekannt, ihr Nikusja, Nikuschka oder Pumpsie.

Wir reisten durch ganz Europa, von Nizza nach Dresden und an einen Ort namens Czemin, nahe Pilsen in Böhmen. Die Reihenfolge unserer Ortswechsel ist mir entfallen, wie auch die meisten Eindrücke von den einzelnen Punkten. Nur Weniges ist geblieben, unzusammenhängend und unkoordiniert: ein Stuhl mit einem schwarzen maurischen Halbmond, der einen in den Rücken piekte, ein Kleid, über und über mit den Löchern einer *broderie anglaise* besät, ein Gesicht, das daraus hervorlugte (wessen, weiß ich nicht mehr), ein schwarzer Zelluloidschwan, der ein Loch hatte, aus dem Blasen blubberten.

Czemin, ein ziemlich großer Besitz, gehörte einem Bruder meiner Mutter, Onkel Nicolas Falz-Fein. Er hatte ihn, so wurde mir erzählt, gekauft und mehrere Jahre behalten, während sein Haus in Südrußland umgebaut wurde. Czemin ist vielleicht der erste Ort, an den ich mich erinnere, aber der optische Eindruck ist entschwunden, bis auf einen schattigen Pfad zu einem Kinderspielhaus, das aussah wie aus einem deutschen Märchenbuch, mit der Ausnahme, daß die Wände und das Dach aus hölzernen Latten und nicht aus Lebkuchen bestanden.

Vor diesem Haus, ein wenig zur linken Seite, lag ein dottergelber Sandhaufen, auf dem ich wie ein winziger Pascha saß, Schaufel und Eimer in der Hand. Dieses Häuschen wurde zum

Ort meiner Einweihung in merkwürdige paradionysische Riten, zur *Villa dei Misteri* meiner frühen Kindheit.

Das Kinderhaus

Czemin war ein Ort voller Kinder. Sein Besitzer Onkel Nicolas Falz-Fein hatte deren vier, zwei Mädchen, einen Sohn und ein neugeborenes Baby aus zweiter Ehe. Seine beiden Frauen waren Deutsche, deshalb sprach die ganze Brut meistens Deutsch, mit Einsprengseln eines nicht ganz einwandfreien Russisch.

Dann gab es »uns«, die drei Nabokov-Kinder – damit waren wir schon sieben. Zu diesen kamen, wie ich mich zu erinnern glaube, aber noch mehr Kinder. Waren es andere Vettern und Kusinen? Söhne und Töchter von Onkel Carl oder Alexander Falz-Fein oder Verwandte von einer der Frauen von Onkel Nicolas?

Jedenfalls müssen in Czemin neun oder zehn Kinder versammelt gewesen sein, und ich, Nika, Nikusja, Nikuschka oder Pumpsie, war der Jüngste des Haufens, ungerechnet natürlich das im Kinderwagen spazierengefahrene Baby.

So verhielt sich die Bevölkerung der »Ahnen«, wie wir unsere Eltern bald nannten, zu der unsrigen in einem Verhältnis von annähernd zwei zu vier, während das Verhältnis der Kinderbetreuer zu den Kindern selbst zwischen eins zu zwei und eins zu drei schwankte. Die sprachlichen Ausdrucksmöglichkeiten umfaßten, in verschiedenen Graden der Vollkommenheit, die vier Hauptsprachen Europas.

In Czemin, wo Kinder und Erwachsene an Zahl nahezu gleich waren, gab es eine deutliche Trennung in zwei Gruppen. Auf der einen Seite die hierarchisch gegliederte, feudale Gruppe der Erwachsenen: an der Spitze die Eltern, das Kinderpersonal als Mittelklasse und die Dienstboten als Unterklasse. Auf der anderen Seite die egalitäre, klassenlose Gesellschaft der Kinder.

Die Beziehungen zwischen beiden Gruppen reichten von friedlicher Koexistenz über die subversive Tätigkeit der zweiten gegen die erste Gruppe bis zum offenen Kriegszustand. Nichtsdestoweniger blieb, kraft der imponierenden Altersstruktur, die Gruppe I die Oberhoheit, und sie beherrschte die ungebärdige Gemeinde der Gruppe II.

Aber es gab bei der verzwickten soziologischen Schichtung in Czemin eine Ausnahme, und diese Ausnahme war ich. Zu jung für eine der beiden Gruppen, wurde ich von beiden ausgeschlossen und führte mein Märchendasein, von Tante Karolina und Njanja Ljuba wohlbehütet, ganz für mich allein.

Gelegentlich wurden mir jedoch bestimmte Aufgaben von der Gruppe II übertragen, und aus diesem Grunde wurde ich in dieser Gruppe wohl oder übel zu einem Anhängsel niederer Klasse. Als solches steckte man mich als Wächter vor das Kinderhaus.

Ich kann mich nicht an die Entfernung zwischen dem Haupthaus und meinem Sandhaufen erinnern, aber sie war groß genug, jemanden, der den schattigen Pfad entlangging, im Schatten des Unterholzes unkenntlich zu machen, es sei denn, der Ankömmling war hell gekleidet. Da aber die Gouvernanten in jenen gesegneten Jahren dunkle Kleider trugen, staubiges Schwarz, stumpfes Grün, Marineblau oder Braun, wurde ich ihrer erst gewahr, wenn sie auf die Lichtung heraustraten, etwa zwanzig Meter von mir entfernt. Darum machte mich meine Aufgabe nervös, und ich konnte sie nicht leiden. Mir blieb zu wenig Zeit, die im Kinderhaus versteckte Gruppe II vor dem Herannahen der feindlichen Mächte zu warnen.

Die Zusammenkünfte der Gruppe II in dem Häuschen fanden in unregelmäßigen Abständen statt und umfaßten alle Mitglieder der klassenlosen Gesellschaft der Kinder.

Ich merkte schon beim Mittagessen, wenn ein solches Treffen geplant war. Es gab ein Getuschel zwischen meinen Vettern und Kusinen, und einer der älteren Jungen, ihr Anführer, Vetter X., gab Anordnungen durch Zeichen und Blicke. Ich begriff sofort, daß ich am Nachmittag von dem »Boß« meine Instruktionen erhalten würde.

Um fünf Uhr nachmittags begannen die Kinder sich in dem Häuschen zu versammeln, und mir wurde befohlen, meine Wache anzutreten. Eines nach dem anderen schlüpfte in die kleine Hütte, der »Boß« hielt ihnen die Tür auf, um sie hereinzulassen. Bevor er sich selbst zu ihnen gesellte, ging er noch einmal um die Hütte herum, um zu sehen, ob die Luft rein war. Dann flüsterte er mir zu: »Du bleibst jetzt hier und paßt auf. Wenn du jemand von dort kommen siehst«, und er zeigte auf den schattigen Pfad, »klopfst du an die Tür. Aber wage nicht, sie aufzumachen! Wenn du das tust, prügle ich dich durch ... Verstanden?«

Dann ging er hinein, schloß die Tür fest hinter sich zu, und ich ging zu meinem Sandhaufen.

Zuerst versuchte ich so zu tun, als sei ich nicht interessiert an dem, was in der Hütte vor sich ging. Ich hockte mich neben den Sandhaufen, grub Tunnel und hielt gehorsam Wache. Aber wenige Czeminer spazierten um diese Zeit den Weg entlang. Die »Ahnen« spielten in einem anderen Teil des Gartens Tennis oder Krocket, und die Gouvernanten überließen die Kinder ihren Spielen, saßen in ihren jeweiligen Zimmern und schrieben traurige Briefe nach Hause.

Darum begann ich nach der zweiten oder dritten Sitzung weniger besorgt zu sein, daß ich von irgendeinem Mitglied des Kinderpersonals überrascht werden könnte, und mich mehr dafür zu interessieren, was in dem Kinderhause vor sich ging.

»Was mögen sie treiben«, dachte ich. »Was spielen sie da drinnen?« Ich wurde mutiger und schlich mich auf Zehenspitzen zur Tür, legte mein Ohr daran und lauschte, aber ich konnte nichts hören. Alles war still.

Nun wurde ich immer neugieriger und ziemlich aufgeregt. »Warum spricht niemand da drinnen?« fragte ich mich. »Oder singt oder schreit oder pfeift? Warum ist es so still?«

Ich stellte mich auf die Zehenspitzen und versuchte durchs Schlüsselloch zu sehen. Aber ich konnte nichts erkennen, im Häuschen war es zu dunkel.

Das Treffen dauerte sehr lange, nahezu eine Stunde. Danach öffnete der »Boß« langsam und geräuschlos die Tür und blinzelte mir zu: »Keiner?« flüsterte er, und ich schüttelte beruhigend den Kopf.

Einer nach dem anderen kam heraus, Jungen und Mädchen, ihre Gesichter rot und glücklich, eine Kusine nahm mich bei der Hand, und wir marschierten zurück ins Herrenhaus, um unsere Gouvernante zu suchen und uns zum Essen fertig zu machen.

Ich beschloß, das nächstemal zu streiken, falls sie mich nicht zu ihrem heimlichen Treffen zuließen. »Du weißt«, sagte ich zur Mittagszeit tapfer zu Vetter X., »ich halte für euch heute keine Wache. Ich will mit hineingehen und sehen, was ihr treibt.«

Er wurde ärgerlich und schüttelte mich hin und her: »Du blöder Esel«, sagte er. »Ich verbiete es dir. Verstanden?«

»Aber warum?« fragte ich.

»Sei kein Idiot und stell keine blöden Fragen. Du bist noch zu jung ... Verstanden?«

Aber ich fuhr fort zu quengeln: »Was ist, wenn ich Ljuba davon erzähle?«

Er sah mich böse an und schüttelte mich bei den Schultern: »Wenn du das versuchst, du kleines Aas, prügele ich dich durch, daß du es niemals vergißt.«

Ich gab also meinen Kampf auf und saß am Nachmittag elend und niedergeschlagen wieder auf meinem Sandhaufen – ein Ausgestoßener.

Und wieder wurde es im Hause still, nachdem der »Boß« die Tür zugemacht hatte, und wieder fühlte ich Erregung und Ärger in mir aufsteigen. Ich konnte es nicht länger aushalten, und nachdem ich meine Furcht in Neugier ertränkt hatte, klebte ich ein Ohr an einen Spalt in der Tür und bewegte mich nicht.

Als ich nach einer Weile noch nichts vernommen hatte, keine Worte, kein Flüstern, kein Rütteln und Schütteln, langte ich zum Türknauf hinauf. Plötzlich waren Furcht, Panik und Gefahr verschwunden. Es blieb nur der Wille, die Tür zu öffnen.

Es dauerte ein ganzes Zeitalter, bis sich der Türknauf in der zitternden Hand drehte, doch nun war ich nicht länger ein Ausgestoßener und Sklave irgendeines Menschen.

Endlich läßt der Knauf sich nicht mehr weiter drehen. Die Tür kann geöffnet werden. Auf seinen Zehen drückt der kleine Junge sich geräuschlos zur Seite und beginnt sehr, sehr gewandt die Tür zu sich heranzuziehen, betend, daß sie nicht quietscht. Glücklicherweise tut sie das nicht, und nun ist der Spalt groß genug, daß der Neugierige, wenn auch nur ein wenig, hindurchsehen kann.

»Ich muß hinein, ich muß«, sagt er zu sich und schlüpft unbemerkt durch die halboffene Tür in die Hütte.

Die Mädchen hocken auf allen vieren auf dem Fußboden, die Röcke hochgezogen. Die großen und kleinen Jungen beugen sich über deren nackte Hintern und inspizieren sie. Auch sie haben ihre Hosen heruntergelassen. Alle sind außerordentlich ernst. Der »Boß« steht in der Mitte des Raumes an einem niedrigen Tisch und besieht sich den Po des ältesten der Mädchen. Sie thront auf allen vieren, gänzlich nackt, oben auf dem Tisch. Die eine Hand des »Bosses« ist damit beschäftigt, irgend etwas mit ihr zu tun.

Der kleine Junge steht entsetzt, starr vor Staunen da, von keinem bemerkt, vor Aufregung erstickend.

Plötzlich schlägt die Tür mit einem Knall zurück, und im Türrahmen erscheint eine Schreckensgestalt, meine Mutter.

Jeder wurde bestraft. Von nun an saßen die Jungen und Mädchen an getrennten Tischen, und es war ihnen nicht mehr erlaubt, miteinander zu sprechen. Gouvernanten umgaben sie wie Geier und paßten ständig auf sie auf. Alle Spielstunden wurden zu Arbeitsstunden. Süßigkeiten waren für zwei Wochen verboten. Die Ahnen blickten finster drein, wie versteinert, und sprachen kaum ein Wort mit den Kindern. Die Mütter und besonders natürlich Tante Karolina hatten einige Tage lang rote Augen. Das kleine Häuschen am Ende des schattigen Pfades wurde zugeschlossen und war für jedermann verboten.

So hörte die in ihren Absichten und Vorstellungen gleiche und klassenlose Gesellschaft der Gruppe II zu funktionieren auf. Das einzige, was blieb, war ihre vereinte Wut gegen mich. »Schwein«, »Petze«, »Spion«, hörte ich sie zischen, wenn sie an mir vorbeigingen.

Aber schon bald verließen wir Czemin – und da also war Rußland!

Heimkehr

Von der ersten Kutschfahrt von Molschad nach Pokrowskoje ist nur wenig in meiner Erinnerung geblieben. Was ich noch weiß, ist, daß wir in Pokrowskoje in der höchsten Blüte eines freundlichen russischen Sommers ankamen und daß die öde, fünfzehn Meilen lange Strecke von Molschad nach Pokrowskoje eine Tortur war, so sandig, daß die Räder der Viktorias und Phaetons oft bis an die Achsen versanken, eine Meile später wieder einem Sumpf gleichend, durch den die schlammigen Wagenspuren liefen und worin Tümpel mit schokoladenbraunem Wasser standen. Dabei fallen mir auch die ständigen Ängste wieder ein, die meine Kindheit erfüllten und die mit Pferden, Kutschen und Straßen zusammenhingen. Es gab vielerlei Gefahren. Würde es den Pferden gelingen, die Kutsche den steilen Berg hinaufzuziehen, den Worobjowskaja Gora, nahe unserer Provinzhauptstadt Nowogrudok? Oder müßten wir aussteigen und schieben, so gut wir konnten, während der Kutscher die Pferde am Zügel zerrte? Würden die quietschenden Bremsen an den Rädern halten, wenn es auf der anderen Seite desselben Berges wieder abwärts ging? Würde ein Rad sich lösen oder eine

Achse in der schlammigen Erde brechen? Würden die Pferde scheuen und durchgehen, den Kutscher von seinem Sitz schleudern und den übrigen menschlichen Ballast in den Graben kippen? Mir klingt deutlich der ängstliche Tonfall in Tante Karolinas Stimme im Ohr, wenn sie den Kutscher Anton vor jeder Ausfahrt, auf die Pferde zeigend, fragte: »Sind sie zahm?« Häufig blieb der Landauer im Schlamm stecken, und wir Kinder mußten eines nach dem anderen auf dem Rücken des Kutschers zum trockenen Wegrain getragen werden. Dort saßen wir auf ausgebreiteten Plaids und sahen zu, wie der Kutscher die Pferde erst streichelte, dann zerrte und schließlich anbrüllte: »Nu!! Nu!! Zieht!!« Vor Verzweiflung begann er dann mit seiner langen, verkrusteten Kosakenpeitsche auf die schönen, fetten Hintern der Pferde loszupeitschen und unwiederholbare Flüche zu murmeln.

Es amüsierte mich, die übliche Reaktion der Pferde zu beobachten. Zuerst kam eine rhythmische Folge von Fürzen, und dann quollen die Pferdeäpfel hervor. Wie oft habe ich neben dem Kutscher auf dem Bock gesessen und mitangesehen, wie die Analpartie des Gaules immer dicker wurde und der blonde, dampfende Pferdeapfel hervorbrach, gefolgt von einem dünnen Rinnsal einer honigfarbenen Flüssigkeit.

Weder meine Mutter noch mein Stiefvater waren gekommen, uns in Molschad zu begrüßen. Sie warteten auf uns vor dem weißen korinthischen Portiko des Herrenhauses von Pokrowskoje. Wir wurden umarmt und ans Herz gedrückt und durch die geräumigen Zimmer zur Gartenterrasse geführt, wo Tee, Kaffee und Kakao auf russische Weise serviert wurden: viele Sorten Brot, schwarzes, graues, süßsaures, goldfarbenes, briocheähnliches weißes, und dazu weiche Pfefferminzplätzchen mit Rosinen, englischer Cake, saure Milch oder Quark mit Zimt und Zucker, verschiedene Rahmkäse und eine große Terrine *macédoine de fruits* aus Stachelbeeren, Johannisbeeren (schwarzen, weißen und roten), Erdbeeren und zwei Sorten Kirschen, dunklen Wischni und hellen Chereschni.

Die Sonne stand noch hoch, und der Duft von Phlox, Heliotropen, Teerosen und winzigen, weißen Rabattenblumen verschmolz an dem warmen Nachmittag ineinander. Nach dem Tee liefen wir die sandbestreute, breite Allee zum Teich hinunter. Wir schrien und lachten, bis uns Pjotr Sigismundowitsch, Fräulein Abzieher und Njanja Ljuba wieder einfingen und uns in unsere jeweiligen Zimmer trieben. Zuerst ging es zum Einseifen in die runde Blechwanne mit zehn Zentimeter tiefem, lauwarmem Wasser, dann wurde mit wärmerem Wasser der Schaum abgespült, und danach ging es ins Bett.

Aber der Schlaf wollte sich an jenem Abend nicht gleich einstellen. Ich lag und hörte auf die Geräusche unten ... Dort plauderten die Erwachsenen laut in dem großen, quadratischen Wohnzimmer und warteten auf die Ankündigung des Butlers (ich glaube, er hieß Alexej), daß das Abendbrot bereit sei. Unterdessen schlich Mitja, mit dem ich das Zimmer teilte, auf Zehenspitzen zum offenen Fenster. Für eine Weile stand er schweigend dort. Dann flüsterte er mir zu: »Komm mal her, sieh mal dort oben.« Ich stand auf, stellte mich neben ihn und sah: Der Abend war warm und duftig. Geradeaus vor mir, über den Baumwipfeln, die Pokrowskojes großen Teich umstanden, hing die Sichel des jungen Julimondes. Der Himmel war klar und leuchtend. Nicht weit vom Mond entfernt, ein wenig nach links, ließ hoch am Himmel ein anderer leuchtender Körper sein kaltes Licht in der ruhigen Oberfläche des Teiches spiegeln. »Das ist die Venus«, sagte mein Bruder. »Wir blicken nach Osten.« Er ging in sein Bett zurück. Ich verstand nicht ganz, was er mit Osten meinte, aber ich blieb am Fenster und sah auf die beiden leuchtenden Himmelskörper, bis der Himmel dunkler wurde und ich Schritte die Treppe heraufkommen hörte.

Ich schlüpfte unter die Bettdecke und tat, als schliefe ich. Es war meine Mutter, die, gefolgt von Koló, leise in unser Zimmer kam. Sie traten von Mitjas Bett an meines, und Mutter beugte sich herunter und gab jedem von uns einen Kuß in den Nacken hinter das Ohr. Dann blieb sie einen Augenblick neben meinem Bett stehen und flüsterte zu Koló: »Wie groß er geworden ist ... ein ganzer Junge.« Dann schob sie die Enden der Decke unter meine Matratze, und beide gingen so leise, wie sie gekommen waren, hinaus.

Unser Leben in Pokrowskoje

Das stattliche Gut meines Stiefvaters hatte, wie es häufig in den Grenzbezirken Rußlands der Fall ist, zwei Namen: einen jüngeren, russischen, Pokrowskoje, und einen älteren, schwer auszusprechenden polnischen, Burdykofschtehisna, den die Fräuleins, Misses und Mademoiselles aus begreiflichen Gründen mieden. Pokrowskoje mit seinem Herrenhaus aus dem 18. Jahrhundert und seinem Garten wurde zu meiner ersten und liebsten Erinnerung in Rußland.

Die Peuckers hatten Pokrowskoje aus dem Zusammenbruch eines anderen deutschen oder baltischen Vermögens erworben. Es hatte einem Eisenbahnmagnaten gehört, einem Herrn von Meck, eben dem, dessen Witwe dreizehn Jahre lang die Beschützerin Tschaikowskys gewesen war, die »geliebte Freundin« einer quälenden, aus guten Gründen nur brieflich abgewickelten Romanze. ·

Dem Gutshaus von Pokrowskoje war eine blasse Spur aus dieser eleganten baltischen Ära geblieben. Einige Möbel in den Zimmern waren sehr hübsch, im Stil des liebenswerten nordischen Empire (helles karelisches Birkenholz mit Hunderten von dunklen sternenförmigen Astlöchern), das so sauber und geschmackvoll aussieht und schön gezeichnete Formen hat. Manche der geblümten Tapeten in den Schlafzimmern, die Chintz- und Roßhaarbezüge in den Wohn- und Eßzimmern gaben dem Innern des Hauses etwas von einem englischen Landhaus. Auch der Garten von Prokrowskoje hatte einen nordischen Charme. Er wurde sorgfältiger gepflegt, als das im allgemeinen bei russischen Gärten der Fall ist, und war voll von Rosen, Steinkraut, Heliotropen und anderen stark duftenden Blumen und Gebüschen. Ich glaube mich zu erinnern, daß an einer der Wände des Wohnzimmers, zwischen Daguerreotypien und Scherenschnitten in ovalen, vergoldeten Rahmen, auch die verblaßte Fotografie zweier junger Männer in Uniform hing. Eine von Kolós Schwestern zeigte sie mir und sagte, es seien die Brüder Tschaikowsky. Der ältere sei Peter, der Komponist, und der jüngere Modest, sein Librettist, der unbescheidene Verderber Puschkinscher Dichtungen. Diese verblaßte Fotografie war nur ein weiteres Erinnerungsstück an die Ära Meck.

In Pokrowskoje begann der Tag, ungeachtet der Jahreszeit, für uns Kinder schon früh. Wir standen um acht Uhr auf und waren um halb neun zum Frühstück unten.

Im Herbst, im Winter und in den ersten Wochen des Frühjahres wurde das Frühstück in dem düsteren, brauntapezierten Eßzimmer serviert. Mit verschlafenen Augen saßen wir unter zwei großen Spirituslampen mit weißen Schirmen und tranken in bleierner Stille unseren Kakao und aßen unser Butterbrot.

Zur Sommerszeit dagegen war das Frühstück ein Vergnügen. Es wurde draußen auf der großen, halbkreisförmigen Terrasse eingenommen, von der man den ganzen Garten überblickte.

Nach dem Frühstück fand der Unterricht statt. Da man mich immer noch als Baby betrachtete, hatte ich weniger und kürzere Lektionen als meine Schwester und mein Bruder. Ich mußte in einigen Sprachen Wörter aus Silben bilden, kurze Gedichte auf russisch, französisch und deutsch auswendig lernen und Rechenaufgaben lösen.

Zwischen neun und zwölf Uhr wurden wir wie leblose Pakete von einem Fräulein zu einer Mademoiselle und von einer Miss zu unserem neuen russischen Hauslehrer Pjotr Sigismundo-witsch weitergereicht, wobei wir uns gelegentlich auf Treppen oder Gängen begegneten.

Zweimal in der Woche hatten wir Religionsunterricht bei dem Batjuschka aus Gorodischtsche. Diese Lektionen ließen mich bestürzt zurück. Der *katechisis* (katechetischer Unter-richt) war schwer zu verstehen, und ebenso schwer war es, dem Batjuschka aufs Wort zu glauben. Ich mußte zum Beispiel das Nicäische Glaubensbekenntnis in Kirchenslawisch lernen. Der Batjuschka erklärte mir den Sinn der Worte nicht sehr gut. Er wiederholte nur immer: »Das lernst du einfach, mein Sohn, dann wirst du sehr bald einsehen, daß das Wichtigste daran ist, daß man es sich immer wieder vorspricht.«

Auf die Minute genau setzten wir uns um ein Uhr an den Mittagstisch. Nach dem Essen mußten alle ruhen. Die Erwach-senen tranken auf der Terrasse Kaffee und verschwanden dann in ihren Zimmern oder gingen ihren Beschäftigungen nach.

Die Haupttätigkeit der Erwachsenen bestand darin, zahllose Briefe zu schreiben. Sie handelten von allem und nichts, waren rührend und trivial, liebenswert und unwitzig. Außerdem führ-ten die Erwachsenen Tagebuch, und wir waren gehalten, ihrem Beispiel zu folgen. Zu meinem siebten Geburtstag schenkte Tante Karolina mir ein hübsches, in Leder gebundenes Buch mit Daten und sauber gezogenen leeren Linien. Aber nachdem ich in unbeholfener Handschrift: »Heute aßen wir einen großen Karpfen« niedergeschrieben hatte, vergaß ich das Buch und habe seitdem nie wieder Tagebuch geführt.

Zu Geburts- oder Namenstagen führten wir alle, die Kinder, die Gouvernanten und Pjotr Sigismundowitsch, ein Stück auf. Ich erinnere mich noch an eine Vorstellung von Krylows Fabel ›Die Libelle und die Ameise‹. Ich war die Libelle und trug ein grünes Cape und einen großen grünen Kopfputz. Mein Gegenspieler war mein Bruder Mitja, ganz in Braun, auf dem Kopf ein Monstrum, das mehr wie eine Schildkröte als wie eine Ameise aussah. Gegen Ende solcher Feste wurde ich meistens gebeten, eine Geschichte zu erzählen – ich war der Märchenonkel der Familie. Die Helden und Heldinnen meiner Geschichten waren immer eine Zarewna und ein Zarewitsch, die alle Arten von Feuerproben sowie Kämpfe mit Ungeheuern und bösen Zauberern zu bestehen hatten. Aber meine Erzählungen endeten stets glücklich. »Darauf gab es ein großes Fest«, sagte ich zum Schluß, »das dauerte vierzig Tage und vierzig Nächte, und alle waren wieder vereint, der Zarewitsch und die Zarewna, ihr Vater und ihre Mutter, und alle waren glücklich, und der Zarewitsch küßte die Zarewna hundertmal, und sie wurden gesegnet von einem Batjuschka in einem goldenen *risi* (Meßgewand), und dann begannen sie zu heiraten. Und sie heirateten und heirateten und heirateten immer wieder.«

Ich begriff nie, warum alle am Ende dieser Geschichte lachten, vielleicht wegen einer seltsamen Vorahnung, aber ich erzählte sie bei jeder Gelegenheit wieder mit dem gleichen Schluß.

In Pokrowskoje gab es viel Musik. Eine unserer Gouvernanten war eine vorzügliche Geigerin. Meine Mutter begleitete sie auf einem Pianoforte, das noch aus der von Meckschen Ära stammte. Unglücklicherweise war das Relikt, das vermutlich von Tschaikowskys Händen gesegnet worden war, permanent verstimmt. Das Gebiß seiner Klaviatur war abgenutzt, und es fehlten auch ein paar Saiten. Darüber war die geigende Gouvernante mit Recht verärgert, aber meine Mutter schien die Defekte des alten Möbels nicht zu bemerken. Sie liebte es, darauf zu spielen, und ich hörte ihr gern dabei zu.

Meine Mutter beherrschte ein Repertoire von Salonmusik, aus *chansons tristes*, ›Gebeten von Jungfrauen‹ und ›Aases Tod‹ gemischt, ein melancholisches Non-stop-Potpourri, dem das defekte Innere des alten Instruments eine gewisse Einheitlichkeit verlieh. Das gleiche Husten, Gegurgel und Geklingel trat immer bei den gleichen Tönen auf, und alle Tasten und Pedale brachten stets nur das gleiche Küchengeschirrgeklapper hervor.

Onja und Mitja begannen damals zu üben, das heißt den Katzendarm ihrer Dreiviertelgeigen mit Pferdehaar zu kratzen. Mittags oder kurz vor dem Essen durchdrangen ausgesprochen schlecht temperierte Geigenläufe die sanfte Stille des Hauses, die dann nach einer Weile die Bahn für Stückchen von säuerlichem Fiebich und Kreisler freimachten.

Wie die meisten russischen Kinder sangen wir gern zusammen und lernten bald, ordentlich zweistimmig zu singen. Mitja und ich sangen unisono die Melodie, während Onja uns mit einer sicher geführten Terz oder Sexte unterstützte. Wir sangen laut und fröhlich, ohne großen Wert auf Nuancen oder andere Ausdrucksmittel zu legen.

Dank unserer vielsprachigen Erziehung kannten wir das gesamte Kinderrepertoire auf französisch, englisch, deutsch und natürlich russisch. Die französischen Lieder mit ihrem Marlborough und »Frère Jacques« fanden wir ebenso langweilig wie die englischen »Three Blind Mice«. Einige süße und zarte deutsche Melodien, besonders eine vom »Röslein auf der Heiden«, ließen sich sehr hübsch singen, aber am meisten liebten wir doch die russischen Lieder unseres Repertoires, von denen ich noch viele im Gedächtnis bewahre.

Später hat man mich belehrt, daß die Lieder, die wir in den ersten Jahren unserer Kindheit gesungen haben, Schund seien, daß man nur die Lieder schätzen dürfe, die dem Boden, dem Herzen und dem Leib von »Matuschka Rossija« entsprungen seien. Sie waren in »zuverlässigen« Liedersammlungen wie denen Borodins und Balakirews oder in Mussorgskys und Rimsky-Korssakows Opern zu finden. Diese authentischen Volkslieder, die aus Rußlands Boden, Herz und Leib gewachsen waren, hatten große Gelehrte nach Gebiet, Sitte, Ritus und Alter geordnet. Einige dieser Lieder waren sehr alt und waren darum für wahr, gut und schön befunden worden.

Aber ich konnte mir damals so wenig wie heute helfen und zog die Bastardmelodien meiner Kindheit vor, mochten sie auch weniger authentisch sein.

Diese Bastardmelodien sind, wie viele volkstümliche amerikanische Lieder, städtischer und vorstädtischer Herkunft. Sie sind stets für weitere Kreuzungsversuche bereit: sie gehen sozusagen mit dem ersten besten ins Bett.

Eine weitere Quelle musikalischer Inspiration für uns war die kleine gekalkte Dorfkirche im nahen Gorodischtsche. Dorthin gingen wir des Sonnabends zur Vesper und an den Sonntagen zum Hochamt. Onja und Mitja wirkten, soweit ich mich erinnere, im Kirchenchor mit. Ich zog die Vespern den Sonntagsmessen vor, weil sie weniger überfüllt und weniger pompös, der Ritus ruhiger und die Gesänge einfacher waren. Die Kirche war

von köstlichen Düften, einer Mischung aus Weihrauch, Kerzen-
wachs und Menschendunst, durchdrungen, und ich liebte es, die
Strahlen der Abendsonne zu verfolgen, die durch die Wolken
bläulichen Weihrauches drangen und das Gold und Silber der
Ikonen abtasteten.

Ein Akoluth, der Diakon oder sehr oft der Priester selbst
intonierte die »Stunden«, die Vesperpsalmodie. Seine eintö-
nige Baßpfeife wurde von dem Respondieren des Chores in
weichem, tiefem und samtenem F-Dur unterbrochen.

Am Ende sang dann der Chor das letzte Abendgebet in einem
freundlich süßen, unprätentiösen Tonsatz. Er war wie das Symbol der Sabbatruhe nach einer arbeitsreichen Woche. Wir gingen in der Abendkühle nach Pokrowskoje zurück und sangen
unsere Lieder und trieben damit Schwärme von Saatkrähen und
Amseln auf, die sich für die Nacht in den Espenwaldungen rund
um Pokrowskojes alten Park niedergelassen hatten.

In der Sonntagsmesse schmeichelte die Musik nicht immer
dem Ohr. Gorodischtsches »Regent«, der Chorleiter, wählte
viel zu schwere Stücke aus. Die Soprane waren besonders
schrecklich. Wenn sie ins hohe Register hinaufkrochen, wurden
sie laut und hoffnungslos mißtönend. Wie brave Schafe folgten
ihnen die Tenöre in ihrer Falschheit, und nach und nach verlor
der Chor jede Spur von Tonalität und endete in einem Dur oder
Moll, das zwischen allen Tonarten lag.

Als ich größer wurde, begann ich die Musik, die in der russischen Kirche zur Zeit meiner Kindheit aufgeführt wurde, zu
hassen. Anstelle traditioneller russischer Gesänge gaben Chöre
drittklassige italienische Oper zum besten. Die meisten russischen Kirchenkomponisten imitierten seit dem 18. Jahrhundert
die seichtesten westlichen Vorbilder.

Ende Oktober des Jahres 1909 wurde meine Mutter krank. Sie
sah blaß aus, klagte über Gliederschmerzen und Kopfweh, und
ihre Augen waren fiebrig und traurig. Es gab viel Geflüster
zwischen Koló und Tante Karolina, und ich merkte, daß etwas
Unvorhergesehenes bevorstand. Eines Tages reiste Mutter mit
Koló ab. Uns wurde erzählt, daß sie sich im Süden Frankreichs
erholen müsse. Schon zwei Wochen später kamen die ersten
Pakete für uns an, eingewickelt in dunkles Ölpapier und in
Tuch genäht. Der Schaffner des Wagon-lit des St. Petersburg-
Nizza-Expresses brachte sie bis Baranowitschi, und jemand
holte sie von dort ab. Sie enthielten *fruits confits* und gepreßte

Sträußchen aus Mimosen, Veilchen und Nelken. Wir legten die Blumen in Behälter mit lauwarmem Wasser, aber sie verwelkten nach ein oder zwei Tagen und hinterließen den Duft einer weit entfernten, warmen und festlichen Welt.

Eine Winterreise

Ungefähr einen Monat nach der Abreise meiner Mutter verkündete Tante Karolina eines Tages nach dem Abendbrot, daß wir Pokrowskoje verlassen würden, um den Rest des Winters in Lubcza zu verbringen. Die Ankündigung wurde von den Kindern mit Jubel und vom Kinderpersonal mit finsterem Schweigen begrüßt.

»*On vient de s'installer*«, grollte Mademoiselle, »*et voici qu'on repart.*« – »Schon wieder weg«, gab ihre deutsche Kollegin zurück, »ein wahres Zigeunerleben ...« Selbst die freundliche englische Miss blickte verzagt auf die bevorstehende Pakkerei.

Für mich lag in der Ankündigung etwas Besonderes, über das Abenteuer der Schlittenfahrt durch die russische Landschaft hinaus. Alle Menschen um mich herum hatten seit den frühesten Tagen meiner Kindheit von der Schönheit Lubczas gesprochen, von dem Schloß mit seinem tiefen Wassergraben und seinen alten Türmen, von dem Komfort des Hauses, vom Njeman am Fuße seines Hügels. Im Laufe des Sommers war der Verwalter von Lubcza mehrere Male nach Pokrowskoje gekommen und hatte über alle Verbesserungen berichtet, die dort unternommen wurden. Das Schloß, der Hof und das Gästehaus waren gerade fertig geworden, neues Parkett, frisches Linoleum überall ausgelegt, die Möbel restauriert und neu bezogen, der Obst- und Gemüsegarten mit neuen Bäumen, Büschen und Blumenbeeten bepflanzt worden. Auch auf dem Hof war alles hergerichtet oder neu gebaut. Es gab einen neuen Kuhstall, eine neue Scheune, einen neuen Pferdestall und eine modernisierte Meierei mit dazugehöriger Käserei. Selbst der alte Dampfer, der uns 1905 aus Lubcza weggeholt hatte, war technisch überholt und mit weißer Farbe überzogen worden. »Nun sieht er aus«, sagte der Verwalter, »wie eine kaiserliche Jacht.«

Etwa eine Woche später wurden wir frühmorgens, lange vor

Dämmerung, geweckt. Wir wuschen uns und zogen uns an und liefen eilends nach unten. Dort warteten der Batjuschka, die angespannten Schlitten und die Kutscher auf uns. Nach einem hastigen Frühstück sang der Batjuschka ein *moljeben* (Bittgebet) für Reisende und besprengte uns alle mit Weihwasser.

Zu dieser Zeit verblichen schon die Sterne und wurden durch das sanfte Licht der Dämmerung ersetzt. Obwohl der Frost sich seinen Weg bis zu unter zwanzig Grad hindurchgebissen hatte, war die Luft ruhig und trocken, und der Tag versprach sonnig zu werden. Nach russischer Sitte setzten wir uns alle noch einmal im Wohnzimmer nieder. Dann begaben sich der weibliche Stammeshäuptling und wir hinterher zu den Schlitten in den frostigen Morgen nach draußen. In der Winterluft stießen die Pferde Wolken von Dampf aus.

Tante Karolina, die Leiterin unserer arktischen Expedition und meiner ersten Fahrt durchs winterliche Rußland, bestieg den ersten Schlitten mit meiner Schwester Onja und der englischen Miss, alle in schweren Pelzen. Die anderen beiden ausländischen Damen und Njanja Ljuba quetschten sich in den zweiten, unser Beschützer, mein Bruder und ich in den dritten. Die übrigen Schlitten nahmen den Rest des wandernden Stammes auf.

Die Fahrt im Schlitten war nicht sehr gemütlich. Trotz des Futterals aus Stroh, Pelzen und Decken, in dem wir lagen, trafen die Schlaglöcher der mit schmutzigem Eis bedeckten Straße unsere Rücken, Hintern und Hinterköpfe ziemlich hart. Der Kutscher trieb die Pferde in schnellem Trab, um den Abstand zum ersten Schlitten zu halten, der wohlgefedert Tante Karolina beförderte, während unser Bauernschlitten schaukelte, schleuderte und von links nach rechts kippte, so daß wir drei wie Lattich im Salatkorb hin und her geworfen wurden.

Wir erreichten Nowogrudok erst nach Sonnenuntergang. Wir kamen an zwei Kirchen vorüber und überquerten einen Marktplatz mit einer weißen Kolonade. Hinter einigen Fenstern brannte Licht, die Straßen waren menschenleer. Wir bogen in eine enge Gasse ein und hielten vor einem kleinen Portal. Ein Schlittenglöckchen nach dem anderen hörte zu bimmeln auf.

Das Haus, in dem wir übernachteten, war meinem Stiefvater als Residenz für den Adelsmarschall überlassen worden. Es war ein Kulturdenkmal, das Geburtshaus von Mickiewicz, doch für uns bedeutete es an diesem Abend nur Ziegelöfen in allen Zimmern und ein heißes Essen, bestehend aus Spanferkel mit *kascha* (Buchweizengrütze).

An sich war das Mickiewicz-Haus viel zu klein für unsere Karawane. Tante Karolina, meine Schwester und die Gouvernanten schliefen in Behelfsbetten im Wohnzimmer. Im Arbeitszimmer wurde für Pjotr Sigismundowitsch ein Sofa aufgestellt, und mein Bruder und ich wurden quer in das Originalbett von Mickiewicz gelegt, in dem wir uns sehr schlecht vertrugen.

Auch am zweiten Tage der Reise brachen wir noch vor der Dämmerung auf. Aber das Wetter hatte sich geändert. Wolken verdeckten die Sterne, ein starker Wind blies, Schnee stach wie mit Nadeln in unsere Gesichter. Tante Karolina ließ das mittägliche Picknick ausfallen, um so schnell wie möglich nach Lubcza zu kommen. So fuhren und fuhren wir in den schwankenden und schaukelnden Schlitten die unsichtbare, uns endlos erscheinende Straße entlang.

Irgendwie schafften wir es, Lubcza zu erreichen, bevor der Schneesturm mit voller Gewalt losbrach. Wir hielten vor dem Haupteingang unter einem breiten Portiko. Wie in der Nacht zuvor verstummten die Glöckchen, und eine Tür öffnete sich, um uns hineinzulassen. Ich wurde in die Halle getragen. Plötzlich lag die Welt aus Schnee, Wind, gleitenden Kufen und beißendem Frost hinter uns. Wir waren zu Hause, umgeben von Wärme und vielen freundlichen Gesichtern. Ich wurde aus meinen verschiedenen Lagen von Wolle und Pelzen geschält und nach oben in mein Zimmer getragen, wo eine Gummiwanne mit warmem Wasser auf mich wartete.

Selbst heute, über sechzig Jahre später, erinnere ich mich noch der Aufregung und Fröhlichkeit dieses ersten Nachhausekommens Anfang Dezember 1909. Es scheint mir, als habe ich niemals wieder in meinem Leben die Erfahrung eines so überwältigenden Glücks gemacht. Über mir hing ein wunderbares Füllhorn und schüttete im Überfluß Freude und Vergnügungen über mich aus.

Alltag und Vergnügungen in Lubcza

Die Jahreszeiten, die ich in Lubcza während der Jahre von 1908 bis 1914 verbracht habe, sind zu einem ununterscheidbaren Ganzen verschmolzen. Ich sehe nur einzelne Ereignisse, unzusammenhängende Bilder außerhalb einer Zeitordnung und unsicher in der Reihenfolge. Alles, was ich damit anfangen kann, ist, sie zu beschreiben, so gut ich dies vermag, und mich von jedem Versuch zurückzuhalten, sie in eine zeitliche Abfolge zu zwängen.

Ich erinnere mich an keine Tatsachen unseres täglichen Lebens in Lubcza, bevor meine Mutter und Koló zurückkamen und den Marschallstab aus Tante Karolinas Hand nahmen. Von diesem Zeitpunkt an änderte sich der Tenor unseres Lebens. Es wurde geregelter und dennoch zugleich fröhlicher. Es wurde auch eleganter. Aber vielleicht ist »elegant« nicht das richtige Wort für das, was ich sagen will. Was ich meine, ist, daß die Atmosphäre frischer, sorgloser wurde, und vom Essen bis zur Konversation schien alles verfeinerter. Koló leitete die Landwirtschaft und die Finanzen mit griechischer Geschicklichkeit und baltischer Willenskraft. Mutter erfüllte den Haushalt mit Charme und Fröhlichkeit. Es gab kein *laisser-faire* oder *laisser-aller* mehr. Der tägliche Ablauf war sorgfältig und präzise durchdacht, hauptsächlich im Hinblick auf uns Kinder.

Es wurde auch ein wenig mehr Etikette in das tägliche Leben des Schlosses gebracht. Ein neuer erster Butler, Nikifor, wurde aus Petersburg importiert. Er trug einen langen, zweigeteilten Kaiser-Maximilians-Bart, den er mit einem abscheulichen Parfüm bestäubte (einer Mischung aus Maiglöckchen und Traubenkirsche) und der oft dem Suppenteller gefährlich nahe kam. Es gab, auch aus St. Petersburg importiert, eine jüngere, saubere, aber nicht sehr hübsche Kammerzofe, Klara geheißen. Sie war auch Baltin und sprach Küchendeutsch und Küchenrussisch und, wie ich vermute, Küchenestnisch oder -litauisch. Beide, sie und Nikifor, standen dem einfacheren Alexej und Njanja Ljuba in der Hierarchie des Haushaltes vor.

Wir mußten uns zum Dinner (dem Mittagsmahl im ländlichen Rußland) umziehen, und es war nicht erlaubt, sich bei Tische hinzuflegeln. Wir hatten unsere Hände *auf* dem Tisch zu halten, nicht drunter. Die Hände hatten in einer bestimmten Position zu sein: die beiden Zeigefinger am Rand des Tellers, »wie es der Kaiser tut«, sagte meine Mutter. Wenn unsere Ellenbogen durch die Luft ruderten, hörten wir die strengen Stimmen von der Miss oder der Mademoiselle oder Pjotr Sigismundowitsch sagen: »Du bist kein Flugzeug«, oder: »Versuche, ein Pinguin und keine Krähe zu sein.« Übertretungen dieser Etikette wurden nach einigen unfruchtbaren Ermahnungen bestraft.

Ein exaktes Bestrafungssystem wurde eingeführt. Es richtete sich nach hierarchischen Gesichtspunkten, wie alles, das uns umgab:

a) Kein Nachtisch.

b) Dasselbe, nur für einige Tage oder gar eine Woche.

c) Für zehn Minuten bis zu einer Stunde in der Ecke stehen.

d) Dasselbe, aber auf den Knien.

e) An einem Katzentisch sitzen und ein mageres Essen ohne Nachtisch bekommen.

f) Brot und Wasser und um sieben Uhr abends ohne Lesen zu Bett.

Die langweiligste und absurdeste Strafe war, hundertmal schreiben zu müssen: Ich will nie wieder »alte Kuh« zu Mademoiselle sagen, oder: Ich will niemals wieder in die Hose machen, sondern zur rechten Zeit aufs Klosett gehen ...

Ich erinnere mich, einmal, als die Erwachsenen, unter ihnen Mademoiselle V., auf unserem holprigen Rasen Tennis spielten, ein französisches Couplet erfunden zu haben, und ich sang es, stolz auf meine poetische und musikalische Erfindung, laut zu einer eigenen Melodie:

»*Venez voir Mademoiselle Verrière,*
Frappe par devant, frappe par derrière.«

Ich wurde sofort ins Schloß zurückgebracht, und mir wurde befohlen, zweihundertfünfzigmal: *L'insolence est un péché, l'amabilité une vertu* zu schreiben. Die Strafe war ungerecht, weil ich mich nur auf Mademoiselles Rückhand und nicht auf ihren *derrière* bezogen hatte.

Um die Hierarchie der Strafen zu kompensieren, gab es auch eine Hierarchie von Vergnügungen.

Die einfachste und niedrigste Stufe in diesem System war, in den Wäldern Beeren und Pilze zu sammeln, oder, was seltener vorkam, duftende wilde Blumen wie Hyazinthen oder Schmetterlinge und Motten zu sammeln, unter denen meine Favoriten die dicken, bunten Nachtmotten waren. Fischen im Fluß oder in den nahegelegenen Teichen stand schon eine Stufe höher. Ganz obenan waren Picknicks oder Feuerwerke.

In den Sommermonaten gab es in Lubcza viele Gäste: Vettern, Tanten, Verwandte oder Freunde der Familie. Sie kamen, und manche blieben Wochen und Monate. Selbst diejenigen, mit denen wir nicht verwandt waren, wurden, wenn sie älter waren, Onkel oder Tante genannt (Rußland hat wie Birma eine Vorliebe für das Onkeltum). Wenn neue Gäste erschienen, gab es gewöhnlich ein Picknick zu ihren Ehren oder einen Besuch auf Onkel Friedrichs benachbartem Gut.

Am höchsten aber standen in dieser Ordnung der Geburtstag Mutters oder Kolós oder die Tage der Hauptheiligen. Bei solchen Anlässen gab es beides, Picknicks, Feuerwerk und Illuminationen, gefolgt von sich in die Länge ziehenden, festlichen Gelagen mit reichen, delikaten Gerichten. Eine Kapelle jüdischer Musikanten kam und spielte auf der Terrasse vor dem Haus. Während des Dankgottesdienstes stimmten die Männer und Frauen vom Gut in den Chor ein, und wir alle sangen die heiteren Moljeben-Responsorien, mit denen wir Mutter und Koló ein »fröhliches und langes Leben« wünschten.

In Lubcza war der Njeman dreihundert Fuß breit. Er kam aus dem dunklen Rand eines Waldes, der sich in ganzer Breite vom östlichen bis zum westlichen Horizont erstreckte, hervor und floß in nahezu gerader Linie aus dem Walde auf Lubcza zu, doch bevor er den Schloßhügel erreichte, wandte er sich jäh westwärts, als mache er eine Verbeugung vor den Schloßbewohnern. An seinem Wendepunkt lag ein kleiner, rechteckiger Hafen, in dem fest verankert unser weißer, klappernder Raddampfer lag. Es war dieselbe »Jacht«, wie Mademoiselle Verrière zu sagen pflegte, die die Nabokov-Kinder in der finsteren Nacht von 1905 von ihrem Vater fortgetragen und damit zugleich den Gefahren der ersten russischen Revolution entzogen hatte.

Seit unserer Rückkehr aus dem Ausland, 1908, leistete sie weit weniger aufsehenerregende Dienste. Wie zuvor brachte sie uns ein- oder zweimal im Jahr zur Bahnstation nach Nowojelnja – aber nur bei hellem Tageslicht, und sie wurde auch in jedem Sommer einige wenige Male für die Picknickausflüge benutzt.

Diese Ausflüge waren für uns Kinder ein großes Vergnügen. Vor jedem beobachteten wir aufgeregt, wie das Schiffsdeck gescheuert und gewaschen, sein Messing poliert, seine Masten geölt und innen der Eßraum mit frisch gestärktem Leinen und Bezügen ausgestattet wurde. Dann verwandelte sich Anton, unser Kutscher, in einen Kapitän und einige Stallburschen und Landarbeiter in Seemänner und begannen die Kessel zu heizen, bis die Nadel auf dem runden, uhrartigen Instrument des Kapitäns anzeigte, daß der Dampfdruck hoch genug und die »Jacht« zur Fahrt bereit war.

Gewöhnlich brachten uns die Ausflüge nicht weit fort. Wir dampften entweder stromabwärts, zu dem Nachbarbesitz meiner Mutter, Djeljatitschi, wo Rinder gezüchtet wurden und es eine Schnapsbrennerei gab. Mit Pferdewagen fuhren wir gemächlich wieder zurück.

Ein anderer traditioneller Dampferausflug führte uns stromaufwärts durch Wiesen und Marschland in das Herz unseres alten weißrussischen Waldes. Diese Exkursion liebte ich besonders. Ich sah gerne dem Flip-Flap der Dampfräder des Bootes zu, wenn sie das Wasser in milchigen Schaum verwandelten, und hörte gern dem Buttern und Dröhnen der Maschinen zu, die mit aller Kraft gegen die starke Strömung des Njeman arbeiteten. Das kleine Boot stöhnte, schütterte und zitterte im Kampf mit seinem ganzen Leib gegen die Strömung.

Es bedurfte stundenlanger Anstrengungen des Dampfers, um uns zu einem vorbereiteten Platz zu bringen. Dort wurden die Maschinen abgestellt, der Anker rasselte hinab und tauchte ins Wasser. Das Boot wurde sicher an alten Baumstümpfen des linken Flußufers vertäut, Anton zog das Seil der Dampfpfeife, und nach einem langen, kläglichen, heiseren »a« in hohem Falsett setzte plötzlich Stille – unaussprechlich schöne Waldesstille ein. Und ebenso plötzlich veränderten sich die Düfte. Nach dem brotähnlichen Geruch des Dampfers und den Fischgerüchen des Njeman umwehte uns der Duft von Moos und Pilzen, von Teer, Wiesenblumen und der reine, alpine Wohlgeruch von sonnenverbrannter Kiefer und Wacholder.

Wir stiegen aus, wanderten durch hohes Marschgras und machten unser Picknick im Schatten von Eichen und Kiefern auf höhergelegenen und trockenen Flächen des Ufers. Die einzigen unangenehmen Begleiter dieser Fluß- und Waldeskapaden waren die Pferdefliegen (Bremsen) und jene fetten und faulen Moskitos mit ihren langen Rüsseln, die uns überallhin folgten, selbst durch unsere Hemden stachen und die Gouvernanten wie auch Tante Karolina (die ihnen so schmeckte) wütend machten.

Die Picknicks wurden lange im voraus von einem verschworenen Komitee vorbereitet, das aus Tante Karolina, Maria Filipowna und natürlich dem ersten Butler und dem Koch bestand. Die Planung wurde vor den Kindern und Gouvernanten geheimgehalten, nur das Datum wurde einige Tage vorher verkündet.

Früh am Morgen schlüpfte ich aus dem Bett und schlich mich auf Zehenspitzen durch einen dunklen Gang eine zugige Treppe hinauf zum Boden. Von dort beobachtete ich durch ein Ochsenauge, wie die Diener einen Karren mit Stühlen, Tischen und Körben beluden, die mit chinesischem Porzellan und Speisen gefüllt waren, und mit großen Schachteln, die Kochgeräte und einen kupfernen Samowar enthielten. Eine Stunde später zogen zwei Pferde den Karren über das weglose Weideland, das unser Haus von den »Eichenwäldern« trennte.

Die Landpartie begann wegen der langen Zeremonien, die unserer Abfahrt vorangingen und die von allen Betroffenen mit Geduld und Resignation erduldet wurden, erst gegen Mittag. Wenn es meiner Mutter Geburtstag war, nahm die Zeremonie nach dem Frühstück in ihrem Boudoir mit Gratulationen und der Überreichung der selbstgebastelten Geschenke der Kinder ihren Anfang. Während wir unsere auswendig gelernten Glückwünsche aufsagten, kämmte das Kammermädchen Klara das Haar meiner Mutter. Klara diente als eine Art griechischen Chores, indem sie die Schönheit, den Nutzen und die Qualität unserer Handarbeiten kommentierte. »Ach, Madame«, rief sie etwa aus und wies auf einen geschnitzten Bilderrahmen, der eine Buntstiftzeichnung eines rotköpfigen Giftschwamms einfaßte, »sehen Sie, wie fein geschnitzt all diese Drehungen und Windungen sind und wie lebendig dieser entzückende Pilz ist.« Oder sie begrüßte mit der gleichen Begeisterung einen mit Blei gefüllten Briefbeschwerer, in den ein Schwalbenschwanz eingelegt war. Die Bleiplatten für diese Briefbeschwerer wurden von einem Zahnarzt gestiftet – ich glaube, er hieß Silberstein –, der ein- oder zweimal im Jahr aus Wilna zu uns kam und fünf Tage lang sein schreckliches Zahngerät im Arbeitszimmer meines Vaters handhabte.

Nachdem die Geburtstagswünsche der Kinder ausgesprochen waren und das Haar zu einer fließenden Coiffure gekämmt war, ging meine Mutter die große Treppe hinab, vorbei an dem ausgestopften Elch, den Bärenköpfen und anderen Jagdtrophäen. Dort nahm sie die Gratulationen des Priesters, des Polizeichefs, des Diakons, des Postmeisters, des stimmgewaltigen Veterinärs, des Rabbi, des stets schlecht rasierten und magenkrank aussehenden Oberaufsehers und verschiedener Dorfhonoratioren, Gäste und Freunde unseres Hauses entgegen. Danach kam das Moljeben. Es wurde von dem Batjuschka des Ortes mit einem ziegenartigen Tenor gesungen, besser gesagt, geblökt in einem mißtönenden Gegengesang mit dem Diakon, dessen bodenloser Baß aus dem fünfzig Klafter tiefen Faß eines Münchener Brauhauses heraufzusteigen schien. Am Ende verwandelte sich das Moljeben in eine Prozession durch das ganze Haus, wobei Unmengen Weihwassers in jedem Zimmer versprengt wurden.

Dann rollten die Kutschen vor dem Portal vor, und wir stiegen ein. Wir fuhren durch Wiesen- und Ackerland, vorbei an der Schmiede, der Zimmermannswerkstatt, den Scheunen und Stallungen und der dampfgetriebenen Meierei.

Die Kutschen erreichten die »Eichenwälder« in einer langen Reihe. Dort hatten die Diener im Schatten der Eichen am Rande des Waldes einen etwa fünfzehn Meter langen Tisch aufgestellt. Er war mit einem weißen gestickten Tischtuch bedeckt und mit Girlanden aus Farn und Wacholder geschmückt. Zwischen den Tellern und dem Silber standen Maiglöckchensträuße in niedrigen ausladenden Krügen. Das Essen begann sofort. Es war lang und reichhaltig und unterschied sich in nichts von den Festgelagen, die nicht im Grünen abgehalten wurden, nur wurde hier der Braten an einem Spieß über offenem Feuer gebraten, und die gebackenen Kartoffeln oder »Kartoffeln in Uniform«, wie sie in Rußland genannt wurden, glänzten von Salzkristallen und Asche. Champagner wurde zusammen mit dem Dessert serviert – ein *stupa*-ähnlicher Turm aus Vanilleeis, von dessen Höhe Haar auf einen spitzenartigen Zaun herunterfiel, alles aus gebranntem Zucker. Und mit dem Champagner gab es Toasts von der Seite des männlichen Teils der Tafel, die jedesmal mit einem lauten, dreifachen Hurra beendet wurden. Ganz am Schluß hielt unser Priester eine Rede, deren Faden sich um eine Anzahl beispielhafter Ehen des Alten und Neuen Testaments wand, unter sorgfältiger Vermeidung der weniger exemplarischen, wie Loths, Samson und Dalilahs, Holofernes und Judiths. Anschließend intonierte der Diakon aus dem Grunde seiner Stimme das Dankgebet. Um den Tisch herumstehend, das Champagnerglas in der Hand, übernahmen wir in der dem Manne höchstmöglichen Lage die Melodie und warfen die letzte Bitte zurück:

»Lange Jahre
Laaaange Jahre
Laaaaange Jahre ...«

Nach all diesen Anstrengungen wurde selbst von den zappeligsten Mitgliedern unserer Gesellschaft eine Ruhepause begrüßt.

Wir verstreuten uns im Wald und legten uns auf das Moos im Schatten von Haselnußbüschen, von dem Flüstern der Eichen und dem Gezwitscher der Vögel in den Schlummer gewiegt. Wir atmeten den Duft des Sommerwaldes ein, während unsere Mägen die Fette und Proteine einander anglichen, die wir in so reichlichem Maße verschlungen hatten.

Die Verdauungspause wurde bald von einem Ruf »zu den Waffen!« unterbrochen, das heißt zu den Körben, Netzen und Botanisiertrommeln unserer Expedition. Augenblicklich machte sich jeder allein auf den Weg durch das Unterholz und versuchte, einen niedlichen Schwalbenschwanz (den wertlosen *Papilio machaon* der Leptideptoderologisten) oder ein verträumtes Pfauenauge zu finden, das sich unter einem Haselnußblatt versteckt hielt, oder einen Waldblumenstrauß zu pflücken. Später in der Jahreszeit gab es Erdbeeren und noch später Blaubeeren, winzige Preiselbeeren, Moosbeeren, *kliukwa* genannt, und schließlich die hervorragendste Gabe des Waldes, die raffiniertesten Künstler im Verstecken: die Pilze. Ihre Zeit begann in unserem Teil Rußlands im Juli und dauerte bis zu den Septemberfrösten. Die Suche nach ihnen war unser beliebtester und ehrgeizigster Sport.

Tante Karolina bildete gewöhnlich den ruhenden Pol und den Orientierungspunkt bei unseren Suchaktionen. Ihre Körperfülle schloß jedes Kriechen zwischen Föhren- und Rottannenzweigen, stacheligen Wacholder- und Brombeerzweigen aus, selbst das Gehen über moosbewachsene Flächen, die häufig einen Sumpf unter sich verdeckten. Infolgedessen suchte sie sich einen Baumstumpf nahe einer Lichtung, saß dort und konnte jedem die Richtung angeben, der nach ihr rief.

Wenn die Sonne weit genug westwärts geglitten war, um zur Teezeit zu mahnen, ließ sich Tante Karolina, so laut sie konnte, hören: »Kommt ... kommt alle ... es ist Zeit zum Tee-e-e-e!« Wie Pawlows dressierte Hunde liefen wir bei ihr zusammen, jeder ängstlich darauf bedacht, daß seine Beute als größte, beste und seltenste gelobt würde.

Nach dem Tee veranstalteten wir Spiele, wanderten am Saum des Waldes entlang oder lungerten am Teetisch herum und hörten Geschichten und Märchen von einem alten Bauern, einem wandernden Spielmann und Wahrsager mit dem Spitznamen Moroz, was in Rußland soviel wie Frost heißt.

Niemand wußte seinen Vornamen, noch woher er kam, doch sein Ruhm als Heimatdichter war in unserer Gegend weit verbreitet. Er tauchte wie durch ein Wunder aus dem Dickicht des Waldes auf, erzählte seine neuesten Geschichten, las noch einem halben Dutzend der Gesellschaft aus der Hand und war wieder fort, genauso unbemerkt und spukhaft, wie er gekommen war.

Sommerabende waren in unserem Teil des Landes lang, und der Wechsel vom Tag zur Nacht geschah ganz allmählich und kaum wahrnehmbar. Die Sonne ließ sich viele Stunden Zeit, ehe sie hinter dem Horizont versank. Noch lange nachdem der obere Rand der fetten, runden Scheibe vom Njeman verschlungen worden war, lungerte ihr feuerrotes, orange- und rosafarbenes Andenken am Himmel und auf dem Spiegel des Flusses, als wäre sie abgeneigt, unser ruhiges Land zu vergessen und die halbschattige Ebene und die Stille des Waldes zu verlassen.

Zu Fuß gingen wir mit Onja, P. S. und den Gouvernanten nach Hause zurück, vorüber an Haufen frischgemähten Heus, und weckten Züge von Enten, die sich im Schilf an den niedrigen Ufern des Njeman verborgen hatten. Vor uns leuchteten in der Ferne wie bei einem Scherenschnitt die Fenster unseres Schlosses auf. Wie alle russischen Kinder sangen wir im Chor, brachen die Abendstille, indem wir unser ganzes Herz in das schmachtende, sentimentale Lied nach Lermontows Gedicht legten:

»Durch den Ne-bel
Seh ich den fels-gen We-eg ...
Die Nacht ist ru-hu-hig ...
Die Wüste lauscht auf Go-ho-hott,
Und es spricht ein Stern zu einem Stern.«

Das offene Fenster

Aber unser Leben in Lubcza war nicht nur auf die Vertilgung siebengängiger Mahlzeiten und müßige Vergnügungen ausgerichtet. Von den täglichen Obliegenheiten waren die Klavierstunden und das Üben unter Aufsicht zweifellos am langweiligsten. Sie schienen mir gegen die Natur der Musik zu sein.

Zuerst kam die Musik durch ein offenes Fenster zu mir. Es war das Fenster meines Schlafzimmers im ersten Stock unseres Hauses. Dort saß ich im Sommer auf dem breiten Fensterbrett und sah den langen Sonnenuntergängen zu, dem Schwinden der Farben auf dem Spiegel des Njeman. Ich atmete die milde Luft, die voll vom Duft der Linden- und Tabakblüten war, und lauschte auf die widerhallenden Schläge der Äxte, die in der Ferne auf die Balken von Flößen niedersausten und die Rufgesänge der Holzfäller begleiteten.

Diese seltsamen Wechselgesänge der Flößer erfüllten die abendliche Stille mit Einsamkeit und Verlassensein. Sie stiegen von ferne auf, vom äußersten Saum des nördlichen Horizonts, wo die dunkler werdenden Windungen des Njeman vom Wald verschluckt wurden, begannen mit einer Frage, angestimmt von einer hohen Männerstimme, die klagend in einer kleinen Terz hinauf- und hinabglitt und dabei doch leidenschaftslos und ohne Ausdruck blieb. Am Ende der Frage brach die Stimme wie erstickend in einer seufzerartigen Kadenz ab, und dann war wieder die Stille da, unterbrochen von dem Schlag der Axt.

Einen Augenblick später antwortete eine andere Stimme, viel näher, manchmal direkt unter meinem Fenster. Sie nahm den letzten Ton des traurigen Seufzers auf und antwortete mit der gleichen klagenden Tonfolge, nun aber Wort für Wort verständlich:

»Wir treiben fünf Flö-ö-öße
Für Kaufmann Kerneitschu-u-uk ...«

Und die auf dem Floß an einem kleinen Feuer stehende Silhouette sang weiter:

»Wir legen ab vor Dämmerung ...
... Und ihr, wann fangt ihr an?«

Wieder Stille. Dann schwebten von weit fort sorgenbeladene Vokale durch die Luft und zogen dieses seltsame Responsorium für den Abend in die Länge, bis Venus sich hinter die letzten Streifen des karmesinroten Sonnenuntergangs zurückgezogen hatte. Nur noch die anschlagenden Hunde unterbrachen das Schweigen der Nacht.

An den Morgen des frühen Sommers kamen die Stimmen der Heuerinnen durch das offene Fenster zu mir. Ich schlüpfte aus dem Bett und sah den Frauen zu, wie sie hintereinander, schnell und leichtfüßig, wie tanzend in die Wiesen gingen, jede mit einem Rechen über der Schulter. Wenn sie auf der Schiffsbrücke waren, klatschten ihre nackten Füße auf die nassen Planken. Die Mädchen sangen schnelle, fröhliche Lieder mit kurzen, sich wiederholenden Phrasen. Am Ende jeder Strophe hielten sie inne. Zwei oder drei sangen allein weiter, und als strebten sie einem Unerreichbaren zu, stiegen ihre Stimmen in einem schrillen Glissando in höchste Höhe und hielten dort den Ton laut aus. In diesem Augenblick fielen die anderen mit der nächsten Strophe ein und übertönten in wildem und ungestümem Ansturm die hohen Fermaten der Solistinnen. Die Stimmen dieser Frauen waren rauh und kreischend, und das Lied, das sie sangen, war stark und hell.

Am Abend kehrten die Frauen wieder ins Dorf zurück, aber nun gingen sie langsam und sangen andere Lieder, ruhigere und trägere, deren lange, wogende Melodien sich auf endlos gehaltenen Tönen hinzogen. Die Harmonien waren so klar und durchsichtig, daß sie wie ein durchgehendes Unisono wirkten. Wieder schien es hier, als gehorchten die Heuerinnen, wenn sie sich nach dem Tagewerk ins Dorf schleppten, den Gesetzen der Natur, indem sie ihre Lieder der Abendstimmung anpaßten, ihrer klaren Sanftheit und dem ersterbenden Sonnenlicht.

Aber das musikalische Fenster meines Schlafzimmers beschränkte sich nicht auf die Darbietungen von Volksliedern und den Ruf der Holzfäller. Andere Klänge, andere Teilchen musikalischen Urstoffes drangen ein und wurden von meiner Vorstellungskraft gierig aufgenommen. Ich spreche nicht von den Geräuschen der Natur, denn ihnen gegenüber blieb ich eigenartig gleichgültig. Bis vor kurzem verstand ich nicht, daß Musiker überhaupt von ihnen angezogen werden. Für mich war das Gezwitscher der Vögel (die störende Nachtigall eingeschlossen), das Zirpen der Grillen, das Gluckern der Bäche und all diese als ergötzend angesehenen Phänomene nur erträglich, wenn ich nichts zu tun hatte. Selbst in Zeiten völliger Muße brachten sie mich durch ihren Mangel an wahrnehmbarer Ordnung und Symmetrie und ihre ungenaue Stimmung aus der Fassung. Wenn ich Klavier spielte oder über Noten brütete, verschloß ich fest mein Fenster und verbat der falschen großen Terz des Kukkucks oder dem Molldreiklang der Goldamsel, mich zu stören und mich abzulenken. Erst sehr viel später im Leben und dank Olivier Messiaens ›Chants des Oiseaux‹ und ›Les Oiseaux Exotiques‹ begriff ich, wie sehr ich mich geirrt hatte.

Was ich gern durch das Fenster belauschte, waren die Fetzen trunkener Akkordeon-Melodien, die sonnabends aus dem Dorf erklangen, oder Bruchstücke sentimentaler Platitüden voll von alkoholischer Einsamkeit, gesungen von einem verzweifelten Mann am Flußufer, oder die sanften, lyrischen Lieder der Mädchen, die das Gemüse jäteten.

Während der Sommermonate schwammen die jüdischen Dorfkinder an dem nördlichen Ufer des Njeman. Ich saß auf meinem Fensterbrett und beobachtete sie, wie sie am Ufer umherliefen und ins Wasser sprangen. Durch das Gelächter, das Rufen, die Redereien und das Kauderwelsch hindurch hörte ich die Tonfolge jiddischer Lieder mit ihren merkwürdigen orientalischen Wendungen und ihren verführerischen, tänzerischen Rhythmen.

Aber das Fenster bildete nicht den einzigen Zugang, durch den Musik in mein erwachendes Bewußtsein drang, obwohl es vielleicht der vertrauteste und am häufigsten gewählte war. Ich hatte andere, direktere und offensichtlichere Berührungspunkte mit der Musik. Zunächst gab es, wie schon erwähnt, die Gottesdienste in der Dorfkirche: Am Sonnabend Vespern und am Sonntag die Messe. Zu ihnen fuhren wir in einem *défilé* von drei oder vier Kutschen, und bei ihnen gab ein gut geölter Chor die völlig unbegabten Schöpfungen der russischen Kirchenkomponisten des 19. Jahrhunderts zum besten, manchmal aufgefüllt mit traditioneller Liturgie oder was man dafür ansah.

Und dann war da ein kleiner, merkwürdiger, alter Mann, der während der Sommermonate als Nachtwächter in unserem Obstgarten arbeitete. Trophim oder Troschka, wie er genannt wurde (keiner, er selbst eingeschlossen, erinnerte sich seines Nachnamens), hatte nur ein Auge. Sein linkes Auge hatte er im Krimkrieg von 1855 oder auf dem Balkanfeldzug von 1878 verloren. Er war nie sicher, bei welcher der beiden Gelegenheiten. Er sprang mit seiner Geschichte rigoros von Sewastopol nach Adrianopel und von 1855 nach 1878 und brachte die Orte, Daten und Feinde durcheinander. Mir schienen alle Geschichten überzeugend, aber die Dorfbewohner glaubten keiner und sagten, er sei einäugig geboren und sei darum nichts anderes als ein *chort odnoglazji*, ein einäugiger Teufel. Dies bestritt er mit Nachdruck, und als Beweis für seine Kriegserfahrungen zeigte er die Narben auf seinem Rücken, die vielleicht mehr von den Gebräuchen der zaristischen Polizei herrührten als von Heldentaten in der Schlacht. Sein anderes Auge war mit einem pfenniggroßen grauen Star bedeckt, was ihn praktisch blind machte.

Wie viele Blinde hatte er einen außerordentlichen Gehörsinn entwickelt. Er hörte und erkannte die Quelle des geringsten Geräusches, von dem leisesten Piepen eines eben geschlüpften Spatzen bis zum Rascheln trockener Blätter, das ein sich eingrabender Maulwurf verursachte.

Wenn ich mich seiner kleinen Strohhütte näherte, die er sich jedes Jahr unter dem gleichen Birnbaum baute, begrüßte er mich schon von weitem, weil er mich am Klang meiner Schritte erkannt hatte. Troschka war ein *skazitel* von russischen Volksmärchen – das bedeutete zweierlei, Erzähler und Spielmann. Ich verbrachte viele Nachmittagsstunden bei ihm, saß auf der Erde vor seiner Hütte und hörte seinem meckrigen, zittrigen Singsang zu. Troschka erzählte seine Märchen auf eine kunstreiche und musikalische Weise. Er sprach die Worte deutlich aus und intonierte Stimmlagen, die weit über seine Sprechstimme hinausgingen. An den emphatischen Punkten einer Geschichte, oder wenn ein Wort ihm besonders klangvoll schien – wie viele Russen liebte er lange, vielsilbige Worte mit einer daktylischen Endung –, hielt er manchmal den Augenblick für eine besonders liebevolle Darstellung gekommen. Er warf seinen Kopf zurück, verlängerte die Vokale, indem er sie mit einem zärtlichen Vibrato sang, was seinen zerknitterten Bart erbeben, seine Hände schütteln und sein Auge tränen ließ. Am Ende jeden Satzes schmücke er seine Kadenz mit einigen melodischen Verzierungen aus. Er überschritt jedoch bei seiner musikalischen Erzählweise nie den Bereich einer Quart.

Troschka erzählte nie von berühmten Helden und Rittern der russischen Sage oder andere erfundene Volksmärchen. Die meisten seiner Erzählungen waren dunkel, und ich bin ihnen weder vorher noch später je wieder begegnet. Sie handelten allesamt von Liebschaften, Hochzeiten, Tod und Verrat von Prinzen und Prinzessinnen, von großen Dürren, mörderischen Seuchen, hungrigen Wölfen im Walde, geheimnisvollen Vögeln, tückischen Füchsen, klugen Bibern, schwer arbeitenden Ochsen und dem abgezehrten, überarbeiteten Lastpferd. Vor allem aber sang er von dem Überfluß der Gaben Gottes an die Menschen und der Dauer der Menschensaat. Ich habe die meisten seiner Geschichten vergessen, aber die wenigen, an die ich mich noch erinnere, betreffen dieses besondere biblische Thema, des Menschen stete Fruchtbarkeit.

An den Tagen der Heiligen und den Geburtstagen mieteten wir

uns aus dem Dorf oder aus Nowogrudok ein jüdisches Orchester. Es bestand aus einer Geige, einer Zither oder Gitarre, manchmal auch einer Harfe, einem Akkordeon und einem Kontrabaß. Diese Besetzung spielte außergewöhnlich unterschiedliche Stücke: Potpourris aus berühmten Opern, Militärmärsche, Wiener Walzer, die klebrigsten Zigeunerlieder und jüdische Tänze, wie den hüpfenden *maiufess,* der vor Glissandi, Tremoli und tränenreichen Vibrati überfließt.

Ich liebte besonders die Geiger dieser Orchester. Mich begeisterte ihr scharfer, kratzender Ton, ihre Fähigkeit, über den ganzen Steg des Instrumentes zu schmieren, und dazu ihre plumpe, rauhe Art, Doppelgriffe ertönen zu lassen, die Strawinsky in seiner ›Geschichte vom Soldaten‹ so genial kopiert hat.

Weihnachten

Moissej Jossifowitsch pflegte einmal in der Woche in die sogenannte Bibliothek des Schlosses zu kommen. Er brachte ein paar frischgebundene Bücher und nahm einige broschierte (meist aus der Tauchnitz-Edition) wieder mit. Den Titel jeden Buches, den Namen des Verfassers und das Erscheinungsjahr trug er in ein großes, schwarzes Kontobuch ein, das er zu diesem Zweck in vier Teile aufgegliedert hatte: Russisch, Französisch, Deutsch und Englisch. Auf die Titelseite hatte er in schönen Lettern das Wort »Katalog« gemalt.

Moissej Jossifowitsch, dessen Nachnamen ich nie gewußt habe, war unser Buchbinder, unser Bibliothekar und gelegentlich auch Vorleser von biblischen Geschichten. Er war ein hochgewachsener, bleicher Mann, mit einem silbernen Haarschopf, einem Tolstoi-Bart, einem pergamentenen Gesicht mit hellen blauen Augen und einer geraden griechischen Nase. Er war, wie ich später erfuhr, der *zadik* (Älteste) der chassidischen Gemeinde unseres Dorfes. Er las im Singsang eines Tenorinos, und wenn er sprach, war seine Stimme nur wenig mehr als ein Geflüster. Er trug einen schwarzen Gehrock und zog von Zeit zu Zeit aus seiner Hose Kandiszuckerstückchen, deren Einwickelpapier leicht nach Hering roch. Es war etwas Freundliches, beinahe Heiligmäßiges an ihm, und ich mochte ihn immer lieber

und freute mich auf seine wöchentlichen Besuche in der Bibliothek.

Diese »Bibliothek« war ein rechteckiger Raum mit Regalen
aus heller Eiche. In seiner Mitte stand ein mit grünem Fries
belegter Tisch mit Stühlen herum. Er war mit Zeitungen und
Zeitschriften bedeckt. Die Regale enthielten nichts Wertvolles,
mit Ausnahme vielleicht einiger Bücher über Jagd, einiger zoo-
logischer und speziell ornithologischer Werke, ferner Bände
von »Klassikern« in verschiedenen Sprachen. Der größte Teil
bestand aus Büchern, die jemand jemandem geschenkt oder einer der Gäste liegen gelassen hatte, aber alles – dank der Tätigkeit von Moissej Jossifowitsch – ungeachtet seines Wertes
oder Inhalts, schön gebunden und nach Größe und Farbe geordnet.

Moissej Jossifowitsch sprach ein gutes Russisch mit geringem
jüdischen Akzent, doch zuweilen tauchten jiddische Wörter wie
»Meschuggene« in seinen russischen Sätzen auf, und am Ende
des Tages verabschiedete er sich mit »a git' Nocht«. Manchmal
bat ich M. J., mir etwas auf hebräisch vorzulesen. Dann wurde
sein Gesicht streng, und er sagte in einem verlegenen, aber ernsten Ton: »Ich bin nicht hier, um das zu tun.«

Einmal verschloß er, als er und ich allein im Zimmer waren,
die Tür, zog aus seiner Westentasche eine winzige Rolle hervor,
entfaltete sie, setzte eine kleine, schwarze Kappe auf und leierte
mit weicher Stimme einige Sätze, den Kopf nach vorn gebeugt,
die Augen halb geschlossen und den Körper auf dem Stuhl hin
und her schwingend. Ich weiß nicht, was er sang, aber ich erinnere mich, daß die Worte schwer und schön und ehrfurchter-
weckend klangen ...

Am 24. Dezember 1908 befahl man mir nach einem dürftigen
Frühstück mit Keksen ohne Marmelade und ungesüßtem Apfel-
tee, in die Bibliothek zu gehen und mich von dort nicht fortzu-
rühren. Das Haus war voller Trübsal. Tante Karolina, das Gesicht rot und in Tränen, hatte am Tag zuvor gesagt, daß Mutter
sich in Wilna einer gefährlichen Operation unterziehen mußte.
Die Operation schloß Chloroform ein – ein Wort, das mich
erzittern ließ – und eine Menge bedeutender Ärzte. »Der Ausgang ist unsicher«, sagte sie. Wir drei Kinder waren bekümmert,
besonders als Tante Karolina noch hinzufügte, daß unter diesen
Umständen »es ausgeschlossen ist, irgendwelche Festlichkeiten,
ausgenommen natürlich die religiösen, zu veranstalten und daß
es weder einen Christbaum noch Geschenke gibt«. Sie sagte das

alles in einem endgültigen Ton, der jedes Gegenargument aus-
schloß.

So saßen wir denn in der Bibliothek an dem Tisch mit dem
grünen Fries, zappelten auf unseren Stühlen herum und hörten
uns alle möglichen frommen Geschichten an, die mit der Geburt Jesu zu tun hatten. Wir lebten seit einigen Wochen in
Fasten, und zwar griechisch-orthodoxen, die Eier, Milch, Sahne
und Butter ausschlossen und Fisch nur an Sonntagen erlaubten.
Der letzte Tag der Fasten, der Heilige Abend, ist der Höhepunkt, an dem man überhaupt nichts mehr essen darf, bis der
erste Stern, der von Bethlehem, aufgegangen ist. Nach der
Christvesper in der Kirche sollte es, wegen Mutters Zustand,
nur das rituelle Gericht, eine Gerstengrütze ohne Butter oder
Milch und ein Kompott aus Backobst geben, Gerichte, die an
die Flucht der Heiligen Familie nach Ägypten erinnern. Nach
diesem rituellen Mahl würden wir dann zu Bett gehen und für
die Gesundheit unserer Mutter beten.

Während wir so dasaßen, hörte ich Füße die Treppe hinauf
und hinunter bis zu unserem Spielzimmer im ersten Stock
schlurfen. Pjotr Sigismundowitsch und die Gouvernanten wurden hinausgerufen und kamen, ohne ein Wort zu sagen, zurück.
Ich dachte, es müßte wohl etwas mit Mutters Krankheit zu tun
haben. Draußen fiel ständig Schnee, und kein Stern war in Sicht.

Zum Schluß blieben wir drei mit Moissej Jossifowitsch allein
zurück. Er las uns keine Geschichten aus dem Neuen Testament
vor, statt dessen Psalmen und Stellen aus dem Alten Testament.
Ich unterbrach ihn und fragte: »Ist es wahr, daß Jesus geboren
wurde, nachdem der Stern am Himmel erschienen ist, oder ist es
nur ein *skaska*, ein Märchen?« M. J. antwortete zögernd: »Nun,
das ist etwas, das eure Religion euch lehrt.« – »Und was lehrt
euch eure?« M. J. beugte seinen Kopf zu mir herab und antwortete mit der gewohnten Freundlichkeit: »Das wirst du später
erfahren, Nikuschka, wenn du erwachsen bist.« – »Aber unser
Batjuschka hat mir erzählt«, fuhr er fort, »daß Jesus geboren
wurde, nachdem der Stern aufgegangen war und ...«

Ich konnte meinen Satz nicht vollenden. Tante Karolina stob
mit einem vor Freude strahlenden Gesicht und roten Augen ins
Zimmer. Sie konnte kaum sprechen. In ihrer Hand hielt sie ein
Telegramm und winkte uns damit zu. Wir flogen hin zu ihr und
umarmten sie. M. J. nahm das Telegramm und las es laut vor:
»Lidotschka erfolgreich operiert. Sie ist außer Gefahr. Gott
segne Dich und die Kinder. Koló.«

»Wir fahren nicht zur Kirche«, sagte Tante Karolina. »Es ist jetzt zu spät. Der Gottesdienst hat schon begonnen, und außerdem schneit es zu sehr. Der Batjuschka aus Djeljatitschi wird herkommen. Er wird das Moljeben im Wohnzimmer abhalten, und dann gibt es für uns alle eine Überraschung ...« Und ihr sanftes Gesicht ging in einem vollmondhaften Lächeln auf. »Aber was ist mit dem Stern?« fragte ich Tante Karolina. »Oh, der Christstern, der ist schon lange aufgegangen, er ist hinter Wolken und Schnee versteckt. Du bekommst deinen Stern schon noch, du wirst ihn sehen, sobald der Batjuschka sein Moljeben beendet hat.« Die Stimmung hatte augenblicklich umgeschlagen. Wir saßen um den lieben alten M. J. herum und redeten, lachten und scherzten. Ein wenig später traf der Batjuschka ein. Er sang das Moljeben, offenbar auf Tante Karolinas Wunsch in großer Eile, und dann intonierten wir alle das *mnogaja ljeta* (ein Bittgebet um langes Leben) für Mutter.

Nun aber kam Tante Karolinas »Überraschung«. Sie sagte: »Kinder, jetzt geht es ... ins Bett. Gehen wir nach oben.« Angeführt von dem Batjuschka in seinem Festgewand, in den Händen ein Gefäß mit Weihwasser und ein Bündel Zweige, folgten wir Tante Karolina in den ersten Stock. Oben flogen die Türen unseres Spielzimmers auf, und da stand in der Mitte, leuchtend von hundert Kerzen, ein unvergeßlicher Weihnachtsbaum, der schönste meines Lebens. Auf seiner Spitze steckte ein sechszakkiger Stern, von Kerzen umstrahlt, der sich durch irgendeinen Trick drehte und ein leises Gebimmel von sich gab. Der ganze Baum war mit silbernen und goldenen Girlanden, Schneeflokken, vergoldeten Nüssen, Zuckerwerk, Gebäck und winzigen Tangerinen aus Nizza behängt. Unter dem Baum stand die Krippe mit Joseph, Maria, den Hirten und den Heiligen Drei Königen und allem Getier. Der Batjuschka stimmte das Christvespergebet an, und wir antworteten mit dem deutschen ›Stille Nacht‹, mit ›O du fröhliche‹ und dem lustigen ›O Tannenbaum‹.

Im nächsten Jahr stand der Tannenbaum am gleichen Platz in unserem Spielzimmer im ersten Stock des Schlosses, und wie im Vorjahr bogen sich seine Zweige unter dem Gewicht der Girlanden, des Gebäcks, silbernen Flitters und Hunderten von Kerzen. Auf seiner Spitze drehte sich derselbe goldene Stern mit weihnachtlichem Gebimmel. Und dennoch war alles ganz anders.

Diesmal wußten wir, daß es einen Christbaum geben würde.

Wir wußten auch, daß wir zur Christvesper in die Dorfkirche gehen würden und daß nach der Vesper angenehme Überraschungen auf uns warteten. Aber vor allem wußten wir, daß Mutter und Koló zu Hause waren, nach langer, langer Abwesenheit und mit ihnen eine sechs Monate alte Schwester, Lida (nach meiner Mutter getauft), die in demselben Bettchen lag, in dem ich meine ersten Lebensjahre in Lubcza verbracht hatte, in dem neugestrichenen Kinderzimmer neben dem Boudoir meiner Mutter.

Der Brauch des eintägigen Fastens wurde auch Weihnachten 1909 wieder genau eingehalten. Wieder wurden wir in die Bibliothek eingesperrt und mußten dieselben Weihnachtsgeschichten anhören. Doch diesmal war der Tag hell, die Sonne schien, und ein steifes Laken aus Schnee lag über der Erde. Diesmal, dachte ich bei mir, muß der Stern erscheinen. Er kann sich nicht gut auf dem wolkenlosen Himmel vor uns verstecken. Das Haus war von Geräuschen angefüllt. Es gab ein unaufhörliches Hin und Her zwischen dem Erdgeschoß und dem ersten Stock, und meine Aufregung wuchs mit jedem Augenblick. Als es gegen vier Uhr nachmittags in der Bibliothek dunkler wurde, trat Moissej Jossifowitsch ans Fenster, sah hinaus und zeigte auf einen leuchtenden Punkt an dem noch hellen Himmel. Er sagte: »Das ist sie«, und indem er über seinen Backen- und Kinnbart strich, fügte er hinzu: »Die Venus.«

»Was meinst du mit Venus?« fragte ich.

»Ja, Venus, der Abendstern«, sagte Onja.

»Aber wo ist der Stern von Bethlehem? Soll der nicht zuerst aufgehen?« stotterte ich.

»Nun, das ist, was ihr den Stern von Bethlehem nennt«, antwortete M. J., noch immer den leuchtenden Himmelskörper betrachtend und seinen Bart streichelnd. »Es ist kein Fixstern, sondern ein Planet. Sieh, wie klar sein Licht ist, es blinzelt nicht wie Sternenlicht ...«

In diesem Augenblick meiner ersten Lektion in Astronomie hörte ich das Geräusch von Schlittenglocken und Pferdehufen auf der Brücke und stürzte zum Fenster. Drei große Schlitten fuhren vor dem Schloß vor.

Die Tür zur Bibliothek flog auf und Mutter, Koló, Tante Karolina und P. S. erschienen, festlich gekleidet. Mutter trug ein burgunderrotes, mit Zobel gefüttertes Samtcape mit hochstehendem Kragen. Ihr Haar war von einem weißen Shawl bedeckt, und ihre Augen lächelten.

»Kommt Kinder«, sagte sie, »zieht euch an, sonst kommen wir zu spät zum Vespergottesdienst.«

Ihre Worte riefen ein Stampede von Mänteln, Pelzstiefeln und Hüten hervor. Alsbald in Wolle und Pelze gehüllt, bevölkerten die Mitglieder unseres Haushaltes die Halle. Dann gingen wir unter Kolós Führung zu den wartenden Schlitten.

Der Batjuschka hatte auf uns mit dem Beginn des Vespergottesdienstes gewartet. Ich sehe noch das Meer von glänzenden Gesichtern, die alle, in sanftes Kerzenlicht getaucht, der Ikonostase zugewandt sind. Von Zeit zu Zeit geht eine Bewegung durch die Menge, wenn der Starost, der Kirchenälteste, uns durch das Menschendickicht an unseren Ehrenplatz führt oder wenn er mit seinen Akoluthen, von denen jeder eine Silberplatte trägt, seinen Weg durch die Menge bahnt, um Kupfer- und Silbermünzen einzusammeln.

Das rosa Gesichtermeer strahlt Freude und Wärme sowie eine starke Mixtur von Gerüchen aus: nach brennendem Wachs, feuchtem Filz, Schweiß und Leder, alles vermengt mit dem blauen Weihrauchdunst.

Ich stehe neben meiner Mutter ohne Hut und Mantel und halte mich an den Spitzen ihres cremefarbenen Kleides fest, während sie die seidene Lavalièrekrawatte meines Anzuges festbindet.

Gemäß der Zeremonie tritt der Diakon Sergej aus einer der Seitentüren des Altares. Er ist in festliches Silber und Gold gekleidet. Er geht zur Mitte der Ikonostase und hält vor der Königstür inne. Zuerst verbeugt er sich, dann kniet er nieder und berührt den Boden mit seiner Stirn. Dann steht er unter Verbeugungen wieder auf, bekreuzigt sich mit seiner breiten goldenen Stola und beginnt mit seiner Beschwörung, den Bittgebeten, den Ektenien. Ein Schauder geht mir den Rücken hinunter, wenn ich seinen Baß die ersten Worte des Gebetes dröhnen höre. Er setzt so tief an, daß es scheint, als käme seine Stimme von unterhalb des Fußbodens. Langsam, sehr allmählich gleitet sie dann aufwärts, von einem sanften Pianissimo, in dem alle Kraft und Intensität versammelt sind, und doch spricht er jedes Wort klar aus. Am Ende schwingt sie sich dann zu den äußersten Möglichkeiten seiner Lungen auf. Der Chor übernimmt den letzten Ton und donnert ungestüm ein dreifaches: »Herr, erbarme dich unser« zurück. Der Baß des Diakons beginnt erneut eine Reihe von Bitten, wieder aus dem tiefsten Grunde seiner Stimme, wieder zu den höchsten Lagen hinauf, und wieder wird ihm vom Chor geantwortet. Als die letzte Bitte ausgesprochen ist, fühle ich mich wie in der Sonne schmelzende Butter. In meinen Ohren schwimmen die Namen und Schutzpatrone des Zaren, seiner Familie, unseres Bischofs, unseres Metropoliten, von allen Anwesenden und der Gesamtheit der Christenheit.

Dann fliegt die Königstür auf, der Batjuschka kommt in seinen glitzerndsten Gewändern hervor, und der Chor beginnt die herrlichen Christvespergesänge.

Diese Gesänge und die Bittgebete des Diakons, oder mehr auch die Art und der Stil, in dem sie gesungen wurden, vielleicht noch werden, haben einen bleibenden Einfluß auf mich als Musiker gehabt. Wie oft erwischte ich mich dabei, daß ich unbewußt das allmähliche Emporklimmen der Stimme des Diakons nachahmte. Ich bin sicher, daß in meiner Vokalmusik viele Melismen aus diesen Christvespergesängen der russischen Kirche stammen, die ich in meiner Jugend gehört habe. Sie sind ganz unbewußt ein Teil meines Seins, meiner musikalischen Psyche geworden.

Als wir von der Vesper nach Hause fuhren, glich der Himmel schon einem mit Sternen gefüllten schwarzen Korb. Die Straße entlang standen Reihen in den Schnee gesteckter Lampions. Das Schloßtor, die Brücke und der Haupteingang waren mit Fackeln erleuchtet.

»Schnell, schnell, Kinder, zieht eure Mäntel aus und geht in die Bibliothek«, sagte Koló, »es dauert nicht lange. In wenigen Minuten holen wir euch.«

So gingen wir in die Bibliothek zurück, aber diesmal gab es keine obligatorischen Lesungen, und alle Mitglieder des Haushalts waren bei uns. Nur Mutter, Koló und Tante Karolina gingen stracks nach oben. Die »wenigen Minuten« schienen eine Ewigkeit. Endlich hörten wir Schritte die Treppe herunterkommen, und Butler Alexej und Kutscher Anton in ihren Festtagslivreen öffneten beide Flügel der Bibliothekstür. Pjotr Sigismundowitsch führte die ungeordnete Herde treppauf in den ersten Stock vor den erstrahlenden Baum.

Mutter, Koló und Tante Karolina standen neben ihm und empfingen uns mit Lächeln und Küssen. Im ganzen Raum und den benachbarten, deren Türen weit geöffnet waren, standen Tische in verschiedenen Formen und Größen, jeder mit einem weißen Tuch bedeckt und mit einem kleinen Weihnachtsbaum mit einigen brennenden Kerzen. Auf jedem Tisch lagen Geschenke. Ein Pappkärtchen mit schön geschriebenen Buchstaben in Rot und Gold, zweifellos ein Werk von Moissej Jossifowitsch, gab den Namen des Beschenkten an. Keiner war vergessen. Jeder bekam seinen Anteil an Geschenken, selbst die alte schielende Awdotja, die zweimal am Tage aus dem Dorfe kam, um Djack und Djip, den Rest der Meute, im Hinterhof zu füttern. Die meisten aus der Dienerschaft erhielten etwas zum Anziehen und eine Gold- oder Silbermünze, je nach seiner oder ihrer hierarchischen Stufe. Für die Männer gab es noch je eine Flasche sehr süßen, selbstgebrauten Cherry Brandy, den alle in Lubcza sehr schätzten.

Neben meinen Eltern lag in einem neuen weißen Kinderwagen meine Schwester Liduscha, ganz Spitze und rosa Organdy. Ihre Augen starrten auf den riesigen erleuchteten Baum.

Bevor uns erlaubt wurde, zu den jeweiligen Geschenktischen zu gehen, mußten wir die vier oder fünf französisch-deutschen Weihnachtslieder singen, die wir kannten, zum stummen Staunen der keine Fremdsprachen beherrschenden Mitglieder des Haushalts. Wir haspelten die Lieder schnell und *con scioltezza* herunter. Selbst ›Stille Nacht‹ klang mehr wie ein Walzer als der Schmachtfetzen, der es ist.

Und dann die herrlichen Geschenke! War es damals, daß meine Mutter mir einen emaillierten Nähkasten mit Nadeln, Fingerhut, Faden und Garn in vielen Farben schenkte? Ich erinnere mich, von einem Geschenk bis zu Tränen gerührt gewesen zu sein. War es das emaillierte Nähkästchen? Oder ein begehrtes Buch oder Stoff für Puppenkleider?

Alexej sagte etwas zu meiner Mutter, was ich nicht hören konnte. Sie klatschte in die Hände und erbat sich Ruhe. Dann verkündete sie, daß wir hinuntergehen müßten, weil die Prozession aus dem Dorf mit dem Christstern angekommen sei, und daß außerdem eine andere Überraschung auf uns in der Halle warte.

Wir liefen alle treppab. Die Haustür war geöffnet, und wir alle sahen eine Gruppe von Dorfkindern und Dorfbewohnern, die mit rauher Kehle die Lieder sangen, die wir eben in der Kirche gehört hatten. Der Starost war unter ihnen und trug einen großen, blinkenden, goldenen Stern auf einer langen Stange, während die anderen Kerzen mit Papierschirmchen in den Händen hielten. Koló gab dem Starosten einen mit Münzen gefüllten Geldbeutel von der Art, wie ihn Könige und Ritter in altmodischen Shakespeare-Aufführungen benutzen. Das Singen wurde immer rauher und lauter und dauerte weitere fünf oder zehn Minuten. Dann wanderte die Prozession ins Dorf zurück.

Zu diesem Zeitpunkt hatten die Diener wie durch ein Wunder die Halle in ein Theater verwandelt. Hinter unserem Rücken hatten sie geräuschlos einige Reihen von Stühlen aufgestellt und ein Puppentheater vor der drapierten Tür der Bibliothek aufgebaut.

Von der Aufführung des Puppenspielers weiß ich nur noch, daß sie mich langweilte und daß die Figuren und Prospekte der winzigen Bühne unwirklich und unlebendig aussahen. Maria und Joseph, nicht zu reden von dem Baby in der Krippe, waren für die Proportionen der Bühne viel zu klein.

Glücklicherweise dauerte das Spiel nicht lange. Bald durften wir in unsere Hände klatschen, und Koló ließ eine Münze in den Hut des Puppenspielers fallen.

Dann wurde die Haustür noch einmal aufgerissen, und eine Welle eisiger Luft drang in die Halle. Lächelnd drehte sich meine Mutter zu uns um und sagte: »Seht, Kinder, seht! Dort ist Kolós Geschenk für euch.«

Was wir draußen in einer Wolke von Dampf sahen, waren drei wollige, bereifte Köpfe, deren Nüstern Dampf ausstießen wie kleine Dampfmaschinen. Sechs winzige Hufe standen auf der Eingangsstufe zur Halle, und drei livrierte junge Stallburschen hielten die Tiere am Zügel.

»Shetlandponys!« stieß die englische Miss ekstatisch hervor. »Richtige Shetlandponys! Mein Gott, Kinder, seid ihr nicht glücklich?«

Wir liefen zuerst zu den kleinen wolligen Köpfen, dann zu Koló, hängten uns an ihn und küßten und umarmten ihn. Das war sicherlich die bemerkenswerteste aller Überraschungen des Tages. Es war das Fasten, das langweilige Vorlesen und die Strapazen des Puppenspiels wert.

Nachdem alle Anwesenden Kolós Gabe gebührend bewundert hatten, wurden wir wieder zur Geschäftsordnung gerufen. Die Ponys wurden weggeführt, die Türen geschlossen und wir marschierten durch die Haupträume des Schlosses, angeführt von dem Batjuschka und dem Diakon. Der Batjuschka versprengte Weihwasser, während er sich verbeugte und bekreuzigte und mit dem Diakon in prekären Terzen sang, die gleichen Gesänge natürlich, die wir schon in der Kirche gehört hatten.

Endlich, als alles vorbei war, gab es etwas zu essen. Das

Weihnachtsmahl genau wie 1908, mit den rituellen Gerichten: der faden Hafergrütze und ihrem ebenso faden Gesellen, dem ungesüßten Kompott aus Backobst. Es wurde wieder auf einem Tisch serviert, unter dessen schneeweißer Decke eine dünne Lage von Heu verborgen war, um an die Krippe Jesu zu erinnern. Aber die rituellen Gerichte wurden kaum berührt.

»Seien Sie nicht traurig«, sagte Mutter zu dem Batjuschka, »hiernach gibt es ein richtiges Essen.«

Und es war ein richtiges Essen. Zuerst Spanferkel in Aspik mit frischer, sahniger Meerrettichsauce und Preiselbeeren. Dann Gans mit gebackenen Äpfeln und Buchweizengrütze. Zum Schluß wurde das Geschenk von Miss D. an die Familie aufgetragen: ein großer, kanonenkugelrunder Plumpudding, den sie lange im voraus bestellt und per Post aus London hatte schicken lassen. Er wurde unter dem Beifall aller von Alexej auf einer Silberplatte serviert, von violetten Flammen umzüngelt und von Girlanden aus Stechpalme und Mistelzweigen umgeben.

Trotz des konstanten »Iß nicht zuviel« seitens Tante Karolina, P. S. und der Gouvernanten aßen und aßen wir, bis wir nicht mehr konnten. Ich wurde als erster schläfrig und nach oben ins Schlafzimmer getragen.

Dort sagte ich, auf meinem Bett vor der flackernden Öllampe der Ikone des heiligen Nikolaus kniend, meine Abendgebete. Ich verstand an diesem Tage sehr wohl, daß man bestimmte heilige Dinge nicht ganz ernst nehmen sollte. Daß zum Beispiel das »tägliche Brot« im Vaterunser auch eine Sternennacht, schöne Kirchengesänge, eine sich drehende Christbaumspitze und ... Spanferkel, gebratene Gans und den (wie sich am nächsten Morgen herausstellen sollte) völlig unverdaulichen englischen Plumpudding bedeuten konnte.

Wetterleuchten

Heute frage ich mich oft, ob das Leben in Lubcza wirklich so idyllisch war. Für uns vielleicht – aber ob auch für unsere Mitmenschen auf der anderen Seite der Mauer? Mit anderen Worten: Gab es keine Anzeichen, Vorfälle und Andeutungen herannahender Unruhen, die auch ein Kind intuitiv hätte fühlen müssen?

Das angenehme Leben in unserem reichen Hause stand in einem grellen Gegensatz zu dem Schmutz und der Armut, in der unsere engsten Nachbarn, die Bauern von Lubcza, lebten. Jeden Sonntag in der Kirche muß ich ihre ärmlichen Kleider, ihre schäbigen Stiefel oder *lapti* (die übliche Fußbekleidung aus Birkenrinde) bemerkt haben. Die Blusen der Frauen waren bis zur Fadenscheinigkeit verwaschen, Knöpfe gab es keine. Und gar die Reihen von Bettlern, alten Männern, Frauen und rotznäsigen, skrofulösen Kindern, die den Weg zur Kirche säumten und mit ihren traurigen, nasalen Stimmen Bittgebete anstimmten, während der Starost sie beiseite stieß, um für uns, die *kasteljanje*, den Weg frei zu machen, damit unsere Kleider nicht beschmutzt und nicht der Berührung mit den mannigfachen Schwären der Bettler ausgesetzt waren. Was taten wir für sie, außer verstohlen ein paar Kopeken in ihre Mützen zu werfen und sie schüchtern anzulächeln?

Waren wir alle so vollständig gefühllos, so schrecklich abgestumpft, daß wir es gar nicht empfanden, wie das behütete Leben, das wir führten, in sich eine ungeheure Ungerechtigkeit darstellte und darum möglicherweise nicht von Dauer sein konnte?

Dabei waren meine Mutter und zu einem geringeren Grade auch mein Stiefvater und sicherlich die meisten Schloßbewohner, besonders aber die Kinder, keine bösen, abscheulichen Menschen, keine *gens méchants*, und obwohl man uns nicht zu pflügen und zu weben und, wie Graf Tolstoi, russische Blusen und *lapti* zu tragen gelehrt hatte, gab es doch ein Band zwischen uns und den Bauern des Dorfes und auch mit dessen jüdischer Bevölkerung, natürliche und menschliche Kontakte. Wir spielten und lachten zusammen, und es gab keine Spur einer Hemmung oder Verlegenheit in ihrem Benehmen uns gegenüber.

Im Rückblick über ein halbes Jahrhundert hinweg glaube ich mich dunkel einiger Zwischenfälle zu erinnern, die mich erschreckten und mir schon damals ein Gefühl von Schuld und Besorgnis einflößten.

Der häufigste Anlaß waren die Dorfbrände. Es verging kein Sommer, ohne daß nicht eine Ortschaft in der Umgebung von Lubcza abbrannte. Das bedeutete gewöhnlich, daß das ganze Dorf in Schutt und Asche fiel. Nur größere Orte wie Lubcza hatten so etwas wie eine Feuerwehr, natürlich völlig veraltet, aus zwei lecken Fässern und zwei ebenso lecken Schläuchen bestehend. Die Brände entstanden zufällig, manchmal aber auch als Ergebnis der Verzweiflung der Bauern oder als Werk revolutionärer Brandstifter.

Einmal hörte ich, wie der Dorfpolizist meinem Vater eine Geschichte erzählte, wie man eine Bande von »Pyrotechnikern«, wie er sie nannte, eingefangen hatte, die ein Arsenal von Petroleum und Schießpulver zur Hand gehabt hätten, und dazu eine ganze Liste von Dörfern unserer Gegend, die in Flammen aufgehen sollten.

Gab es ein Feuer in einem Nachbardorf, kamen Gruppen schmutziger Bauern mit ihren Frauen und Kindern vor das Haus des Oberaufsehers und warteten auf Hilfe. Mutter ordnete an, den Opfern Kleider, Nahrung und Geld zu geben. Sehr häufig blieben sie und kampierten in der Nähe des Hofes. Man erwischte sie beim Stehlen von Getreide, Kartoffeln, Obst oder Geflügel. Dann konnte man sie in kleinen Gruppen zu ihren niedergebrannten Behausungen zurückziehen sehen. Dort saßen sie in provisorischen Hütten herum und warteten, bis der Landrat oder ein anderer Beamter, manchmal auch ein liberal gesinnter Gutsbesitzer sie mit Brettern und Balken für ein neues Haus versah.

1910 oder 1911 gab es einmal ein Feuer in dem russischen Teil unseres Dorfes. Mitten in der Nacht weckte uns die Kirchenglocke. Wir liefen alle hinaus, um zuzusehen – wie alle Feuer war es schön und erschreckend zugleich. Mein Stiefvater hatte die Stallburschen, Kutscher und Landarbeiter ausgesandt, um zu löschen. Eine Kette reichte das Wasser in Eimern vom Njeman weiter herauf, während man mit einer alten Handpumpe das Wasser aus einem alten Brunnenschacht hochpumpte, der darauf prompt versiegte. Glücklicherweise konnte das Feuer eingekreist werden, bevor es allzu großen Schaden anrichtete. Der Wind hatte sich gedreht und die Funken flogen nun in die Richtung eines Kartoffelackers.

Aber neben den Dorfbränden gab es auch andere Vorfälle. Eines Tages hörte ich, als ich an den Pferdeställen entlangschlenderte, von drinnen laute und heftige Männerstimmen. Ich erkannte die meines Stiefvaters und die des Hauptkutschers, den mein Stiefvater, sonst so kühl und ruhig, in einer nicht druckreifen Sprache beschimpfte. Der Kutscher antwortete im gleichen Ton. Ich spähte hinein, und was ich sah, erschreckte und entsetzte mich. Ich hatte nie gesehen, daß ein Erwachsener einen anderen schlug. Nun sah ich meinen Stiefvater den Kutscher mit einem Stock ins Gesicht schlagen. Der Kutscher versuchte zurückzuschlagen, aber zwei Stallburschen hielten ihn fest und drehten ihm die Arme um. Das Gesicht des Mannes blutete, und er stieß Flüche gegen meinen Stiefvater aus. Ich hörte, was er sagte, und habe es bis heute behalten: »Warte nur! Ihr werdet sehen ... Ihr Bestien! Ihr dreckiges Hundepack!«

Plötzlich sah mich mein Vater durch die Tür spähen. Er drehte sich um und fuhr mich an: »Was tust du hier? Geh nach Hause!«

Ich begann zu weinen.

»Ach, komm schon, komm, hör auf«, sagte er, nahm mich bei der Hand und brachte mich ins Schloß zurück.

Als ich ihn fragte: »Warum hast du das getan?«, sah er mich verdrießlich an.

»Frag nicht«, sagte er, »das geht dich nichts an.«

Ich habe nie erfahren, wie es zu diesem Vorfall kam.

Der Kutscher verschwand. Er war entlassen, aber eines Nachts, ein oder zwei Wochen später, wurde in eine Speisekammer im Keller des Schlosses, direkt unter dem Eßzimmer, eingebrochen. Die Räuber nahmen alles mit, was sie finden konnten: Schinken, Geflügel, Fleisch und Eingemachtes, und sie hatten zweifellos Komplizen im Hause gehabt.

Die Polizei verhörte alle, doch ohne Erfolg. Fußspuren wurden gefunden, die ironischerweise zu den Reitstiefeln meines Stiefvaters paßten. Keiner der Verhörten gab irgendwelche Hinweise, außer daß einige Leute zugaben, den entlassenen Kutscher im Dorf-»Traktir« gesehen zu haben. Er war betrunken gewesen und hatte sich damit gebrüstet, er würde sich noch an meinem Stiefvater rächen.

Wenige Tage später gingen die neue Scheune und ein Kuhstall in Flammen auf. Diesmal wurden sichere Spuren einer Brandstiftung gefunden, führten aber zu nichts. Die Polizei konnte weder den Übeltäter noch irgendwelche Spuren des entlassenen Kutschers finden. Er war und blieb verschwunden.

Gen Süden

Im Frühsommer 1910 (oder war es 1911?) verließ die ganze Familie Lubcza zu einem ersten Besuch auf dem Besitz meiner

Großmutter Falz-Fein, Preobrashenka, der im Süden Rußlands, an der Krimlandenge, lag.

Auf der Bahnstation Baranowitschi bestiegen wir den Odessa-Expreß. Von Odessa setzten wir unsere Reise auf einem Dampfer (einem seetüchtigen Schiff, keiner Luftschaukel von Flußjacht) bis zu Großmutters eigenem Hafen fort, der den alten Tatarennamen Khorlý trug. Nach zwei Jahren des Hin- undherpendelns in unserem weißrussischen Dreieck: Lubcza- Nowogrudok-Pokrowskoje, mit gelegentlichen Eskapaden nach Wilna, war die Aussicht auf eine lange Bahnfahrt süd- wärts, über die westliche Ebene Rußlands, und auf die Begeg- nung mit den unbekannten Welten von Steppe und Meer aufre- gend. Und so packte ich, wie der Rest der Familie, eifrig meine Habseligkeiten in meinen *kofr*.

In Odessa wurden wir von einem kleinen Mann mit rotem Gesicht, Glatze und ergrautem Bart abgeholt, der meiner Mut- ter einen großen Strauß roter Rosen überreichte, gemischt mit Tuberosen, für die Odessa damals ein bekannter Züchtungsort war. Dieser Michail Zinowitsch Rabinowitsch, das Faktotum meiner Großmutter, ein russischer Jude von unglaublicher Lie- benswürdigkeit und Freundlichkeit, hatte alles für uns vorberei- tet. Eine Reihe von Viktorias mit lustigen weißen Verdecken erwartete uns, und eine Schar von Gepäckträgern begann so- gleich, die Kutschen zu beladen. Wir fuhren zum Hotel »Gosti- niza Londonskaja« und blieben dort etwa zwei Tage, bis uns Großmutters Dampfer, »Lydia« genannt – zweifellos zu Ehren meiner Mutter –, fahrplanmäßig auf seiner wöchentlichen Fahrt nach Khorlý mitnahm.

Odessa: Ich sehe noch die breite, durch Eisensteins Film be- rühmt gewordene Treppe, die in den Hafen hinunterführte, und die Häuser an der Hauptstraße, im Stil des französischen 18. Jahrhunderts, die hübschen Hotels an den Kais, die elegan- ten Geschäfte und Blumenmärkte, die Deribassowskajastraße mit ihren zwei Cafés, »Fanconi« und »Robinat«, und an die altmodischen Orchester, die in beiden spielten, so ähnlich wie auf dem Markusplatz von Venedig. Odessa war sehr unrussisch. Es war ganz und gar kosmopolitisch und glich eher Nizza oder Toulon. Tausenden von Juden, Griechen, Armeniern, Italie- nern, Deutschen, Rumänen und Ukrainern war es zur Heimat- stadt geworden, und sie bildeten mit den Russen zusammen eine merkwürdig homogene Bevölkerung.

»S.S. Lydia«, ein Tausendfünfhundertfünfzigtonner, der

Fracht und einige Passagiere beförderte, fuhr spät am Abend ab. Als ich kurz nach der Dämmerung aufwachte und nach oben auf die Kommandobrücke kletterte, schnappte ich bei dem Anblick, der sich mir bot, nach Luft.

Der Sonnenball schwamm tief über dem Horizont. »S.S. Lydia« glitt sehr bedächtig über das spiegelglatte Meer, das wie der Himmel in blaßrosa Licht getaucht war, so daß alles zu einem stillen Ganzen verschmolz, nur durch den Bleistiftstrich des Horizonts unterteilt. Nichts störte diese Stille, kein Vogel, kein Insekt. Der weite Liman lag still und friedlich, und das Wellengekräusel, das unser Dampfer verursachte, brachte nur einen Hauch von Leben und Bewegung in eine Szene von vollendeter Schönheit. Am Horizont die Krimküste, vorn die taurische Steppe mit Großmutters Hafen. Ich stand entzückt und ließ mich von der gläsernen Stille gefangennehmen.

Khorlý war dagegen eine Enttäuschung: eintönig, häßlich, flach. Der Hafen bestand aus zwei Kais, flankiert von einem halben Dutzend Lagerhäusern. Sie sahen alle gleich aus, aus Holzplanken gezimmert und mit Ziegeln gedeckt. Die Luft war staubig und von dem Geruch nach Schafswolle und ungegerbten Häuten geschwängert. Das danebenliegende Städtchen bestand aus wenigen geraden Straßen mit niedrigen, weißgekalkten Häuschen, von spärlichem Grün umgeben, von Sonnenblumen und staubigen, blütenlosen Büschen. Gegenüber dem Hafen lag Großmutters Gästehaus und zwischen ihm und dem Hafen ein Platz, der aussah, als habe irgend jemand vergeblich versucht, einen französischen Garten anzulegen: abgezirkelte Blumenbeete mit wenigen vertrockneten Petunien, verdorrtem Steinkraut und Resten von Heliotrop. Die Rosen waren von Käfern aufgefressen worden und die Büsche von der Sonne verbrannt. Nur einige Tamariskensträucher schienen die südliche Sonne und den Staub, mit dem der Wind sie bedeckte, zu genießen.

Der Hafenverwalter und M.Z. Rabinowitsch, der mit uns aus Odessa gekommen war, machten die Honneurs. Wir fuhren dreihundert Meter um den Platz herum, der die Kais von dem Gästehaus trennte, und betraten das Haus, das innen so unpersönlich wie außen war: sauber, mit gescheuerten Fußböden und Möbeln, die von fleckenlosen Schonbezügen bedeckt waren, aber es gab weder Teppiche noch Bücher. Uns wurde eine Tasse Bouillon mit einem Keks serviert, während das Gepäck von der »Lydia« auf einen großen Karren umgeladen wurde. Dann bestiegen wir Dormeusen, Landauer und Viktorias und fuhren in schnellem Trab zu Großmutters Residenz Preobrashenka, fünfzehn Meilen von Khorlý entfernt.

Sommerliche Fahrten über die breiten, ungepflasterten Straßen der taurischen Steppe waren zur Zeit meiner Kindheit eine Strafe Gottes wie Hagelstürme oder Sintfluten. Jede Kutsche unserer Karawane war mit vier Pferden bespannt, die aber nicht paarweise hintereinander gingen, sondern wie bei einer römischen Quadriga nebeneinander. Die sechzehn Hufe der schnelltrabenden Tiere und die vier Räder jeder Kutsche ließen eine riesige Wolke aus dichtem, gelblichem Staub hinter sich wie die Bahn einer Rakete.

Um die Reisenden davor zu schützen, wurde jeder in einen merkwürdig aussehenden Kokon verwandelt. Ölzeug bedeckte einen bis zu den Füßen, die Ärmel reichten mindestens zehn Zentimeter über die Hände hinaus. Über diesen Staubmantel kam noch ein Shawl, der Nasen, Ohren und Mund einhüllte. Große Schutzbrillen wurden über die Augen gezogen und eine Kappe oder Hut mit einem Gummiband unter dem Kinn befestigt. Doch trotz dieser Vorsichtsmaßnahmen drang der Staub überall hin, selbst unter die Hemden bis tief in die Achselhöhlen und die letzten Falten der menschlichen Anatomie. Als wir in Preobrashenka ankamen, waren Pferde und Kutscher, Kutschen und Insassen alle in eine Farbe getaucht, die der Landschaft. Wir sahen aus, als hätten wir wie die Nachtmotten, die sich nicht nur der Baumrinde anpassen, sondern auch dem darauf gewachsenen Moos, die perfekte Fähigkeit des Mimikri.

Schon nach einer Stunde Fahrt hatte der Kutscher sich herumgedreht und mit der Peitsche auf einen dunklen Fleck am Horizont gezeigt: »Da liegt es, das ist Preobrashenka.«

Die Hitze, der Staub, der Befehl, den Mund zu halten, waren augenblicklich vergessen. Ungeachtet der Versuche von P. S., uns auf den Sitzen festzuhalten, sprangen mein Bruder und ich auf, kletterten auf den Kutschersitz und sangen das Wort »Preobrashenka«, was die Lungen hielten.

Doch der dunkle Punkt kam sehr viel langsamer näher, als wir erwartet hatten. Wir wurden ungeduldig. »Warum ist es so weit weg«, schrie ich, »wenn es so nah aussieht?« Preobrashenka schien vor uns zurückzuweichen.

Endlich, um die Mittagszeit, wurde der Ort greifbar – eine Oase aus Gärten und Häusern, in deren Mitte sich weithin dehnender, miramarartiger Palazzo lag, den mein Großvater für seine Frau erbaut hatte. Im Glanz seiner mittäglichen Weiße begrüßte uns Preobrashenka mit seinen endlosen Fensterreihen und angeblich maurischen Türmchen. In der Säulenhalle vor dem Haupteingang stand aufrecht und streng die Gestalt Omamas, wie wir unsere Großmutter nannten. Sie trug ein langes, weißes Spitzengewand mit einem steifen Kragen und einer hohen schwarzen Frisur auf ihrem adlerartigen Kopf. Neben ihr stand das Personal des Haushalts, vom Verwalter, der Haushälterin und dem Butler hinab bis zu einem Kranz hübscher Mädchen in ukrainischen Trachten. Und während wir geküßt und umarmt wurden, kamen von irgendwo unterhalb des Portals die Klänge einer Kapelle, die die österreichische Melodie der Zarenhymne spielte. Die erste Station auf unserer Kreuzfahrt war erreicht, und wir folgten meiner Großmutter in ihren maurischen Palazzo.

Omama Falz-Fein

Ich habe das Glück gehabt, mit zwei fantastischen Großmüttern versehen zu sein. Auf der einen Seite war Babuschka, Maria Ferdinandowna Nabokoff, geborene Korff, auf der anderen Omama oder Sofia Bogdanowa Falz-Fein, geborene Knauff.

Zu den vielen Fs in Großmutter Falz-Feins Namen und Mädchennamen fügte Babuschka Nabokoff ihrerseits nicht weniger als fünf hinzu.

Für das Auge eines Musikers sieht diese Ansammlung von Fs wie der Schrei nach einem äußersten Fortissimo aus, wie eine Stelle in einer Mahler-Sinfonie auf ihrem Höhepunkt.

Metaphorisch waren diese F-Aspekte in zweifacher Weise zu verstehen: als ein Zurückweichen ins äußerste Schweigen oder als ein Ausspielen der Macht bis zum Letzten. Schweigen verlangten beide Ahnen von uns. »Unterbrich mich nicht!« ... »Streite nicht!« ... »Widersprich nicht!« klang mir während meiner ganzen Kindheit in vier Sprachen wie eine Pawlowsche Glocke in den Ohren. Was die Macht betrifft, nicht immer auf kluge Weise eingesetzt, so handhaben beide sie gern, jede auf ihre Weise.

Ich pflegte mir meine Großmütter als menschliche Bollwerke vorzustellen, ein wenig, wie sich Luther den lieben Gott denkt.

Der Unterschied zwischen beiden war, daß Omama, geborene Knauff, eine uneinnehmbare Festung darstellte, während Babuschka, geborene Korff, schnell dem *charme d'autrui* erlag, unter der Voraussetzung, daß *autrui* groß und stattlich war, und nicht wie ihr Mann, mein Großvater Nabokov, »*tout petit, petit*« und mit froschartigen, kalten Füßen.

Omama war, wie ihre beiden aufeinanderfolgenden Gatten, deutscher Herkunft. Ihr Vater Bogdan (eine slawische Übersetzung des deutschen Namen Gottlieb) war, wie die Fein und Falz, ein Nachkomme deutscher Einwanderer oder, wie sie in Rußland genannt wurden, Kolonisten. Ich erinnere mich dunkel, daß er irgend etwas mit Nähmaschinen zu tun hatte. Entweder gehörte ihm oder leitete er eine Nähmaschinenfabrik in Jekaterinoslaw und machte dann irgendwann bankrott. Wer seine Frau war, habe ich nie gewußt, aber nach Omamas Gesichtszügen als junges Mädchen zu urteilen (Adlernase, dunkelhaarig, blaß), könnte sie ebensogut Französin, Schweizerin oder Irin gewesen sein.

Die Geschichten der beiden aufeinanderfolgenden Ehen von Großmutter Falz-Fein ist wie eine Lektion in Moral und Sitten des 19. Jahrhunderts.

Omama, so geht die Geschichte, war ein Mädchen von fünfzehn oder sechzehn Jahren, als drei junge Falz-Fein-Brüder, Eduard, Alexander und Gustav aus Elisabethfeld, in der Nähe von Melitopol, nach Jekaterinoslaw kamen. Sie waren von ihrem Großvater Friedrich dorthin geschickt worden (es muß in den 1840er Jahren gewesen sein), um sich Bräute zu suchen.

Nach den Porträts zu urteilen, die in Preobrashenka herumhingen, waren die Brüder gänzlich verschieden voneinander. Der Älteste, Eduard, war weit davon entfernt, gut auszusehen. Er war stämmig, dunkelhaarig, hatte ein rotes Gesicht und schlaue, harte Augen. Er hatte eine Art bäurischen Ausdrucks im Gesicht, voll Willenskraft und Ausdauer – Züge, wie man sie auch auf Bildern holländischer Kaufleute des 17. Jahrhunderts findet. Er sah so aus, wie er wirklich war: ein Pionier, ein Schafzüchter, ein Mann der Steppe. Der zweite Bruder, Alexander, einige Jahre jünger, war größer und derber, von seinem Puddinggesicht ging das Strahlen eines jovialen Bonvivants aus. Der Pudding war zu drei Vierteln von einem Hohenzollern-plus-Romanow-Bart bedeckt (eine Kreuzung aus Wilhelm I. und Alexander III.). Der dritte und jüngste, Gustav, war das Gegenteil seiner beiden Brüder. Groß, stattlich, mit verträumten blauen Augen und einem blassen, feinnervigen Gesicht, machte er den Eindruck eines Intellektuellen oder Künstlers. Mit seinem gutgepflegten Bart sah er ein wenig wie ein Tschechow ohne Brille aus.

Die Ankunft der drei Brüder in Jekaterinoslaw, auf der Suche nach Bräuten, war bei ihrem Reichtum an Land und Schafen für die potentiellen Schwiegermütter ein zweifellos aufregendes Ereignis. Für die verarmten Knauffs war es ein Gottesgeschenk. Sie ahnten, daß sie mit ihrer gutaussehenden Tocher zumindest einen der drei Brüder versorgen und somit ein Drittel des Falz-Feinschen Vermögens an sich ziehen konnten. Mit einem Wort, Omama war durchaus zu haben.

Die Knauffs müssen sehr schnell und geschäftig zu Werke gegangen sein, denn kurz nach der Ankunft der Brüder wußte man, daß zwei von ihnen, Eduard und Gustav, der Tocher den Hof machten. Aber während Eduards Werbung ganz förmlich verlief (er gehorchte wohl nur den Befehlen seiner Eltern), wurde Gustavs Leidenschaft immer drängender. Er verliebte sich heftig in die fünfzehnjährige Brünette, und sie wiederum fand den stattlichen, romantisch aussehenden jungen Mann höchst attraktiv. Zu irgendeinem Zeitpunkt zog sich Eduard aus der Konkurrenz zurück und überließ seinem jüngeren Bruder das Feld. Gustav hielt um ihre Hand an, und die Knauffs stimmten freudig zu. Aber Gustav rechnete nicht mit dem Willen seines Großvaters. Als er nach Elisabethfeld zurückkehrte, um seine Absichten bekannt zu geben, weigerte sich der alte Mann glatt, seine Zustimmung zur Heirat zu geben. Das höhere Alter Eduards mußte respektiert werden, der Jüngere durfte sich vor ihm keine Braut nehmen.

Der Großvater fuhr selbst nach Jekaterinoslaw, um die Lage zu erkunden und sich die Knauffs mit ihrem so heftig umworbenden Töchterchen anzusehen.

Er muß das Mädchen für wert befunden haben, genommen zu werden. Sie war gesund, gescheit, ein liebes Weibchen und verhieß gute Nachkommen. Nach kurzem Aufenthalt wurde beschlossen, daß Fräulein Sofia Knauff sich mit Eduard und nicht mit Gustav zu verloben habe, und beider Eltern gaben ihren Segen dazu.

Gustav zog sich schmollend nach Wien zurück. Dort studierte er zerstreut Klavier am Konservatorium und begann, sich für Freimaurerei zu interessieren. Ich glaube, er stieg sehr schnell in den Graden auf, wurde Meister einer Loge. Unterdes führte sein Bruder den Besitz und überwies ihm seinen Anteil. Omama besuchte Gustav in Wien und unternahm mit ihm ausgedehnte Europareisen. Gleichwohl gebar sie Eduard sechs Kinder. Mit den Jahren aber fühlte sie sich doch mehr und mehr zu Gustav hingezogen. Eduard, der sich auf seinen Besitz in der taurischen Steppe zurückgezogen hatte, wurde mürrisch und hypochondrisch. Nachts schlief er nicht, und meine Mutter, damals ein siebenjähriges Mädchen, wurde oft von ihm geweckt und mußte ihm dann den Rücken kraulen.

Im Familienkreis wurde gemunkelt, daß zwei von Omamas jüngeren Söhnen Früchte ihres Ehebruchs wären. Tatsächlich sah einer von ihnen Onkel Gustav überraschend ähnlich. Er hatte die gleichen verträumten Augen und dasselbe blasse, längliche Gesicht.

Die zweideutige Situation dauerte nahezu zehn Jahre an. Eduards Leben war äußerst anstrengend. Er stand in der Morgendämmerung auf, ritt weit in die Steppe hinaus, beaufsichtigte die Schwemme seiner Merinoschafe in Gruben voller Karbolsäure (eine Erfindung seines Vorfahren Jakob Fein: Karbolsäure mit Wasser verdünnt war das einzige Mittel gegen Räude) oder sah nach seiner Ernte und den Obstgärten. Er kehrte in der Abenddämmerung in einen freudlosen Haushalt zurück, in dem er ein Regiment grimmiger Sparsamkeit errichtet hatte. Die Zimmer waren spärlich beleuchtet, kahl und kalt, das Essen war mäßig. Sobald er nach Hause kam, wurden alle um ihn herum still. Seine Kinder fürchteten ihn, weil er ihnen gegenüber als Despot auftrat. Langsam ließ seine Gesundheit nach, vielleicht auch sein Lebenswille. Ich fand nie heraus, woran er starb. War es Tuberkulose oder Gicht oder irgendeine andere Krankheit des vorigen Jahrhunderts? Jedenfalls starb er rechtzeitig genug, um den beiden Liebenden zu erlauben, sich zu heiraten und noch zehn Jahre lang glücklich zu sein.

So gelang es dem verarmten Knauff-Mädchen schließlich, zwei Falz-Fein-Söhne zu heiraten und somit in ihrer Hand zwei Drittel des Vermögens zu vereinen. Der alte Vater Friedrich konnte in Frieden ruhen. Er hatte ein vorzügliches Geschäft gemacht. Der größere Teil des Vermögens lag sicher in den Händen der zähen Omama und ihrer sechs Kinder.

Als wir in Preobrashenka ankamen, muß Omama Mitte Siebzig gewesen sein, doch ließen ihre straffe, wohlkorsettierte Haltung und die hohe, weiche *coiffure*, die aussah, als wäre jede Haarsträhne mit schwarzer Schuhcreme bearbeitet worden, ihr

Alter nicht erkennen. Sie schien alterslos zu sein. Ihre Ausdauer war ebenso phänomenal wie ihre Haltung. Sie konnte länger als jeder andere in der Kirche stehen und bei jenen endlosen zeremoniellen Essen, die zweimal am Tage in ihrem Hause stattfanden, länger als jeder andere sitzen bleiben.

Großmutter Falz-Fein war, wie die ganze übrige Familie, lutherischer Konfession, doch sie umgab sich und ihren Haushalt mit dem ganzen Putz der griechisch-orthodoxen Ikonophilie. In ihrem Boudoir hatte sie eine Ecke voller Ikonen, eine sogenannte *krasnyj ugol* oder »schöne Ecke«. Vor den Ikonen hingen hübsche rote oder blaue Öllämpchen und warfen ihre Strahlen auf die dunklen Gesichter der Heiligen und Jungfrauen. Hier verbrachte Omama jeden Tag mehrere Stunden, murmelte kirchenslawische Gebete, kniete nieder und senkte wie jede russische Bäuerin den Kopf.

Eine besondere Form frömmlerischer Tortur fand jedes Jahr Ende Mai oder Anfang Juni statt. Sie hatte mit Ernte und Regen zu tun. Wir wurden alle, einschließlich der Gäste und Verwandten oder wer sonst zu Besuch da war, früh morgens auf einen vorbereiteten Platz inmitten der Steppe gefahren. Dort hatten sich an einem Kreuzweg die Priester, der Diakon, der Chor, verschiedene Aufseher, Angestellte und Landarbeiter männlichen und weiblichen Geschlechts schon vor unserer Ankunft versammelt und auf uns gewartet. Ein erstes Moljeben mit besonderen Bitten um Regen und gute Ernte wurde auf dem Platz vor dem Tragaltar gebetet. Dann setzte sich eine Prozession in Bewegung, während derer der Chor immer wieder dieselbe Litanei sang und der Priester mit seinem Weihwasserwedel die Felder besprengte. Nach einem meilenweiten Weg über staubige Pfade in der Mittagshitze hielt der Priester an und stimmte von neuem ein Moljeben an. Das Ritual wiederholte sich drei- oder viermal, bis wir viele Meilen zurückgelegt, unsere Gesichter, Haare, Hemden, Schuhe und Strümpfe von dem Lehm eine schokoladenbraune Farbe angenommen hatten und alle völlig erschöpft waren.

Preobrashenka

Omama hatte in Preobrashenka eine Art Hofleben eingeführt, unumstößlich und langweilig zeremoniös. Uns Nabokov-Kindern, die wir aus der freien Atmosphäre von Lubcza kamen, mußte das gezwungen und einengend erscheinen. Es war alles viel luxuriöser, aber auf Erwachsene eingestellt, nicht auf Kinder. Dabei waren unserer zeitweise sehr viele. Vettern und Kusinen, Verwandte und Freunde – sie alle fühlten sich als ein abgesondertes und ein wenig überflüssiges Element.

Der Tag in Preobrashenka verlief ganz anders, vor allem viel pünktlicher als in Lubcza, das Essen war verschwenderischer und so auch die Vergnügungen und Zerstreuungen. Er begann mit dem Frühstück um halb neun in dem kleineren Eßzimmer, *sakussotschnaja* genannt, dem Raum, in dem man die *hors d'œuvres* einnahm. Dort tranken wir unseren Kakao oder »Mellin's Food« (ein englisches Malzgemisch, das es heute, glaube ich, nicht mehr gibt) und aßen unsere dick mit Honig bestrichenen Butterbrote. Dann kletterten wir die Treppe hinauf in den ersten Stock zu meiner Mutter. Sie, Koló und Tante Karolina lebten mit meiner kleinen Schwester in geräumigen Zimmern in der Nähe eines der maurischen Türme. Mutters Boudoir hatte einen großen Balkon, auf dem sie und Koló gewöhnlich frühstückten.

Ich erinnere mich, daß meine Mutter während unseres ersten Besuches häufig in einem rosa Morgenrock mit meiner Schwester auf den Knien auf dem Balkon saß, während Tante Karolina und Koló sich noch in ihren jeweiligen Zimmern anzogen. Nach wilden Küssen und Umarmungen tobten Onja, Mitja und ich wieder nach unten. Wir stürmten durch die Bibliothek, das danebenliegende *fumoir,* einen großen Rauchsalon mit glattem Parkett, zum Haupteingang. Dort wartete ein *linejka* genanntes Ding auf uns – eine russische Mischform aus einer englischen Brigg und einem amerikanischen gedeckten Wagen. Wir stiegen ein und fuhren einige Meilen durch die Steppe zu einem Pflaumen- und Pfirsichgarten, der am Ufer des Liman lag. An dieser flachen Bucht stiegen wir aus und gingen ans Wasser hinunter.

Die Ufer von Preobrashenkas Liman waren mit Wällen von grauem, feuchtem Tang gesäumt. Das Wasser war seicht, im Sommer stets lauwarm und nahezu so salzig wie das Tote Meer. Da es stark schwefelhaltig und sehr still war, war es der bevorzugte Zuchtplatz für Quallen und eine kleine, eklige Abart von Katzenfischen, deren giftige Stacheln für tödlich gehalten wurden. Die eigentliche Besonderheit unseres Liman aber war die dicke Schicht schwarzen Schlammes, der den Grund bedeckte und wie eine Mischung aus faulen Eiern und Kaninchendreck stank.

Uns wurde gesagt, dies sei der beste und gesündeste Badeplatz in ganz Rußland. Der Schlamm enthalte Jod und vielleicht noch etwas anderes, etwas ganz Besonderes, das eine polnische Dame, Madame Curie, eben in Paris entdeckt hatte. Sonne, Salz und der Schlamm (man vergesse seinen Geruch, sein Brennen auf der Haut und seine Klebrigkeit), in immer stärkeren Dosen aufgetragen, würden wahre Wunder an unseren Knochen, unserem Kreislauf, unserem Verdauungssystem, unserem Appetit und unserem Allgemeinbefinden bewirken. Darum mußten wir uns mit dem Schlamm einreiben, uns in die Sonne legen, bis er zu einer grauen Kruste getrocknet war, und dann ins Wasser tauchen, um ihn wieder abzuwaschen. Das Ganze dauerte etwa zwei Stunden.

Nach dieser therapeutischen Berührung mit der See zogen wir uns an und fuhren mit rasender Geschwindigkeit zurück. Zur Belohnung für diese duftenden Ausflüge gab es Pflaumen und Pfirsiche, die wir uns im Obstgarten pflückten und auf dem Heimweg aßen. Dann folgte das Hauptereignis, für mich die größte Qual des Tages: das endlos lange Mittagessen.

Gewaschen und gekämmt zogen Mitja und ich makellose Matrosenanzüge an und gingen in den Ballsaal hinunter. Dort mischten wir uns linkisch unter die versammelten Erwachsenen, die darauf warteten, daß Großmutter aus ihren Zimmern kommen und die Hauskapelle den Jegerskijmarsch spielen würde.

Wenn sie endlich erschien und von allen Anwesenden einen Handkuß entgegengenommen hatte, zogen die Erwachsenen feierlich in die Bibliothek. Wir Kinder und unsere allgegenwärtigen Beschützer blieben im Ballsaal. Wir streunten ziellos auf dem schimmernden Parkett hin und her und lugten gelegentlich in den Wintergarten, in dem Großmutters Hauskapelle in Marineuniform wie ein Schwarm dressierter Seehunde inmitten ihrer halbtropischen Umgebung Walzer, Märsche und Polkas auf ihren Holz- und Blechinstrumenten bliesen. Ich beobachtete besonders gern den ausgemergelten, rotgesichtigen Sousaphonspieler, wenn er aus seinem Instrument, das wie ein riesiges, prähistorisches Monstrum um ihn gewickelt war, tiefe Töne hervorstieß. Es schien zur selben Gattung wie die Drachen von Sankt Georg oder Sankt Michael zu gehören, stets bereit, aus seinen Nüstern Flammen gegen die Lanzen der Heiligen schießen zu lassen. Gegen Ende des Tanz- und Marschpotpourris erschien der Erste Butler, Alexej, und verkündete, daß das Essen serviert sei. Wieder erklang der Jegerskijmarsch, und die Erwachsenen begannen ihren feierlichen Zug in das erwähnte kleinere Eßzimmer, wo sie die *hors d'œuvres* einnahmen (für Kinder ungesund), während wir schon an der langen Tafel im Ballsaal Platz nahmen. Endlich erschienen sie wieder und setzten sich an die zehn Meter lange Tafel. Das Essen begann zu süßen Melodien aus ›Il Trovatore‹, ›La Traviata‹, ›Carmen‹ oder ›La Somnambula‹.

In Preobrashenka war das Mittagessen die Hauptmahlzeit, und es dauerte etwa eineinhalb bis zwei Stunden. Es war eine merkwürdige und heute fast unglaubhaft wirkende Angelegenheit. Wenn ich mir den Verlauf dieser täglichen Essen in Preobrashenka im einzelnen in die Erinnerung zurückrufe, kann ich mir kaum vorstellen, daß es sie jemals gegeben hat. Es ist mir, als habe ich sie selbst erdichtet, wie Phantasiegebilde Arcimboldis von Gargantua unter der Mitwirkung Pjetuchs aus Gogols ›Toten Seelen‹ ersonnen. Dennoch existierten sie nicht nur, sondern ich mußte sie während meiner Kindheit sechs Jahre lang als einer ihrer erbittertsten Gegner ertragen.

Diese Mahlzeiten mit ihren fünf oder sechs Gängen (nicht eingerechnet die Süßigkeiten und der Nachtisch) enthielten auch eine Überfülle von Fett und Proteinen. Ich höre immer noch Omamas Stimme, wenn sie ihren Koch ausschimpfte, weil der Borschtsch oder das *consommé Julienne* oder die unaussprechliche frische Kohlsuppe, *sweschija* genannt, nicht genügend Fettaugen auf der Oberfläche zeigten. Und diese Suppe wurde nicht selten mit einer der dazugehörigen Grützen, *kascha* genannt, serviert, in denen das vorrevolutionäre Rußland so erfinderisch war und unter denen nur eine im Ausland überlebt hat: die Buchweizengrütze. In die Suppe wurde gewöhnlich ein Löffel saurer Sahne getan, und als Beigabe zur Kascha gab es noch viele verschiedene Arten kleiner Pasteten mit Fleisch-, Kohl-, Reis- oder Fischfüllung.

Auf die Suppe folgte Fisch, dann Braten, dann Geflügel, dann eine Jardinière mit Gemüse. Am Ende dieser üppigen Gänge kamen Süßigkeiten, entweder Pudding mit frischer oder geschlagener Sahne oder *plombières, bombes glacées, parfaits.*

Während des Essens spielte die Kapelle weiter, aber gedämpft, um die Unterhaltung nicht zu stören. Doch an unserem Tischende hatte man stumm zu bleiben, weil wir die Tischgespräche der Erwachsenen nicht behindern durften. Wenn wir sprachen, mußten wir flüstern, und die Gouvernanten flüsterten ärgerlich zurück: »Wo sind deine Hände? Leg sie auf den Tisch!

... Nimm deine Ellbogen vom Tisch! ...«, oder noch bissiger: »Benimm dich!« ... »Iß anständig!« ... »Wackle nicht mit den Beinen!« ... »Halt den Mund!«

Wenn das Essen vorbei war und wir in langer Reihe an Großmutter vorbeidefiliert waren, um ihr *merci beaucoup* zu sagen, eilten wir in unsere Zimmer im ersten Stock. Mitja und ich hatten in diesen Jahren ein gemeinsames Zimmer, das von P. S. lag daneben. Jedermann hielt eine einstündige Siesta. Etwa um vier Uhr nachmittags holte uns P. S. ab, und wir hatten eine Stunde frei zum Spielen, für Spaziergänge und zum Blumenpflücken, Beeren- oder Obstsammeln.

Pünktlich um fünf Uhr wurde auf der Terrasse im Französischen Garten der Tee serviert. Es war wieder eine zeremonielle Angelegenheit mit einer Überfülle an verschiedenen Brotsorten, Kuchen, Quark, Früchten und Beeren. Dann schlug Omama einen Ausflug oder einen Verdauungsspaziergang durch den Park vor. Der Park war, obwohl erst kürzlich angelegt, sehr schön. Er wurde gut gehalten und von Scharen barfüßiger Mädchen in nationaler Bauerntracht ständig gegossen. Die Hauptwege und selbst die schmaleren Pfade waren mit hellgelbem Sand bestreut, wurden täglich geharkt und sahen so makellos aus wie die kaiserlichen Gärten in Tokio. Die Hauptallee führte zu einem Teich, in dessen Mitte auf einer Insel eine Grotte lag. An Sonntagen und natürlich an Feiertagen wurde sie illuminiert und gab so eine eigene Vorstellung. Preobrashenka besaß seit 1895 eine elektrische Anlage, und seitdem gab es in der Grotte *tableaux vivants:* Sonnenaufgänge, Gewitterstürme (während derer jemand ein Donnerblech schüttelte) und schließlich eine Sternennacht mit einem zitronenfarbenen Halbmond, der über den Himmel glitt. Auf dem Teich schwammen exotische Enten und weiße und schwarze Schwäne.

Hinter dem Park lagen Obst- und Weingärten, einige Gewächshäuser, eine Baumschule, Dutzende von Blumenbeeten und ein Gemüsegarten, der mir im Vergleich zu dem in Lubcza riesig erschien. Dort waren auch einigermaßen verwilderte Tennisplätze und ein viel häufiger benutzter Krocketplatz. Insgesamt war der Park unendlich groß und seine Existenz ein wahres Wunder, denn gleich daneben erstreckte sich die staubverwehte, braune Steppe, und hinter dieser lag der Liman mit seinem Schlamm, seiner Sonne und seinem Gestank.

Sehr bald, ich glaube nach den ersten drei oder vier Tagen, begannen wir Kinder uns um Großmutters Verdauungsspaziergänge im Park zu drücken. Man erlaubte uns, die Zeit bis zum Abendbrot so zu verbringen, wie wir wollten. Gab es noch andere Vettern und Kusinen – zeitweise waren wir sehr viele –, spielten wir gemeinsam Verstecken oder ein russisches Fangspiel, *gorjelki* genannt, für mindestens fünf oder sechs Paare. Waren wir allein, ging jeder seinen eigenen Weg, je nach seinem persönlichen Geschmack oder Interesse. Ich holte mir mein Angelgerät und ein Buch. Ich war gerade zu Tolstois ›Kindheit‹ und Turgenjews ›Aufzeichnungen eines Jägers‹ vorgedrungen. Ich versteckte mich hinter den Grotten auf der anderen Seite des Teiches und las gierig. Nur selten nagte ein fauler roter Karpfen an meinem Köder. Sie waren so überfüttert, daß ich mich selbst ruhig in die süßeren Teiche Tolstoischer oder Turgenjewscher Prosa versenken konnte.

Pünktlich um sieben Uhr abends ertönte die Glocke. Sie rief uns Kinder zum Abendbrot, das wie das Frühstück in dem kleineren Eßzimmer serviert wurde. Auf Mutters Anordnung hin war die Mahlzeit leicht, knapp und kurz, und obwohl wir dabei von dem Hauslehrer und einer der Gouvernanten beaufsichtigt wurden, war es eine lustigere und fröhlichere Angelegenheit als das Mittagessen. Wir konnten frei reden und lachen und empfanden uns für eine kurze Zeitspanne nicht als Opfer der gargantuesken Zeremonien der Erwachsenen.

Diese aßen viel später. Aber bevor sie sich zum Abendessen niedersetzten, wurden wir von Wange zu Wange, von Schoß zu Schoß, von Hand zu Hand herumgereicht, um gute Nacht zu sagen. Waren wir erst im Bett, unsere Gebete gesprochen, die Zähne gebürstet, wurde das Licht ausgemacht, und nur die Öllampe aus rubinrotem Glas flackerte noch in der östlichen Ecke des Zimmers vor der Ikone meines Heiligen und tauchte alles in ein warmes Licht, das zum Einschlafen so dienlich ist. Trotz des Summens der Moskitos, des Schlagens der Uhren, des Bellens der Schäferhunde schlief ich sofort ein, erschöpft von dem Schlamm, den Mahlzeiten, den Gerüchen und dem *pomp and circumstance* in Großmutters weißem Schloß in der Steppe Südrußlands.

An einem Sommertag im Jahre 1913 wurde ich in Preobrashenka in Omamas Boudoir gerufen, ein stickiges, mit viel
Krimskrams, Damastvorhängen und Möbeln vollgestopftes
Zimmer, in dessen Ikonenecke eine große schwarze Bibel in
deutscher Sprache lag.

Omama saß neben dem geschlossenen Fenster in einem Lehnstuhl. Es war heiß, und sie trug Sommerkleidung – ein langes,
schneeweißes, gestärktes Kleid mit einem Fischbeinkragen. Ihr
adlerartiges Profil sah blaß und ernst aus. In ihrem Lehnstuhl
sah sie aus wie eine Jugendstilskulptur, eine sitzende Göttin aus
Carraramarmor mit einem Ebenholzkopf.

Als ich hineinkam, bewegte sie sich nicht und begrüßte mich
mit keinem Wort. Ihr Gesicht war steinern. Ich war nervös. Nie
zuvor war ich in ihren »Privatgemächern« gewesen. Sie waren
für uns Kinder verboten, nur für Mutter und die bucklige Haushälterin Maria Filipowna erlaubt. Diese ganze Vorladung verhieß nichts Gutes.

»Was will sie von mir«, dachte ich. »Was habe ich falsch
gemacht? Was wird sie mir erzählen?«

Nach einem langen bedeutungsschweren Schweigen wandte
sie mir langsam ihr Gesicht zu und sagte mit einer tiefen, müden
Stimme:

»Komm näher, ich will mit dir sprechen. Aber zuerst knie
nieder, beuge deinen Kopf bis zum Boden, bekreuzige dich und
küsse die Heilige Schrift«, und sie deutete mit dem Kopf zum
Gebetpult.

Ich tat wie geheißen. Als ich wieder aufgestanden war, segnete sie mich, als wäre sie ein Priester, und ließ mich ihre weiche
rundliche Hand küssen.

»Nun zieh dir einen Stuhl heran, setze dich und höre aufmerksam zu. Aber vergiß nicht, daß du vor diesen Ikonen und
vor der Bibel sprichst. Wenn ich dich frage, mußt du mir die
Wahrheit antworten. Wenn du es nicht tust, wird Gott dich
strafen.«

Ich murmelte »ja« und setzte mich.

»Du merkst«, begann sie mit derselben müden Stimme, »du
wächst schnell heran. Bald wirst du ein großer Junge sein. Ich
habe dich beobachtet . . . o ja, das habe ich«, sie sah mir direkt in
die Augen, »ich bemerke alles, weißt du. Die Leute denken, ich

bin *gaga,* weil ich beim Essen manchmal einschlafe und weil meine Hände zittern. Aber ich beobachte, sehe Dinge ...« und sie erhob ihre Augen zu den Ikonen und den Zeigefinger zur Decke.

»Ich weiß alles, was hier im Hause vor sich geht. Und ich habe Menschen, die für mich beobachten und mir dann berichten.« Sie hielt inne, wie um Atem zu holen. Ich fühlte mich unbehaglich; es klang alles ziemlich unheimlich.

Plötzlich schleuderte sie mir mit ihrer krächzenden Stimme entgegen: »Was hast du gestern getan?« und sah mich dabei anklagend an. »Was hast du gestern im türkischen Zimmer auf dem Sofa getan ... mit diesem, diesem Kindermädchen, der Neuen, die deine Mutter für Lidutschka von Gottweißwoher geholt hat?«

Ich antwortete, ich sei gestern überhaupt nicht im türkischen Zimmer gewesen. »Aha«, stieß Omama hervor, »du leugnest also, du sagst, du bist nicht dort gewesen!« Und in ironischem Ton fuhr sie fort: »Wer war es dann, darf ich fragen? Es kann nur du oder dein Bruder Mitja gewesen sein. Wer sonst? ... Nun! Antworte!«

Ich wiederholte, daß ich niemals mit Lidutschkas neuem Kindermädchen in dem türkischen Zimmer gewesen sei.

»Vergiß es«, unterbrach sie mich. »Es tut nichts zur Sache, wer es war, ob Mitja oder du ... oder jemand anders. Worauf es ankommt, ist, daß solche Dinge nicht geschehen sollten«, und sie unterstrich jedes Wort. »Es darf niemals wieder geschehen! Verstehst du?«

Ich blickte hinauf und blickte hinunter und machte keinen Mucks. Nach einer Weile begann sie dann in einem ruhigeren, ja beinahe herzlichen Ton:

»Sage mir, Nikuschka«, und sie tätschelte meine Wange, »weißt du schon«, sie zögerte, »nun, wie soll ich es sagen ... Hat dir schon jemand erzählt, oder hast du selbst Dinge bemerkt ...«, sie zögerte erneut, »nun ... hat dir jemand schon *davon* erzählt?«

»Wovon?« fragte ich.

»Über Kinder«, sagte sie. »Ich meine, wie sie auf die Welt kommen, wie sie geboren werden?« Sie wartete und sah mich an, als ob sie meine Gedanken lesen wollte. »Aber bevor du antwortest, denke sorgfältig nach und erzähle mir alles. Sprich die ganze Wahrheit ... alles, was du darüber weißt ...«

»Ich habe nicht ganz verstanden, was ich dir erzählen soll«, begann ich zögernd, dann fügte ich hinzu: »Ja, ich habe manchmal Dinge gesehen ... zum Beispiel Hunde und Pferde, wie sie aufeinander klettern. Und dann hat mich Onkel Friedrich einmal mitgenommen, damit ich sehe, wie es die Elefanten machen. Er sagte mir, daß sie so ihre Jungen machen.«

»Vergiß, was dir Onkel Friedrich erzählt hat, denke nicht an Hunde, Pferde und Elefanten«, bemerkte Omama. »Ich meine Kinder, Babys, begreifst du nicht? ... Babys, wie deine Schwester Lidotschka vor Jahren eins war. Hat dir irgend jemand gesagt, wie Babys geboren werden?«

Ich schwankte, dann sagte ich: »Nein, ich weiß es nicht, nicht genau ... keiner hat mir *davon* etwas gesagt. Außer ...«

»Außer was?«

»Na ... Mitja hat mir was davon erzählt, er hat mir zu erklären versucht, woher die Babys kommen. Und dann, dann haben wir nach Babys geguckt ... bei uns drinnen ... in unseren Löchern.«

Omamas Gesicht verfinsterte sich von neuem.

»Was meinst du damit: Ihr habt in euren Löchern nach Babys geguckt? Wo, wo habt ihr nachgesehen?«

Ich sah nieder und antwortete nicht. Endlich murmelte ich: »Wir ... haben nur nachgesehen, so herum ...«

»Los, mach schon, mach schon«, sagte Omama und lächelte. »Heraus damit, sag mir, wo ihr nachgesehen habt. Habe keine Angst, keiner wird dich bestrafen.«

»Aber wirklich, Omama, muß ich? Weil, weißt du ... wir haben nichts gefunden.«

»Nun höre auf herumzuzappeln und erzähle mir die ganze Geschichte. Wo und warum habt ihr nach Babys gesucht?«

Angestachelt von Omama begann ich zu erzählen, was sich zwischen Mitja und mir abgespielt hatte. Zuerst sprach ich stokkend, die Worte, die ich aussprechen mußte, erschreckten mich. Aber bald dachte ich nicht mehr daran und sprach ohne Umschweife schneller und schneller, bis die ganze Geschichte heraus war.

Eines Morgens früh war Mitja an mein Bett gekommen. Er war nackend. Er legte seinen Finger an die Lippen und machte »psst«. Er zog mir meine Decke weg, hob mein Nachthemd hoch, setzte sich auf die Bettkante und begann seinen Zeigefinger in meinen Nabel zu bohren, ohne ein Wort dazu zu sagen.

»Au«, quietschte ich, »du tust mir weh, hör auf!«

Aber er machte wieder »psst« und flüsterte:

»Sei ruhig, schrei nicht« ... und stieß wieder seinen Zeigefinger in meinen Nabel.

»Weißt du«, sagte er, »daß du dort ein Loch hast?«

Aber ich sagte ihm, er solle mich in Ruhe lassen und aufhören, mir weh zu tun. Ich wüßte nichts von einem Loch in meinem Nabel, sagte ich, und glaubte auch nicht, daß es dort eins gäbe.

»Doch, es gibt ein Loch in deinem Nabel. Wir alle haben da Löcher und müssen lernen, wie man sie aufmacht, denn aus dem Loch in dem *pup* (Nabel) kommen die Kinder. Sie bleiben im Bauch, bis sie soweit sind herauszukommen. Aber wir müssen ihnen dabei helfen.«

Ich sah interessiert auf meinen Nabel, aber das, was Mitja mir gesagt hatte, überzeugte mich nicht.

»Versuchen wir doch, gegenseitig die Löcher in unserem Nabel zu finden«, schlug er vor. »Vielleicht finden wir einen Weg, sie aufzumachen. Dann sehen wir, ob Babys drin sind ...«

»Aber wie können da Babys herauskommen? Wenn es ein Loch in deinem oder meinem Nabel gibt, kann es doch nur klein sein. Wie kann da ein Baby herauskriechen?«

»Sei nicht albern«, sagte Mitja, »die Löcher dehnen sich, sie sind wie aus Gummi. Außerdem, wenn die Babys herauskommen, sind sie so groß wie Puppen und aus Gelee gemacht. Wenn sie erst einmal draußen sind, blasen sie sich über Nacht wie Ballons auf.«

Ich hatte nie ein Baby von der Größe einer Puppe gesehen, noch konnte ich mir vorstellen, wie sich ein solches Baby »über Nacht« in etwas so Großes wie beispielsweise meine Schwester Lidutschka verwandeln könnte. Aber Mitja blieb bei seiner Behauptung: »Laß es uns versuchen, es tut nicht weh, vielleicht finden wir einen Weg, wie wir die Löcher aufmachen können.«

So begannen wir, unsere Zeigefinger uns gegenseitig in die Nabel zu graben, zu stoßen und zu winden. Aber nichts geschah. Die Löcher ließen sich nicht öffnen. Mitja beugte sich über mich und besah sich meinen Nabel.

»Dein Nabel ist schmutzig«, sagte er, »da ist was Schwarzes drin. Vielleicht geht er deshalb nicht auf ... Laß mich mal versuchen, den Dreck rauszukriegen.« Er fand ein Taschenmesser und fing an, in meinem Nabel damit herumzukratzen, bis es blutete. Er sagte, das sei ganz normal. Ich drückte drauf, aber es sickerten nur einige Blutstropfen hervor. Es war kein Loch zu sehen. Ich lief ins Badezimmer, bedeckte meinen Nabel mit einem Handtuch und schlüpfte in mein Bett zurück. Mitja lag schon in seinem und schlief fest, während ich zitternd dalag und nicht einschlafen konnte.

Omama hörte meiner Geschichte gespannt zu. Am Ende schnappte sie nach Luft.

»Du lieber Himmel! Was für eine schmutzige Geschichte!«

Sie stand auf, verneigte sich vor den Ikonen, bekreuzigte sich, und ihre Lippen murmelten Gebete.

Nach einer langen Pause setzte sie sich wieder: Ihr Gesicht war ruhiger, aber noch immer so ernst wie zu Beginn unserer Unterhaltung.

»Nun höre genau zu«, sagte sie. »Ich«, und sie unterstrich das Wort, »ich werde dir die Wahrheit erzählen: Es gibt keine Löcher in deinem oder Mitjas Nabel, und es kommen auch keine Kinder heraus! Verstehst du?«

Ich bejahte.

»Erinnere dich daran und höre auf, dich mit deinem Nabel zu beschäftigen, auf keinen Fall mit einem Taschenmesser! Was für eine Idee! Du kannst dich schlimm damit verletzen! Versprich mir, es nie wieder zu tun!«

Ich versprach es.

Sie hielt einen Augenblick inne und sagte dann, als spräche sie von etwas ganz anderem:

»Nun höre zu. Ich will dir erzählen, was du nicht mit deinem ›Ding‹ machen sollst«, und sie zeigte darauf, »weder für dich allein noch gar mit anderen, mit Mädchen ..., oder mit irgend jemandem sonst! Und ich meine niemals, niemals!«

Ich senkte meinen Kopf.

»Sag mir, dein ›Ding‹, dein Pipiska, wird es manchmal ... hart?«

»Manchmal ja. Aber Omama, was soll ich machen, ich kann ja nichts dafür, es geschieht alles von selbst, und dann werde ich aufgeregt!«

»Ich weiß, ich weiß«, sagte sie und tätschelte meine Wange. »Ich werde dir aber jetzt sagen, was du tun *solltest*«, und sie wartete einen Augenblick, dann sagte sie, jedes Wort betonend: »Wenn dein Pipiska hart wird, laufe zum nächsten Wasserhahn und halte ihn unter das kalte Wasser, bis er wieder schrumpft. Dein Pipiska ist da, um Pipi zu machen und zu nichts anderem.

Du kannst ihn nicht gebrauchen, wenn er hart ist, oder? Wirst du tun, was ich gesagt habe?«

Ich sagte, ich würde es versuchen.

»Nicht bloß versuchen«, befahl sie. »Tue, was ich dir gesagt habe, und versprich es mir jetzt!«

Ich sah zu Boden, nickte und sagte: »Ja.«

Sie nahm mich bei der Hand und sagte feierlich: »Nun komm her und knie mit mir vor den Ikonen.«

Wir knieten beide nieder, sie an ihrem Gebetspult, ich daneben auf dem Fußboden.

»Sprich das Vaterunser«, befahl sie.

Ich begann nervös: *»Otsche nasch ishe jessi na nebessjekch ...«*, aber sie unterbrach mich: »Nein, nein, nicht so schnell. Langsam ... fang noch einmal an!«

Ich betete das Vaterunser so langsam und sorgfältig ich konnte. Omamas Gesicht war in ihren Händen vergraben. Sie betete lange und sah dann von ihrem Gebetspult auf mich herab.

»Nun wiederhole, was ich sage.«

Ich wiederholte jedes Wort, das sie mit Grabesstimme von sich gab. Ich schwor, niemals die bösen Dinge zu tun, von denen wir gesprochen hatten. Ich schwor, wenn ich in Versuchung geführt würde, zu Gott zu beten und ihn zu bitten, die Versuchung von mir zu nehmen. Ich schwor auch, wann immer ich »ihn« hochkommen fühlte, zum nächsten Wasserhahn zu laufen und ihn dort auf seine normale Größe zurückzubringen.

Dann standen wir beide auf. Omama segnete mich erneut, ich küßte ihre Hand und sie meine Stirn. Sie seufzte und sagte in ihrer lutheranischen Sprache: »Ach, wie mühsam«, und zu mir: »Nun kannst du gehen, aber du darfst das nie vergessen! Du mußt dich immer an deinen Schwur erinnern«, und sie ging aus dem Zimmer in ihr Schlafgemach.

Ich merkte, daß jemand dort auf sie wartete. Ich legte mein Ohr an einen Spalt in der Tür.

Es schien mir, als hörte ich jemanden kichern. Dann hustete sie. Danach sprach sie mit ihrer normalen sachlichen Stimme mit jemandem auf russisch.

»Ich habe ihn jetzt richtig erschreckt«, sagte sie. »Nikuschka ist ganz verstört. Es wird lange dauern, bis er darüber hinweg ist. Ich bin sicher, daß er für einige Jahre keine Fräuleins und Zimmermädchen betatschen und abknutschen wird.«

Ich nahm an, daß sie mit meiner Mutter sprach. Aber vielleicht auch hatten Tante Karolina oder Maria Filipowna nebenan gewartet.

Diese Lektion trug ihre Früchte, aber nur sehr unvollkommen. Ich hörte auf, mir Sorgen um das Loch in meinem Nabel zu machen, und war erleichtert, daß es keine Babys in meinem Bauch gab. Auch in anderer Hinsicht versuchte ich, den Omama gegebenen Schwur zu befolgen. Es war peinvoll und schwierig. Das Waschbecken war hoch, ich mußte draufklettern und mich auf den Rand knien. Ich streckte meinen Bauch vor, öffnete den Wasserhahn und hielt das »Ding« in den Strahl, bis es schrumpfte. Der Beckenrand schnitt mir in die Knie. Das Wasser war eiskalt, mein Bauch und meine Beine wurden naß, und der Linoleumfußboden stand voller Pfützen. Nach beendeter Waschung zog ich mir wieder mein Nachthemd an und schlich auf Zehenspitzen ins Bett zurück. Es dauerte Stunden, bis mir zwischen den feuchten Laken wieder warm wurde.

Omama Falz-Fein gehörte zu den frühen Opfern des roten Terrors. Für die Steppen Südrußlands waren die Jahre 1918/19 eine trübe, aufgewühlte Epoche, in der manche Orte mehrfach zwischen Weißen und Roten den Besitzer wechselten. Omama hatte ihren Palast in Preobrashenka verlassen und war in ihr kleines Häuschen in der Hafenstadt Khorlý gezogen, das in seiner Unauffälligkeit eher Schutz zu bieten schien. Zu uns in Jalta zu stoßen, weigerte sie sich, auch wollte sie nichts davon hören, ganz aus Rußland wegzugehen.

Im März 1919, einen Tag bevor die Weißen Khorlý zurückeroberten, kamen zwei Tscheka-Agenten zu ihrem Haus gefahren. Am nächsten Morgen fand eine Abteilung der Weißen Armee sie tot auf, von vielen Kugeln durchsiebt. Sie war 87 Jahre alt geworden.

Askania Nova

Unser erster Besuch in Preobrashenka dauerte nur wenige Wochen. Danach ging es zu anderen Falz-Feins. Mutters Brüder und Vettern hatten in derselben Gegend Besitzungen. Von 1911 an fanden unsere Besuche in Südrußland mehr oder weniger regelmäßig statt. Einen Teil des Sommers verbrachten wir in Lubcza, den anderen Teil im Süden. In St. Petersburg, wo Mutter eine geräumige Wohnung genommen hatte, wurde überwintert, und dort gingen wir zur Schule.

Wie Onkel Friedrich zu sagen pflegte: »Im Anfang waren die Schafe. Die Tat und das Wort kamen erst zufällig dazu.«

Ziemlich viele Wörter standen in einem Dokument, das nach langen Verhandlungen 1842 zwischen dem Repräsentanten eines kleineren deutschen Prinzen, einem entfernten Verwandten des Zaren Nikolaus I., und dessen Finanzminister, Graf Kankrin, ausgefertigt worden war. Das Dokument war in Vertretung Seiner Kaiserlichen Majestät von Graf Krankin unterzeichnet worden, während die Unterschrift der Gegenseite »Prinz Heinrich von Anhalt-Koethen, Erbgraf und Herr auf und zu Askanien« lautete. Die Akte betraf die Überlassung von 200000 Hektar Land in der Steppe Südrußlands. Der Prinz und Graf von Askanien verpflichtete sich, dieses Land mit deutschen Siedlern zu kolonisieren, die ihre Familien sowie Baumaterial, landwirtschaftliche Geräte, westfälische Rinder, Zugpferde, Schweine und Geflügel mit nach Rußland bringen und schließlich Untertanen Seiner Kaiserlichen Majestät werden sollten. Der Prinz verpflichtete sich obendrein, diesen Bauern Herden spanischer Merinoschafe zu überlassen, deren Wolle damals bei schottischen Spinnereibesitzern hoch im Kurs stand. Mit Schafzucht und Landwirtschaft hatten schon früher deutsche Siedler im Süden Rußlands begonnen. Es war offenbar die schnellste und praktischste Art, die Steppe urbar zu machen.

In dem Dokument wurde auch der Hoffnung Ausdruck verliehen, daß die Verwaltung des Prinzen darauf achten würde, daß die neuerrichteten Siedlungen blühten und damit – dies wurde nicht direkt ausgesprochen, aber unterstellt – den unseligen russischen Strafkolonien zum Vorbild dienen konnten, die Nikolaus' I. Großmutter, Katharina II. (auch eine Prinzessin aus Anhalt, aber aus der ärmeren Linie Zerbst, nicht Koethen), kurz nach der Annexion der Krim 1773 in der taurischen Steppe errichtet hatte.

Das Überlassen des Landes war also nur der Endpunkt einer schon ein halbes Jahrhundert währenden Politik, mit der fleißige deutsche Bauern verführt wurden, sich im Süden Rußlands anzusiedeln. Und das geschah mit jeder neuen Transfusion teutonischen Blutes in die sklerotischen Arterien der Romanow-

Dynastie. Unter Nikolaus I., einem eingeschworenen Militaristen mit dem Spitznamen *le Roi de Prusse*, erreichte diese Politik ihren Höhepunkt; mit dessen Tod und dem verheerenden Krimkrieg von 1855 brach sie wieder zusammen.

Ich besitze zwei alte, verblichene Zeichnungen von Askania, die meine Mutter ins Exil begleitet haben und die ich von ihr geerbt habe. Sie sind ohne jeden künstlerischen Wert und offensichtlich irgendwann von einem Landvermesser angefertigt worden. Sie zeigen ein paar bescheidene Bauernhäuser, kleine Scheunen und Ställe an einem flachen baum- und strauchlosen Horizont. Nach der Beschriftung handelt es sich um die Anfänge der prinzlichen Güter von Askania Nova in Südrußland. Die Zeichnungen müssen um 1840 angefertigt worden sein. Ein Anfang des 19. Jahrhunderts gemaltes Bild vom Auszug der deutschen Siedler nach Rußland, das im Wohnzimmer von Askania Nova hing, zeigte eine große, reiche Karawane von Planwagen, Kutschen und Viehherden. Man kommt nicht umhin, sich zu fragen: Was ist mit all den Schätzen auf dem Weg nach Rußland oder in Rußland geschehen?

Hat es so etwas wie einen Zusammenbruch in Anhalt-Koethen gegeben, der den Prinzen davon abgehalten hätte, sich um seine fernen Untertanen zu kümmern, oder ist den sorgenfrei und begütert wirkenden Deutschen auf ihrem Weg nach Rußland ein Unglück geschehen? Hatte ihnen niemand gesagt, wie das Leben in der Steppe war, daß es dort wenige Quellen, aber viel Wind, Heuschrecken, die Räude, den Typhus und vieles andere gab?

Von Anfang bis Ende ist alles falsch gelaufen. Die korrupte Verwaltung des Prinzen führte das Projekt in eine Katastrophe. Die Hoffnungen Nikolaus' I., seinen russischen Untertanen ein gutes deutsches Beispiel zu geben, erfüllten sich nicht. Bald starb der Gründer der Kolonie, Prinz Heinrich. Man bot das Land Friedrich Fein aus Elisabethfeld zur Pacht an. Aber Fein nahm es nicht. Erst nach dem Tod Nikolaus' I. und dem Ende des Krimkrieges verkaufte man die Kolonie an Fein. Er kaufte die 200 000 Hektar Land mit allem, was an Gebäuden, Viehbestand, Maschinen und Ausrüstungen geblieben war, für eine halbe Million Taler. Das war eine Menge Geld, aber das war es auch wert.

Zuerst bewirtschafteten Friedrich Fein, dann seine Tochter (die erste Falz-Fein) und später mein Großvater Eduard das

Land mit Erfolg. Sie vergrößerten das Gutshaus, bauten ein zweites, dann eine große lutherische Kirche mit einer klassizistischen Säulenfassade, sie bohrten Brunnen, errichteten Werkstätten, Scheunen, Ställe und pflanzten Obstgärten und Bäume. Ihr Hauptinteresse galt der Schafzucht, dem Rinder- und Pferdebestand und der Landwirtschaft. An einer Verschönerung Askanias waren sie nicht besonders interessiert. Sie wollten zunächst die von dem Prinzen heraufbeschworene Katastrophe überwinden und Askania so schnell wie möglich zur Blüte bringen. Und darin hatten sie bewundernswerten Erfolg.

Die Schönheit Askanias, die ich kennenlernen sollte, war vielmehr das Werk meines Onkels Friedrich, des ältesten Bruders meiner Mutter. Er legte Teiche an, zwei große Gärten und baute die verschiedenen Vogelhäuser, Wildgehege und die schon erwähnten wissenschaftlichen Untersuchungsstationen. Er fing und züchtete seltene Vögel und Säugetiere, kaufte sie auch in den zoologischen Gärten von Paris, Berlin und Hamburg und selbst von Buffalo Bill. Um sein Tierreservat in der Steppe Südrußlands zu bevölkern, organisierte er Expeditionen nach Afrika, Asien und Amerika. Als er dreißig Jahre alt war, hatte er Askania Nova vollkommen verwandelt. Es war eine herrliche Oase für Wildtiere und wichtiges zoologisches Forschungszentrum geworden. Er korrespondierte mit Wissenschaftlern und Enthusiasten aus ganz Europa und Amerika, und eine ständig wachsende Schar von Zoologen, Ornithologen, Botanikern und Verhaltensforschern zog im Sommer in Askania Novas Gästehaus ein und bildete einen Chor von Bewunderern von Onkel Friedrichs Unternehmungen.

Kurz vor dem Ersten Weltkrieg besuchte der Zar Askania Nova mit einem großen Gefolge von Ministern und Generälen. Als Ergebnis davon wurde Onkel Friedrich geadelt, und sämtliche Falz-Feins verlängerten ihren Namen nun um eine dritte Silbe, indem sie ein »von« davorsetzten. Als Gegengabe schenkte Onkel Friedrich dem Zaren drei Exemplare amerikanischer Büffel aus seiner Zucht (Nachkommen der von Buffalo Bill gekauften).

Schon in meiner frühesten Kindheit war Askania in aller Munde. Es wurde von Straußen erzählt, die im Winterschnee spazierten, von Kreuzungen europäischer und amerikanischer Büffel mit schlichten westfälischen Kühen, von wilden Pferden aus Tibet, die mit afrikanischen Zebras gekreuzt worden waren, von grünen Kanarienvögeln, die im Winter weiß wurden, von

Gazellen und wilden Truthähnen. Kein Wunder, daß in meiner kindlichen Vorstellung Askania Nova zu einem verlorenen Paradies wurde, zu einer Arche Noah oder zum Gelobten Land.

Onkel Friedrichs Arche Noah

Das einzig Pompöse an Askania war sein hybrider lateinischer Name. Sonst war es das ganze Gegenteil von Preobrashenka. Es gab keine Zeremonien, keine Etikette beim Essen, keine Potpourris spielende Salonkapelle, auch keinerlei religiöse Torturen. Die Mahlzeiten fanden pünktlich statt, gingen schnell vorüber, es gab nie mehr als drei Gänge, allerdings häufig merkwürdige exotische Gerichte: Büffelbraten, einen Känguruh- oder Gazellenrücken, große rosa Karpfen, im Frühjahr wurde manchmal Rührei aus Straußeneiern aufgetischt.

Im Gegensatz zu Preobrashenka wurde bei Tisch jeder in die Unterhaltung einbezogen, gleichgültig welchen Standes er war. Mit anderen Worten, auch wir Kinder nahmen daran teil. So ging es bei Tisch nicht langweilig, sondern geradezu lustig und aufregend zu. Immer war von Askania und seinen neuesten Nachrichten die Rede. Was war im Tiergehege geschehen? Hatte jemand etwas in den Vogelhäusern oder im Garten beobachtet? Hatte jemand die Brut junger Strauße, Schwäne oder Polargänse entdeckt?

Es gehörte eine Voraussetzung dazu, in Askania glücklich zu sein: Man mußte ein aktives Interesse an allen Vorgängen zeigen und an dem täglichen Leben teilnehmen. Wenn sich ein Besucher nicht nach dieser Regel verhielt, wurde er ausgeschlossen, und man gab ihm bald zu verstehen, daß er unerwünscht sei und sich fortscheren möge.

Glücklicherweise waren gleichgültige Besucher selten. Die meisten, die nach Askania kamen, hatten zuvor schon von seiner Eigenart gehört und kamen aus bestimmten Gründen. Bei Tisch waren immer ein paar Gelehrte, Naturliebhaber, Zoodirektoren und Forscher anwesend.

Askania Nova besaß einen eigenen Zauber, und mit der gewandten Hilfe Onkel Friedrichs verwandelte es viele in Naturfreunde. Selbst ein langweiliger Beamter, ein richtiger *tschinownik*, verliebte sich auf einer Inspektionsreise in den Besitz und fragte Onkel Friedrich, ob er wiederkommen dürfe. Die meisten Besucher kamen wie die Wanderwasservögel jedes Jahr zurück. Einige waren nur zu einem kurzen Besuch gekommen und blieben dann ihr Leben lang, weil sie in Askania ihr Lebensziel gefunden hatten. Zwei solcher Gäste überdauerten sogar Onkel Friedrich und uns alle um Jahrzehnte. Der eine war der berühmte Tibetforscher der Jahrhundertwende, General Koslow, nebst seiner Frau. Der andere war eine charmante Dame, Julia Iwanowa Igumnowa, Schwester des bekannten Klavierpädagogen am Moskauer Konservatorium und eine der zahlreichen »letzten« Sekretärinnen Tolstois.

Auch ich verliebte mich in Askania Nova gleich bei der ersten Begegnung. Hier war alles aufregend, so ganz anders als an den gewohnten Orten. Nach dem muffigen Preobrashenka war Askania eine wohltuende Erholung, ja es stach an Charme und Schönheit selbst mein geliebtes Lubcza aus. In gewisser Weise war es eine Art Fortsetzung von Lubcza. Dort, und noch früher in Pokrowskoje, wurde ich in die Geheimnisse der Natur eingeweiht. In Askania hüllte mich die Natur mit ihrer Fülle und ihrem Variationsreichtum völlig ein. Ich kam mir vor wie ein Taucher in exotischen Gewässern, der auf dem Meeresgrund die phantastischsten Formen und Figuren entdeckt.

Es war wie eine riesige Arche Noah, die friedvoll auf der taurischen Steppe schwamm und zu der ich selbst gehörte, in ihre Mysterien eingeweiht. Mein Verstand, meine Sinne und meine Gefühle waren voller Beobachtungslust und Liebe.

Die Vogelhäuser liebte ich am meisten. Sie standen nahe am Haus inmitten des schattigen Parks. Es waren große, weiträumige Vierecke, auf drei Seiten von Maschendraht umgeben; die vierte, mit mehreren Türen, war die Mauer des dahinterliegenden Hauses, das im Winter als Quartier diente und geheizt war. In diesen Vogelgehegen gab es hübsche japanische Gärten mit winzigen Büschen, Bäumchen, Felsen und künstlichen Wasserfällen, alles ganz natürlich aussehend und trotz der Anwesenheit Tausender von Vögeln ziemlich sauber.

Eine Bank vor diesen Vogelhäusern war mein Lieblingsplatz. Das Konzert darinnen dauerte vom frühen Morgen bis zum späten Abend, ungestüm, männlich und fröhlich. Ich hörte ihm entzückt zu. Es klang wie ein Kontrapunkt für 1001 Stimmen, oder auch aleatorisch und unbeschreiblich verzwickt, dabei von einer Schönheit, die alle von Menschen gemachte Kunst weit hinter sich ließ.

Mein Begleiter bei diesen Volierenkonzerten war häufig der alte Herr Konraetz, ein ehemaliger Hauslehrer Onkel Friedrichs. Er erzählte mir, welcher Vogel welchen Part sang und wie man ihn mit geschlossenen Augen heraushören konnte. Er trug immer eine Pillendose voller Holzwürmer mit sich herum. Er nahm einen Wurm zwischen die Finger und hielt ihn dicht an den Maschendraht, und augenblicks flog ein Vogel, ein Fink oder auch eine chinesische Nachtigall, zu seiner Hand und eilte mit der Beute davon.

»Wenn du im Frühling kommst«, sagte er, »werde ich dir zeigen, wie man Nachtigallen das Singen beibringt.«

Und im ersten Frühling, den wir in Askania verbrachten, nahm mich Herr Konraetz bei Morgendämmerung mit in den dichtesten Teil des Parkes. Wir saßen still und hielten den Atem an. Herr Konraetz holte ein rauhes Papierstück hervor und rieb mit einer Bürste darüber. Plötzlich kam eine Nachtigall und begann zu schlagen. Bald waren es zwei, dann drei, die einander antworteten. Und auf dem Weg nach Hause erklärte mir Herr Konraetz, welche von den gehörten eine Meistersinger-Nachtigall, welche ein famoser Walter von Stolzing und welche ein abscheulicher Beckmesser sei.

Der Herrscher von Askania Nova

Großvater starb 1895. Von da an war Onkel Friedrich Erbe und Alleinherrscher von Askania Nova. Er regierte über den weiten Besitz wie ein absoluter Monarch. Und wie viele absolute Monarchen (aufgeklärt und nicht aufgeklärt) war er ausdauernd, willensstark, anspruchsvoll, manchmal auch unbarmherzig und grausam, und in gewisser Hinsicht zügellos. Doch zugleich war er intelligent, unglaublich fleißig, klug in der Wahl seiner Mitarbeiter und Gehilfen und ihnen gegenüber gerecht und freundschaftlich.

Wer ihn als hingebungsvollen Liebhaber der Zoologie von beträchtlichem wissenschaftlichen Scharfsinn kannte, bewunderte ihn sehr, so Männer wie Professor Pawlow (der Verhaltensforscher), Professor Iwanow, der alte Buffalo Bill (den Onkel Friedrich in Paris kennengelernt hatte) und einige Zoodirektoren des westlichen Europa, die regelmäßig nach Askania Nova kamen.

Hätte alles dieses angedauert, wäre der Krieg von 1914 vermieden worden und die Revolution nicht ausgebrochen, wäre Onkel Friedrich wahrscheinlich in Reichtum, Ruhm und Glanz gestorben, wie die großen amerikanischen Kapitalisten der Jahrhundertwende, von denen ihm einige sehr imponierten.

Er wurde von allen geliebt, mit denen er täglich zu tun hatte und die seine ungewöhnliche Ergebenheit und seinen Eifer für alles kannten, was für Askania Bedeutung hatte. Als er wegen der Morddrohung im Frühling 1917 nach Moskau fliehen mußte, waren Rieberger, Klim Sianko, Julia Iwanowa Igumnowa und selbstverständlich Mademoiselle Verrière untröstlich.

»Was wird mit dem allen hier geschehen«, lamentierten sie voll ehrlicher Verzweiflung, »mit allem, was er aufgebaut hat . . . Wird das nun alles kaputtgehen?«

Onkel Friedrich war ein großer, korpulenter Mann mit einem runden Bismarckschen Gesicht. Seine Augen unter buschigen Brauen waren braun und blickten ernst, ja hart. Er hatte frühzeitig eine Glatze und trug einen kurzgestutzten Bart. Er trank keinen Alkohol, nicht einmal Wein, rauchte nicht, stand morgens um fünf Uhr auf, schlief regelmäßig nachmittags und ging früh zu Bett. Wenn er in Askania war, trug er immer dieselbe Kleidung: eine Jacke wie die Stalins oder Maos und hohe Stiefel: im Winter graue, im Sommer weiße. Er sah immer sauber und gepflegt aus, genau wie sein Haus mit den blanken weißgekalkten Zimmern voller Mahagonimöbel im Stil des russischen ländlichen Empire.

Sein Tag begann mit einer morgendlichen Zusammenkunft seiner Mitarbeiter, der Aufseher, Pfleger, Züchter und Gärtner, bei der ihm kurz berichtet wurde, was über Nacht geschehen war. Er gab den einzelnen daraufhin Anweisungen, was sie zu tun und wie sie es zu machen hätten. Die landwirtschaftlichen Fragen wurden zuerst erörtert, dann die zoologischen, zu denen Rieberger, Klim Sianko und manchmal J. I. Igumnowa oder Professor Iwanow gehört wurden.

Für den Rest des Tages war er, mit Ausnahme der Mahlzeiten und des Nachmittagsschlafes, ständig unterwegs – inspizierte, gab Anweisungen oder zeigte zu Besuch weilenden Honoratioren sein geliebtes Askania.

Er lachte und scherzte gern und liebte es, den Menschen Streiche zu spielen, aber er hatte keine Geduld für Geschwätz und für dumme Menschen, vor allem nicht für solche, die kein Interesse für Askania zeigten. Derartige Leute wurden schnell dahin

expediert, woher sie gekommen waren. In diesen gottlob seltenen Fällen dienten Mutter und Mademoiselle Verrière als takt-
volle Unterhändler.

Um Sport zu treiben, war er viel zu beschäftigt, er beschränkte sich auf die Jagd und das Reiten.

Er war sparsam, aber nicht geizig. Sein Geschmack war einfach, für Luxus hatte er nichts übrig. Preobrashenka mit seinem
protzenden Reichtum und seinem höfischen Zeremoniell war
ihm fremd. Er fuhr selten dorthin, nur wenn Mutter, auf deren
Urteil er hörte, ihm zuredete, daß es höchste Zeit sei, Omama
zu besuchen. Aber er blieb selten länger als zwei oder drei Tage.

Er hatte wenig Interesse für Kunst, Literatur, Philosophie
und nicht die geringsten religiösen Neigungen. Wenn irgend
jemand in seiner Gegenwart anfing zu philosophieren (eine ein-
gefleischte russische Gewohnheit, die nun fast erloschen ist),
wurde er leicht ausfallend: »Warum mit solchem *tschepucha,*
solchem Unsinn, Zeit verlieren, warum geht ihr nicht hin und
tut etwas Vernünftiges, arbeitet im Garten oder auf dem Feld?«

Für Onkel Friedrich waren Religion, Philosophie und ganz
besonders Romane ein unnötiger Ballast, gut für Faulpelze und
indolente Frauen. Er sprach gern von wissenschaftlichen Entdeckungen, von Zoologie, Botanik und angewandten Wissenschaften und von allem, was, wenn auch nur entfernt, mit Askania zu tun hatte. Aber auch über Geschichte und Politik konnte
er reden, wenn seine Zuhörer intelligent und imstande waren,
mit ihm zu diskutieren.

Seine Ansichten waren eine merkwürdige Mischung aus modernen und konservativen Ideen. »Rußland ist nicht England«,
pflegte er zu sagen, »seht euch doch um, dann werdet ihr fest-
stellen, wie unvorbereitet wir für Parlamentarismus und Freiheit sind. Wir brauchen noch Zeit, um uns zu entwickeln, und
das unter einer starken, fähigen Regierung.«

In Askania wandte er in seiner Landwirtschaft und seinem
Zoo die fortschrittlichsten Methoden an. Er zahlte den Ange-
stellten und Arbeitern viel höhere Löhne als seine Nachbarn,
baute Schulen und Krankenhäuser und bewilligte den alten
Leuten Pensionen (und das war im vorrevolutionären Rußland
eine unerhörte Sache). Alles in allem war Onkel Friedrich ein
seltenes Beispiel eines pragmatischen Realisten, ein aufbauen-
der, moderner Mann; in der marxistischen Terminologie also
ein typischer Vertreter des technokratischen Kapitalismus.
Während viele seiner Nachbarn aus dem Landadel oft am Rand

des Bankrotts standen, wuchs sein Vermögen ständig, trotz der großen Summen, die er für seine zoologischen und sonstigen Experimente ausgab.

Im Frühjahr 1917 floh Onkel Friedrich nach Moskau. Als im Oktober die Bolschewiken an die Macht kamen, wurde er ins Gefängnis geworfen, was in den frühen Monaten der Revolution noch eine einigermaßen humane Angelegenheit war. Der Terror begann erst 1918/19. Ich hörte, daß er im Gefängnis seinen Mitinsassen Vorträge über Zoologie und verwandte Gegenstände hielt. Das Gefängnis steckte damals voll von Wissenschaftlern und Intellektuellen. Es hieß sogar, daß Kommissar Lunatscharsky seine Vorlesungen im Gefängnis besuchte. Ich erinnere mich nicht, auf wessen Intervention er freigelassen und ermächtigt wurde, nach Deutschland zu emigrieren.

Ich fand ihn 1920 in Berlin in einem Sanatorium vor – einen gebrochenen Mann. Die Nachrichten aus Askania waren entmutigend. In ganz Rußland wüteten der Bürgerkrieg und der Hunger. Askania war geplündert worden, die Tiere und Vögel umgebracht, die Gärten verwüstet. Friedrich schrieb Briefe an seine wissenschaftlichen Kollegen in Moskau und bat um Abhilfe. Aber bis zum Ende des Bürgerkrieges geschah nichts. Als endlich 1922 eine Kommission der Akademie der Wissenschaften nach Askania kam und die Sowjetregierung es zum nationalen Wildpark erklärte, war Onkel Friedrich schon gestorben.

Trotz der beiden Weltkriege und der Umwälzungen der Revolution existiert Askania heute noch. Doch heißt es jetzt »Professor Iwanows Staatstierpark«, nach einem Kollegen und Freund Onkel Friedrichs, dem verstorbenen Professor Michail Fedorowitsch Iwanow, dessen Denkmal vor dem Herrenhaus steht, mit der Inschrift: »Dem Schöpfer des Nationaltierparkes«. Aber jeder Mensch in Rußland kennt den Namen des wirklichen Gründers. Als ich 1967 nach Moskau kam und jemandem im Kulturministerium beiläufig erzählte, ich sei ein Neffe von Friedrich Falz-Fein, drängte man mich inständig, Professor Iwanows Staatstierpark zu besichtigen. Doch ich lehnte die Einladung ab. Ich bin sicher, daß ich außer einigen unzerstörten oder modernisierten Gebäuden nichts entdeckt hätte, das mein Heimweh nach dem Askania Nova meiner Kindheit hätte stillen können.

An einem Tage Mitte September 1911 trug uns unser kleiner Raddampfer stromabwärts von Lubcza zum nächsten Bahnhof an der Njemanbrücke. Wir bestiegen am Nachmittag den Zug und kamen am nächsten Morgen in Petersburg an. Wenn ich sage wir, so meine ich Tante Karolina, meine kleine Schwester Liduschka mit ihrer Amme, P.S., Mitja und mich. Onja war schon früher zu ihrem zweiten Jahr in das Petersburger »Jekaterinenskij Institut«, ein Mädchenpensionat, fortgeschickt worden. Mutter und Koló waren in irgendeinem Badeort im Ausland gewesen und von dort direkt nach Petersburg gefahren, um die neue Wohnung einzurichten und unser Eintreffen abzuwarten.

Der Morgen, an dem wir ankamen, war regnerisch, die Luft feucht und kühl. Alles war dunkel. Ich kann mich gut an meine Enttäuschung erinnern: »So, das ist also unsere kaiserliche Hauptstadt, Puschkins ›Palmyra des Nordens‹«, dachte ich, als ich auf den braunen Matsch unter den Rädern des Landauers und die gelblichgrauen Häuser ringsum blickte. Es war kaum ein Licht zu sehen, nur spärliche Lampen mit kleinen Flammen und über den Eingängen die in ihren dreieckigen Glasbehältern erleuchteten Hausnummern.

Ich dachte daran, wie Mademoiselle Verrière in Askania ausgerufen hatte: »Ah, quelle chance! Wie glücklich ihr seid, nach St. Petersburg zu gehen!« Und frei nach Custine fügte sie hinzu: »C'est la ville des plus belles façades du monde.« Die berühmten façades sahen verdrießlich aus, ebenso wie das Wasser in den Kanälen – schwarz und tot. Das »Palmyra des Nordens« schien ungastlich und die Fahrt im Landauer endlos.

Endlich, nach vielem Rumpeln und Kurven, erreichten wir eine breite Avenue. Sie war besser erleuchtet, einige menschliche Schatten huschten über die Bürgersteige. »Dies ist der Newskij-Prospekt«, sagte P. S., »und dort«, er zeigte auf ein graues Gebäude, »ist die berühmte öffentliche Bibliothek, deren Direkter Krylow war.«

Er bekam keine Antwort. Ob »berühmt« oder nicht, keiner von uns fand daran Interesse. Wir waren unausgeschlafen und brummig, nichts konnte uns gleichgültiger sein, als wer der Direktor der berühmten Bibliothek gewesen war.

»Wie wird das gehen?« dachte ich, »hier zwischen all den

düsteren Häusern, an diesem traurigen Ort zu leben ... « Und plötzlich wünschte ich mir, wieder zu Hause zu sein, mich wieder so warm und geborgen zu fühlen wie in Lubcza oder Preobrashenka.

Bei einer Brücke schlug der Landauer nach links ein und hielt unmittelbar darauf vor dem dritten Haus hinter der Einmündung der Straße in den Newskij-Prospekt. Oben auf der Gatterpforte las ich die leuchtenden Zeichen in kyrillischer Schrift: »Fontanka 25, Snkt PTRBG«.

Ein livrierter Portier eilte aus dem Hause auf uns zu und führte uns in die Halle.

Plötzlich war alles wieder gut. Die Halle war warm, von einem großen Lüster aus Messing mit milchig weißen Kugeln erleuchtet. Zu unseren Füßen lag ein weicher Teppich, und an den Wänden schimmerten lederne Tapeten. Diener stiegen lächelnd zu uns hinunter und begannen das Gepäck abzuladen. Wir gingen in den ersten Stock über eine breite ausgelegte Treppe, deren glänzendes Messinggeländer am oberen Rand mit weichem, tiefrotem Samt bespannt war. Oben war die Korridortür weit geöffnet. Auf der Schwelle standen Mutter in einem rosa Peignoir und Koló in einem Kamelhaarmorgenrock. Alle küßten und umarmten wir uns. Von innen, irgendwo links, drang der wohltuende Geruch von *café-au-lait*. Ja ... ja ... alles war wieder gut.

»Nu, Kinder«, sagte meine Mutter, nahm mich bei der Hand und führte uns alle hinein, »hier ist euer neues Zuhause.«

In wenigen Tagen stand das Ritual der Fontanka 25 vollkommen fest. Wie bei den meisten Dingen, die Mutter organisierte, lief die Maschinerie des Haushalts wie geölt, sanft und effektiv. Die Mahlzeiten waren einfach und fanden pünktlich statt, und alles ging nach genau festgelegtem Plan. Jeder, mit Ausnahme von Mitja und mir, hatte sein eigenes Zimmer. Wir beide teilten uns ein sehr großes. Daneben lag das Schulzimmer und das unseres Hauslehrers, so daß wir immer unter Aufsicht waren.

Einige Tage nach unserer Ankunft trat Mitja in die Vorbereitungsklasse des Alexandrowskij-Lyzeums ein, während ich in die Schule der Reformierten Kirche ging, eine der drei deutschen protestantischen Schulen, die den Ruf eines hohen Standards hatten.

Unsere Wohnung lag in der Beletage eines dreistöckigen Gebäudes, das sich in ganzer Länge vom Kai der Fontanka bis zu einer Parallelstraße, Karawannaja genannt, erstreckte. Vor unserem Haus, dessen Fassade sich als sehr hübsch herausstellte, lag die Fontanka und ein wenig nach rechts die Anitschkow-Brücke mit vier bronzenen Pferden, die von vier nackten, knienden gräko-skythischen Männern am Zaum gehalten wurden.

Drei Räume gingen nach vorn hinaus: Kolós Arbeitszimmer, *kabinjet* genannt, ein sehr großer Ball- oder Musiksaal, und ein kleinerer Salon, vollgepfropft mit roten edwardianischen Damastmöbeln. Alle anderen elf – die Zimmer für das Personal und die Wirtschaftsräume nicht mitgezählt – gingen auf den engen Hof.

Ungeachtet aller Vorzüge des neuen Zuhause, trotz Mutters Pflege und Schutz sah ich mich im September 1911 einem ganz andersgearteten Leben gegenüber. Anstelle von Gärten, Landhäusern, Wiesen und Blumenrabatten hatte ich nun Kanäle, Brücken, kahle Bauten um mich herum – kleine unscheinbare oder große und prächtige, luxuriöse Paläste und öffentliche Regierungsgebäude. Viele davon waren ein Teil der russischen Geschichte, andere wiederum waren völlig geschichtslos. Alle waren voller Menschen mit fremden Gesichtern. Keine Mademoiselle Verrière, Herr Rieberger, Kutscher Anton oder Klim Sianko, sondern viele andere. Die Menge auf der Straße war anonym, merkwürdig ernst und schattenhaft.

Erst recht galt das für alle in der Schule. Bevor ich nach St. Petersburg kam, war ich von Hauslehrern und Gouvernanten unterrichtet worden. Nun mußte ich in einer Klasse mit etwa dreißig Jungen sitzen und zu verstehen versuchen, was der Lehrer von seinem Pult herab, das wie eine Kanzel aussah, zu verkünden hatte. Dann mußte ich zusammen mit meinen Klassenkameraden in mein Heft Buchstaben und Zahlen eintragen, die er an die Wandtafel geschrieben hatte, lauter mechanische Dinge, die sich weder auf mich selbst noch auf mein Leben bezogen. Meine Mitschüler, meist Deutsche oder Balten, waren, wie ich bald entdeckte, eine recht rauhe Bande. Sie prügelten sich gern und liebten wilde Spiele.

Ich tat in der Schule buchstäblich nichts. Von dem plötzlichen Hineingeworfensein in ein kollektives Dasein war ich so verwirrt, daß ich nicht einmal versuchte zu verstehen, was gelehrt wurde oder was man von mir erwartete. Niemand sagte mir auch, wie ich mich verhalten, wie ich mich dem Gegenstand des Lernens nähern sollte, wie man zuhört, Diktaten folgt oder jene biestigen Multiplikationstabellen und unregelmäßigen französischen Verben auswendig lernt.

Gegen Ende des Schuljahres stellte sich heraus, daß ich nicht nur als Teil des Schulkollektivs ein Versager war, sondern daß auch meine Leistungen bedauernswert schlecht waren. Meiner Mutter wurde mitgeteilt, daß ich, wenn ich auf der Reformierten Schule bleiben wollte, die Klasse noch einmal durchmachen müsse. Meine mathematischen und sprachlichen Kenntnisse waren verheerend. Nur in Geschichte gelang es mir mühsam, eine ausreichende Zensur zu bekommen. Am schlimmsten von allem war meine Rechtschreibung. Im Französischen zum Beispiel schrieb ich anstelle von *cahier* einfach *Cailler* – in gewisser Hinsicht begreiflich, denn ich machte mir nichts aus Schulheften und sehr viel aus Schokolade.

Dabei war ich nicht etwa ein verträumtes Kind. Im Gegenteil, ich ging immer aus mir heraus und war gern in Gesellschaft. Ich liebte Aktivität, Reden, zuzuhören und anderer Geschichten zu lauschen, ebenso wie zu lachen, Späße zu machen und zu spielen. Aber ich sprach lieber mit Erwachsenen als mit Kindern. Ich fand Kinder albern, auch wenn sie älter als ich waren, und versuchte mich von den üblichen Kinderbeschäftigungen, den Spielen und dem Kindergerede möglichst fernzuhalten.

Wer die ersten Jahre seines Lebens in enger Verbindung mit der Natur verbracht hat, viele Jahre lang ständig von ihr umgeben war, wie wir in Lubcza, Preobrashenka oder Askania, hat es schwer, sich an das Stadtleben zu gewöhnen. Wie hätte ich auch das Holzpflaster, auf dem immer Schlamm und Pferdemist lagen, den Wiesengräsern und Moosen der Felder und Wälder von Lubcza vorziehen können. Der Geruch des taurischen Liman hatte einen stechenden Charme verglichen mit dem ekelhaften Fischgestank von St. Petersburgs dunstigen Kanälen. Es dauerte noch sehr lange, bis ich begriff, daß St. Petersburg wirklich eine sehr schöne Stadt war, und bis ich glücklich war, in ihr zu leben.

Nach dem erfolglosen Jahr an der Schule der Reformierten Kirche wurde mir erneut ein Jahr lang intensiver Privatunterricht gegeben, bis ich im Frühling 1914 die Aufnahmeprüfung in die Vorbereitungsklasse des »Imperatorskij Alexandrowskij Lizej« bestand, der Kaiserlichen Schule, die mein Bruder schon ein Jahr lang besucht hatte. Während des zweiten Jahres des Privatunterrichts sah ich außer Vettern und Kusinen und anderen Verwandten keine neuen Gesichter und gewann auch keine persönlichen Freunde.

Um diese Zeit etwa hatten die lästigen Klavierstunden endlich Früchte getragen: Ich war nun fähig, am Spielen Freude zu haben. Gleich nachdem wir nach Petersburg gezogen waren, hatte ich angefangen, die meiste Zeit mit Improvisieren und Vom-Blatt-Spielen an dem herrlichen neuen Becker-Flügel zu verbringen, den meine Mutter gekauft hatte, um damit den Ballsaal unserer Wohnung zu schmücken. Bald hatte ich ein umfangreiches Repertoire, dessen Noten ich zumeist aus den Beständen meiner Mutter, meiner Schwester oder meines Bruders zusammengelesen hatte. Ich bildete mir nun auch meine ersten kritischen Urteile über das, was ich da vom Blatt spielte, und schrieb auf, was mir von meinen eigenen Improvisationen im Gedächtnis haftengeblieben war.

Meine erste Komposition, eine Berçeuse für Klavier, mit ein bißchen kaukasischem Orientalismus, entstand zum Geburtstag meiner Mutter im Jahre 1912. Ich erinnere mich noch an die langen Stunden unablässigen Ausradierens, die notwendig waren, bis das kurze Stück zu Papier gebracht war. Mein Manuskript wurde mit großer Begeisterung entgegengenommen, und meine neue Klavierlehrerin, eine sehr freundliche und schüchterne jüdische Dame, wurde damit betraut, mir die Anfänge von Musiktheorie und Harmonielehre beizubringen.

Meine frühen musikalischen Begeisterungen standen ganz im Einklang mit dem Geschmack meiner Umgebung, kaum anders als bei den meisten russischen Kindern dieser Zeit, in deren Elternhäusern musiziert wurde. Glücklicherweise entdeckte ich sehr bald eine Reihenfolge musikalischer Quellen, die zur Emanzipation von meiner Umgebung führten. Sie erinnerten an Kinderkrankheiten wie Masern oder Scharlach. Sie kamen und gingen und ließen Lust auf eine neue Entdeckung zurück.

Zuerst entwickelte ich eine zarte Zuneigung für das nordische Frühlingsrauschen Edvard Griegs, für seine prickelnde Hitze – eine der harmlosesten Kinderkrankheiten. Ich verbrachte Stunden damit, ›Anitras Tanz‹ aus der Peer-Gynt-Suite zu spielen und das traurige ›Aases Tod‹, die ich mir als fette, runde Dame vorstellte, Tante Karolina nicht unähnlich. Griegs Hautausschlag kam und ging schnell wieder. Als nächstes folgten die Chopinschen Masern, die einiger Préludes, Nocturnes und ein oder zwei leichter Mazurkas. Diese zweite Krankheit dauerte viel länger. Für einige Jahre hallte der Ballsaal von Chopins Nocturne in cis-Moll oder dem E-Dur-Prélude wider.

Auf Chopin folgte ein ernster und sich hinziehender Fall von esoterischem Mumps: die Musik Alexander Skriabins. Das Leiden begann milde mit der Entdeckung seiner chopinesken Préludes opus 8 und der ersten drei Klaviersonaten. Langsam nahm es an Intensität zu, ich begann, in den mehr transzendenten Sonaten zu schwelgen, bis ich bei meiner leidenschaftlichen Flucht in die Krankheit auf die esoterischen Orgasmen wie das ›Poème de l'extase‹, ›Vers la flamme‹ und ›Prométhé‹ stieß. Skriabins Musik unterwarf mich für mindestens drei Jahre vollständig, dann verließ sie mich ebenso plötzlich, wie sie gekommen war. Eines Morgens wachte ich mit der Erkenntnis auf, daß sein Erotizismus nur etwas für überempfindliche Heranwachsende taugt, daß seine Orgasmen Schwindel sind und sein Handwerk einzigartig altmodisch, verstaubt und akademisch ist.

Merkwürdig genug stand ich während dieser Jahre den älteren russischen Komponisten wie Tschaikowsky oder den bärtigen, vollgerüsteten Nationalisten Rimsky-Korssakow, Borodin und Mussorgsky gleichgültig gegenüber, noch auch bewegten mich irgendwelche Klassiker aus dem Kreise Bach, Mozart, Haydn oder Beethoven. Ihre Musik schien mir langweilig und abgestanden wegen ihrer überholten Harmonik und ihrer langweiligen und banalen Melodien. Erst als ich in unserem Hausquartett mitzuspielen begann, kamen mir einige frühe Beethoven-Quartette etwas näher. Aber seine Sinfonien, denen wir seit 1911 ausgesetzt waren (wir besuchten regelmäßig die Konzerte des Kaiserlichen Hofsinfonieorchesters und der Kaiserlichen Musikgeschichtsgesellschaft), ließen mich nicht nur gleichgültig, sondern schläferten mich geradezu ein.

Vermutlich sollte ich mich einer derart schändlichen Geschmacksentwicklung schämen. Doch ich glaube, daß es für Kinder und Heranwachsende natürlicher ist, die Musik Griegs, Skriabins, Chopins und Wagners (heute vielleicht entsprechend die Musik Strawinskys, Weberns und Schönbergs) mehr zu lieben als die Werke Bachs und Mozarts. Ein Kind schätzt in erster Linie die äußeren Symbole einer Kunstform, ihre inneren Werte kann es nicht begreifen, sie bleiben ihm gänzlich unbewußt. Es liebt die harmonische Sprache seiner Zeit, ältere Musik erscheint ihm zu einfach und daher langweilig, weshalb es auch die meisten »Kinderstücke« nicht amüsieren – sie sind zu simpel. Vielmehr repräsentieren solche Stücke nur die Zuckergußvorstellung, die sich Erwachsene vom Kindergeschmack machen. Ein Kind spürt kaum den Sinn und die Schönheit, die in der musikalischen Sprache vergangener Jahrhunderte verborgen sind. Die äußere Einfachheit Mozarts wie die kontrapunktische Kompliziertheit Bachs sind ihm gleichermaßen unerträglich. Tatsächlich war ja auch die Musik Bachs, Mozarts, Haydns, Scarlattis und Beethovens nicht für Kinder geschrieben, nicht für sie bestimmt. Darum haben Kinder ein Recht darauf, von ihr gelangweilt zu sein.

Meine letzte musikalische Kinderkrankheit war der Richard-Wagner-Scharlach; er kam erst sehr spät, war heftig, allumfassend und glücklicherweise kurzlebig. Er überfiel mich nicht in St. Petersburg, sondern in Deutschland, wo ich im Alter von siebzehn Jahren als russischer Emigrant am Konservatorium in Stuttgart studierte. Vielleicht hatte mich das wagnerianische Fieber vorher nicht gepackt, weil die einzige Wagneroper, die ich je in St. Petersburg gesehen hatte, ›Walküre‹ war, zu der man mich 1914 mitgenommen hatte. Von diesem waffenklirrenden Musikdrama blieb mir ein Bild in Erinnerung: eine neun mal zehn Meter große Wolke, auf ein Metallblech gemalt, knarrte langsam über die Bühne, vollgepfropft mit unglaublich dicken und unglaublich blonden Frauen mit kupfernen Flügelhelmen. Alle diese Frauen schrien irgend etwas laut, das in keiner der vier Sprachen, die ich kannte, Sinn zu haben noch in irgendeiner Beziehung zu dem zu stehen schien, was ich bisher als Musik zu bezeichnen gewohnt war. Ihre runden roten Gesichter und ihr Geschrei wirkten wie der Ausdruck von Wut und Widerwillen darüber, daß irgend jemand sie zu stark geschnürt hatte, bevor er sie auf die Wolke hinausließ. Nachdem die Wolke die Bühne von links nach rechts überquert hatte und verschwunden war, kam sie einen Augenblick später wieder und knarrte von rechts nach links. Die wütenden Mammutgöttinnen schweiften umher und – ihre Busen zeigten zur rechten Seite – trieben ihre Wolke noch einmal über die ganze Breite der Bühne. Glücklicherweise war die ›Walküre‹ nicht die erste Oper, die ich im Marjinskij-Opernhaus sah. Meine früheste Begegnung mit der Oper war außerordentlich förderlich für eine frühe Entdeckung und tiefe Bewunderung für diese musikalische Form, die mir noch immer als die größte erscheint.

Ich weiß nicht mehr, wann meine Mutter den Plan ausheckte, ihre Kinder zu einem Streichensemble zu machen, aber ich erinnere mich noch, daß ich mit acht Jahren als ein ganz passabler Spieler zu meinem Namenstag ein rötliches, frisch lackiertes Dreiviertelcello geschenkt bekam.

Am Abend nahm ich es mit ins Bett und streichelte es voller Entzücken und Neugierde, bis ich einschlief. Tante Karolina, die gekommen war, mich zuzudecken, nahm es mir aus den Armen.

Meine Schwester Onja spielte schon seit einigen Jahren Geige, und mein Bruder hatte eben erst begonnen, zusätzlich zu seinen täglichen zwei Klavier- und Geigestunden einmal in der Woche eine Stunde die Bratsche zu kratzen. So waren also alle bereit, mich als cellospielenden Bruder aufzunehmen: ein weiterer Schritt auf das Familien-Streichensemble zu.

Ich nahm Unterricht bei einem älteren Mitglied des Kaiserlichen Hoforchesters, Ossip Ossipowitsch Pjorkowskij oder, wie ich ihn nannte, Oss' Oss'ch. Trotz seines polnischen Namens und seines typisch polnischen Schnurrbarts, der ihm über den Mund hing und infolge des ständigen Eintauchens in Suppen und Saucen einen ständigen Schimmer von Ocker, wie die pollenbesteckten Staubgefäße einer Lilie, angenommen hatte, war er ein patriotischer Russe, ein Gegner alles Ausländischen (besonders Deutschen), der fest von der Überlegenheit der russischen Musiker, der russischen Musik und der russischen Kultur im allgemeinen überzeugt war. Er ging nicht so weit, die Erfindung des Cellos dem Genius Rußlands zuzuschreiben, aber er bestand darauf, daß Davidow und Werjbelowitsch, die beiden russischen Cellisten der Jahrhundertwende, die größten und besten der Welt seien und daß seine russische Methode, mich Cello spielen zu lehren – sie bestand zur Hauptsache darin, russische Synonyme für »Position« und »Vibrato« zu benutzen –, jeder anderen überlegen sei. Als Ergebnis dieser Methode und meiner eigenen Unzulänglichkeit dauerte es zweieinhalb Jahre, bis ich Bachs »Air« für die A-Saite 1914 zum Geburtstag meiner Mutter höchst kümmerlich zustande brachte.

Die Reaktion auf mein erstes öffentliches Auftreten war gemischt bei der elterlichen Generation, offen ablehnend, wenn nicht gar feindselig bei den Gleichaltrigen. Während meiner

Darbietung sah ich, wie mein Bruder und meine Vettern Pawlik und Aljoscha Diaghilew Grimassen schnitten. Alles endete natürlich in einer Flut von Tränen, die meine Mutter, Oss' Oss'ch und Tante Karolina mit der Versicherung einzudämmen versuchten, ich hätte wie ein Wunderkind gespielt.

Wie auch immer, mein Spiel hatte ein greifbares Ergebnis: Bald danach wurde ich als Ersatz für Aljoscha, ebenfalls Cellist und Schüler von Oss' Oss'ch, in das Familien-Streichensemble aufgenommen. Er und sein geigespielender Bruder Pawlik hatten mit meinen Geschwistern schon über ein Jahr lang Quartett gespielt.

Allerdings erlaubte man mir zuerst nur teilzunehmen, wenn leichte Transkriptionen Beethovenscher oder Mozartscher Sinfonien gespielt wurden. Meine Mutter übernahm dann den Klavierpart und ich den Kontrabaß, der hauptsächlich aus leeren Takten bestand, so daß ich erst bei den lauteren Passagen einzufallen brauchte. Trotzdem verlor ich mich, wenn das Stück mit Allegro oder Presto bezeichnet war, hoffnungslos, verzählte mich bei den leeren Takten, verpaßte die Einsätze und fiel mit großem Aplomb und zweifelhafter Intonation im schlimmstmöglichen Augenblick ein. Zum Glück bewahrte die Gegenwart meiner Mutter davor, daß die Erbitterung meiner Genossen zu mehr als heftigen Beschimpfungen anschwoll.

»La musique adoucit les mœurs«, sagen die Franzosen, aber ich erinnere mich eines recht gegensätzlichen Ereignisses. Ich war damals schon zu einem wirklichen Cellopart vorgedrungen und wurde von meinem Bruder und meiner Schwester als ein flügge gewordenes Mitglied des Ensembles geduldet. Eines Nachmittags übten wir das 2. Quartett von Borodin, dessen langsamer Satz mit einer tränenfeuchten, sentimentalen Melodie in den höheren Lagen des Cellos beginnt. Nachdem ich mehrere Anläufe genommen hatte, diese Melodie hervorzubringen, was in einem steinerweichenden Geheule endete, wurden mein Bruder und meine Schwester wütend und beschlossen, mich auf den dunklen Gang hinauszuwerfen, der sich durch unsere Petersburger Wohnung wand. Ich wehrte mich, und bald gab es eine Rauferei, bei der mein Cello eine sehr aktive Rolle spielte: Ich benutzte seinen Rücken, um ihn meiner Schwester über den Kopf zu schlagen. Ihr Kopf war stärker als mein Cello, das in Stücke zerbrach.

Wenige Wochen nach diesem Vorfall, für den wir alle drei gehörig bestraft worden waren, nahmen meine Mutter und Oss'

Oss'ch mich mit in den Musikalienladen von Herrn Geissler und kauften mir ein neues Instrument: ein weniger rotes, größeres und viel teureres als mein erstes.

Zu jener Zeit hatte unser Familien-Streichensemble das Diaghilew-Ensemble völlig vereinnahmt, und wir bildeten schon ein richtiges kleines Streichorchester. Es war wie bei den mageren Kühen in Josephs Traum, die die fetten fressen, ohne deshalb fetter oder besser zu werden; denn unser eigenes Quartett konnte sich weder an Qualität noch an Quantität mit dem Diaghilew-Ensemble messen, zu dem außer Pawlik, Aljoscha und deren Mutter drei andere junge Männer gehörten, Vettern oder Freunde der Familie, dazu unsere drei gemeinsamen Lehrer.

Vom Herbst 1915 an gingen also meine Schwester, mein Bruder und ich jeden Sonnabendnachmittag zu den Diaghilews zur Probe. Ich erinnere mich, wie wir, begleitet von unserer englischen Gouvernante, Miss Wiles, mit unseren Instrumenten in der Hand durch das dunkle St. Petersburg gingen, wo wir an der Ecke Sadowaja-Karawannaja die rot-gelbe Straßenbahn der Linie Sennaja–Ploschtschad bestiegen.

Die Wagen waren jedesmal hoffnungslos überfüllt, und wir mußten, eingezwängt zwischen Mänteln und Pelzen, etwa eine Stunde stehen. Nach langer Fahrt stiegen wir in einer trostlosen Gegend am Ende der Sadowajastraße aus und trotteten durch Schlamm oder Schnee mehrere Straßenblocks weit zu einer Siedlung barackenartiger, fahlbrauner Häuser. Im Hof eines solchen Gebäudes hatte die Familie Diaghilew eine kleine, mit Möbeln vollgestopfte Wohnung.

Die Familie bestand aus Onkel Walja oder Valentin Pawlowitsch Diaghilew, einem kleinen, stämmigen Obersten mit großem Kopf und fleischigen Lippen, seiner Frau, der kränklichen und freundlichen Tante Dascha, und ihren drei Söhnen, unter ihnen Kolja, der in den Künsten der Kammermusik ebenso unerfahren war wie ich.

Das Wohnzimmer war stets schon für den Anlaß vorbereitet. Die Möbel waren an die Wände geschoben, die Stühle und Notenständer aufgestellt und die Stimmen verteilt. Wir packten unsere Instrumente aus und stimmten sie lange und laut, wie es alle Amateure und Kinder tun, wenn sie sich auf ihre Instrumentalschlachten vorbereiten. Nach vielem Niesen, Naseputzen und Husten begann dann die Probe.

Wenn ich es recht bedenke, waren wir trotz unserer sehr unterschiedlichen Fähigkeiten insgesamt eine konzentriert musizierende, enthusiastische Gruppe, und ich glaube, daß meine anhaltende Liebe zur Kammermusik aus dieser Zeit stammt.

Obwohl Onkel Walja kein Musiker war – er lehrte Verteidigungstaktik an derselben Militärakademie, an der der bekannte Komponist und weniger bekannte General Caesar Cui Befestigungstaktik unterrichtete –, stellte er unseren glühendsten Bewunderer dar. Wenn wir spielten, glänzte sein Gesicht vor Vergnügen. Wenn wir eine besonders schwere Stelle erfolgreich überwunden hatten, was gewissermaßen einer musikalischen Überquerung des Delaware gleichkam, grunzte er vor Behagen und rief uns zu: *»Molodzy rebjata«* (Gut gemacht, Jungs), als hätten wir unter schwerem Artilleriefeuer einen Berg eingenommen.

Zu anderer Zeit, gewöhnlich bevor wir eine Pause machten, in der wir Tee tranken, Kirschmarmelade und anämische Pfefferminzplätzchen aßen – eine der trockensten und ungenießbarsten russischen Spezialitäten –, wandte er sich meiner Mutter zu und rief aus: »Ich verstehe nicht, warum Serjoscha sie nicht ins Ausland bringt. Selbst jetzt sind sie nicht schlechter als die berühmten Künstler ... Jungs«, fügte er dann im Ton eines Oberbefehlshabers hinzu, »übt nur weiter, und in wenigen Jahren werdet ihr im Ausland sein. Serjoscha wird euch in Paris auftreten lassen.«

In diesem probenreichen Winter muß ich den Namen Serjoschas oder Sergej Pawlowitsch Diaghilews, des damals schon berühmten Bruders von Onkel Walja, das erste Mal gehört haben. Ich habe auch noch eine Fotografie in Erinnerung, die unter einer Radierung des Porträts von General Suworow hing – einer Ahnengottheit der Diaghilews. Sie zeigte einen hübschen jungen Mann in der Uniform der St. Petersburger Universität (damals trugen die meisten jungen Russen irgendeine Art von Uniform). Ich glaube mich genau an das Gesicht auf jenem Foto zu erinnern. Es war blaß, ein wenig aufgeschwemmt, jedoch mit sehr fein gezeichneten Zügen, besonders den hohen Bögen über den Augenbrauen, so daß es edel und überraschend zart wirkte. Zweierlei war besonders auffallend: erstens die leicht aufgestülpten sinnlichen Lippen, zweitens die Tatsache, daß der Kopf im Verhältnis zum Körper zu groß war.

Ich wüßte nicht zu sagen, was mich gerade an diesem Foto unter all den anderen an der Wand hängenden so faszinierte. Aber vermutlich hatte mir irgend jemand erzählt, der blasse junge Student sei Sergej Pawlowitsch Diaghilew, der jugendliche Freund und Förderer der schönen Künste, vormals Assistent des Direktors der Kaiserlichen Theater und nun, nach einer kurzen und stürmischen Karriere, aus Rußland weggezogen, um in Paris der westlichen Welt zum erstenmal Beispiele russischer Musik, Malerei, Oper und des russischen Balletts vorzuführen.

Von den frühesten Tagen meiner Kindheit bis zu dem Zeitpunkt, an dem es meiner Mutter gelungen war, wenigstens aus einem ihrer Kinder einen professionellen Musiker zu machen, hatte die Gestalt Diaghilews immer etwas seltsam Zweideutiges. Er kam mir wie ein unergründliches Wesen vor, in dessen Ruhm sich Elemente fürstlichen Glanzes, der Makel sexueller Ausschweifungen (von denen ich damals keine genauen Vorstellungen hatte) und der Ruf schrecklicher Reizbarkeit und des Hochmutes mischten. Jedesmal, wenn sein Name im Hause des Bruders oder in Gegenwart meiner Mutter erwähnt wurde, was mindestens jeden Sonnabend geschah, nannten ihn die Ahnen mit gemischten Gefühlen und mit ein wenig Unbehagen wie mit ein wenig Stolz. Ich fragte Onkel Walja einmal: »Komponiert dein Bruder?«

»Oh, nur ein wenig«, antwortete er und fügte hinzu, »Rimsky-Korssakow, dem er seine Kompositionen gezeigt hat, sagte ihm, er solle damit aufhören, weil er kein Talent habe.«

»Spielt er ein Instrument?«

»Ja, er spielt Klavier, aber nur ein wenig und gar nicht gut.«

Ich erinnere mich auch an die Geschichte von Diaghilews vergeblichem Versuch, Opernsänger zu werden. »Er hatte angefangen, Unterricht bei Cotoni zu nehmen«, erzählte Onkel Walja. »Aber schon nach wenigen Lektionen stritt er sich mit dem Maestro und ging mitten aus der Stunde fort. Das war das Ende.«

Ich konnte überhaupt nicht verstehen, daß ein Mensch, der weder komponierte noch sang, malte oder schrieb, so berühmt werden konnte. Ausstellungen zu organisieren oder eine Balletttruppe zu leiten schien mir kaum einen so blendenden Ruf zu rechtfertigen. Ich frage mich oft: Wie ist seine wirkliche Beziehung zur Musik, Malerei, zum Theater? Und ich brauchte ungefähr fünfzehn Jahre, um wenigstens teilweise zu verstehen, wie einzigartig und vielfältig Diaghilews Genie war.

Eines Tages, im Sommer 1914, stand in Lubcza der Platz zwischen dem Kuhstall, der Scheune und dem Maschinenschuppen voller Bauernwagen mit davorgespannten Pferden. Offiziere in blitzenden Uniformen gingen zwischen ihnen hin und her und inspizierten die Zähne, Hufe und Bäuche der Tiere. Vor dem Verwalterhaus standen junge Bauern mit mürrischen Gesichtern in langer Reihe. Die älteren Bauern waren vor dem Eingang des Verwaltungshauses versammelt. Einer von ihnen las laut eine gedruckte Proklamation vor, die an die Tür genagelt war. Er sprach langsam und sorgfältig die Silben der Fremdworte aus: »Mo-bi-li-sa-zi-ja, Re-kwi-si-zi-ja, Re-mont«, wie in Ehrfurcht vor ihrer geheimnisvollen Seltsamkeit. Sonst war es auf dem Hof vollkommen still, außer gelegentlichem Hundebellen, dem Weinen eines Kindes und dem Scharren von Pferdehufen.

Im Schloß waren alle gespannt vor Erregung. Mutter packte für Koló. Er hatte dringende Telegramme erhalten, die ihn nach St. Petersburg riefen. Die ›Nowoje Wremja‹ hatte große, ominöse Schlagzeilen: ERMORDUNG, ULTIMATUM, KRIEGSERKLÄRUNG. Die bucklige Maria Filipowna, Tante Karolina und andere weibliche Mitglieder des Haushaltes hatten unser Spielzimmer in einen Arbeitsraum verwandelt, um darin Krankenhaushemden zu nähen und Scharpie zu zupfen, ein traditionelles Verhalten, das noch auf den Krimkrieg zurückging.

Beim Essen verkündete Koló, daß die meisten der Kutscher, Stallburschen und Landarbeiter eingezogen würden, daß Lubcza einen strategischen Punkt für die nationale Verteidigung bildete und daß wir so schnell wie möglich fort müßten.

Am nächsten Tag fuhren er und Mutter nach St. Petersburg. Eine Woche später verließen wir unter der Führung von Tante Karolina Lubcza, um in den Süden zu fahren, aber nicht auf dem üblichen, bequemen Weg per Schlafwagen nach Odessa. Nein, die Züge waren überfüllt. Niemand achtete auf den Unterschied zwischen erster, zweiter und dritter Klasse. Bis zu acht oder zehn Personen quetschten sich in ein Abteil. Berge von Gepäck versperrten die Gänge und WCs. Mit langen Zwischenaufenthalten mußten wir mehrere Male umsteigen und den nächsten Zug erstürmen. In vielen Bahnhofsrestaurants gab es nichts mehr zu essen, selbst das traditionelle *kipjatok*, das kochende Wasser, mit dem man sich selber Tee machen konnte, war schwer zu bekommen. Die Bahnsteige waren überfüllt, bedeckt mit Schalen von Sonnenblumenkernen und vollständig verdreckt.

Nach vier oder fünf Tagereisen kamen wir, schmutzig und erschöpft, in Preobrashenka an.

Pjotr Sigismundowitsch, den wir in Askania treffen sollten, kam nie dort an. Er hatte sich um den Eintritt in die Armee bemüht, und man hatte ihm einen Leutnantsrang zuerkannt. Bald bekamen wir von ihm Postkarten in seiner sauberen, eckigen Schrift. Er lag irgendwo in einer Garnisonstadt und wartete darauf, an die Front geschickt zu werden.

Bis spät in den Herbst blieben wir in Askania und kehrten im Oktober nach St. Petersburg zurück, das nun in Petrograd umgetauft worden war. Mittlerweise war die alte Ordnung wieder eingezogen. Alles verlief trotz des Krieges in gewohnten Bahnen. Ich begann mich für die Aufnahmeprüfung in das Kaiserliche Lyzeum vorzubereiten. Wir machten alle Kammermusik, ich übte Cello und Klavier und improvisierte oder las in jeder freien Minute.

1915 fiel Lubcza, während sich unsere Armee ständig zurückzog, in die Hände der Deutschen. Aber irgendwie berührte mich das nicht. Ich hatte mich an Askania gewöhnt und es mehr und mehr liebgewonnen, besonders seitdem wir nicht mehr in Onkel Friedrichs Haus wohnten.

In den ersten Kriegsjahren wurden alle in Petrograd fieberhaft patriotisch. Tante Karolina versuchte erfolglos, ihren deutschen Namen Muller in sein russisches Äquivalent Meljnikowa zu ändern und stellte die Zuckergußbüste Wilhelms II. auf ihrem Schreibtisch mit dem Gesicht zur Wand. Früher hatte sie ihn bewundert und sogar verehrt. Mutter und meine Schwester Onja traten dem Roten Kreuz bei und dienten gelegentlich als Tages- oder Nachtschwester in einem improvisierten Lazarett. Koló wurde Leiter des Roten Kreuzes für Südrußland und reiste unermüdlich zwischen Petrograd, Odessa und Simferopol hin und her.

Ich bevölkerte die Wände meines Zimmers mit berühmten Russen: Generälen, Staatsmännern, Musikern, Schriftstellern, Wissenschaftlern und selbst zwei Zaren, Peter I. und Alexander II. Über meinem Bett hing ein schönes, auf gelbliches Linoleum gedrucktes Tableau. Es zeigte Feldmarschall Kutusow umgeben von lauter Generälen mit berühmten Namen: Barclay de

Tolly, Bennigsen, Bagration (um nur die mit dem Buchstaben B zu nennen) beim Kriegsrat nach der Schlacht von Borodino. Darunter hing ein kleiner Druck: Der verhaßte Bonaparte flieht in einem Schlitten von seiner zusammenbrechenden Armee im Winter 1812.

Viele Geschäfte in Petrograd hatten Schilder aushängen: »Es wird gebeten, nicht Deutsch zu sprechen.« Ein solches Schild hing auch, in deutscher Sprache, in der Deutschen Abteilung der Petrograder öffentlichen Bibliothek.

Wir setzten unsere wöchentlichen Ausflüge in die Sinfoniekonzerte, ins Marjinskij- und Alexandrijinskij-Theater fort. Ich übte mich im Partiturenlesen und kaufte mir in Bessels Musikgeschäft die 5. und 6. Sinfonie von Tschaikowsky und die ›Scheherazade‹ von Rimsky-Korssakow.

Mutter hielt weiterhin ihre *jours-fixes* ab und gab ein- oder zweimal im Jahr große Diners mit dreißig oder vierzig Couverts, an deren Resten wir uns am folgenden Tag ergötzten. An diesen Tagen rochen die Vorderzimmer unserer Wohnung nach Guerlains *Herbes marines,* und Haufen von Pelzmänteln lagen im Vorzimmer.

Das ganze, scheinbar dauerhafte und wohlgeschützte Leben währte den Winter 1914/15 über in Petrograd und im Sommer in Askania oder Preobrashenka. Nur die Autos wurden requiriert, und wir reisten wieder in den von mir so geliebten Dormeusen, Landauern und Viktorias. Viele junge Männer unseres Bekanntenkreises waren fort oder in Uniform. Omamas Musikkapelle löste sich auf, und in Petrograd hatten die Zeitungen noch mehr geschwärzte Zensurflecken und unbedruckte leere Spalten als früher. Aber sonst ging das Leben weiter, als fände der Krieg irgendwo in Afrika und nicht auch schon vor den Toren Rigas, Kiews oder Minsks statt.

Pjotr Sigismundowitsch kam uns in Petrograd besuchen. In seiner schmucken Uniform und den blankpolierten Stiefeln sah er elegant aus. Er trug ein funkelndes St.-Georgs-Kreuz, das an einem schwarzgelben Band hing. Ich war stolz darauf, mit einem Helden durch die Straßen spazieren zu können.

Einige Wochen nach der »Großen Blutlosen« kam er wieder, aber dieses Mal ohne Epauletten, Kokarden und St.-Georgs-Kreuz. Er sah verärgert und besorgt aus. Er sprach von den Revolten an der Front. Seine Mutter lag im fernen Jewpatoria im Sterben. Die Zukunft Rußlands war finster. Ich sah ihn nie wieder, und keiner von uns bekam jemals wieder einen Brief von ihm. Es hieß, daß er bei einer der Revolten an der Front durch eine Kugel in die Stirn getötet worden sei.

Zu Hause wechselten unsere Gouvernanten und Hauslehrer jetzt häufiger denn je zuvor. Manche fuhren in ihre Heimat zurück (via Schweden), andere sprangen für fortgegangene Lehrer an Schulen und Universitäten ein oder wurden auch eingezogen.

Im letzten Herbst vor der Februarrevolution bekam ich einen neuen Hauslehrer, der mich in Latein und Mathematik unterrichten sollte. Er hatte einen eckigen Bart, war in den mittleren Jahren, korpulent und trug die Uniform eines Sergeanten der Petrograder »Oborona« (des Ersatzkorps der hauptstädtischen Garnison). Er entpuppte sich als Angehöriger des bolschewistischen Flügels der *Esdek Agitprop.* Von ihm hörte ich lauter ausländische Namen und bekam Fotografien von Marx, Engels, Plechanow, Martow zu sehen und von seinem besonderen Helden, Uljanow-Lenin.

Anstatt mich zu unterrichten, verbrachte er die Zeit damit, mir Parteipamphlete vorzulesen, deren Bedeutung für mich ziemlich dunkel blieb. Unter den Fotografien, die er mitbrachte, zeigte eine einen Bauern in einer weißen russischen Bluse, mit dem Bart eines Priesters, der inmitten einer Damengruppe mit extravaganten Hüten an einem Teetisch saß. Auf einem anderen Foto saß derselbe Mann mit den vier Großfürstinnen und der Zarin zusammen.

Ich kannte diesen Mann. Ich hatte ihn schon zweimal gesehen. Im Herbst 1914 war ich mit meiner Mutter in das Atelier eines Bildhauers gegangen, der ihre Porträtbüste modellierte. Dieser Bildhauer lebte im obersten Stock der Gorochavaia-Straße. Als wir die Treppen des Mietshauses emporklommen, öffnete sich in einem Stockwerk eine Tür, und eine Dame trat rückwärtsgehend hinaus. Hinter ihr erschien im Türrahmen eine große Gestalt in weißer Bauernbluse. Sie trug einen schwarzen Bart und langes Haar, blickte meine Mutter starr an und folgte ihr mit den Augen, während wir weiter nach oben gingen. Ich fragte meine Mutter, wer dieser Batjuschka sei, aber sie zog mich an der Hand fort und murmelte: »Komm weiter, sieh dich nicht um, starre keine fremden Menschen auf der Straße an.«

Das zweite Mal, daß ich denselben Mann sah, war ein Jahr später. Ich war auf einem Kinderfest, bei dem die meisten Kinder älter waren als ich, so daß ich bald allein zwischen leeren

Stühlen und einem Büfett in der Ecke des Eßzimmers saß, während die anderen Kinder in dem danebenliegenden Ballsaal tanzten.

Plötzlich öffnete sich eine Tür neben meinem Versteck, und es erschien derselbe Mann, den ich in der Gorochavaia-Straße gesehen hatte. Ihm folgten die Gastgeberin und verschiedene andere Damen. Sie lächelten. Diesmal sah ich ihn ganz von nahem. Wieder trug er eine weiße Bluse, aber diesmal hatte er darüber einen schwarzen Rock an, wie die *podjowka* eines Kutschers.

Er muß mich in meiner Ecke bemerkt haben, denn als er vorbeiging, drehte er sich nach mir um, und seine Blicke schossen schwarze Pfeile in meine Richtung. Gegen die Schwärze seines Bartes war sein Gesicht sehr blaß. Er sah ernst und grimmig aus. Es lag etwas Ruheloses in ihm.

Dieses Mal mußte ich nicht fragen, wer der Mann sei. Ich wußte es. Jedermann in Rußland kannte Rasputins Gesicht.

Am 29. Dezember 1916 wurden Onja, Mitja und ich mit in die Oper am Narodnyj Dom genommen, einem großen Auditorium auf dem rechten Newa-Ufer. Wir wohnten auf dem linken Ufer und gingen schon früh von zu Haus weg, um die Straßenbahn zu erreichen. Der Abend war dunkel und feucht, ein eisiger Wind blies vom Finnischen Golf herüber. Die Straßenbahnen fuhren selten, und es dauerte eine Stunde, bis wir mit unserer Gouvernante in der Oper waren.

Aber trotz Kälte, Wind und überfüllter Straßenbahn war ich aufgeregt und glücklich. Ich sollte ›La Traviata‹ zum erstenmal in meinem Leben sehen, deren Musik ich gut kannte. Die berühmte Maria Kusnezowa, eine der besten und schönsten Sopranistinnen Rußlands, sollte die Violetta singen, und auch die übrige Besetzung war gut und der Dirigent, glaube ich, Albert Coates.

Die Vorstellung gefiel mir über alle Maßen. Am Ende gab es donnernden Applaus und eine lange Ovation für die Kusnezowa. Es war eine herbe Ernüchterung, in die Kälte hinaus und auf die Straßenbahn warten zu müssen. Unsere Gouvernante besorgte sich von einem Verkäufer an der Haltestelle eine Abendzeitung. Dieser schrie etwas, das ich nicht verstehen konnte. Ich blickte auf die Titelseite. Die Schlagzeile in fetten, großen Lettern lautete: RASPUTIN VERMISST. Der Rest der Titelseite war mit Zensorenteer geschwärzt.

Die Straßenbahn war überfüllt. Viele Menschen trugen die gleiche Abendzeitung unter dem Arm. Aber keiner sprach, noch sah man einander in die Augen.

Als Fritz, unser Portier, die Tür öffnete, fing er sogleich an: »Habt ihr gehört, was passiert ist?«, aber unsere Gouvernante brachte ihn zum Schweigen: »Ja, ja, hier steht es«, und sie zeigte Fritz die Zeitung. »Aber laß uns nicht darüber sprechen . . . Ich muß die Kinder ins Bett bringen.«

Ich lag mit offenen Augen im Bett. Ich konnte nicht einschlafen. Es war alles zu aufregend. Erst ›La Traviata‹, dann die finstere Schlagzeile. »Wer hat es getan? Wer hat ihn entführt? . . . Wo ist er? . . . Lebt er noch?«

Sehr spät, in tiefer Nacht, wachte ich auf. Auf dem Gang hörte ich ein Schleichen, als versuchte jemand, ganz leise zu gehen. Ich schlüpfte aus meinem Bett und öffnete die Tür. Am entfernten Ende des Ganges war Licht. Mir schien, als hörte ich Flüstern, und dann schloß jemand die Wohnungstür. Ich wartete, dann waren wieder die Schlurfgeräusche zu hören, sie kamen diesmal auf mich zu. Es war Koló in Morgenrock und Hausschuhen, der mit einer Kerze in der Hand in sein Schlafzimmer zurückkehrte.

Am nächsten Morgen war ich vor der Dämmerung auf dem Weg in die Schule. Ich bemerkte, daß beide Türen zu Kolós Arbeitszimmer fest verschlossen waren und daß mein Schulpaß, der jeden Tag von einem Elternteil unterzeichnet werden mußte, in dem vorderen Empfangszimmer neben dem Telefon lag, nicht wie gewöhnlich auf Kolós Schreibtisch in seinem Zimmer.

Ich trank eine Tasse Kakao, zog meinen Mantel an, nahm meine Schulmappe und wandte mich zum Gehen. Aber die Versuchung, in Kolós Arbeitszimmer hineinzusehen, war zu groß. Ich öffnete vorsichtig und leise die Tür. Das Zimmer war dunkel. Die Vorhänge waren zugezogen. Doch trotz der Dunkelheit konnte ich auf dem großen Ledersofa irgend etwas in Laken Gehülltes erkennen.

Ich schloß die Tür und eilte die Treppe hinunter. »Könnte es sein«, dachte ich, »könnte er es sein? Rasputin? Aber warum? Warum bei uns?«

Wenige Tage später sickerte die Wahrheit über Rasputins »Verschwinden« durch. Man fand die Leiche in der Newa, und die Beteiligten an dem unverhüllten Mord wurden bekannt. In vieler Augen wurden Jussupow und sein Komplize Großfürst

Dimitrij damit zu Rettern Rußlands und Nationalhelden (die übrigen Komplizen, der Abgeordnete und der Arzt, wurden kaum erwähnt). Andere fanden den Mord skandalös und die ganze Angelegenheit *une belle salopperie,* wie Mademoiselle Verrière sich ausdrückte.

Der Mord an Rasputin ist in die historische Mythologie als der Anfang der Februarrevolution eingegangen. Oberflächlich betrachtet, mag es so erscheinen, aber in Wirklichkeit hatte der Mord weniger mit der Revolution zu tun als der Krieg, der sie verursachte. Rasputin war zweifelsohne *une canaille.* Aber er war auch einer der wenigen einflußreichen Russen, die stets gegen den Krieg gewesen waren. Sein bäuerlicher Instinkt sagte ihm, daß der Krieg absurd war, daß die Bauern für ihn kein Verständnis hatten und daß die Menschen, die den törichten Zaren umgaben, Hohlköpfe waren, unfähig, Rußland mit seiner völlig unvorbereiteten Armee zum Siege zu führen.

Vom ersten Tage des Krieges an und schon vorher hatte Rasputin den Zaren in seiner rauhen Bauernsprache vor dem Krieg gewarnt. »Kämpfe nicht mit Wilhelm«, pflegte er zu sagen, »du wirst nur verlieren.« Und nachdem der Krieg einmal begonnen hatte, argumentierte er wiederholt mit Alexandra und Nikolaus gegen ihn. »Hört mit der Schlächterei auf, schließt Frieden, schmeißt alle diese Bojaren hinaus« (so nannte er Höflinge und Minister des Zaren), »und euer Sohn wird ein Bauernzar werden.«

Wer weiß außerdem, wie viele Geheimdienste verbündeter und gegnerischer Länder mit Rasputin oder seiner Ermordung zu tun hatten? Nach einem Gerücht soll das erste Telefongespräch aus Jussupows Palais in der Nacht von Rasputins »Verschwinden« mit einer alliierten Botschaft geführt worden sein.

Während des letzten schwülen Frühlings, den wir in Jalta verlebten (an seinem »fliederfarbenen Meer«, wie Tschechow sagt), zwei Jahre später, kam der Abgeordnete uns besuchen, der an dem Mord teilgenommen hatte, ja, der *de facto* der Mörder war.

Er kannte meine Mutter von Jugend auf und hatte ihr, glaube ich, in Charkow oder Odessa den Hof gemacht. Er sprach offen und mit allen Einzelheiten über den Mord und hatte eben ein Büchlein darüber geschrieben mit dem Titel: ›Wie ich Rasputin ermordete‹. Er gab zu, daß das Mörderquartett, nachdem es die

Leiche beiseite geschafft hatte, den Kopf verlor und aus Angst vor der Polizei nicht mehr wußte, was es tat. Er sei in der Nacht nicht zu dem Lazarettzug gegangen, der schon für ihn bereit stand, sondern habe in einer »Privatwohnung« Zuflucht gesucht ...

Inzwischen war Koló gestorben. Ich hatte nie gewagt, ihn auf die Nacht im November 1916 anzusprechen. Warum schlich er durch den Korridor? Warum waren die Türen zu seinem Arbeitszimmer verschlossen, und warum lag mein Schulpaß neben dem Telefon und nicht in seinem Arbeitszimmer?

Es ist der 25. Februar 1917 an der Fontanka in St. Petersburg ... Schnee gleitet in großen Flocken vor den Fenstern nieder. Kein Licht, der Strom hat um Mitternacht versagt. Zwei Kerzen auf dem Schreibtisch im Arbeitszimmer, zwei im Eßzimmer. Die Räume sind kalt, man hat wohl vergessen zu heizen.

Es klingelt. Keiner geht öffnen. Als es wieder klingelt, gehe ich an die Tür. Draußen steht eine große uniformierte Gestalt. Es ist schwer, ihr Gesicht zu sehen. Aber eine Stimme sagt: »Sdrastwujtje, Nika«, und ich erkenne Oberst N. Er fragt nach meiner Mutter.

»Ist Lydia Eduardowna zu Hause?«

»Ja, ich glaube schon.«

Sein großer Mantel ist weiß vor Schnee. Ich helfe ihm heraus.

»Endlich habe ich euch erreicht«, sagt er. »Ich mußte den ganzen Weg von der anderen Seite des Flusses zu Fuß gehen ... keine Straßenbahnen ... et partout des patrouilles.«

Ich führe ihn ins Arbeitszimmer und rufe Mutter. Sie erscheint mit einem Leuchter in der Hand, andere kommen hinterher. Aber Koló ist ausgegangen.

»Nun, hat es angefangen?« fragt Mutter.

»Ich glaube, ja«, sagt der Oberst, »aber wer kann das genau sagen ... Gerüchte, nichts als Gerüchte ... überall«, und sein großer Schatten kriecht über die Wand.

Am Morgen dieses Tages war an der Straßenbahnstation Ecke Sadowaja anstelle der üblichen Schlange vor dem Bäckerladen eine große Menschenmenge versammelt gewesen, in ihrer Mitte ein Mann, der gestikulierend eine Rede hielt. Ich blieb stehen, um ihm zuzuhören, doch jemand nahm mich von hinten beim Arm, ein Polizist. »Es ist besser, du gehst weiter, Barin«, sagte er, »das hier ist nicht gut für dich.«

Dann wandte er sich der Menge zu und rief: »Nu, nu, entweder auseinandergehen oder ordentlich anstellen!«

In der Schule fanden nur zwei Unterrichtsstunden statt, weder der Batjuschka noch der Geschichtslehrer waren erschienen. Während der Englischstunde kam unser Klassenlehrer herein und flüsterte dem Engländer etwas ins Ohr, worauf dessen Gesicht rot wurde. Er beendete den Unterricht sofort und schickte uns alle nach Hause.

»Nach zwölf Uhr fahren keine Straßenbahnen mehr«, sagte er.

Eine Menschenmenge belagerte die Haltestelle. Die Bahn kam verspätet und war, als sie die Straße endlich herunterquietschte, total überfüllt. Die Leute erstürmten sie, und auch ich quetschte mich mit hinein. Drinnen dampfte, schwankte und schleuderte die Masse Mensch hin und her. Alle waren stumm und verdrießlich. Ein kleiner, alter Mann neben mir flüsterte mir ins Ohr: »Zieh lieber deine Uniform aus, junger Mann ... die könnte dir jetzt Schwierigkeiten machen ...«

Ich kam vor dem Essen nach Hause. Mutter und Tante Karolina waren fort, ebenso Koló.

»Sie sind«, hatte der Diener Alexej von Koló auszurichten, »alle im Büro. Es gibt Schwierigkeiten mit dem Roten Kreuz.«

Ich fragte Alexej, was denn vor sich ginge. Er zuckte nur mit den Schultern.

»Wer weiß, was vor sich geht«, sagte er. »Man redet alles mögliche, Unordnung ... Gerüchte ...«, und er ging mit den Tellern aus dem Zimmer.

»Gerüchte ... Gerüchte ...«, sagte jetzt auch der Oberst. »Die Putilowskij-Arbeiter streiken. Es herrscht Unruhe beim Semjonowskij-Regiment. Auch in der Garnison.«

Seine Stimme ist heiser, zurückhaltend. Er scheint erschrocken und aufgeregt zu sein.

»Aber was glauben Sie, wird passieren«, stottert Tante Karolina und unterstreicht das »Sie«. »*Tout ce désordre* in den Straßen, diese Schlangen von Menschen. Wer wird dem allen ein Ende bereiten?«

»Ich las Chabalows Proklamation«, wirft meine Mutter ein, »sie ist grotesk! Was kann das helfen?«

»Ja, ja, Sie haben recht, Lydia Eduardowna!« Des Obersten Stimme wird lauter. »Sie nützt nichts. Selbst, wenn sie jetzt Tausende Tonnen Mehl nach Petrograd bringen. Niemand traut ihnen mehr. So kann es nicht weitergehen. Meinen Sie nicht auch?«

»Es hat gar keine Zeitungen mehr gegeben«, sagt jemand im Zimmer. »Keiner weiß, wo die Deutschen stehen und was mit unserer Armee geschieht.«

»Und vorher?« sagt der Oberst, »was haben wir da aus den Zeitungen erfahren? Nichts! Leere Seiten, von der Zensur geschwärzt, und der Rest ... Gerüchte, Gerüchte.«

Die Tür öffnet sich, und Koló tritt ein. Er geht an seinen Schreibtisch und setzt sich. Er sieht erschöpft aus.

»*Sdrastje*, Platon Iljitsch ... Ich konnte Sie im Dunkeln nicht erkennen«, sagt er zum Obersten.

»*Sdrastje*, Nikolai Fedorowitsch«, antwortet der Oberst trocken.

»Ich habe gerade gehört«, sagt Koló, »beim Roten Kreuz ... ein Telegramm ist gekommen. Die Deutschen haben Riga eingenommen. Unsere Armee befindet sich auf dem Rückzug ... *les pertes sont énormes.*«

»Sehen Sie, Nikolai Fedorowitsch«, stößt der Oberst hervor, »ich habe es Ihnen vor einem Monat hier in diesem Zimmer gesagt, daß es so kommen wird. Und wie kann es auch anders sein, wenn unser Vertrauen in den Händen von ...«

»Ich weiß, ich weiß«, unterbricht ihn Koló. »Ja, Sie haben es vorausgesagt, und dennoch hoffte ich, es wäre falsch ... Was soll's?«

»Was soll's?« sagt der Oberst in aggressivem, wütenden Ton, »was soll's? ... Wir haben zu lange herumgesessen und uns gesagt: Was soll man tun? Und wir haben nie etwas unternommen. Nun wird ›es‹ geschehen ... ›Es‹ ist jetzt da ... dort unten in der Putilowskij-Fabrik, unter den Soldaten, den Arbeitern, den Studenten und selbst den Offizieren. Und wissen Sie was?« Dabei unterstreicht er jedes Wort wie bei einer Proklamation: »›Es‹ wird uns retten ... Ja, es wird uns alle retten! Da bin ich sicher.«

Der Oberst bleibt die Nacht über in unserer Wohnung. Er wird auf dem Sofa in Kolós Arbeitszimmer schlafen.

Nachdem jeder eine Kerze genommen und in sein Zimmer gegangen ist, schleiche ich durch den dunklen Gang zurück ins Arbeitszimmer. Der Oberst springt auf.

»Platon Iljitsch, ist das da unten die Revolution?« Ich zeige aus dem Fenster hinunter, und meine Stimme zittert.

»Ich glaube schon«, antwortet er mit einer müden Stimme

und gähnt laut, »aber natürlich weiß ich es nicht genau ... Geh lieber ins Bett ... Morgen ist auch noch ein Tag.«

Eine Woche später ist alles vorüber. Die kaiserlichen Doppeladler sind auf das Pflaster Petrograds gefallen; die aus Stuck sind zerbrochen, die hölzernen verkohlen in den schwelenden Feuern, die aus den Akten der geplünderten Polizeireviere und Ministerien entfacht worden sind.

Zur höchsten Bestürzung von Mademoiselle V. wird ihre Marseillaise über Nacht zur russischen Nationalhymne und ersetzt Herrn Lwoffs österreichischen Marsch, um bald wiederum durch das Lied des Belgiers Pierre Degejters abgelöst zu werden.

»Was hat das alles mit der Marseillaise zu tun«, jammert Mademoiselle V., starrt aus dem Fenster und zeigt auf einen karnevalesken Umzug, der sich langsam durch den Schlamm des Newskij-Prospektes bewegt, mit Spruchbändern und großen Seiten frisch geschnittenen *madapollam*.

»*C'est absurde tout cela! Ca n'a ni queue ni tête!*« Und wirklich hatten diese Umzüge oder *manifestazijas*, wie man sie damals nannte, weder Kopf noch Schwanz.

Der Zar und sein Bruder Michail hatten abgedankt. (Onkel Wladimir hatte die Abdankung des Letzteren mit »aufgesetzt«.) Unter dem Namen Nikolai Romanow wurde er mit seiner Frau und seinen Kindern in Zarskoje Selo in Haft genommen. Keiner schien zu wissen, was man mit ihm machen sollte.

Eine provisorische Regierung wurde aufgestellt, die sich ständig im Taurischen Palast, dem Sitz der Duma, traf. (Für kurze Zeit wurde Onkel Wladimir als Vizepremierminister ihr Mitglied.) Daneben war eine andere Regierung unter dem Namen »Sowjet der Arbeiter-, Soldaten- und Bauernabgeordneten« aufgetaucht.

Eine Miliz ersetzte die Polizei. Die Sonne schien. Die Menschen umarmten einander und gratulierten sich gegenseitig. Es war eine totale Euphorie.

Die Opfer der »Großen Unblutigen Revolution«, wie die Tage des späten Februar 1917 heute genannt werden, wurden auf dem Marsowo Polje, dem Exerzierplatz des verrückten Zaren Paul I., begraben.

Wladimir Rebikow

Nach dem Ausbruch der Revolution im März 1917 bis ins Jahr 1919 spielte ich mit meinem Bruder und meiner Schwester weiterhin viel Kammermusik, übte Cello und Klavier und begann zu komponieren.

In Jalta, wo wir einen Teil der ersten nachrevolutionären Jahre verbrachten, begann ich ernsthaft mit dem Studium der Harmonielehre und der Komposition bei einem merkwürdig aussehenden, alternden Koloß von einem Mann, Wladimir Rebikow. Er trug einen breitkrempigen Panama, dessen Farbe sich im Laufe der Zeit in die von Milchkaffee gewandelt hatte, eine breite Lavallière und Galoschen. Wegen seiner äußerst starken Kurzsichtigkeit war er auf teleskopartige Linsen angewiesen, die in einem altmodischen Pincenez befestigt waren. Diesen hatte er mit einem breiten, schwarzen Band gesichert.

Rebikow war Schüler Tschaikowskys und in unserem Land als Komponist einer Kinderoper ›Der Weihnachtsbaum‹ bekannt. Sein Kompositionsunterricht bestand zum größten Teil darin, daß er mir seine eigenen Werke zeigte, in denen er Debussy in der Benutzung unorthodoxer harmonischer Folgen um einige Jahre zuvorgekommen war.

»C'était moi, l'Avantgarde!« rief er mit seinem hohen Stimmchen.

Wenn ich ihm eine meiner Kompositionen brachte, machte er sie lautstark herunter:

»Das Stück ist nicht nur schlecht, es ist sogar infam! Es ist so abgestanden wie alte Kartoffeln! ... Verstehen Sie mich! ... Werfen Sie es sofort weg, und fangen Sie noch einmal an!«

In milderem Ton machte er mir später während des Unterrichts Vorhaltungen:

»Warum wollen Sie unbedingt Komponist werden? Sehen Sie nicht mein eigenes Elend? Warum werden Sie nicht Dirigent, Sie sind groß, hübsch, und alle schönen Frauen werden Ihnen zu Füßen liegen.«

Als im Herbst 1918 die Deutschen fortgingen und die Bolschewiken Jalta besetzten, wurde das Leben hart. Rebikow pflegte am Quai entlangzuwandern und mit einem großen Fernglas den Meereshorizont abzusuchen.

»Ich bin aus verläßlicher Quelle darüber informiert«, flüsterte

er mir ins Ohr, »daß Präsident Wilson einen Kreuzer her-
schickt, um mich zu holen.«

Viele Jahre später hat man mir erzählt, daß man das ganze
Jahr 1920 den riesigen Rebikow mit seinem Panama und seinen
Galoschen am Kai von Jalta auf und ab gehen sehen konnte,
immer noch den Horizont mit seinem Fernrohr absuchend.
1921, in Rußlands kältestem und hungrigstem Winter, fand man
Rebikow in seiner Wohnung im Bett erfroren auf.

Die Nabokovs

»Warum kommt ihr so spät? *Il est presque cinq heures*«, sagt
eine Stimme von drinnen, während wir drei, Onja, Mitja und
ich, eskortiert von unserer Gouvernante, unsere Füße aus den
Galoschen schälen und in einer winzigen Garderobe unsere
Mäntel aufhängen.

»*Venez, venez vite,* Christina und ich haben den ganzen
Nachmittag auf euch gewartet.«

Das Zimmer, aus dem die Stimme kommt, ist halbdunkel mit
niedriger Decke, die Wände voller gerahmter Bilder. Nach dem
grellen Sonnenlicht im Schnee kann man hier kaum etwas sehen.

»*Nu pokashtjes* (zeigt euch)«, sagt mit einem milderen
Schnurren die gleiche Stimme.

Nach und nach kann ich Gegenstände erkennen. Vor mir ein
Sofa, einige Fauteuils und Stühle um einen ovalen Tisch, darauf
ein dampfender silberner Samowar, einige Tischchen, vollge-
kramt mit Nippes und Bilderrähmchen. Zwei Fenster, eines mit
heruntergerissenen Vorhängen, neben dem anderen eine Chaiselongue.

Wärend Onja und Mitja die Hand der auf der Chaiselongue
liegenden Person küssen, mustere ich sie prüfend.

Sie, denn es ist eine Sie, trotz der männlichen Stimme, liegt,
gehüllt in Spitzen und Bänder – eine Art Morgenrock – auf
einen Stapel bestickter Kissen gestützt, um den Hals ein lila
Mopsband, von dem ein goldener Anhänger herabbaumelt. Ihre
hohe Frisur sieht aus wie ein Baiser, das von einem zweiten lila
Band umschlungen und gekrönt wird.

Ihr Gesicht ist kreidebleich mit einigen schwarzen Punkten
von der Größe eines Nagelkopfs darauf – Schönheitspfläster-

chen oder *mouches*, die sie sich jeden Morgen aufklebt. Die Gesichtszüge sind eckig: eine gerade spitze Nase über einem kleinen Mund und ein wohlgeformtes, scharfes Kinn; die Augenbrauen sind breitgezogene Linien, die Ohrläppchen der großen Hundeohren werden von schweren birnenförmigen Ohrringen herabgezogen.

Sie wendet ihr Gesicht dem Licht zu und starrt mich mit ihren gescheiten blaßblauen Augen an.

»Hm, hm ... rosig, blond«, murmelt sie, »und dazu diese Tatarenaugen ... schräg gestellt, wie bei deiner Mutter ..., oder vielleicht auch von Dimitrij Nikolajewitsch (meinem Großvater). Er hatte auch diese engstehenden Tatarenaugen!«

Und dann spricht sie lauter zu irgend jemandem hinter mir: »Christina, komm, sieh sie dir an, sie sind endlich da.«

Und dann wieder zu uns dreien: »Das ist Christina, sie lebt mit mir in diesem Schuppen.«

Christinas Mondgesicht strahlt vor einem warmen, bäuerlichen Lächeln. Sie stellt das Tablett ab, kommt zu uns und küßt jeden von uns auf beide Wangen: »*Nu kakije oni choroschenkije* (wie niedlich sie sind), wirklich reizend, und alle Dimitrij Dimitrijewitsch so ähnlich!«

»Nu Kinder, setzt euch an den Tisch und trinkt Tee«, sagte Großmutter, »ich bleibe hier auf dem Sofa und sehe euch zu. Christina, gib mir meine Tasse.«

So begann unser erster Besuch bei Babuschka Nabokov. An jenem Aprilnachmittag im Jahre 1912, kurz nach meinem neunten Geburtstag, hatte der Vorortzug entweder Verspätung, oder wir hatten ihn verpaßt und auf den nächsten warten müssen. Als wir in Gatschina ankamen, war es nach vier Uhr. Die Sonne stand tief, schien aber noch hell. Das Tauwetter hatte den Schnee auf der Straße in Matsch verwandelt, und eine Frühlingsbrise streifte mein Gesicht, als wir zu Großmamas Datscha kamen.

Ich war sehr aufgeregt. Ich hüpfte und stolzierte lärmend auf den hölzernen Bürgersteigen herum. »*Enfin, enfin*«, dachte ich. »Endlich werde ich Babuschka Nabokova kennenlernen, über die man mir so viele Geschichten erzählt hat. Ich hoffe, sie ist anders als die pompöse Omama von Preobrashenka. Denn diese Babuschka ist eine wirkliche Baronin, nicht eine reiche deutsche Kolonistin – eine große Dame, die mit einem berühmten Mann verheiratet war, einem Minister des guten Zaren Alexander II. Bedeutet der Besuch vielleicht, daß wir ein neues Leben beginnen, daß wir die Welt meines nicht präsenten Vaters betreten und bessere Russen werden, etwas mehr Nabokovs und weniger Teil der *ratatouille* der Falz-Fein-Knauff-Peucker?«

Babuschkas Villa lag in einer engen Straße, nicht weit vom Zarenpalast von Gatschina entfernt. Es war ein kleines, holzverschaltes Haus, in einem Braun angestrichen, das die Franzosen *caca d'oie* nennen.

Babuschka hatte man als Witwe eines pensionierten Ministers eine *kasjonnaja datscha* (Regierungsvilla) bewilligt, aber sie bewohnte sie nur während der kalten Jahreszeit. Sobald das Wetter wärmer und die Straßen passierbar wurden, zog sie nach Batowo, dem Korffschen und Nabokovschen Familienbesitz, der irgendwo am Ufer des Finnischen Meerbusens lag, bei der Bahnstation Siwerskaja.

Obwohl Babuschka eine geborene Korff war, fühlte sie sich ganz und gar als Russin. Nur ihre große Gestalt und ihre klaren blauen Augen verrieten ihre germanische Abstammung. Korff ist ursprünglich ein ostpreußischer Name. Aber seit Jahrhunderten gab es Korffs in Schweden und den baltischen Provinzen. Irgendwann im 18. oder frühen 19. Jahrhundert zog ein ganzer Schwarm von Korffs nach Rußland, denn zu Puschkins Zeiten, um 1830, gab es in der Provinz Pskow Korffschen Landbesitz. Wie Babuschka waren sie alle durch und durch russisch und gehörten zum Landadel wie ihre Nachbarn, die Nabokovs, Puschkins und Puschtschins.

Jener Nachmittagsbesuch im April 1912 bei Babuschka war mein erster Tauchversuch in das *mare nostrum* des Nabokov-Clans. Doch eine Familienzugehörigkeit stellte sich erst nach und nach ein, über eine Zeitspanne von sechs oder sieben Jahren. Die Falz-Feins hatten feste Fangarme, besonders seit Lubcza 1915 für uns hinter der Front lag und Askania Nova neben St. Petersburg unser hauptsächlicher Zufluchtsort geworden war.

Seit April 1912 besuchten wir Babuschka regelmäßig zweimal im Jahr, und von Zeit zu Zeit erschien sie auch in unserer Petersburger Wohnung. Doch noch war ich zu jung, um mir eine Meinung über sie bilden zu können. Ich hatte nur das Gefühl, daß sie etwas ganz Besonderes, ein ganz außergewöhnliches Wesen war, und sei es auch lediglich in ihrer äußeren Erscheinung. Was es eigentlich war, begriff ich noch nicht.

Dann folgten fünf Jahre, in denen wir sie nicht zu Gesicht bekamen, denn 1917 flohen wir von St. Petersburg in den Süden, während sie in Gatschina blieb. Erst im Exil, Anfang der zwanziger Jahre, als wir alle in Berlin lebten, entdeckte ich Babuschka richtig, die General'scha, wie Christina sie nannte. Sie war aus Gatschina mit der sich zurückziehenden Weißen Armee des Generals Judenitsch geflohen und in Berlin zu meinem Onkel Wladimir und seiner Familie gestoßen. Sie lebten in der Nähe meiner Mutter in einer der geräumigen Wohnungen, die im Berliner Westen um die Jahrhundertwende gebaut worden waren.

Damals hatte ich die Anziehungskraft Onkel Wladimirs und seiner Familie entdeckt. Für mich waren sie der Gipfel des Nabokov-Clans. Und in gewisser Hinsicht hatten auch sie mich damals erst entdeckt. Als wir uns im Herbst 1917 zum erstenmal in Jalta trafen, hatte ich den Eindruck, daß sie mir gegenüber ein gewisses Unbehagen empfanden. War es wegen der Scheidung meiner Mutter und der damit verbundenen Gerüchte oder aus anderen Gründen? Ich weiß es nicht, aber ich bemerkte deutlich, daß eine Barriere zwischen den Nabokovs und mir stand. Ich mußte mich besonders anstrengen, um von ihnen akzeptiert zu werden und ihre Gunst zu erringen. Glücklicherweise halfen mir die Umstände dabei. Wir flohen zusammen von Sewastopol nach Griechenland und mußten über mehrere Monate hinweg zusammengepfercht in Phaleron bei Athen leben. Mit der Zeit gerieten wir alle nach Berlin und dort, 1921, wurde ich von Onkel Wladimir und Tante Ljolja als vollgültiges Mitglied der Familie aufgenommen. Das Unbehagen war verschwunden.

Sie führten einen außergewöhnlichen Haushalt. Tante Ljolja und ihr Mann übertrugen in ihre Berliner Wohnung die Atmosphäre ihres wohlhabenden und aufgeklärten St. Petersburger Hausstandes. Onkel Wladimir war ein aktives liberales Mitglied des ersten russischen Parlaments, der Duma von 1905, gewesen. Nach der zwangsweisen Auflösung des Parlaments wurde er einer der Herausgeber der liberalen Zeitung ›Retsch‹ und einer der Führer der liberalen Konstitutionell-Demokratischen Partei. Nach der Revolution von 1917 wurde er Mitglied der ersten nachrevolutionären, provisorischen Regierung. Als ich ihm in Jalta begegnete, war er längst ein berühmter Mann und repräsentierte seine Generation westlich orientierter Russen, die gehofft hatten, ihr Land schnell in eine parlamentarische Form der Demokratie führen zu können, die dem englischen Modell näher als dem französischen war.

Er wie Tante Ljolja waren kluge Köpfe, von schnellem Witz, hervorragender Bildung und mit starken politischen Überzeugungen. Für mich selbst hatte Onkel Wladimir noch einen weiteren Pluspunkt. Er war einer der wenigen Nabokovs, die wirklich Musik liebten. So bestiegen wir denn am Sonntagmorgen die Berliner U-Bahn und fuhren zu den öffentlichen Generalproben des Philharmonischen Orchesters. Wir standen im rückwärtigen Teil des Saales (Sitzplätze waren viel zu teuer, ein Stehplatz aber kostete nur 50 Pfennig) unter einer Lampe, um die Musik in einer mitgebrachten Taschenpartitur zu verfolgen. Es erforderte eine gewisse Ausdauer, stundenlang zu stehen, aber es war bei weitem vergnüglicher als der sonntägliche Gottesdienst in Preobraschenka.

Während dieser Sonntagmorgenkonzerte und der Diskussionen mit Onkel Wladimir, die ihnen folgten, erhielt ich vielleicht meinen ersten wirklich brauchbaren musikalischen Unterricht. Sehr gute Dirigenten, vor allem natürlich die in jenen Jahren hervorragende Gestalt Arthur Nikischs, aber auch viele jüngere leiteten ein bewunderungswürdiges Orchester. Berlin war zu der Zeit der größte Umschlagplatz Europas für Dirigenten, Instrumentalisten, Sänger und, in einem geringeren Maße, auch für Komponisten. Damals konnte man noch nicht so viel mit dem Flugzeug umherreisen, und Dirigenten blieben mehr an ihren Wirkungsort gefesselt. Gleich orientalischen Paschas herrschten sie über ihre gewerkschaftlich noch nicht organisierten Orchester wie über einen Harem und gingen nur selten auf Konzerttourneen.

An diesen Sonntagmorgenkonzerten liebte Onkel Wladimir die »Klassiker« am meisten, besonders Beethoven. Tschaikowsky, den ich wie die meisten Russen verehrte, interessierte ihn nicht. Wenn wir über Tschaikowsky diskutierten, pflegte er das Gespräch mit der Bemerkung zu beenden: »Ja, ich gebe dir zu, daß er ein brillanter Orchestrator ist. Aber ich kann seine sentimentalen Melodien nicht akzeptieren. Sie hören sich wie Zigeunerkram an! Es ist alles *très mauvais goût*.«

Einmal spielte das Orchester unter Leitung von Nikisch Tschaikowskys 5. Sinfonie. Nikisch wußte, wie man die Skylla und Charybdis des Tschaikowskyschen Bombastes und seiner Sentimentalität umschiffte und wie man die weichen Melodien herausmodellierte, die dem Kitsch so gefährlich nahe sind. Er zeigte ihre echte Zartheit und ihren Lyrismus. Die Streicher des Orchesters wechselten nach der Mozartouvertüre, die der

5. Sinfonie vorausging, ihre Klangfarbe und Tongebung. Anstatt dünn und scharf zu sein, wurde der Ton rund und voll von dem, was Puschkin mit dem Wort *njega* (Seligkeit) zu umschreiben pflegte, und einer Art von slawisch-jüdischer Wollust. Normalerweise traue ich dem »runden« Ton der Streicher nicht. Er verdeckt häufig ungenaue Intonation. Aber so wie es die Berliner Philharmoniker unter Nikisch praktizierten, wurde es zu einem klaren ästhetischen Prinzip, durch das einem Tschaikowskys Stil klargemacht wurde. Bei aller Überladenheit der Musik besaß Nikisch immer eine vollständige Übersicht über die Partitur. Alles blieb im Goldenen Schnitt des Glaubhaften und trieb nicht ins Unwägbare, Extreme, Unglaubwürdige. Wenn Tschaikowsky wie ein *romantischer* Komponist behandelt wird, das heißt, wenn seine Musik eine romantische und übertriebene Behandlung erfährt, dringt seine Schwäche durch, werden die Melodien ölig und sentimental und die dramatischen Passagen hochtrabend und hohl. Aber wenn er als *lyrischer* Komponist aufgefaßt, mit Zurückhaltung und Präzision gespielt (was Wärme nicht ausschließt) und die Emotion zurückgedrängt wird, entdeckt man einen der poetischsten und vollendetsten sinfonischen Meister des 19. Jahrhunderts.

In jenen Jahren war die Wohnung der Nabokovs ein Zentrum der kulturellen Emigration. Der Besucherstrom riß nicht ab. Es kamen russische Schriftsteller, Wissenschaftler, Künstler, Politiker und Journalisten. Den Neuankömmlingen mußte man durch das Labyrinth der Polizeiämter helfen, vor allem ihnen die Aufenthaltsgenehmigung besorgen, die nicht leicht zu bekommen war. Andere unterbrachen in Berlin nur ihre Reise nach Paris oder Prag, nach London oder New York. Einige wenige gingen nach Rußland zurück. Sie besaßen zeitlich beschränkte Visa und mußten in unser gefährliches Vaterland zurück.

Wenige Jahre später gab es eine Welle von bewußt Heimkehrenden, *woswraschtschentzy* genannt, die sich aus verschiedenen, manchmal höchst moralischen Gründen entschlossen hatten, zurückzugehen. Sie kamen häufig, um mit Onkel Wladimir die Notwendigkeit der Rückkehr aller Emigranten nach Rußland zu diskutieren.

Aber Onkel Wladimir war ein vorsichtiger Mann. Er hörte ihnen allen voller Anteilnahme zu und sagte, daß es eine Entscheidung sei, die sie mit sich selbst auszumachen hätten, jeder nach seiner eigenen Lage. Persönlich pflegte er überhaupt keinen Kontakt mit dem sowjetischen Regime.

Mit verschiedenen seiner Parteifreunde gab Onkel Wladimir ab 1919 eine Zeitung in russischer Sprache heraus, die sich ›Rul‹ (das Steuerrad) nannte, dazu gründete er den Verlag »Slowo« (das Wort). Solange Berlin der Mittelpunkt der russischen Emigration war, hatte das alles Erfolg. »Slowo« publizierte bemerkenswerte historische Dokumente in einer Buchreihe unter dem Titel ›Die Geschichte der Russischen Revolution‹. Darunter waren die Tagebücher Nikolaus' II., die zarte Korrespondenz zwischen dem Zaren und Alexandra und vorzügliche Ausgaben russischer Klassiker.

Als ›Rul‹ schon im zweiten Jahr erschien, schlugen Tante Ljolja und mein Vetter Sergej Onkel Wladimir vor, daß ich mich darin als Musikkritiker versuchen sollte. Wladimir stimmte zu und trug mir auf, über das Konzert eines jungen russischen Pianisten zu schreiben.

Einige Tage später lieferte ich meine erste Kritik im Büro der ›Rul‹ ab. Ich hatte das Gefühl, nichts als Unsinn geschrieben zu haben. Aber Onkel Wladimir rief mich an und teilte mir mit, daß die Herausgeber meinen Bericht gut fanden und daß er gedruckt würde.

Bald war ich tatsächlich Konzertkritiker des Blattes und eignete mir den unvermeidlichen Jargon an. Ich war sehr stolz darauf, meine Pressekarten zu bekommen und jemanden ins Konzert einladen zu können. Aber zunächst war meine Berichterstattung auf rein russische musikalische Ereignisse von zweifelhafter Qualität beschränkt. Pressekarten für die besseren Veranstaltungen waren den älteren Feuilletonmitgliedern vorbehalten. Erst allmählich rückte ich auf – nach einigen Zwischenfällen. Nun gingen Onkel Wladimir und ich am Montagabend, und nicht länger sonntags morgens, zu den Philharmonikern, auf komfortable Plätze. Auch zu einigen der besten Liederabende und Kammermusikkonzerte, die ich in meinem Leben gehört habe, gingen wir zusammen in den danebenliegenden kleineren Saal der Philharmonie. Die Oper besuchte ich jetzt ebenfalls – diese aber nicht mit Onkel Wladimir, der sich dafür nicht interessierte, sondern mit Vetter Sergej.

Tante Ljolja, Onkel Wladimir, meine Vettern und die stimulierende *ambience* ihres Heimes waren für mich ein neuer Katalysator, dessen ich dringend bedurfte. Nach anderthalb Jahren eines asketischen Exils, nach der Studienzeit in Stuttgart, fühlte ich mich plötzlich wieder nach Rußland zurückversetzt. Kein Wunder, daß ich es vorzog, die Abende in ihrer Wohnung zu verbringen, als im Salon meiner Mutter mit all ihren Exgenerälen, Exobersten, Exgutsbesitzern, Exgrafen und Exbaronen, mit all den Verwandten deutscher Herkunft, die die Wohnung meiner Mutter in der Landhausstraße bevölkerten, seitdem sie durch den Verkauf der Wälder von Lubcza zu Geld gekommen war. Natürlich hatte ich sowohl russische wie deutsche Freunde, aber die Nabokovsche Wohnung wurde mein russisches Zuhause.

Von meinen beiden Vettern, Wladimir und Sergej, beide älter als ich, stand ich Sergej näher, vielleicht weil er Musik liebte und Wladimir nicht. Selten habe ich so verschiedenartige Brüder gesehen. Wladimir, der Schriftsteller, war schlank, kastanienbraun, sportlich, mit der hohen Stirn ähnelte sein Gesicht dem seiner Mutter. Serjoscha schlug nach Babuschka Nabokov und war unsportlich, weißblond mit rosigem Gesicht und ein unheilbarer Stotterer. Obwohl gern lustig, war er ein bißchen indolent und von einer krankhaften Empfindlichkeit, daher eine leichte Beute der Neckerei. Sergej liebte Wagner, für den ich mich damals nicht interessierte. Meine Generation war mit Wagner und Wagnerkult überfüttert. Glücklicherweise waren wir uns über Verdi einig und besuchten zusammen seine an den Berliner Opernhäusern oft, wenn auch leider auf deutsch gespielten Opern. Auch von Literatur und Geschichte verstand Sergej viel, und die Unterhaltungen mit ihm waren für mich immer interessant und höchst anregend.

Wolodja machte alles, was er tat, mit einer unnachahmlichen Großartigkeit – sei es Schach oder Tennisspielen, Schwimmen, eine literarische Figur erfinden oder auch nur die Leute necken oder Schabernack treiben. Ich war immer ein bißchen verstört durch all die Fakten, die Wolodja mit sich in seinem Kopfe herumtrug. Er war hochmütig und intolerant. Stellte ich eine unbeholfene Behauptung auf oder gab ich eine verwaschene Antwort auf eine präzise Frage, zitierte ich einen Vers falsch oder versuchte ich über eine sprachliche Feinheit des Russischen zu diskutieren, neckte und verspottete er mich geradezu boshaft. Aber das hielt mich nicht davon ab, ihn zu bewundern. Wie sein Vater ist er immens fleißig gewesen, er ist in den verschiedensten Wissenschaften bewandert und er ist ein hervorragender russischer Schriftsteller und Dichter – ein Mensch von brillantem Geist.

Damals weilte das Moskauer Künstlertheater, oder doch ein Teil davon, in Berlin. Stanislawsky war mit diesem Teil der Truppe, nebst Bühnenbildern und Kostümen, vor dem Bürgerkrieg nach Serbien geflohen, während der Rest unter Nemirowitsch-Dantschenko in Moskau geblieben war. Stanislawsky spielte in Berlin vor vollem Haus, und wir sahen seine Aufführungen der Stücke von Tschechow, Tolstoi, Dostojewsky und Gorki.

Stanislawsky und Olga Leonardowna Knipper-Tschechowa (Tschechows Witwe) waren eng mit Onkel Wladimir und Tante Ljolja befreundet. Aber auch andere Schauspieler des Moskauer Künstlertheaters besuchten die Nabokovs oft, und ich erinnere mich, daß einmal Tante Ljolja eine Party für die gesamte Truppe gab. (Vielleicht trügt mich die Erinnerung, aber ich glaube, Max Reinhardt und Iwan Bunin waren dabei, und Vetter Wladimir las ihnen seine Gedichte vor.) Stanislawsky war damals schon alt und sehr korpulent. Aber er gab immer noch die Rolle des Werschinin in den ›Drei Schwestern‹. Er und Olga Knipper-Tschechowa spielten meisterhaft. Stanislawsky war ein großer und gepflegt wirkender Mann, mit einer weichen Samtstimme und intelligenten Augen. Einmal brachte er Reinhardts berühmtesten Schauspieler, Moissi, zu den Nabokovs, einen schmächtigen, blassen und äußerst empfindsam wirkenden Mann. Ich mußte den Dolmetscher abgeben, als sie miteinander über den Helden von Tolstois ›Lebendem Leichnam‹ diskutierten. Stanislawsky äußerte sich höflich, aber scharf kritisch über die durchweg hysterische Art und Weise, in der Moissi die Figur angelegt hatte, und Moissi war sichtlich gekränkt, von dem Mann, den er so sehr bewunderte, kein Kompliment zu hören. Es war keine sehr zufriedenstellende Begegnung, obgleich sich beide Teilnehmer quälend höflich zueinander verhielten.

Stanislawsky steckte damals tief in einem Dilemma. Sein russisch-sprachiges Theater hatte trotz seines Ruhmes keinen echten Wirkungskreis im Ausland. Wohl war der Kreis von Emigranten groß, aus denen sein Publikum bestand – die gleichen Menschen, die ihn schon in Moskau unterstützt hatten, aber es waren ihrer doch nicht genug. Er ahnte, daß er nach Rußland zurückkehren mußte. Oft diskutierte er die Lage mit Onkel

Wladimir, aber der ließ sich nicht festlegen. Schließlich reiste Stanislawsky mit den meisten seiner Schäfchen nach Moskau zurück. Nur eine Handvoll blieb im Ausland und wurde in Europa und Amerika zu einer Schar eifriger Verfechter des »Stanislawsky-Stils«.

Olga Leonardowna mochte mich gut leiden, und ich war davon natürlich gerührt und geschmeichelt. Gewöhnlich brachte ich sie in ihre Pension zurück, denn sie war sehr kurzsichtig und war beim Überqueren der Straße ganz auf Augen und Arm ihres Begleiters angewiesen. Unterwegs unterhielten wir uns; ich entdeckte für mich zu der Zeit Strindberg, von dem gerade ein Stück an Reinhardts Deutschem Theater aufgeführt wurde, das mir sehr gefallen hatte, Olga Leonardowna dagegen nicht. »Strindberg«, sagte sie, »ist schon von Natur viel zu hysterisch, und in den Händen der Deutschen, die ihn auf eine übertriebene, expressionistische Weise spielen, verliert er jede Glaubwürdigkeit.«

In ihren Augen lag die Qualität der russischen Stücke, besonders der ihres verstorbenen Mannes, in ihrer Lebensechtheit. »Wissen Sie«, sagte sie, »ein ausländischer Besucher hat Tolstoi einmal gefragt, worin russische und ausländische Literatur sich unterscheide. Tolstoi antwortete ohne Zögern: ›Wir hier beschäftigen uns mit dem wirklichen Leben, während eure Schriftsteller sich nicht *immer* damit befassen.‹ Eben das ist an Tschechows Stücken so gut, er exaltiert sich nicht, unterstreicht nichts, dafür interessiert er sich *immer* für das wirkliche Leben, für die Wahrheit.« Und weiter sagte sie über die Schauspielkunst: »Die Hauptsache ist die Stimmung; wenn sie glaubwürdig ist, ist alles in Ordnung.«

Olga Leonardowna Knipper-Tschechowa kehrte mit der Truppe nach Rußland zurück, doch einige Jahre später sah ich sie in Paris wieder, als das Moskauer Künstlertheater dort ein außerordentlich erfolgreiches Gastspiel gab. Zuerst erkannte sie mich nicht, aber dann umarmte sie mich herzlich, fragte nach Wolodja und Tante Ljolja und schwärmte von den schönen ersten Jahren in Berlin.

»Und, Nika«, sagte sie, »ob Sie es glauben oder nicht, ich fange an, Strindberg zu lieben. Können Sie sich das vorstellen? Aber natürlich nur wenige Stücke, und die *à la russe* gespielt und nicht *à l'allemande*.«

In der Nabokovschen Wohnung in Berlin lag Babuschkas

Quartier ganz am Ende eines langen Ganges in der Nähe der Küche, ein großes, mit Möbeln vollgestopftes Zimmer, in dessen Ecke ein grünlicher Kachelofen stand.

Babuschka lag meistens auf der Couch, Christina saß auf einem Stuhl daneben. Wie in Gatschina trug Babuschka stets lange, wallende Spitzennegligés mit weiten, offenen Kragen, dasselbe mauvefarbene Mopshalsband mit dem Anhänger und dieselbe aufgetürmte Frisur mit dem mauvefarbenen Band. Auf ihrem kreidebleichen Gesicht klebten dieselben *mouches,* nur die nachgezogenen Augenbrauen waren verschwunden.

Eines der Fenster war immer offen. Der Geruch von Kaffee lag in der Luft, beide Damen waren mit Stickereien beschäftigt und zugleich damit, sich gegenseitig Nadelstiche zu versetzen.

Babuschka erhob sich von ihrer Chaiselongue nur, um zum Essen zu kommen. Dann erst bemerkte man, wie sehr sie seit den Tagen von Gatschina zusammengeschrumpft war.

Nach dem Essen ging sie sofort in ihr Zimmer zurück. Im Wohnzimmer gab es keine Chaiselongue für sie, denn Tante Ljolja benutzte die einzig vorhandene und überließ sie Babuschka nicht.

Manchmal besuchte sie meine Mutter zum Mittagessen oder um bei ihr ein älteres Ehepaar zu treffen, Ex-Senator von Schlippe und seine Frau, Verwandte der Falz-Feins. Im übrigen war ihr Leben auf das Zimmer beschränkt, wo sie jedem, der sie besuchen kam, über alles und nichts vorjammerte: das Essen, die Grobheit Christinas und ihrer Enkel, der Mangel an Komfort, die Gäste Onkel Wladimirs, »*toute cette bande de Dieu sait qui et quoi*«, aber vor allem darüber, daß Tante Ljolja eine so schlechte Hausfrau sei. Das war nicht ganz unrichtig. In Rußland war Tante Ljolja reich gewesen, hatte Köche, Butler und Diener gehabt, aber hier im Berliner Exil mußte sie sich auf ein ergebenes Faktotum, Jewgenija Konstantinowa, und eine deutsche Putzfrau verlassen. Infolgedessen blieben Betten ungemacht, Aschenbecher ungeleert, Bücher lagen herum, und das Essen war, obwohl reichlich, von teutonischer Einfachheit. Aber Onkel Wladimir, Tante Ljolja und die meisten ihrer Kinder interessierten sich nicht für das Essen. Daraus einen Kult zu machen, hielten sie für Zeitverschwendung. Abgesehen davon mußte man mit viel Kindern und wenig Bargeld eben spartanisch sein.

Im Gegensatz dazu erinnerte sich Babuschka mit Sehnsucht an die Zeiten, als sie die Gattin eines kaiserlichen Ministers und eine der besten Gastgeberinnen St. Petersburgs war. *»Alors là«*, pflegte sie zu sagen, »aß man *wirklich* gut, nicht dieses deutsche Sauerkraut und diese Klopse.«

Ich besuchte Babuschka gerne in ihrem Zimmer. Es dauerte eine gewisse Zeit, bis sie zu jammern aufhörte und Geschichten über sich erzählte, über die Vergangenheit und vor allem über die Familie Nabokov. Ich war geduldig, sie brauchte jemanden, mit dem sie *po duscham* (von Herz zu Herz) reden konnte, und sie erzählte mir, was ich hören wollte.

Sie war mit fünfzehn Jahren mit einem Zivilbeamten verheiratet worden, einem *statskij sowjetnik*, und das war der Liebhaber ihrer Mutter. Im prüden 19. Jahrhundert war es manchmal sehr bequem, sich eine offizielle Verbindung zu seiner Geliebten oder seinem Liebhaber zu schaffen, das bedeutete leichten und freien Zugang zueinander und ließ die ganze Angelegenheit *très convenable* erscheinen. Das Trio reiste zusammen ins Ausland, und die Liebenden waren sehr glücklich miteinander, geschützt von der legalisierenden Anwesenheit Babuschkas.

»Ich war sozusagen ihre Anstandsdame«, sagte Babuschka. »Aber glaube mir, ich habe diese Rolle nicht gern gespielt.«

Dimitrij Nikolajewitsch Nabokov, der Liebhaber und Gatte in dieser *ménage à trois*, war bedeutend älter als Babuschka. Aber er kam seinen Pflichten Mutter und Tochter gegenüber sehr gut nach. Innerhalb von sechs Jahren gebar ihm seine Frau, obwohl sie das Bett ungern mit ihm teilte, vier authentische Kinder.

»Er hatte immer kalte Füße wie ein Frosch und war ›in allem‹, du verstehst, was ich meine, zu klein für mich.«

Sie lernte nie, den Liebhaber ihrer Mutter zu lieben, und deshalb ist die Vaterschaft der übrigen fünf Kinder nicht ganz sicher. Drei von ihnen schrieb man verschiedenen hochgestellten Persönlichkeiten zu, eines war gänzlich zweifelhafter Herkunft, und das letzte war ganz offensichtlich das Ergebnis der zarten Zuneigung zu einem der Hauslehrer der Kinder. Sie sprach über all das nur in Andeutungen und erwähnte niemals Daten oder Namen ihrer Affären.

»*Après tout*«, pflegte sie zu sagen, »hatte die Mutter Peters des Großen nicht auch viele Freunde, und war Peters Vater nicht ein gewisser Streschnew, und nicht Zar Alexej?«

Babuschka konnte, wie viele Exzentriker des 19. Jahrhunderts, sehr derb und offen sein. Sie sprach ganz frei über alles. Als ich sie einmal fragte, was in ihrem goldenen Medaillon verborgen sei, öffnete sie es, zeigte mir den Inhalt und sagte maliziös: »Es ist Haar ... aber nicht von deinem Großvater oder irgend jemandes Kopf ... Siehst du, wie gelockt es ist?«

Ich wüßte gern, welcher Nabokov das Medaillon wohl geerbt hat.

Eine anderer ihrer *histoires osées*, die so typisch für sie waren, blieb mir in Erinnerung, weil ich die handelnden Personen kannte. Sie betraf zwei Brüder, Söhne ihrer Freunde, und deren Mutter, die ebenso exzentrisch wie Babuschka war. Der ältere dieser beiden Brüder war homosexuell. Als der jüngere Bruder heranwuchs, begann der Ältere *lui faire de l'œil.* »Worauf«, erzählte Babuschka, »die Mutter ihn zu sich bitten ließ und ihm sagte: ›Hör auf, deinen Bruder mit schmutzigen Blicken anzustarren, wofür sind die Domestiken da?‹«

Babuschka war sehr lange im Ausland herumgereist, zuerst zu dritt, dann mit ihrer Mutter und schließlich allein, und ließ ihren Mann sich um die Staatsangelegenheiten kümmern. Da sie sehr attraktiv und elegant war, gehörte sie für eine Weile zu dem *fast set* von Paris. Zusammen mit anderen berühmten Schönheiten beging sie alle Arten von Streichen. Sie zogen sich zum Beispiel im Vorraum einer Loge in dem neuen Palais Garnier (wie die Pariser Oper damals genannt wurde) aus und setzten sich splitternackt während des ersten Aktes auf ihre Plätze. Ein Logenschließer übergab sie schließlich einem Offizier der Garde Républicaine, der, wie Babuschka sagte, »*très ému et consterné*« gewesen sei.

»Aber weißt du«, brach es aus ihr hervor, »es war wundervoll, so in der Loge zu sitzen und zu sehen, wie alle Operngläser auf dich und nicht auf die Bühne gerichtet waren.«

Babuschka hatte mit Zar Alexander II. (dem Schutzherrn von Großvater Nabokov) auf freundschaftlichem Fuße gestanden, während sie seinen Sohn Alexander III. haßte, der meinen Großvater nach der Ermordung Alexanders II. entlassen und den von meinem Großvater auf Anordnung des Zaren vorbereiteten Verfassungsentwurf in den Papierkorb geworfen hatte. Eine Fotografie Alexanders II. in einem Silberrahmen stand immer auf einem Tisch neben ihrer Chaiselongue, und sie nannte ihn »mein lieber Sascha.«

Ihre Flucht aus Gatschina war höchst abenteuerlich verlaufen. Der Kommandeur der Weißen Armee, die aus Gatschina fliehen mußte, sandte einen Adjutanten zu Babuschka, um sie mitzunehmen. Sie wollte nicht. – »Ich ziehe hier nicht fort, es sei denn, Christina kommt mit, diese Chaiselongue, auf der meine Mutter gestorben ist, und ein Koffer mit meinen spanischen und Valencienner Spitzen.« Der Offizier versuchte zu verhandeln: Die Armee habe keinen Transporter, es sei keine Zeit mehr, die Roten seien im Begriff, Gatschina einzunehmen. »Nun, junger Mann«, sagte sie stolz, »dann bleibe ich hier ... komme, was da wolle ... Leben Sie wohl.«

Schließlich wurde sie mit Christina, Chaiselongue und Koffer in einen Güterwagen voller verwundeter Soldaten gepackt. Es war höchste Eisenbahn.

»Und, weißt du«, sagte sie, »wir haben mehrere Tage in dem schrecklichen Waggon verbracht, fast ohne zu schlafen und nur mit einer Handvoll Brot. Aber ich war glücklich. Ich überließ meine Chaiselongue einem schönen, jungen Offizier, der am Kopf verwundet war. Christina und ich pflegten ihn Tag und Nacht. Die übrige Zeit saßen wir auf dem Koffer mit den Spitzen. Unglückseligerweise starb er, bevor wir in Sicherheit waren. Was für ein Elend. Er war so schön und so jung.«

Nachdem sie sich bei Onkel Wladimir eingerichtet hatte, begann sie an alle Menschen, die sie je gekannt hatte, Briefe zu schreiben und sich über Berlin und alles um sie herum zu beklagen. »*Un misérable trou, aucun respect pour moi*, Wladimir arbeitet zu viel, während niemand sonst etwas tut, holt mich hier heraus«, und so weiter. Im Grunde wußte sie, daß sich niemand besser um sie kümmern konnte als Tante Ljolja und Onkel Wladimir. Dennoch fragte sie meine Mutter jedesmal, wenn sie uns besuchte, ob sie nicht zu uns ziehen könnte.

Nach Onkel Wladimirs Tod zog sie nach Dresden, wo auch der schon erwähnte russische Senator baltischer Herkunft aus der Falz-Feinschen Familie lebte. Er und seine Frau hatten eben ihre goldene Hochzeit gefeiert, was den alten Herrn nicht hinderte, sich *éperdument* in die achtzigjährige Babuschka zu verlieben, kaum daß sie in Dresden angekommen war. Er besuchte sie täglich, brachte ihr Rosen und verbrachte Stunden in traulichem Geplauder mit ihr, so daß seine Frau – auch nicht mehr die jüngste – sich vernachlässigt fühlte. Sie schrieb wütende Briefe an meine Mutter, in denen sie sich über Babuschka beklagte und sie eine Messalina nannte, eine Buhlerin ... Großmutter dagegen entzückte die Situation ganz offensichtlich; sie war glücklich, von einem imposanten alten Herrn hofiert zu werden (der Senator maß 1,95 Meter, hatte eine runde, spiegelblanke Glatze, ein rotes Gesicht und eine Knollennase). Aber leider kam alles zu einem vorzeitigen Ende. Eines Tages wurde der Senator, einen Strauß rote Rosen in der Hand, von einem Taxi überfahren. In schwarze Schleier gehüllt schlossen die beiden Damen Frieden über seinem Sarg.

1923 und 1924 reiste Babuschka nach Rumänien. Sie hatte die Mutter des Königs gekannt, die unter dem Pseudonym Carmen Silva Gedichte geschrieben hatte. Königin Maria von Rumänien lud sie ein, mit Christina, Chaiselongue und Koffer in die Sommerresidenz Sinaia in der Nähe Bukarests zu kommen, wo man ihr eine kleine, aber komfortable Wohnung einräumte. Doch kaum war sie in Rumänien angekommen, als sie auch schon Mutter zu schreiben begann: »Bitte, bitte! Hilf mir! Hole mich aus diesem Zigeunernest heraus! Ich kann es hier nicht aushalten.«

Sie hätte noch mindestens ein Jahrzehnt gelebt, wäre sie nicht eines Tages eine Treppe heruntergefallen. Sie starb an den inneren Verletzungen, bei vollem Bewußtsein und unversöhnt mit ihrer Umgebung, wütend darüber, ans Bett gefesselt zu sein, aber ausgesöhnt mit Christina, mit der sie ihr ganzes Leben verbracht hatte. Diese Leibeigene hatte man ihr, als sie sechs Jahre alt war, als Spielgefährtin beigegeben, wenige Jahre bevor die Leibeigenschaft 1861 in Rußland abgeschafft worden war. In dem Alter hatte sie nicht ahnen können, daß ihr zukünftiger Gatte, Dimitrij Nikolajewitsch Nabokov, einer der Anführer der »Großen Reform« der russischen Geschichte sein würde, Urheber der für damalige Begriffe sehr modernen Gesetzgebung, die zur Zeit Alexanders II. verwirklicht worden ist.

Wladimir Dimitrijewitsch Nabokov (Onkel Wolodja) wurde am 21. März 1922 im Kammermusiksaal der Berliner Philharmonie ermordet, in dem wir beide gemeinsam so viel Musik gehört hatten. Zwei russische Rechtsextremisten hatten während einer in diesem Saal veranstalteten Versammlung eigentlich eine andere Person, Pawel Miljukow, den Vorsitzenden der alten russischen Partei der Konstitutionellen Demokraten erschießen wollen. Onkel Wladimir stürzte sich nach den ersten Schüssen auf einen der Mörder. Das übrige Publikum warf sich flach auf den Boden, einige versuchten durch die Seitentüren zu entkommen. Onkel Wladimir fiel zusammen mit dem Schützen zu Boden und versuchte, ihm die Pistole zu entringen. Der zweite Mann kam aus dem Hintergrund des Saals und feuerte mehrere Kugeln in Onkel Wladimirs Rücken. Er starb wenige Minuten später.

Meine älteren Vettern, Wladimir und Sergej, waren zu dieser Zeit in England. Wenn ich mich recht erinnere, war es Jelena, die mich um Mitternacht anrief und berichtete, was geschehen war. Am nächsten Morgen hatte ich die schreckliche Aufgabe, Onkel Wladimirs Leiche im Berliner Leichenschauhaus in der Nähe des Moabiter Gefängnisses zu identifizieren.

Tante Ljolja war völlig erschüttert, ließ sich aber bei der Beerdigung nichts davon anmerken. Man begrub meinen Onkel auf dem russischen Friedhof in Tegel, einige Meter von dem Grab Glinkas entfernt, dessen sterbliche Überreste Jahrzehnte zuvor nach Smolensk übergeführt worden waren.

Bald danach heiratete mein Vetter Wladimir; Babuschka zog zunächst nach Dresden und bald darauf nach Rumänien, Sergej nach Paris und Tante Ljolja mit den anderen Kindern nach Prag. Ich sah sie nie wieder. Mein russisches Heim hatte aufgehört zu existieren.

Tante Ljolja starb in den dreißiger Jahren in Prag. Ihr Trost und ihre Freude waren der ständig wachsende Ruhm ihres Sohnes Wladimir. Sein Bruder Sergej V. Nabokov (Serjoscha) verhungerte kurz vor Kriegsende in einem Konzentrationslager. Er war angeklagt worden, einen britischen Offizier, der mit dem Fallschirm in einen Kartoffelacker in der Nähe abgesprungen war, versteckt zu haben. Ich erfuhr die Einzelheiten über seinen Tod durch ein merkwürdiges Zusammentreffen. In der Mitte der fünfziger Jahre war ich zum Umsteigen auf einem Flughafen irgendwo in Südostasien. Ich hörte, wie mein Name im Zollraum aufgerufen wurde. Ein französischer Flugangestellter hatte meinen Namen auf der Passagierliste gesehen und mich zu sprechen gesucht. Er war im gleichen Konzentrationslager wie Sergej gewesen. Wir sprachen über eine Stunde miteinander, oder richtiger: er sprach, und ich hörte ihm zu.

Sergej war sehr gläubig geworden. Solange er es vermochte, war er durch das Lager gegangen, hatte zu seinen Mithäftlingen gesprochen und versucht, sie zu trösten, so gut er konnte. Jeder im Lager hatte seinen stillen Mut bewundert, seine Selbstlosigkeit und Freundlichkeit. In der Agonie seiner letzten Tage fand er seinen Frieden, den er während seines ganzen Lebens so wenig gefunden hatte. Er starb als das, was er immer gewesen war: ein Mann mit einem unschuldigen Herzen, freundlich, sanft und unbestechlich gut.

Berlin war in den Jahren 1919 bis 1921 die Hochburg der russischen Emigration, eine Art Antiochia – die erste und wichtigste Station der russischen Diaspora; Paris übernahm erst einige Jahre später die Rolle der zweiten Station, aber es hat niemals den Glanz des »russischen Berlin« erreicht.

Die große Masse von Rußlands Intelligenz, Bürgertum und Aristokratie, die dem Wirbel des Schreckens in ihrem Heimatlande entronnen war, hatte ihren Weg nach Berlin genommen und sich dort niedergelassen. Man lebte in Pensionen und billigen Hotels, möblierten Zimmern oder Wohnungen, in einigen Fällen auch in prächtigen Villen im Tiergartenviertel oder im Grunewald. Doch im Unterschied zur jüdischen Diaspora der ersten christlichen Jahrhunderte waren diese russischen Emigranten von Berlin kein bedrücktes und unterwürfiges Völkchen, das zitternd in einer feindlichen Umgebung sein Leben fristete, sondern sie schienen ganze Teile Berlins in ihren Besitz genommen und in ein russisches Heerlager verwandelt zu haben.

Es gab damals russische Theater in Berlin, russische Kirchen, Schulen und Bibliotheken, russische Valuta-Schieber, russische Buchläden, Verlagsanstalten und Zeitungen, russische Kunstgalerien, Delikatessengeschäfte, Konfiserien und Antiquitätenhandlungen, in denen es Tausende von Ikonen und sowohl echten wie überaus zweifelhaften Schmuck von Fabergé zu kaufen gab.

Die ganze Gegend zwischen dem Wittenbergplatz und der Kaiser-Wilhelm-Gedächtniskirche mit allen Querstraßen und weiter den Kurfürstendamm hinunter schien sich willenlos dieser russischen Invasion unterworfen zu haben. Jeder zweite Mensch auf der Straße, in den Läden und Kaffeehäusern sprach russisch oder ein fremdartiges Deutsch »mit Druuuck«. An allen Mauern und Litfaßsäulen klebten Plakate – häufig allein in russischer Sprache – von russischen Parteiversammlungen, Offiziersvereinigungen, Vortragsreihen und Konzerten.

Betagte Primaballerinen hatten Ballettschulen aufgemacht, um den Kindern der Emigranten und ein paar einheimischen die Grundzüge des klassischen Balletts beizubringen. Russische Schriftsteller veranstalteten Diskussionen, Bankette, Vortragsabende mit eigener Poesie und Prosa. In den Cafés trafen sich die Emigranten der ersten Welle von 1919 mit den Neuankömmlingen und anderen Russen, die als Touristen West- und Mitteleuropa bereisten, vor allem aber gab es – wie immer, wenn viele Russen zusammenkamen – einen nicht abreißenden Strom von Wohltätigkeitsveranstaltungen aller Art – Konzerten, Bällen, Diners, zu denen Ausländer und die Einheimischen durch die Ankündigung »original russischer« Darbietungen gelockt wurden und mit deren Hilfe die stets im Versiegen begriffenen Fonds der diversen Wohlfahrtskomitees und zugleich die leeren Taschen ihrer zahlreichen Mitglieder wieder angefüllt werden sollten.

Und doch drang die russische Borschtsch, die so reichlich über Berlin ausgeschüttet wurde, nicht sehr tief in seine Fugen ein. Diese ganze russische Welt blieb eine Art Überbau auf einer ungemindert autochthonen Basis. Die Berliner gingen, einigermaßen verwundert, zu Anfang keineswegs unfreundlich und zum Teil recht hilfsbereit, über die östliche Invasion zur Tagesordnung über; sie hatten mit ihren eigenen Schwierigkeiten, dem wirtschaftlichen Zusammenbruch und der galoppierenden Inflation, genug zu tun. Der Kontakt zwischen den beiden Welten beschränkte sich auf den Besuch, den die Berliner den Theatern, Konzerten, Kabaretts und Spezialitätenrestaurants abstatteten – und die Russen dem ernüchternden Backsteingebäude des Polizeipräsidiums, wo sie zwecks Verlängerung ihrer Aufenthaltsgenehmigung und der Erneuerung ihrer Personalausweise Schlange stehen mußten.

Vermutlich gab es gelegentliche Verbindungen auf kommerzieller und erst recht politischer Ebene, aber so seltsam es auch scheinen mag, nur wenige russische Schriftsteller, Dichter oder Musiker hatten eine Beziehung zum kulturellen Leben Deutschlands. Das lag meiner Meinung nach nur zum Teil an der echt emigrantischen Beschränkung auf sich selbst und die eigenen Probleme. Auf der deutschen Seite beruhte es vor allem darauf, daß die russischen Emigranten in den Augen der deutschen Intellektuellen als Männer eines »verlorenen Stammes« galten, als ein für allemal mit der prärevolutionären, zaristischen Epoche identifiziert und deshalb gar nicht mehr typisch für das neue Rußland. Welche Ironie, wenn man bedenkt, daß in jenen Jahren gerade die *crème de la crème* der russischen Kultur und Intelligenz in Berlin versammelt war, wie es die zahllosen Publikationen der Emigrantenpresse bezeugen können.

Die wechselseitige Durchdringung der russischen und deutschen künstlerischen Milieus war jedenfalls sehr unvollkommen. Beide Welten lebten ihr Leben für sich. Nicht zufällig bin ich der einzige Russe der Berliner Kolonie, den Graf Kessler in seinen Tagebüchern erwähnt – und auch da ist zu bemerken, daß er von mir erst spricht, nachdem ich nach Paris gegangen, in Misia Serts Salon empfangen und von Diaghilew aufgeführt worden war.

Es war also als ein seltener Glücksfall anzusehen, daß ich Empfehlungsbriefe an Deutsche hatte und meinen Umgang nicht allein auf Landsleute beschränken mußte. Ich kam im Frühjahr 1921 nach Berlin, nach anderthalb Jahren am Stuttgarter Konservatorium. Meine Mutter war gerade in eine typische Berliner Wohnung gezogen, ein möbliertes Appartement in der Landhausstraße in Wilmersdorf voll totemistischer Möbelstücke und marokkanischer Reiseandenken aus Kupfer oder mit Perlmutt eingelegt. In diesen Räumen begegnete ich Albrecht Bernstorff und Felix von Bethmann-Hollweg zum erstenmal; sie kamen eines Tages zum Tee und wurden sofort meine Freunde. Beide erschienen mir als äußerst »ungewöhnliche« Deutsche, in ihrem Auftreten wie in ihrer geistigen Haltung. Sie waren beide durch den urbanen Umgang innerhalb einer kosmopolitischen Gesellschaft geformt, beide hatten einen ausgeprägten Sinn für Humor, beide beherrschten mehrere Fremdsprachen und hatten liberale, antinationalistische Anschauungen. Mit Albrecht Bernstorff war ich bis an sein Lebensende befreundet; er sollte ein Opfer des Hitler-Terrors werden: Schon Ende der dreißiger Jahre kam er in ein Konzentrationslager, und 1945, als die russischen Panzerspitzen in das Berliner Stadtgebiet eindrangen, wurde er auf Befehl Ribbentrops ermordet.

Harry Kessler, den ich dann etwas später durch diese neuen Freunde kennenlernte, wirkte auf mich zuerst ziemlich hochmütig und ungeheuer versnobt. Ich schien ihm bei unserer ersten Begegnung nicht den geringsten Eindruck zu machen. Er fragte mich, ob ich Diaghilew kenne. Nein, aber er war der Halbbruder eines meiner Stiefonkel, der die leibliche Kusine meines Stiefvaters geheiratet hatte und mit dessen Neffen wir in St. Petersburg Kammermusik getrieben hatten. Das beeindruckte Kessler wenig. Ob mir Maillol gefiele? Wer? fragte ich zurück, da ich auf dem Gebiet der Plastik, und besonders der französischen, nicht sehr bewandert war. Ob ich Rilke oder

Valéry höher schätzte? Ich wußte nicht einmal, wer der zweite war. Was sei Meyerhold für ein Mensch? Oder Trotzki? Was hielte ich von der Pawlowa oder von Nijinsky? Hier kannte ich mich etwas besser aus, aber trotzdem, ich war (damals) Meyerhold noch nie persönlich begegnet, und schon gar nicht Trotzki. Nijinsky war für mich nicht mehr als ein Foto mit einer Beschriftung, und die Pawlowa, die ich ein- oder zweimal hatte tanzen sehen, war für mich eine Enttäuschung gewesen.

Ja, so war mir bei diesem ersten Treffen offenbar nicht gegeben, auf Harry Kessler zu wirken. Ich hatte die richtigen Antworten nicht parat, ich war nicht *à la page*. Ich mußte eine weitere Gelegenheit abwarten, dem berühmten Mäzen in die Augen zu fallen. Sie ergab sich, als ich ihn ganz zufällig mit Isadora Duncan und ihrem Begleiter, dem russischen Dichter Jessenin, zusammenbringen konnte. Es war in einem kleinen Homosexuellenlokal an der Bülowstraße, in dem sich Jessenin durchaus eine Art männlichen *Strip-tease*-Akt und weitere homosexuelle Unzuchtsdarbietungen ansehen wollte, von denen er und Isadora Duncan schon in Moskau von irgendwelchen Freunden aus der »Hominform« gehört hatten.

Zu meiner Überraschung und höchsten Verlegenheit saß am Nebentisch Graf Kessler in der Begleitung von sehr seltsamen Geschöpfen. Das eine war ein dunkelhaariges Mädchen namens Judith oder Ruth oder so ähnlich, die nur mit einem Frack, einem gestärkten Hemd und einem Zylinder bekleidet war, so daß die überaus verführerischen Partien unterhalb ihrer Taille nur sehr unvollständig verhüllt waren. Das Gesicht dieses etwa achtzehnjährigen Mädchens war kalkweiß geschminkt, mit kohlpechrabenschwarzen sündhaften Lippen. Daneben saß ein Jugendlicher unbestimmten Geschlechts, eine Art Gazelle, das lange, hellblonde Haar zurückgekämmt und mit schweren Armbändern um die abgemergelten Handgelenke.

Zu Anfang hatte ich noch die Hoffnung, daß Harry Kessler mich nicht wiedererkennen würde, um so mehr, als Jessenin zunehmend betrunkener wurde und die unzüchtigen Vorgänge auf dem Podium mit nicht weniger unzüchtigen Bemerkungen kommentierte, in einem Gemisch aus Russisch und dem vulgärsten Deutsch, von dem er ohnehin nur ein paar, meist unwiederholbare Wörter kannte. Doch Kessler hatte gleich bemerkt, »wer« an meinem Tisch saß. Das Gesicht der berühmten Tänzerin war in seiner Ikonographie enthalten. Und obwohl sie an jenem Abend in der sündigen Beleuchtung des Nachtlokals eher

wie eine alternde Morphinistin als wie das »Wunder des Jahrhunderts« aussah, beugte sich Harry Kessler zu mir herüber
und bat mich, ihn mit ihr und ihrem ungebärdigen Gefährten
bekannt zu machen.

Der Abend endete in einer allgemeinen Verbrüderung. Harry
Kessler und Isadora tauschten Erinnerungen an das Paris der
Vorkriegszeit, der Jahrhundertwende aus. Jessenin wurde von
ihr laut brüllend ermahnt, wenn er die unteren Rundungen von
Kesslers Begleiterin zu streicheln versuchte, die sich auf meinen
Schoß geflüchtet hatte. Die männliche Gazelle girrte uns Zärt-
lichkeiten in die Ohren, und als wir gegen vier Uhr früh aufbrachen, weil das Lokal zumachte, umarmten wir uns alle untereinander und wurden aufgefordert, am nächsten Tag in Harry
Kesslers Wohnung eine junge Negertänzerin kennenzulernen,
die gerade aus Paris gekommen war und in die sich Judith oder
Ruth schon bis über beide Ohren verliebt hatte ... Als wir in
verschiedenen Taxis aufbrachen, winkte uns Kessler mit seinem
weißen Seidenschal nach, auf den ihm Jessenin mit Isadoras
Lippenstift in riesengroßen, blutroten Buchstaben eine unge-
heuerliche russische Obszönität hingeschrieben hatte.

Rilke in Weimar

Bald nach diesem stürmischen Abend änderte sich Harry Kesslers Haltung mir gegenüber, und allmählich konnte ich an ihm
die seltenen Gaben des Geistes und des Herzens entdecken, von
denen seine Tagebücher zeugen.

Er war vor allen Dingen ein Mensch, der andere Menschen
liebte und infolgedessen eine einzigartige Fähigkeit zu einer
warmen, menschlichen Freundschaft besaß. Außerdem war er
intensiv der Kunst und besonders den schöpferischen Künstlern
verpflichtet. Seine Bereitschaft, die Hand auszustrecken und
Künstlern zu einem lebenslangen Freund und Unterstützer zu
werden, war einzig in ihrer Art, jedenfalls soweit ich die Ver-
hältnisse in Deutschland und auch anderswo kannte. Seine Beziehung zu Künstlern war völlig uneigennützig. Andere Mä-
zene brauchen sie, weil sie dem Publikum ihre Werke vorsetzen
müssen (wie zum Beispiel Diaghilew), andere, weil sie ihre vier
Wände mit ihren Bildern schmücken wollen, noch andere, weil

sie ihren Snobismus und ihr Prestigebedürfnis nicht anders befriedigen können. Kessler aber liebte die Künstler nur, weil er ihre Werke liebte. Seine hingebende Verehrung für Menschen wie Maillol, Rilke, Hauptmann, von Hofmannsthal beruhte lediglich auf seiner Liebe zu ihrer Kunst.

Diese ungewöhnliche Eigenschaft von Harry Kessler habe ich besonders stark empfunden, als ich ihn einmal in seinem Haus in Weimar besuchte. Wie viele Kunstliebhaber war Kessler in erster Linie an Malerei, Skulptur (und Typographie), dann an Literatur und erst in letzter Hinsicht an Musik interessiert. Musik war ihm nicht unsympathisch, wohl aber – wie es leider häufig bei Freunden der bildenden Kunst der Fall ist – eine ihm weitgehend nicht zugängliche *terra incognita,* der er mit Ehrfurcht gegenüberstand, die er sich jedoch nicht zu beurteilen anmaßte, weil ihm die Kategorien dafür fehlten. Sein Geschmack in musikalischen Dingen beruhte also entweder auf einer gewissen Anhänglichkeit an früh und oft Gehörtes oder auf dem Ruhm, den sich ein musikalisches Werk unter den Leuten erworben hatte, deren Urteil er schätzte. Doch sein Bedürfnis, allen Künstlern zu helfen, sowie seine Bewunderung für die künstlerische Erfindungskraft galt allen Gebieten und schloß natürlich auch die Musik ein.

Ich kam nach Weimar an einem Abend im Juni, wenn die Städte im Herzen Deutschlands nach Heu, Lindenblüten und Teer duften. Durch Lindenalleen fuhr ich in einer Droschke mit aufgeschlagenem Verdeck vom Bahnhof hinaus zu Kesslers Haus, das mir heute wahrscheinlich einen kleinen Schock versetzen würde: es war eines der ersten im Jugendstil von 1910/12 errichteten, ein grau verputztes zweistöckiges Gebäude, soviel ich mich erinnere. Drinnen und in dem von Tausenden von Rosen duftenden Garten standen Skulpturen von Rodin, Maillol und anderen. An den Wänden hingen heute berühmt gewordene Bilder von Impressionisten. Die ganze Innenausstattung war van de Veldes erster Versuch, Möbel im Jugendstil zu schaffen; doch schon damals, Anfang der zwanziger Jahre, erschienen mir diese seltsam gedrehten und verrenkten Stühle, Tische und Sofas ein bißchen altmodisch, während Kessler sie seinen Gästen stolz als wichtige kunstgewerbliche Leistungen van de Veldes vorführte.

Der Grund, aus dem ich nach Weimar eingeladen worden war – außer daß Kessler mir sein Haus und die Cranach-Presse zeigen wollte –, bestand darin, daß ich keinem geringeren als

Rainer Maria Rilke meine Kompositionen vorspielen sollte. Rilke war, glaube ich, gerade im Begriff, Deutschland für immer zu verlassen, um das Ende seiner Tage in Frankreich zu verbringen. Ich war damals vollkommen in Rilkes Dichtung versunken, die ich mit der romantischen Leidenschaft eines neuen fremdländischen Jüngers adorierte. Ihre Eleganz entzückte mich, die schwebende Musik ihrer Rhythmen und ihrer Reime, aber auch ihre »Tiefe«, für die es in keiner anderen Sprache eine so schön verschwommen klingende Bezeichnung gibt. Das Ganze war also für mich eine überaus feierliche und erhebende Angelegenheit.

Zu meiner großen Enttäuschung erfuhr ich, daß Rilke sich eine Influenza zugezogen hatte und auf sein Zimmer verbannt war, so daß es zweifelhaft war, ob ich ihn vor meiner Rückkehr nach Berlin zu sehen bekommen würde. Auch die Teilnahme von Nietzsches betagter Schwester an unserm Abendessen konnte dafür kein Ausgleich sein. Harry Kessler war ganz offensichtlich ebenso verzweifelt wie ich und versuchte mich zu trösten, indem er mir seine Kollektionen von Zeichnungen zeigte. Doch weder Dègas noch Renoir noch Maillol konnten meine Enttäuschung beheben, auch Kesslers rührende Anstrengungen nicht, mich in das Zentrum der Aufmerksamkeit seiner übrigen Gäste zu rücken. Glücklicherweise aber ging es Rilke am nächsten Morgen besser, und am Nachmittag kam er aus seinem Zimmer herunter und ließ sich in einer Ecke des Salons auf einem Sofa nieder, einem riesigen schwarzen Blüthner-Flügel gegenüber. Er war ganz in Schals und schottischkarierte Decken eingemummelt, nur sein Gesicht, sein sehr bleiches, hageres Gesicht mit dem herunterhängenden Schnurrbart und den hellgrauen durchsichtigen Augen guckte aus dem Wollebündel hervor. In seine wärmende Hülle gerollt, wirkte er wie ein seltenes, kränkliches Schoßhündchen, das jeden Augenblick zu winseln anfangen wird.

Kessler stellte mich wie gewöhnlich auf französisch vor: »C'est Monsieur Nicolas Nabokov, der junge Komponist, von dem ich Ihnen gesprochen habe. C'est un russe. Er ist gestern aus Berlin gekommen, und ich dachte, Sie würden ihn sicher gerne einmal kennenlernen.«

»O ja! Je suis enchanté«, sagte das bleiche Geschöpf mit kaum vernehmbarer Stimme. »Asseyez-vous ici à côté de moi.«

»Er spricht deutsch«, sagte Kessler, »so gut wie französisch.«

»Ah, um so besser.« Das Gesicht lächelte und sah mich an.

»Ich würde gern mit Ihnen russisch sprechen, aber alles, was ich auf russisch kann, ist *nitschewo* und *durak*, das genügt nicht für eine Konversation.« Das Gesicht begann gleichzeitig zu lachen und zu husten.

»Kommen Sie aus St. Petersburg«, fragte es, nachdem sich der Husten gelegt hatte, »oder aus Moskau oder woher sonst? Rußland ist ja so groß, nicht wahr?« Und es lächelte wieder.

Ich erzählte Rilke, daß ich die meiste Zeit meiner Kindheit im Ausland verbracht und daß die zehn Jahre, die ich in Rußland gelebt hätte, auf St. Petersburg, Litauen und Taurien verteilt gewesen seien. In Moskau sei ich nie gewesen.

Rilke sah erstaunt aus. »Ist es nicht seltsam für einen Russen, nicht in Moskau gewesen zu sein? Es ist eine so außergewöhnliche Stadt – Rußlands Heiligtum, etwas ganz Besonderes, wie keine andere Stadt in Europa, halb europäisch, halb asiatisch.« Er sah mich prüfend an. »Aber Sie sind ja noch jung, werden früher oder später nach Moskau kommen, und ich bin sicher, daß Sie die Schönheit dieser Stadt erkennen werden.«

Er grübelte eine Weile vor sich hin und schien in Erinnerungen an Moskau versunken.

»Für wie lange sind Sie in Deutschland?« fragte er. »Graf Kessler erzählte mir, daß Sie an der Hochschule für Musik in Berlin studieren. Ich nehme an, daß Sie, wenn Ihre Studien abgeschlossen sind, nach Rußland zurückgehen werden?«

»Er ist ein Emigrant«, warf Kessler ein, »seine Familie hat Rußland vor einigen Jahren verlassen. Sie konnte nach der Revolution nicht länger dortbleiben.«

»Oh«, sagte Rilke, »wie jammerschade! Aber ich bin ganz sicher, daß Sie zurückkehren werden. Ich höre, daß sich dort, nachdem die Unruhe vorbei ist und Lenins Regierung fest im Sattel sitzt, alles sehr schnell verändert. Man wird gezwungen sein, nach Ihnen zu rufen. Man wird gebildete junge Russen brauchen.« Er lächelte gütig und fragte weiter: »Wo waren Sie während der Großen Revolution?«

Ich antwortete, daß ich zunächst mit meiner Familie in Petrograd gewesen sei, wir uns dann aber im Juli in den Süden Rußlands begeben hätten, in das taurische Gouvernement, und von dort nach Jalta auf der Krim. Ich fügte hinzu: »Meine Mutter und die meisten Mitglieder unserer Familie haben Rußland 1919 verlassen, keiner von uns hat die Absicht, zurückzukehren.«

Es folgte ein kurzes Schweigen. Rilke sah verwirrt aus und

schien nicht zu wissen, wie er die Konversation fortsetzen wolle. »Von wo aus sind Sie aus Ihrem Vaterland weggegangen?« fragte er mit der gleichen, kaum wahrzunehmenden Stimme.

Ich erzählte, daß wir uns in Sewastopol eingeschifft hätten, von Jalta kommend.

»Oh, Jalta!« rief Rilke, »das muß ein wundervoller Ort sein. Gibt es dort nicht viele Tataren und schöne Gärten? Lebte Puschkin nicht kurze Zeit dort in der Nähe? Ich glaube, der Ort hieß Gurzuff, habe ich recht? Und Tschechow hat natürlich in Jalta gelebt – wegen dieser Sache . . .« Er deutete auf seine eigene Brust. »Haben Sie Tschechow gekannt? Er muß ein ganz köstlicher Mensch gewesen sein!«

Nein, ich sei viel zu jung, als daß ich Tschechow noch gekannt haben könnte, auch habe meine Familie nicht in Jalta gelebt, als Tschechow dort gewesen sei. »Tschechow starb im Ausland«, sagte ich, »in Süddeutschland.«

»Ja, ja, ich weiß«, sagte Rilke. »Es gibt in Badenweiler sogar ein Denkmal für ihn. Man hat mir das Zimmer gezeigt, in dem er starb. Sind Sie einmal in Badenweiler gewesen?«

»Nein, aber meine Familie kannte Tschechows Schwester, Maria Pawlowna. Sie lebte in Jalta noch in derselben Wohnung wie Tschechow. Ich habe sie einmal mit meiner Tante und meinem Onkel besucht.«

»Oh, tatsächlich«, sagte Rilke sichtlich interessiert. »Wie war sie?«

»Wie sie war? Das ist schwer zu sagen. Ich habe sie nur dies eine Mal gesehen, und sie hat fast nur mit meinem Onkel und meiner Tante gesprochen. Ich erinnere mich, daß sie uns Tee mit Gebirgshonig vorsetzte und uns Tschechows Zimmer zeigte, das ganz unberührt geblieben war. Ich erinnere mich noch an Tschechows Arbeitstisch. Er war sehr aufgeräumt, und ein großes dunkles Tintenfaß stand darauf, mit vielen zierlichen Federn und Federhaltern. Von diesem Tisch hatte man einen schönen Blick weit hinunter auf den Hafen von Jalta und das Meer. Maria Pawlowna war müde, aber sie lächelte mir sehr häufig zu. Nachdem wir gegangen waren, erzählte mir mein Onkel, daß sie sich wegen der Ereignisse in Rußland große Sorgen machte. Sie hatte kaum Geld, und in Jalta war es schwer, etwas zu essen zu bekommen. Das ist alles, woran ich mich erinnern kann – nicht sehr viel.«

»Nein, nein, das ist eine ganze Menge, eine ganze Menge«,

sagte Rilke. »Ich danke Ihnen, daß Sie es mir erzählt haben, *cher Monsieur*. Nur eines habe ich nicht verstanden: Worüber war sie so besorgt? Sicher hätte niemand ihr etwas getan. Tschechows Schwester etwas zuleide tun – doch bestimmt nicht in Rußland!« Rilke sah mich mit emporgezogenen Augenbrauen an.

Ich wich der Frage aus. Es habe damals in Rußland Bürgerkrieg gegeben, und niemand habe gewußt, was geschehen würde. Außerdem sei auch eine Fleckfieber-Epidemie ausgebrochen. »Vielleicht war Maria Pawlowna wegen all dieser Dinge . . .«

»Schon gut, schon gut«, unterbrach mich Rilke. »Es ist schwer zu sagen, worüber sich Menschen grämen und womit sie sich quälen, nicht wahr? Besonders in so apokalyptischen Zeiten. Denn das waren wirklich apokalyptische Jahre in Rußland, und nicht nur in Rußland.«

Wieder herrschte für einen Augenblick Stille. Der Butler erschien mit einem Tablett und deckte neben dem Dichter den Teetisch. Rilke zog ein großes weißes Taschentuch hervor und wischte sich die Stirn. »Ich kann das ekelhafte Fieber nicht loswerden, es macht mich so schwach«, und er begann wieder zu husten.

»Vielleicht sollten wir aufhören«, schlug Kessler vor. »Vielleicht sollten Sie wieder ins Bett gehen.«

»Nein, nein«, sagte der Dichter durch einen Hustenanfall hindurch, »ich bin sehr froh, Monsieur . . . verzeihen Sie, ich kann Namen nicht behalten . . . darf ich Sie Monsieur Nicolas nennen? Nein, nein, es interessiert mich sehr, was er sagt. Vielleicht wissen Sie, daß ich in Rußland war. Ich war ganz überwältigt, ich liebe seine Menschen, seine Städte und die weiten, offenen Ebenen. Natürlich war ich vor der Revolution da, vor dem Krieg.«

Er fingerte nervös an seinem Schal herum, dann fragte er: »Aber wenn Sie zur Zeit der Revolution in St. Petersburg waren, dann müssen Sie doch russische Dichter und Schriftsteller getroffen haben. Es gibt zwei Dichter, von denen die Leute unaufhörlich reden, aber deren Werke, mit Ausnahme von ein paar kurzen Gedichten, bis heute noch nicht ins Deutsche oder Französische übersetzt worden sind. Ich meine den Symbolisten Alexander Blok und den jungen revolutionären Dichter, dessen Name mit M anfängt.«

»Majakowsky?«

»Richtig, Majakowsky. Haben Sie einen von den beiden kennengelernt?«

Ich sagte, ich sei zur Zeit der Revolution noch zu jung gewesen, um Dichter persönlich kennenzulernen. Blok hätte ich einmal gesehen, von ferne, bei einer Dichterlesung im Mai 1917. »Er ist im vorigen Jahr in Petrograd gewesen«, fügte ich hinzu.

»Ich weiß, ich weiß. Wie schade«, sagte Rilke wieder mit kaum hörbarer Stimme, »ein großer Verlust für Rußland. Ich höre, er ist einer der besten Dichter Rußlands seit Puschkin gewesen.«

Wieder Stille. Max kam herein und goß uns allen Tee ein. Rilke wandte sich an mich: »Ein deutscher Verleger hat mich gebeten, Bloks Gedichte zu übersetzen. Aber ich kann mich nicht entschließen. Ich kann kein Russisch, und obwohl es der Struktur nach Ähnlichkeit mit dem Deutschen hat, ist es doch eine sehr schwere Sprache, finden Sie nicht auch? Es ist darum ein sehr gefährliches Unternehmen. Man kann so leicht Fehler machen, und Russisch ist keine fürs Übersetzen geeignete Sprache. Soweit ich beurteilen kann, ist es eine komplexe und zarte Sprache.« Er hielt einen Augenblick inne, um Atem zu holen.

»Wissen Sie, wenn man ein Gedicht übersetzt«, fuhr er fort, »geht etwas davon unweigerlich verloren. Man muß so viel wie möglich vom Original zu erhalten suchen, nicht nur den Sinn und die Stimmung ... aber Sie als Musiker werden gewiß verstehen, was ich sagen will. Man muß so viel wie möglich von dem Rhythmus, dem Leben der Worte, der ganzen Musik des Gedichtes wiedergeben. Das stellt einen vor eine Myriade unabwägbarer Feinheiten, die das Ohr bis ins kleinste Detail erfassen muß.« Er hielt wieder inne.

»Ich sagte dem Verleger, daß dreierlei getan werden müsse, ehe ich versuchen kann, einen so schwierigen Dichter, wie Alexander Blok es offenbar ist, zu übersetzen. Zunächst brauche ich eine genaue Wort-für-Wort-Übersetzung mit allen grammatikalischen Angaben über die russische Struktur der Sätze, dann brauche ich eine sorgfältige, auch phonetisch genaue Übertragung, und schließlich müßte ein gebildeter Russe, wie zum Beispiel Sie«, er lächelte mir zu, »mir jedes Gedicht laut vortragen, immer wieder, bis ich seine innere Musik ganz erfaßt habe. So habe ich es gehalten, als ich aus dem Portugiesischen oder aus dem Französischen der Louise Labbé Gedichte übertragen habe. Haben Sie zufällig meine Übersetzung der Sonette von Louise Labbé gelesen? Wenn nicht, kann ich Ihnen ein Exemplar geben, *c'est un petit livre très mince*. Er hat es in seinem Verlag herausgebracht«, und er lächelte Kessler an. »Kennen Sie die Übersetzung?«

Anstelle einer Antwort begann ich zu rezitieren: *»Tant que mes yeux pourront larmes espandre ...«*

Ich trug eines der Sonette auf französisch und dann in Rilkes Deutsch vor. »Bravo, bravo«, rief er aus und klatschte in seine kleinen, blassen Hände. Zu Kessler gewandt sagte er: »Diese Russen! Kein Wunder, daß ich sie so gern habe. Sie lieben die Dichtung, mit einer aktiven Liebe! Sie lernen ein Gedicht auswendig und tragen es vor, einerlei in welcher Sprache. Ich kannte einen Balten, der konnte den ganzen ersten Gesang der Ilias auswendig, dabei konnte er kaum Griechisch und hätte gar nicht genau übersetzen können, was er rezitierte. Er liebte die ›innere Musik‹ eines Gedichts. Die Russen, und wie ich vermute alle Slawen, haben die alte Tradition beibehalten, Gedichte zu rezitieren. Die Engländer, die Franzosen und auch wir Deutschen haben den Sinn dafür fast ganz verloren. Wenn wir ein Gedicht vortragen, tun wir es in wegwerfendem Ton, als schämten wir uns seiner.« Und er wiederholte: »Bravo, bravo, Monsieur Nicolas, lieben Sie weiter die Dichtung so, und sprechen Sie Gedichte!«

Plötzlich verließ das Lächeln sein Gesicht. Er wurde ernst und nachdenklich: »Ich bin ein wenig *gêné*, Ihnen diese Frage zu stellen. Vielleicht können Sie sie mir nicht beantworten, weil Sie nach Herkunft und Milieu der Person, nach der ich Sie fragen möchte, feindlich gegenüberstehen. Aber ich frage jeden Russen, den ich kenne, danach.«

Er sah mich ernst an und fuhr fort: »Ich bin von Lenin fasziniert. Dabei weiß ich nur sehr wenig über ihn. Wie ist Ihre Einstellung? Was denken Sie über Lenin? In meinen Augen ist er – vielleicht habe ich unrecht – ein großer Mann. Gerade jetzt. Er scheint mir, eben weil er ein so großer Mann ist, sich darüber im klaren zu sein, daß die Revolution jetzt zum Besten Rußlands ihre Hörner einziehen muß. Und – aber Sie wissen wahrscheinlich mehr über die Neue Ökonomische Politik als ich ... Nun sagen Sie mir, was Sie von Lenin halten?«

Ich begann damit, ihm zu erzählen, daß Lenin vor 1917 in Rußland kaum bekannt war und daß wir als liberale Russen im Wirbel der bolschewistischen Machtübernahme und des anschließenden Terrors für das Regime und seine Führung keine Sympathie aufbringen konnten – wir waren schließlich seine

Opfer. Außerdem war er ja durch einen Staatsstreich an die Macht gekommen, völlig illegal.

Rilke hörte aufmerksam zu, aber ich fühlte, daß er enttäuscht war und mir nicht recht glauben wollte.

»Einmal habe ich Lenin sprechen hören«, fuhr ich fort. »Ich habe ihn von ganz nahe gesehen, im April 1917. Er sprach vom Balkon der Villa der Ballerina Kschessinsky und ...«

Rilke unterbrach mich: »Tatsächlich, wie interessant! Wie war er? Ich meine nicht, wie er aussah, sondern wie war er als Redner? Ich könnte mir vorstellen, daß er ein *très grand tribun* ist.«

»Ja, auf eine gewisse Weise ist er das. Und mich hat auch nicht so sehr beeindruckt, *was* er sagte, als *wie* er sprach.«

»Wie meinen Sie das?« fragte Rilke.

»Nun, der Klang seiner Stimme, die Art, wie er redete, hat mich schockiert. Der Kontrast zwischen den harten und rauhen Dingen, die er zu sagen hatte, und der eleganten Art, wie er sie vortrug. Ich könnte es Ihnen ganz genau erzählen, aber ich möchte Sie nicht ermüden und alle mit meiner Geschichte langweilen ...«

»Aber nicht doch, bitte erzählen Sie die Geschichte, wir haben Zeit, *n'est ce pas, Harry?*«

»Wie Sie wünschen«, antwortete Kessler, »aber wird es Sie nicht ermüden?«

»Warum sollte es mich ermüden, wenn mir jemand eine Geschichte erzählt«, sagte Rilke und wandte sich wieder mit einem Lächeln zu mir.

»Bitte fahren Sie fort, einerlei wie lang Ihre Geschichte ist.«

»Es war im April 1917. Ich war allein mit unserer Tante Karolina und meiner jüngsten Schwester Lida in Petrograd. Die übrige Familie war schon zu Beginn der März-Revolution nach Südrußland gegangen. Da forderte mich eines Tages mein bärtiger Hauslehrer auf, ein Anhänger der Bolschewiki, am anderen Ufer der Newa eine Rede Lenins anzuhören.

Wie schon gesagt, war Lenin damals in Rußland kaum bekannt und für mich nur ein vager Begriff. Doch ich nahm den Vorschlag begeistert auf, weil die Schulen geschlossen waren und ich mich zu Hause langweilte, so daß jede Abwechslung willkommen war.

Die Straßenbahnen streikten. So marschierten wir am Kai der Fontanka entlang durch den Sommergarten zur Newa und über die Troitzky-Brücke, die auf die Villa der berühmten Ballerina und noch berühmteren kaiserlichen und großfürstlichen Mätresse zuführte.

Mein Lehrer trug seine Soldatenuniform mit einer roten Binde am linken Arm und ich eine Art Räuberzivil – die typische Russenbluse und lange blaue Hosen, in die Schaftstiefel gesteckt –, um nicht den Zorn der Menge durch den Anblick meiner Schuluniform zu erregen.

Es war ein feuchter und regnerischer Tag, und nur eine Handvoll Menschen, hauptsächlich Frauen in Umschlagtüchern und unter großen schwarzen Regenschirmen, erging sich vor der Villa der Tänzerin. Ein paar Gesichter auf dem Balkon, so erinnere ich mich, wurden mir von meinem Lehrer einzeln gezeigt: Bucharin, Sinowjew und außerdem Lunatscharsky und Kamenew, glaube ich. Dann erschien plötzlich Lenin, in einem schwarzen Paletot und einer Arbeitermütze. Er stieg auf eine Art Podest, das ihn größer als alle anderen Personen auf dem Balkon erscheinen ließ, und begann sofort zu sprechen. Er sprach in einer schrillen Diskantstimme und rollte seine Rs nach der Manier der russischen Oberschicht (was etwa dem Oxford-Akzent beim Engländer entspricht); außerdem gebrauchte er eine große Anzahl von Fremdwörtern aus dem reichen Vokabular der politischen Traktätchen. Infolgedessen haftete an der Sprache Lenins eine Fremdheit und – dank der rollenden Rs – auch eine Vornehmheit, was sich noch dadurch verstärkte, daß Lenin alle ausländischen Fachausdrücke sehr weltläufig elegant aussprach und so ihren französischen, deutschen oder englischen Ursprung noch deutlicher unterstrich.

Ich habe vollkommen vergessen, was Lenin an jenem Tage vom Balkon herunterschrie. Nur ein paar kurze Sätze oder eigentlich nur Worte habe ich noch im Ohr – ›Annexija‹, ›Kontribuzija‹, ›Exploatazija‹, ›Restituzija‹ ... Aber ich erinnere mich noch sehr gut, wie überrascht und schockiert ich über den Widerspruch war zwischen dem Inhalt des Gesagten und der Art und Weise, dem Tonfall, dem Akzent und sogar dem Vokabular, mit denen er es vorbrachte. In den Memoiren irgendeines Zeitgenossen habe ich gelesen, daß auch Robespierre sich in einer sehr eleganten, gesuchten Manier ausdrückte (wohl weniger warmherzig, aber flammender als Lenin) und daß gerade diese Eigenheit in den Gemütern der ihm gelegentlich lauschenden *ci-devants* Angst und Schrecken zu verbreiten pflegte.

Ich fühlte mich denkbar unbehaglich und trat von einem Fuß auf den anderen; ich wolle nach Hause gehen, sagte ich zu meinem Lehrer und zupfte ihn am Ärmel, aber er war hingerissen und schenkte mir nicht die geringste Aufmerksamkeit. So mußte ich bis zum Ende bleiben, und auf dem Nachhausewege mußte ich mir im Nieselregen noch eine *explication du texte* anhören: was hatte Lenin damit sagen wollen?

Verstört und zutiefst bestürzt kehrte ich heim. Es lag etwas Unheimliches in dieser ersten Erfahrung mit der bolschewistischen Ideologie. Kaum sechs Monate später wußten wir, die Lenin als blutdürstige und erbärmliche Bourgeois bezeichnet hatte, daß er wirklich meinte, was er sagte, ja noch mehr.«

Als ich geendet hatte, gab es ein langes Schweigen. Rilke hatte sich aus seiner Zusammengesunkenheit aufgerichtet, seinen Schal abgelegt und sah nun noch winziger aus. Er starrte auf den Fußboden und fuhr mit seinem Ebenholzstock über den Teppich.

»Ich danke Ihnen, daß Sie so aufrichtig gesprochen haben, Monsieur Nicolas ... Es ist keine sehr lustige Geschichte.« Er stand auf und wollte gehen. Aber Kessler griff ein:

»Möchten Sie nicht, daß Nicolas Ihnen etwas von seiner Musik vorspielt? Er schreibt an einer Klaviersonate, wie er mir erzählt hat. Vielleicht könnte er, wenn Sie nicht zu müde sind, Ihnen einen Satz vorspielen?« Und zu mir gewandt: »Wollen Sie?«

Rilke schien in Verlegenheit gebracht zu sein. Er lächelte und sagte: »O nein, ich bin nicht zu müde. Aber warum soll Monsieur Nicolas gerade mir etwas vorspielen, ich bin kein Fachmann, *je suis un vague amateur.*«

Doch Kessler bestand darauf: »Spielen Sie nur den Satz, den Sie am liebsten haben.«

Ich ging zum Flügel und begann zu spielen. Ich spielte (unbeholfen und zu laut) den ersten, sehr langen Satz meiner noch stark von Skriabin beeinflußten Klaviersonate.

Als ich den Flügel schloß, froh, das Ende erreicht zu haben, herrschte peinliche Stille. Rilke sagte kein Wort. Glücklicherweise kam der Butler herein, um den Teewagen hinauszurollen.

Rilke wickelte sich aus seinem schottischen Plaid und legte es sorgfältig zusammen. Kessler und Max nahmen ihn rechts und links bei den Armen und führten ihn zur Treppe. Doch bevor er den Salon verließ, ergriff er mit seinen beiden kleinen Händen meine Hand, blickte mir ernst in die Augen und flüsterte: »Ich danke Ihnen sehr, das war wirklich ein großes Slawenereignis...«

Seine Worte krallten sich in meinem Gedächtnis fest, nicht so sehr, weil sie von dem von mir bewunderten Dichter stammten, sondern weil ich bis heute nicht weiß, was er damit eigentlich sagen wollte.

Rodins Grab

»Ja«, sagte Helenchen.

»Nein«, sagte der Graf.

»Aber warum nicht?« fragte Helenchen und blickte begierig auf einen großen Strauß von lila Iris, der in einer Vase auf dem Fußboden des Blumenladens stand.

»Weil ich«, sagte der Graf, »gern *schwarze* Iris haben möchte.«

»Schwarze? – Aber wo werden wir hier in Paris schwarze Iris herkriegen?« fragte der blonde junge Mann mit den himmelblauen Augen und wandte sein glattrasiertes Gesicht mir zu. Helenchen beugte sich herab und steckte ihre Nase in den lila Strauß.

»Ach, Harry! Sie sind so schön, so wunderbar! Und *quel arôme!*« Zu mir gewandt: *»Si joli, n'est-ce pas?«* Und zu dem Ladenbesitzer: *»Donnez-moi tous!«* »Nein«, sagte der Graf in festem Ton, »du kannst von mir aus diese nehmen, aber ich nicht. Ich will schwarze Iris. *Je veux déposer sur sa tombe«*, sagte er mit den machtvoll durch die Nase dröhnenden »ö« und »o«, zu denen sich die deutsche Oberschicht beim Französisch-Sprechen verpflichtet glaubt, *»je veux déposer des fleurs noires ...«*

Und so fuhren wir weiter durch die Hitze des Juli-Nachmittages auf der Suche nach einer solchen beardsleyesken Flora, zu viert (Helene Nostitz, Harry Kessler, dessen Freund Max und ich) eng in eines jener roten Renault-Taxis gedrängt, *qui avaient sauvé la France à la Marne.*

Endlich fanden wir in der Nähe des Odéon in einem winzigen Blumenladen, was Kessler haben wollte: dunkelgraue, begräbnismäßige Schwertlilien, die er als schwarz bezeichnete. Unterdessen hatten sich die Perlen des Champagners, den wir zum Mittagessen getrunken hatten, in ebenso viele Nadelstiche gegen unsere Schläfen verwandelt, hatte mein Hemd sich aufgeweicht an meinen Rücken geklebt und Helenchens puterrotes Gesicht sich mit dem Tau ihrer Transpiration bedeckt.

»Ich glaube, es ist besser, wenn wir den Wagen wechseln«, sagte der Graf. »Wir können nicht die ganze Strecke bis Meudon in dieser Sardinenbüchse fahren.« Und er nannte dem Taxichauffeur die Adresse seines Hotels.

Dort, nicht weit von der Place Vendôme, entwirrten wir unsere Glieder aus der drangvoll-fürchterlichen Enge des Taxis und stiegen mitsamt den Blumensträußen – lila, schwarz, aufgeweicht und puterrot – in eine geräumige Limousine mit einem livrierten Chauffeur um. Darauf fuhren wir durch die südwestlichen Vororte von Paris hinaus nach Meudon und zu Rodins Grab.

Ich kann mich nicht mehr deutlich an das Äußere von Rodins Heim in Meudon erinnern, auch weiß ich nicht mehr, ob uns jemand bis an die Gartenpforte entgegenkam. Ich sehe uns nur noch paarweise – Kessler und Helenchen vorn, Max und mich dahinter – einen schmalen, ungeharkten Gartenweg auf ein häßliches Sommerhaus im typischen französischen Stil der Jahrhundertwende zuschreiten. An der Haustür begrüßten uns mehrere Frauen und ein Mann und führten uns in ein großes und nicht minder häßliches Atelier, das vollgepfropft mit teils über-, teils unterlebensgroßen Gipsabgüssen aller Art war. Längs der Rückwand des Ateliers standen dunkle Holzschränke mit Glasscheiben, in denen ein ganzer Bazar von Büsten, Köpfen und Gliedmaßen aufgestapelt war.

Wir ließen uns auf quietschenden Stühlen und Sofas in einer der weniger bevölkerten Ecken des Ateliers nieder und bekamen Tee angeboten. Unter den Leuten, die uns empfangen hatten, glaube ich mich an ein Ehepaar in mittleren Jahren zu erinnern, mit unschönen und knochigen Gesichtern, eine Nichte oder Kusine von Rodin, seine Haupterbin, nebst ihrem Ehemann, einem dünnen Menschen mit einer romanischen Nase, auf der eine dicke, goldgeränderte Brille saß. Er war, glaube ich, entweder Arzt oder Lehrer und entsprechend in dunkelblauen Cheviot gehüllt. Außerdem gab es einige *vieilles dames éteintes,* ältere Damen von verschiedener Höhe und Breite, deren schwammige Gesichter die geeignete halblebendige Ergänzung zu der leblosen Plastik um sie herum darstellten. Alle trugen die dunkle Trauerkleidung, die der Gelegenheit angemessen war, Rodin war 1917 gestorben, und es handelte sich um den ersten Besuch seiner deutschen Bewunderer in seinem Haus nach Beendigung des Krieges; alle sahen entsprechend traurig aus und schienen im schwachen Licht des Ateliers halb zu verschwimmen.

Die Nichte, die als einzige sprach (der Ehemann und die alten Damen nickten und seufzten nur), ließ sich nur in dem Flüsterton vernehmen, der bei Totenwachen und Begräbnissen üblich ist, und ihre deutschen Gäste paßten sich dem an. So war der ganze Besuch von Anfang an in eine Atmosphäre stiller Andacht getaucht, voll Feierlichkeit mit einem leichten melancholischen Beigeschmack von »ach wäre doch ...«

Die Unterhaltung floß sehr zäh. Keine der beiden Seiten hatte der anderen sehr viel zu sagen. Niemand von uns war jemals Rodins Anverwandten begegnet, und diese ihrerseits schienen zu dessen Lebzeiten nur sehr geringe Beziehungen zu ihrem berühmten Vetter oder Onkel gehabt zu haben. Ja, sie wirkten in dem alten Atelier inmitten der ihrer Obhut anvertrauten Gipsabgüsse fast in noch höherem Maße fehl am Platze als meine deutschen Gefährten, von denen zwei immerhin intime Freunde Rodins gewesen und allesamt Kenner und Bewunderer seines Werkes waren.

Ich kann mich noch genau erinnern, wie ich ihre Gesichter und ihre Gestalten musterte; ungemein brav saßen sie auf ihren Stühlen, die Teetassen wie angewachsen in den Händen haltend, qualvoll geduldig und höflich ihren französischen Gastgebern gegenüber. Wie verschieden sie untereinander waren: Harry Kessler mit seiner schlanken, gestrafften Figur und seinem attischen Profil, elegant, urban, halb preußischer Offizier, halb Diplomat, blickte bewegt und aufmerksam drein; Helene Nostitz trug ihren wohlgeformten Kopf auf einem Schwanenhals, in ihrem Gesicht mischte sich der Ausdruck einer ernsthaften Naivität mit einer unbändigen Neugier. (Harry Kessler pflegte zu sagen, Helenes Hunger nach Informationen aller Art sei so unersättlich, daß sie »die ganze Welt als einen einzigen unerschöpflichen Baedeker betrachte«.) Max, Kesslers Freund und engster Mitarbeiter, der die Cranach-Presse, seine private Handdruckerei, für ihn betrieb, war ein untersetzter, gutaussehender junger Mann von Anfang Dreißig, der immer höflich und guter Laune, immer freundlich und hilfsbereit war – ein wenig Narziß, aber sehr viel mehr Antinous.

Alle drei lauschten sie voll Mitgefühl den eintönigen Klagen der Franzosen: »Die Heizung ist so furchtbar teuer ...« »Der

Gips ist so empfindlich, das Staubwischen und Sauberhalten macht soviel Arbeit ...« *»Cela tombe en morceaux au moindre choc ...«* Und die nichtswürdige Administration des Rodin-Museums! *C'est eux qui devraient s'occuper de tout cela«* (mit einer wegwerfenden Handbewegung in Richtung der versammelten Statuen), aber vorläufig hätten sie nichts dergleichen getan, und Gott allein weiß, wann sie damit anfangen würden ... *»C'est long ... cela traîne ...«*

Als das französische Lamento verklungen und der lauwarme Tee ausgetrunken war, standen wir auf und begannen *la visite*. Meine deutschen Freunde und ich bewegten uns langsam von einem Stück zum anderen – die ganz berühmten wie die beiden Balzacs, die ›Bürger von Calais‹, die beiden Liebenden in ihrem präkoitalen ›Kuß‹ und der arme verstopfte ›Penseur‹ waren kurz vorher ins Rodin-Museum geschafft worden – und betrachteten und bewunderten jedes einzelne, immer wieder in ehrfurchtsvollem Schweigen stehenbleibend, das nur hin und wieder durch Helene von Nostitz' gemurmelte ekstatische Bewunderungslaute unterbrochen wurde, zum Beispiel: »Wie sinnerfüllend, wie sehnsuchtsvoll!!« oder auch *»Quelle ligne! ... Ach, si émouvant ...«* oder einfach nur *»Comme c'est beau!«*

Mich befielen in zunehmendem Maße Ungeduld und Klaustrophobie; ich begann mich in diesem gipsernen Leichenschauhaus eingeengt und gelangweilt zu fühlen und sehnte mich hinaus, an die frische Luft. Auch unsere französischen Gastgeber schienen *la visite* ein bißchen zu lang zu finden. Die alten Damen schlüpften eine nach der andern aus dem Atelier und verschwanden, so daß schließlich nur Rodins Nichte und ihr Mann zurückblieben. Nach einer Weile führte Max, dem die ekstatischen Litaneien sichtlich auf die Nerven gingen, Helene in die Ecke mit der Sitzgruppe zurück und ließ sie nicht mehr von dort weg.

Allein Harry Kessler schienen die Länge des Besuchs und alle Unannehmlichkeiten nichts auszumachen. Er ging umher und schaute jede Skulptur an, sie umschreitend und von allen Seiten inspizierend, dann wieder zu den schon betrachteten zurückkehrend. Es war, als stellte er im Geiste ein Inventar aller Formungen und Meißelschläge auf, aller »genialen Gesten« des Meisters.

Endlich wurde das Schweigen durch Helenchens laute Stimme gebrochen: »Aber Harry, wollten wir uns nicht meine Büste ansehen? Sie muß doch hier irgendwo sein.« Und sie wandte sich an Rodins Nichte mit der Frage: »*Avez-vous vu mon buste?*« – »*Quel buste?*« gab die Nichte zurück. – »Ach, Ihr Onkel hat von mir vor etwa zwanzig Jahren eine Büste gemacht, ein Porträt … komplett, *jusqu'içi*«, wobei sie mit der rechten Hand kurz unter ihren Busen eine imaginäre Linie zog. – »Ja, natürlich«, sagte Kessler aus einer Träumerei auftauchend und sehr höflich sich an die Nichte wendend. »Könnten wir nicht versuchen, *le buste de Madame de Nostitz* zu finden? Wahrscheinlich steht sie auf einem Regal in einem dieser Schränke.«

Jedoch die Nichte wußte davon nichts. »Die Leute vom Museum sind so oft hiergewesen«, sagte sie; »sie müssen ein Verzeichnis *de tout ceci* gemacht haben«, wobei sie auf die verglasten Wandschränke deutete. Von ihnen würden wir ihrer Meinung nach erfahren, wo sich Helenes Büste befand. »Aber könnten wir nicht«, schlug Kessler vor, »selbstverständlich Ihre Genehmigung vorausgesetzt, selber einmal nachsehen? Sie kann ja nicht weit weg sein … sicher werden wir sie finden …«

Nein, die Nichte hatte nichts dagegen, nur *il faut faire très attention … c'est si fragile …;* und gemeinsam mit ihrem Ehemann machte sie sich daran, die Glastüren aufzuschließen.

Alsbald waren wir alle auf der Suche nach Helenchen. Sogar die alten Damen tauchten wieder auf, um uns zu unterstützen. Eine Leiter wurde herbeigeholt, mit deren Hilfe Max zu den oberen Regalen hinaufstieg. Licht wurde angeknipst, und ein paar Stühle und Tische wurden zusammengeschoben, um Raum für den Inhalt der Schränke zu schaffen. Aus den Wandschränken ergossen sich Arme und Hände, Brüste und Hinterbacken, Knie und Füße, Köpfe mit und ohne Nasen, Figuren aller Art, Größe und Geschlechts, darunter mindestens ein Dutzend abscheulich schmutziger männlicher und weiblicher Büsten. Helenchen und Kessler stapften vorsichtig durch diesen ganzen anatomischen Abfall, um des gesuchten Objektes habhaft zu werden. Doch vergebens – Helenes Büste blieb verschwunden. Auch unter den letzten Rückständen war sie nicht.

»Sie muß mit ins Museum gekommen sein«, sagte Rodins Nichte in leicht säuerlichem Ton, als habe man sie beraubt.

»Ach, wie schade«, rief Helene von Nostitz aus. »Ich hätte sie so gern hier gesehen …«

Aber es gab keinen Fleck mehr, wo man sie noch hätte suchen sollen. Die Schränke waren leer. Mißmutig fingen Max und ich an, alles wieder an seinen Platz zu stellen, wobei uns Kessler und Helenchen diesmal halfen. Doch bevor sie die einzelnen Gegenstände wieder zurückstellten, betrachteten sie jeden noch einmal voll Zärtlichkeit und Trauer, und Helene wiederholte immer wieder: »Schade, schade, ... *quel dommage!*«

Plötzlich tauchte gänzlich unerwartet eine der alten Damen hinter unserem Rücken auf, ein unbestimmbares Objekt vor sich hertragend, das von einem blauen Kattunlappen umwickelt war.

»Könnte es dies vielleicht sein?« fragte sie und stellte das Ding auf einen der Tische. »Ich habe es da drin gefunden.« Sie zeigte auf eine Art Vorzimmer, ein dunkles Gelaß, aus dem sie eben hervorgekrochen war. »Es stand dort auf einem Regal mit seinen Instrumenten und den Gartengeräten.«

Vorsichtig, als enthülle er einen Kelch oder einen Reliquienbehälter, schälte Harry Kessler den Gegenstand aus seinem Tuch. Dann standen wir alle wie erstarrt in tödlicher Verlegenheit um das entschleierte Gebilde herum. Es war ein Kopf, soviel konnte man sehen, ein lebensgroßer weiblicher Kopf. Vielleicht hatte er auch ein Gesicht, und möglicherweise war dieses Gesicht auch jung und schön. Vielleicht, vielleicht war der ganze Kopf irgendwann einmal mit Sorgfalt und sogar Liebe geformt worden, ja vielleicht war dies ein großes Kunstwerk, ein Meisterwerk. Mag sein, daß es das war – doch alles war zur Zeit unsichtbar und nicht zu erkennen.

Was da vor uns stand, war in erster Linie das Werk einer ganzen Generationskette fleißig ihre Funktionen regelnder Spinnen und Fliegen. Ein dichtes Netz bräunlicher Spinnweben, umtermischt von zahlreichen Klümpchen aus Staub und Dreck, bedeckte den ganzen Gegenstand, und unter dieser Schicht war seine Oberfläche von einem komplizierten System schwarzer Pünktchen überzogen, das wie eine Hautkrankheit sich von einem Ohr zum anderen und vom Kinn bis zur Stirn hinzog.

»Mein Gott«, brach es aus Helenchen hervor, im Ton äußerster Verzweiflung. »Mein Gott! Sieh dir an, was sie aus mir gemacht haben!«

»Nein, wie konnte das um Gottes willen bloß passieren!« murmelte Kessler angewidert vor sich hin, und ich bemerkte, wie sich sein Gesicht beim Anblick dieses Sakrilegs mit Zornesröte bedeckte. Doch von unseren Gastgebern schien keiner sonderlich bestürzt.

»Oh, das geht ganz leicht ab«, sagte die alte Dame zu unserer

Beruhigung, »*ça s'en va, vous savez* ... Die Leute vom Museum haben noch viel schlimmere Sachen in Ordnung gebracht, glücklicherweise ist sie ja nicht kaputt – wie so vieles andere ...«

Die Augen von Helene Nostitz hatten sich mit Tränen gefüllt. Sie wandte sich zu Kessler und sagte auf deutsch: »Komm, gehen wir, bitte, gehen wir schnell weg!«

So marschierten wir nach einem ziemlich flüchtigen Abschied aus dem Atelier heraus und ließen uns von dem Ehegemahl der Nichte Rodins um das Haus herum zum Grabmal des Meisters führen. Es lag rückwärts, inmitten einer von Bäumen und Büschen umringten freien Fläche, auf einem Hügel, von dem man auf Paris blicken konnte, und es war friedlich und schön. Der Abend war inzwischen eingebrochen, und eine schwere, dunkellila Wolke hing über dem fernen Paris. Von dorther blies ein kräftiger Wind, der nach Erde und Regen roch und ein dumpfes Donnergrollen mit sich brachte.

Schweigend standen wir vier am Fuße von Rodins Grab; Harry Kesslers und Helene Nostitz' Mienen sahen zerstreut aus, während sie ihre Augen fest auf den einfachen Gedenkstein gerichtet hielten, auf dem nichts als der Name ihres toten Freundes nebst seinen Lebensdaten in großen Antiqua-Buchstaben stand.

Der livrierte Chauffeur tauchte von hinten auf, reichte Max die längst vergessenen Iris.

»Gott, wie verwelkt sie sind«, sagte Helenchen ganz melancholisch und nickte den beiden Sträußen grauer und violetter Iris zu, die im verblassenden Tageslicht nun beide schwarz aussahen. »Paßt zu dem übrigen«, brummte Harry Kessler und forderte Max und mich auf, sie rechts und links des Grabes niederzulegen.

Darauf verließen wir das Grabmal, schritten durch das Tor von Rodins Garten und fuhren in der schwarzen Limousine nach Paris zurück, ein jeder für sich mit seiner Enttäuschung und seinem Zorn beschäftigt.

Zum letzten Mal sah ich Kessler Mitte der dreißiger Jahre in Paris. Er lebte da als Emigrant in Frankreich, und ich aß mit ihm im Hause seiner Schwester zu Mittag. Ich verbrachte den ganzen Tag mit ihm und nahm am Abend ihn und Misia Sert mit in die Oper, um mein Ballett anzusehen.

Er sprach mit traurigem und niedergeschlagenem Ton von Hitler, den Nazis und ihren Untaten in Deutschland. Es

schmerzte ihn ehrlich und tief, und es war, das fühlte ich, eine
große Hilflosigkeit in seinem Kummer. Es war ein warmer
Frühlingstag, und ich weiß noch, daß wir gemeinsam zur Vesper in St. Julien-le-Pauvre gingen, weil Kessler gern einen grie-
chisch-katholischen Gottesdienst sehen und hören wollte.

Der rumänische Ritus in St. Julien-le-Pauvre war sanft und
friedlich, und zu meiner Überraschung sang der Chor sehr gut.
Kessler stand neben mir; sein elendes Gesicht sah im grauen
Licht des Kirchenschiffes bleich und übermüdet aus. Ich fühlte
irgendwie, daß er nicht betete, sondern nur ergriffen dastand
und die Schönheit um sich herum betrachtete, bewunderte und
liebte, wie er es sein ganzes Leben lang getan hatte.

Als der Gottesdienst vorüber war, gingen wir einige Male
ganz unten am linken Seine-Ufer die ganze Strecke zwischen
Notre Dame und dem Pont du Louvre auf und ab. Er sprach
vom Ende aller seiner Hoffnungen, Träume, Bemühungen. Die
Cranach-Presse in Weimar war geschlossen, das Haus und seine
ganze Einrichtung sollten gerade verkauft werden. Das Geld
wurde langsam knapp. Die meisten seiner Bilder und Skulpturen waren schon weg ...

»Ich fange jetzt an zu verstehen«, sagte er, »was ihr Russen
empfunden haben müßt, als ihr nach Berlin kamt ...« Und ganz
leise, wie zu sich selber sprechend, fuhr er fort: »Diese Sache in
Deutschland wird sehr lange dauern. Ich werde das Ende nicht
erleben.«

Als ich in Amerika 1937 die Nachricht von seinem Tode bekam, war mir genauso zumute wie am Tage, an dem Diaghilew
starb. Der Verlust war in beiden Fällen unersetzlich. Wenn auch
Diaghilew und Kessler von Grund auf verschieden waren, was
ihren Charakter, ihr Auftreten, ihre Begabung anlangt, wenn sie
auch in ihrer Epoche und in ihrem Milieu vollständig unterschiedliche Rollen gespielt haben, so war ihnen doch die Kate-
gorie der Einmaligkeit gemeinsam. Harry Kessler war ein kompletter, völlig einzigartiger Kosmopolit, ein durch die beste liberale deutsche Tradition geformter Europäer, während Diaghilew auf seine Weise ein ebenso kompletter russischer Kosmopolit war, den die russische Tradition für Europa geprägt
hatte. Beide waren, jeder auf seine Art, in die Kunst verliebt.
Beide haben der Kunst und dem Künstler so gut gedient, wie sie
nur konnten. Und beide waren sie echte Grandseigneurs, wie
unser Jahrhundert nur wenige hervorgebracht hat.

»Sieh mal hinüber«, sagte meine Mutter. »Dort sitzt er.« Das war im Sommer 1926. Wir saßen in einem jener mittelmäßigen russischen Emigranten-Restaurants, die wie überall auf der Welt als unerwartete epikureische Segnungen der Oktoberrevolution aus dem Boden gesprossen waren. Gegenüber in der anderen Ecke des Lokals servierte ein Kellner in russischer Tracht einem großen Mann mit Monokel und einer Blume im Knopfloch eine Platte mit leicht verwelkten *hors d'œuvres*. Von der rechten Seite der Stirn bis zum Hinterkopf durchzog eine weiße Strähne das Haar des Gastes.

Ich erkannte ihn sofort. Nicht nur, weil mir, wie jedem anderen, die Gesichtszüge eines der berühmten Männer Europas geläufig waren, sondern auch, weil ich in ihm gleich den Bruder Onkel Waljas wiedererkannte. Obwohl der Oberst und Sergej Pawlowitsch nur Halbbrüder waren, glichen sich die Größe und Form ihrer Schädel, die Zeichnung ihrer Brauen und die Form ihrer Lippen – die Ähnlichkeit war gar nicht zu übersehen.

Meine Mutter hatte schon einige Male davon gesprochen, wie nützlich und förderlich es wäre, Diaghilew kennenzulernen. Nun schien sie von seinem Anblick auf der anderen Seite des Restaurants froh bewegt. »Iß schnell zu Ende, und dann laß uns zu ihrem Tisch hinübergehen«, sagte sie. »Ich stelle dich ihm vor.« Ich konnte sie immerhin noch dazu bewegen, damit so lange zu warten, bis auch Diaghilew und sein Begleiter ihr Mahl beendet hatten.

Für den Rest des Mittagessens starrte meine Mutter ihn an und versuchte seinen Blick aufzufangen, und als ihr das endlich gelungen war, strahlte sie ihm auf eine so ostentative Weise entgegen, daß ihm nichts weiter übrigblieb, als höflich-irritiert zurückzulächeln, wie man es bei Menschen tut, deren Gesicht man vergessen hat und in denen man Langweiler vermutet. (Später erfuhr ich, wie sehr ihm besorgte Ballettmütter, die um irgendwelche Begünstigungen für ihre Töchter baten, zuwider waren.)

Als die beiden aufgegessen hatten und um die Rechnung baten, zog mich meine Mutter am Ärmel und sagte: »Komm, jetzt ist es soweit«. Während wir uns unseren Weg zwischen den vollbesetzten Tischen bahnten, erhob sich Diaghilew und zog sich seinen schweren Pelzmantel an.

»*Sergej Pawlowitsch, nje usnajete?* (erkennen Sie mich nicht?)« fragte meine Mutter. Er ließ sein Monokel fallen und starrte sie verwirrt an, aber noch bevor er antworten konnte, stellte sie sich vor und fügte hinzu, indem sie sich zu mir umwandte: »Und dies ist mein jüngster Sohn ... der, der komponiert.«

»Ah, *chère amie,* dann sind Sie also die Mutter der anderen Quartetthälfte von Walja und Dascha«, sagte Diaghilew mit fröhlicher Stimme, hoher Stimme. »Ja, natürlich, ich erinnere mich, daß wir uns in Petersburg getroffen haben.« Er lächelte charmant und wohlwollend, klemmte sein Monokel wieder ins Auge, ergriff die Hand meiner Mutter und verbeugte sich galant.

»Was machen Sie hier? Haben Sie irgend etwas von Walja und Dascha gehört? Ich habe keine Nachrichten seit 1921. Sie haben sicher gehört, daß Pawlik und Aljoscha in den letzten Monaten des Bürgerkriegs entweder hingerichtet worden oder anderswo umgekommen sind. Valentin ist, glaube ich, noch im Gefängnis.«

Aber auch meine Mutter wußte nichts Neues, und da sie sah, daß er im Begriff war zu gehen, wechselte sie abrupt das Thema. »Sergej Pawlowitsch«, sagte sie und zeigte auf mich, »ich möchte, daß Sie sich seine Musik anhören. Ich möchte Ihre Meinung darüber hören.«

Sein Gesicht veränderte sich von neuem und nahm einen gelangweilten Ausdruck an. Er murmelte hastig: »Ja, natürlich ... irgendwann. Sehr gern ... Aber jetzt bin ich beschäftigt ... Proben ... wissen Sie. Rufen Sie mich an, wenn Sie zurück sind.« Und mit einem eisigen Blick auf mich fügte er hinzu: »Ich freue mich darauf, Ihre Musik zu hören, *jeune homme.* Ich bedaure nur, daß es jetzt nicht sein kann. *Au revoir, chère amie, je suis navré.*«

Dies alles kam so kurz und endgültig heraus, daß selbst meine beharrliche Mutter nicht fortzufahren wagte.

Merkwürdigerweise prägte mir diese erste und peinliche Begegnung das genaueste und lebhafteste Bild seiner äußeren Erscheinung ein. Ich habe ihn noch deutlich vor Augen, wie er nahe dem Ausgang stand, von seinem jungen Begleiter flankiert, den pelzgefütterten Mantel mit dem schönen Biberkragen anziehend, der seinen großen, schweren Körper und sein riesiges Haupt noch majestätischer erscheinen ließ, noch allgewaltiger als auf den Bildern, die ich von ihm gesehen hatte. Ich erinnere mich an den müden, stolzen Blick seiner dunklen Augen mit den noch dunkleren Tränensäcken darunter, an die ungesunde gelbliche Farbe seines fülligen, wohlgepflegten Gesichtes mit dem sorgfältig gestutzten Schnurrbart, dem vorstehenden Kinn und der aufgeworfenen Unterlippe, die beim Lächeln eine Reihe zweifelhafter neuer Zähne sehen ließ. Ein leichter Duft von Veilchen umgab ihn, denn er pflegte Veilchenpastillen zu kauen.

Das alles nahm ich bei unserer ersten Begegnung wahr. Aber was meine Erinnerung an diesem Tage am deutlichsten aufnahm, war seine Stimme, die einzigartige Weise, in der er sprach. Sie klang hoch und nasal, hatte einen kapriziösen Unterton, der genau für den Satz: *»Au revoir, chère amie, je suis navré«* erfunden zu sein schien, und ließ die unbetonten Silben der langen russischen Wörter fallen, als verschluckte er sie.

Als ich endlich Diaghilew als Komponist vorgestellt wurde und nicht als Mamas Sohn und entfernter Verwandter (eine Kusine ersten Grades meines Stiefvaters hatte Diaghilews Halbbruder geheiratet), wurde ich mit Zurückhaltung, Höflichkeit und ausgesprochener Skepsis aufgenommen.

Diesmal war der Weg, der mich zu ihm führte, der übliche, den Komponisten in Paris seit Jahrzehnten beschritten hatten. Frau B. hörte von mir durch Frau A. und gab mich weiter an Frau C. Frau C. lud mich zum Tee ein und stellte mich dort einer Frau D. vor. Frau D., die über fünfundzwanzig Prozent mehr Einfluß verfügte als die anfängliche Frau A., erzählte Herrn E., daß ich Hilfe brauche. E. war ein älterer Herr, bucklig und ein erbarmungsloser Musikliebhaber. Er hatte eine Nichte, Fräulein F., eine Dame Mitte Dreißig, arabischer Abstammung, mit einem außergewöhnlich majestätischen Busen, einer mächtigen Stimme und einem Holzbein. E. zwang seine Nichte, drei meiner Lieder zu lernen. Einige Monate später, im Winter 1925/26, sang sie diese in einem Konzert der S.M.I. (Société Musicale Indépendante), die alljährlich mehrere Konzerte mit Uraufführungen »junger« Komponisten veranstaltete.

Die Zuhörer waren gelangweilt und schwatzhaft und applaudierten den etwa zwanzig Stücken, die meinen eigenen voraufgingen, nur zerstreut.

Als Fräulein F. und ich dran waren, blieben wir auf dem Weg zum Podium in der Menge stecken, und ich brachte aus Versehen meine holzbeinige Diva ins Stolpern. Glücklicherweise fiel sie nicht hin, aber als wir endlich oben waren, drehte sie sich zu mir um und zischte mir zwischen den Zähnen zu, daß sie mir am liebsten eine kleben würde, was mich natürlich schon zu Beginn unseres Vortrages außer Fassung brachte.

Nach Ende des ersten Liedes, das lang und ermüdend war, sah ich Prokofjew, den ich zu der Zeit (zwischen den A.s und B.s und C.s) irgendwo und irgendwann getroffen hatte, genau in der Mitte der ersten Reihe sitzen. Er lächelte und rieb gelassen, aber ausdauernd sein Kinn, was in der Gebärdensprache der Franzosen soviel wie »*la barbe* – wie langweilig« heißt. Ich versuchte, anderswo hinzusehen, und erhaschte dabei den Blick eines anderen, mir wohlbekannten Konzertbesuchers, der direkt hinter Prokofjew saß. Ich sah das Bulldoggengesicht Sergej Pawlowitsch Diaghilews, der, wie ich später herausfand, von Prokofjew herbeigeschleppt worden war, um sich meine Musik anzuhören, und dies machte mich endgültig so nervös, daß ich die Begleitung der beiden übrigen Lieder nur so herunterstümperte.

Nach dem Konzert kam Prokofjew doch nach hinten und sagte mir, Diaghilew warte unten in einem Taxi und wolle mich sehen. Als ich hinunterkam, war ich überrascht, Diaghilew, flankiert von zweien seiner Günstlinge, in heiterer Laune zu sehen. Er lächelte mich an und sagte: »Ihre Lieder waren nicht so schlecht, wie Sie meinen, aber wo haben Sie dieses weibliche Monstrum aufgetrieben? Sie müssen zu mir kommen und mir Ihre Musik zeigen ... Ich meine, was Sie sonst komponiert haben, oder war das alles?«

So wurden mir weitere Wanderungen durch das öde Alphabet der mondänen Beziehungen erspart, und ich besuchte Diaghilew mit meiner »anderen Musik« in seiner Residenz im Grand Hotel.

Wir saßen um ein Klavier herum in einem Raum, der wahrscheinlich sonst für Bankette diente. Außer Diaghilew und mir waren noch Prokofjew, Walitschka Nouvel, Diaghilews Freund und Mitarbeiter, ein drahtiger kleiner Mann mit Brille, Diaghilews Sekretär und offizieller Librettist, Boris Kochno und der erst kürzlich entdeckte Sergej Lifar anwesend. Ich spielte einen Satz aus einer Klaviersonate und danach Auszüge aus einer Kantate, an der ich seit einem Jahr arbeitete. Als ich geendet hatte, zog Diaghilew seine Augenbrauen hoch und sagte: »*Eh bien? ... c'est tout?*« Ich sagte, ja, das sei alles, was ich vorweisen könne.

Während ich spielte, hatte sich Diaghilew auf den Silberknauf seines Stockes gelehnt, nach dem letzten Ton aber fiel er in seinen Stuhl zurück, saß dort mit einem gelangweilten Ausdruck und sagte nichts.

Nach einer Weile drehte er sich zu Boris Kochno um und fragte: »Boris, wann fängt die Probe an?«

»Ich glaube, sie läuft schon«, sagte Boris.

»Dann laß uns gehen.« Er stand eilig auf und sagte zu mir: »Danke, Nika, daß Sie uns vorgespielt haben. Wenn Sie mehr geschrieben haben, kommen Sie und zeigen Sie es mir. *Au revoir.*«

Ich fühlte mich verloren. »Machen Sie sich nichts draus«, sagte Nouvel, als Diaghilew gegangen war, »so macht er es immer. Im Gegenteil, wenn ihm Ihre Musik nicht gefallen hätte, wäre er schrecklich unhöflich gewesen und hätte Ihnen allerhand alberne Komplimente gemacht. Habe ich nicht recht, Sergej Sergejewitsch?« wandte er sich an Prokofjew.

»Nun, ich meine, Nabokov hätte ruhig warten sollen, bis er ihm die ganze Kantate hätte vorführen können. So besagt es nicht viel.«

Gerade diese Kantate sollte mein erster und einziger Auftrag von Diaghilew werden. Sie wurde 1928 in Paris und London als das Ballettoratorium ›Ode‹ aufgeführt, knapp ein Jahr, bevor er starb.

Diaghilew hat nie selbst komponiert, aber er kannte mehr Musik und verstand sie besser als irgendein hochgebildeter Musiker. Seit seiner frühesten Kindheit hatte er Appetit auf alle Arten von Musik entwickelt – leichte und schwere, alte und neue, romantische und klassische. Als Ergebnis dieser maßlosen und reichhaltigen Kost hatte er ein riesiges Arsenal von Daten gespeichert und besaß ein professionelles Verständnis für alle musikalischen Techniken.

Fragte man ihn nach einem Komponisten, etwa Méhul, antwortete er: »O ja, Méhul war ein erstklassiger Opernkomponist, aber er wußte nicht, wie man große Szenen behandelt, wie zum Beispiel Mozart. Nichtsdestoweniger hat er eine große melodische Begabung, und seine Opern sind voll von hinreißenden Arien.« Und dann nannte er eine Arie und konnte meist sogar das Thema singen. »Méhul schrieb mindestens zwanzig Opern«, sagte er, »eine davon ›L'Épicure‹, in Zusammenarbeit mit Cherubini. Er schrieb auch verschiedene Ballette, die ausgezeichnete Beispiele für klassische Ballettmusik enthalten.«

Was Diaghilew besonders auszeichnete, war das intuitive und

unmittelbare Begreifen – er hatte die Gabe, die Qualität einer Komposition auch dann herauszuhören, wenn er nur mit halbem Ohr oder ganz kurz dabeigewesen war.

Diese Gabe, so einfach und doch so selten, ermöglichte es ihm, nicht nur den Wert eines Kunstwerks zu bestimmen, sondern auch, es zu anderen Werken in Beziehung zu setzen und so die Größe und Qualität, die in ihm lag, auszuwerten. Diaghilews persönlicher Geschmack (ihm gefielen vor allem die Werke der späten Romantik) trübte nie seinen Blick für die Musik anderer Zeiten und Stile. Er suchte immer nach etwas Neuem – einem neuen Werk, einem neuen Komponisten, einer vergessenen Partitur, die in irgendeiner französischen oder italienischen Bibliothek ausgegraben worden war. Bei dieser Suche war sein erstes Bestreben, herauszufinden, ob die Musik gut oder schlecht und ob sie sich für seine Truppe verwerten ließe.

Ich erinnere mich an eine Diskussion mit ihm über mein eigenes Ballett, nachdem ich es ihm im Sommer 1927 zum erstenmal ganz vorgespielt hatte. Die Handlung war einem Gedicht entnommen, einer ›Ode auf die Majestät Gottes gelegentlich der Erscheinung eines großen Nordlichtes‹ von dem Hofdichter und Physiker des 18. Jahrhunderts, Michail Lomonossow, der in Rußland als »Vater der russischen Wissenschaft« angesehen und geehrt wird. Es ist das beste Beispiel für die didaktische und enzyklopädische Hofdichtung Rußlands, eine kaum verschleierte Allegorie der Thronbesteigung der Zarin Elisabeth, geschrieben in dem glühenden und archaischen Russisch jener Epoche.

Diaghilew kannte das Gedicht und schätzte seine altmodischen, barocken Metaphern und seine klingende Sprache, obwohl er im allgemeinen wenig für lyrische Dichtung übrig hatte. Vor allem gefiel ihm die Reverenz vor der Zarin. Gerüchten zufolge war Diaghilew mütterlicherseits ein Nachkomme der Zarin, ein Ururenkel eines der natürlichen Kinder Elisabeths. Er fühlte sich durch diese unerlaubte Beziehung zum Zarenhaus geschmeichelt. Sie machte ihn zum direkten Nachkommen Peters des Großen, und sie umgab ihn mit einer Art morganatischen Heiligenscheins: Eine leichte äußere Ähnlichkeit zwischen ihm und der aufgedunsenen Tochter von Rußlands erstem Zar war tatsächlich unverkennbar. Und Diaghilews Charakter hätte niemand näherstehen können als der dynamische, schnellentschlossene und despotische Peter.

Unabhängig davon gefiel Diaghilew die Aufführung eines russischen Stückes aus jener Zeit schon als Idee an sich. Boris

Kochno, Diaghilew und ich dachten uns das Libretto für ein zweiaktiges Ballett aus; der zweite Akt sollte die Feste des Nordlichts zeigen – die Krönung der Zarin Elisabeth. Ich hatte ein kurzes Vorspiel zum zweiten Akt geschrieben, doch Diaghilew wünschte es sich länger und ausführlicher. Er hatte etwas gegen meine Introduktion und nannte sie »einen mageren Topf voll Konservatoriums-Porridge«.

Ich erinnere mich, wie Diaghilew neuer Musik zuhörte: immer ernst und voll Respekt. Gefiel sie ihm, wurde Seite für Seite diskutiert, und er ließ sich wieder und wieder Teile vorspielen. Gefiel ihm ein Stück aber nicht, bekam er sofort einen sauren und verdrießlichen Gesichtsausdruck und sah gelangweilt und schläfrig aus. Sobald der Komponist geendet hatte, dankte ihm Diaghilew mit jener eisigen und übertriebenen Höflichkeit, mit der französische Höflinge einmal aufdringliche Bittsteller fortfegten, und verließ den Raum, ohne noch ein Wort zu sagen. Manchmal unterbrach er einen mitten im Spiel und schrie: »Halt! Halt! Mach das noch einmal!« Und wenn er die Stelle zum zweitenmal gehört hatte, sagte er: »Das stammt geradewegs aus der Tenor-Arie der Oper von X.« Widersprach man ihm oder behauptete, die Oper oder die besondere Stelle gar nicht zu kennen, verlangte er den Klavierauszug des Werkes und ließ einen die Arie spielen. Gewöhnlich hatte er recht: Die von ihm festgenagelten Takte hatten eine deutlich erkennbare Ähnlichkeit mit der von ihm erwähnten Arie.

Seine Bemerkungen über Musik waren immer klug und durchdacht und offenbarten ein tiefes Verständnis für das jeweils Charakteristische bestimmter Komponisten. Ich kam einmal in die Wohnung von Misia Sert – wahrscheinlich neben Coco Chanel seine beste Freundin unter den Damen der Pariser Gesellschaft – und fand ihn allein am Klavier sitzend, gewissenhaft die ›Davidsbündlertänze‹ von Schumann durchgehend. »Ich frage mich immer wieder«, sagte er, »was Schumanns Musik zusammenhält. Hören Sie, wie er die gleiche Phrase ständig wiederholt«, und er begann langsam und schwerfällig den dritten Teil des Werkes zu spielen. »Und doch ist es niemals langweilig. Es ist erfüllt von einer besonderen Art von Nervosität. Seine Sinfonien interessieren mich nicht, sie wiederholen sich bis zur Langeweile.« Er sah wieder in die Noten und fügte nachdenklich hinzu: »Schumanns Musik ist am besten, wenn man sie in einem kleinen Zimmer spielt, in dem sonst niemand ist, wenn sich alles nur zwischen ihm und dir abspielt.«

Manchmal schien es Außenseitern und selbst einigen seiner Mitarbeiter, als wäre sein Geschmack zu eklektisch und ermangele der notwendigen persönlichen Entschiedenheit, um einen bleibenden Eindruck in der Musikgeschichte hinterlassen zu können. Tatsächlich war das musikalische Inventar seiner Ballettkompanie in den fünfundzwanzig Jahren seiner Arbeit eine Mélange, ein Mischmasch von Stilen, von musikalischen Traditionen, Schrullen, Moden und ästhetischen Attitüden.

Diaghilews musikalische Richtungslosigkeit hat manchen irritiert und ließ ihn als eine Art von *grand couturier* oder Direktor eines musikalischen Zoos erscheinen, der jede Art musikalischer Tiere besitzen möchte. Dennoch hatte er einen ganz entschiedenen, persönlichen musikalischen Geschmack.

Während einer unserer letzten Unterhaltungen im Winter 1928 schimpfte er auf die seichte und schlappe *musiquette* der jungen Pariser Komponisten. »All diese verlogene Musik«, rief er, »bedeutet nicht das geringste. Ich habe die Nase voll davon. *Merci!* Nur die Snobs mögen das und *les limités* (ein Lieblingsausdruck von ihm). Nein, nein. Es gibt keinen heute, der *le souffle, l'élan* von Wagner, Tschaikowsky oder Verdi hat ... das waren echte, vollblütige große Männer.«

»Aber Sergej Pawlowitsch«, fragte ich, »was ist denn mit Strawinsky und Prokofjew und was mit Ihrer Neuentdeckung Paul Hindemith?« (Er hatte gerade bei Hindemith ein Ballett in Auftrag gegeben.)

»Hindemith ... ja, der ist vielleicht gut. Aber wir werden ihn erst nächstes Jahr hören und beurteilen können.«

Für Diaghilew existierten zeitgenössische Komponisten nur, wenn sie für das *Ballet Russe* geschrieben hatten. Seine merkwürdige Egozentrik ließ es so scheinen, daß derjenige gar nicht existierte, der nicht für ihn komponiert hatte. Man sollte glauben, er habe den Komponisten entdeckt, was im Falle Hindemith, der damals schon ein berühmter Mann war, sich sehr sonderbar ausnahm.

»Und Strawinsky?« fragte ich wieder.

»Strawinsky ist ein großer Komponist ... der größte unserer Zeit. Für mich ist seine Größe ein gesetzter Maßstab. Doch ich glaube, daß seine besten Werke die frühen sind, die vor ›Pulcinella‹ geschriebenen, also ›Petruschka‹, ›Le Sacre‹, ›Les Noces‹. Das soll nicht heißen, daß ich ›Oedipus‹ und ›Apollon‹ nicht bewunderte: Beide sind von klassischer Schönheit und technisch vollendet. Wer außer ihm könnte heute so schreiben?

Aber sehen Sie ...«, und er wechselte das Thema, »Sie sprechen von Prokofjew. Natürlich, sein ›Verlorener Sohn‹ ist auf seine Weise ein kleines Meisterwerk, es besitzt eine für ihn ganz neue, lyrische Qualität, es gehört ganz ihm und keinem sonst.« Er unterstrich jedes Wort, indem er mit dem Rohrstock auf den Boden klopfte. »Haben Sie es gehört?« fuhr er fort. »Hat er es Ihnen vorgespielt?« Und ohne auf eine Antwort zu warten, sagte er: »Sie wissen, daß Prokofjew auf mich wütend ist, weil ich einige Seiten streichen wollte. Hat er Ihnen nichts davon erzählt?«

Wenige Dinge schienen Diaghilew mehr Vergnügen zu bereiten, als in neuen Partituren herumzufuhrwerken. Es war für ihn ein lustvolles Ritual, und er umgab die Operation mit exquisiter Höflichkeit und fürstlicher Förmlichkeit. Gewöhnlich lud er den Komponisten zum Frühstück ein, dann erzählte er, unter Aufbietung seines ganzen Charmes, wie er achtzehn Seiten aus Rimsky-Korssakows ›Scheherazade‹ gestrichen habe und soundso viele aus Richard Strauss' ›Josephslegende‹. Nachdem er eine Liste ähnlicher Operationen an berühmten Blinddärmen aufgezählt hatte, kam er zum Kern der Sache. »Meinen Sie nicht, daß der zweite Akt Ihres Balletts zu lang ist? Sollte man ihn nicht kürzen?« Und bevor man ja oder nein sagen konnte, reichte ihm einer seiner Gehilfen die Partitur, und er zeigte auf die Stelle, die zu kürzen wäre: »Ich habe es mir gestern sorgfältig angesehen und glaube, die Striche sollten hier und hier gemacht werden ... Sind Sie nicht auch der Meinung?« Diese Fragen waren rein rhetorisch und gehörten, zusammen mit dem Essen, zur vorbereitenden Anästhesie vor der unvermeidlichen Operation.

»Heute haben wenige Komponisten«, fuhr Diaghilew fort, »Prokofjews Gabe, eigene Melodien zu erfinden, und noch weniger ein echtes Talent dafür, einfache, tonale Harmonien neu zu verwenden. Sie wissen, daß er nie der Atonalität, der Polytonalität, der Zwölftontechnik und *tout ce fatras de l'Europe Centrale* zum Opfer gefallen ist. Dazu ist er viel zu talentiert und zu echt. Er versteckt sich nicht hinter Theorien und leerem Lärm. Seine Nasenlöcher sind groß und offen. Er fürchtet sich nicht, frische Luft zu atmen, wo immer er sie findet. Er muß nicht in überladenen Räumen sitzen und Theorien erfinden. Aber selbst in Prokofjews Musik fehlt etwas. Ich weiß nicht, was es ist, aber irgendwie fehlt ihr das Maß für Größe.«

Diaghilew war viel zu sehr Pariser geworden, um zu wissen,

was zu der Zeit in Wien und anderswo in Mitteleuropa vor sich ging. Paris war noch sprühend lustig und hochmütig, und keine der ernsten und komplexen Formen der neuen Musiksprache hatte die Stadt erreicht. Schönberg, Berg und Webern waren in Frankreich, außer in einem sehr kleinen Kreis, gänzlich unbekannt. Die Dichotomie im musikalischen Geschmack zwischen Paris und Mitteleuropa (auf der einen Seite Strawinsky, Satie und die stürmisch gefeierte Gruppe der »Six«, auf der anderen die Neue Wiener Schule) war vollständig. Soweit ich weiß, hat Diaghilew nie die Musik der Wiener Meister gehört. Er wischte ihre Musik und ihre Theorien einfach beiseite, ohne vielleicht zu wissen oder wissen zu wollen, was dahinterstand.

Doch unter den Komponisten gab es immer einige, die sich diese Musik anhörten. Prokofjew zum Beispiel und Poulenc und selbst Strawinsky. Sie waren ihr damals sehr feindlich gesonnen. Milhaud bildete die einzige Ausnahme. Erst sehr viel später, nach dem Zweiten Weltkrieg, unter dem Einfluß von Pierre Boulez, der für Frankreich und die Franzosen die Anziehungskraft der Wiener Meister und ihres neuen Systems »entdeckte«, fand eine Bekehrung statt.

Diaghilew aber kehrte in den letzten Tagen seines Lebens, in einem Hotelzimmer am Lido, ganz und gar zu den musikalischen Leidenschaften seiner Jugend zurück. Er sprach voller Verehrung von der Größe Wagners, dem Glanz von Beethovens Neunter Sinfonie und der Schönheit Bachs ...

Nach Monte Carlo

Die Gare de Lyon war laut und voll von Menschen, als ich eines Abends Anfang April 1928 ein Abteil zweiter Klasse des Schnellzuges Paris, Lyon, Marseille, Ventimiglia bestieg. Schon immer hatte mich das stets gleichbleibende Ritual auf französischen Bahnhöfen amüsiert: das Durcheinander, der Kampf um Gepäckträger und Fensterplätze, das Gedränge und Geschiebe auf den engen Korridoren der Waggons.

Die Franzosen sind wie die Russen geschworene Anhänger der großen *pagaille* bei jedem Abschied, und beide Völker pflegen mit tausend möglichst exzentrischen Gepäckstücken zu reisen.

Aber an jenem nassen und nebligen Aprilabend betrachtete ich das Abschiedsritual mit doppeltem Vergnügen. Ich reiste zweiter Klasse anstatt dritter, denn ich fuhr auf Diaghilews Einladung und Kosten nach Monte Carlo, um an der Produktion meines Balletts mitzuarbeiten – an meinem ersten Auftrag, meinem ersten wichtigen Werk. »Morgen«, sagte ich mir, »werde ich auf dem knirschenden Kies der *jetée de Monte Carlo*, dem Felsvorsprung hinter dem Casino, spazierengehen und auf den sanften Teppich des Mittelmeers und den ebenso sanften, seidenen Himmel blicken. Morgen beginnt meine Zusammenarbeit mit dem berühmtesten künstlerischen Unternehmen Europas.«

Ich war stolz und glücklich. Ich dachte an die Gespräche und Diskussionen, die ich mit Diaghilews Mitarbeitern haben würde, mit all den Komponisten, Malern, Dichtern und Choreographen, die sich in Monte Carlo während der Vorbereitung zur Pariser Saison aufhalten würden. Ich dachte an die Arbeit mit Léonide Massine, den Diaghilew für die Choreographie, und mit Pawlik Tschelitschew, den er für die Ausstattung vorgesehen hatte. Ich stellte mir die Aufregung bei den Proben vor, und den Genuß, meine Komposition allmählich Gestalt annehmen zu sehen.

Mein Teil der Arbeit war getan. Ich hatte die Musik geschrieben und orchestriert und glaubte mich nun zurücklehnen und beobachten zu können, wie Massines Choreographie aus meiner Musik erwuchs, und welche visuelle Interpretation Tschelitschew der etwas hochtrabenden, altmodischen Balletthandlung geben würde.

Die Musik zur ›Ode‹ war im wesentlichen lyrisch, zart und zurückhaltend und russischen Komponisten wie Glinka, Dargomyschskij und Tschaikowsky verpflichtet, an denen mich besonders die kleinen Vokalstücke anzogen, eine Mischung aus dem deutschen Lied und den franko-italienischen *romances sentimentales*. In diesen Stücken vereinten sie auf herrliche Weise die heimatlich russischen melodischen Modulationen, die kleinen Melismen, an denen man die gesamte Musik des 19. Jahrhunderts Rußlands erkennen kann, mit dem warmen und weichen italienischen Gesang.

Wenige Menschen außerhalb Rußlands kennen diese Stücke, die Lieder Guriljows, Aljabjews, Glinkas und Dargomyschskijs, Komponisten des 19. Jahrhunderts aus der russo-italienischen Schule. Selbst Tschaikowskys Lieder sind im Ausland kaum bekannt, mit Ausnahme von ›Nichts als das einsame

Herz‹. Für mich aber waren diese russischen Lieder ein vertrauter Schatz, dem ich mich nahe verwandt fühlte und den ich niemals zu bewundern aufgehört habe. Während meiner Kindheit begleiteten uns diese Lieder jeden Tag. Wir summten sie in den Wäldern und auf der Straße, wir sangen sie allein und im Chor, wir spielten sie auf unseren Instrumenten und lauschten ihnen in Konzerten. Als ich Rußland verließ, kannte ich Hunderte von ihnen auswendig und pflegte sie wie zarte Erinnerungen und verlorene Hoffnungen. Sie wurden zu einer Art menschlicher Wesen, wie die verlorenen Freunde meiner Jünglingsjahre.

In ›Ode‹ versuchte ich, ein größeres Chorstück aus diesen kleinen Liedformen zu entwickeln und ein großes Oratorium zu schreiben, das auf einer Reihe solcher Stücke basierte. Es war der Versuch, das erste russische Oratorium zu schreiben, das formal und stilistisch der großen Tradition der russo-italienischen Schule verpflichtet war. Kaum einer der genannten Komponisten hatte ein Oratorium geschrieben, und diejenigen, die es unternommen hatten, schufen *pièces d'occasion* von geringem musikalischem Wert nach Mustern westlicher Werke.

Aber abgesehen von dem Heimweh nach Rußland hatte ›Ode‹ natürlich, so hoffte ich wenigstens, eine französische, pariserische Seite. 1923 lernte ich die Musik Erik Saties kennen und lieben. Seine »Schüler« und glühenden Bewunderer Henri Sauguet, Roger Desormière und später sein großer Freund Darius Milhaud führten mich auf die Planetenbahn neuer außergewöhnlicher Ideen, Aktionen und Reaktionen, Agonismen und Antagonismen, die während des ganzen Lebens von Satie ausgingen, und die noch 1927, zwei Jahre nach seinem Tode, loderten. Durch Saties Kunst und Ideen lernte ich in meiner eigenen Musik klar und beherrscht zu arbeiten, die Kürze des musikalischen Vortrags den Ausschweifungen und der Farbenfülle des Impressionismus vorzuziehen, mich selbst auf das absolut Notwendige, das Minimum, das für eine adäquate Formulierung einer musikalischen Idee gebraucht wird, zu beschränken, und jede Camouflage, Überladenheit und Geschwollenheit einzudämmen. Vor allem lehrte mich Saties Kunst, daß man sich nicht schämen muß, einfach zu sein, echt, »pueril« und selbst naiv, vorausgesetzt, man bleibt ernst, und all diese Qualitäten als Tugenden, nicht als Fehler anzusehen.

Einige dieser Tugenden glaubte ich hoffnungsvoll meiner ›Ode‹ einverleibt zu haben, und die Musik hatte dadurch in der

Tat wenig mit einem kaiserlich-russischen Festspiel oder mit der Präsentation von Naturmysterien mittels surrealistischer Kniffe zu tun.

Während der Zug die Mittelmeerküste entlangdampfte und seine kurzen Höflichkeitsbesuche in jedem Städtchen machte, wuchs meine Erregung. Wer würde mich am Bahnhof abholen? Boris Kochno, Massine, Lifar? Oder vielleicht sogar ... Diaghilew selbst? Wird heute Probe sein? Werde ich mit Diaghilew essen?

Endlich erschien auf der südlichen Seite der Schienen die lebensgroße Version der berühmten farbigen Postkarte – die Halbinsel von Monaco, überragt von dem mittelalterlichen Schloß. Wir fuhren in die Gare de Monaco et Monte Carlo ein. Ich lehnte mich aus dem Fenster und suchte ängstlich nach einem bekannten Gesicht. Aber unter der fröhlichen Menge der Begrüßenden in übertriebener Ferienkleidung war niemand, den ich kannte. Ich schlug mich bis zum Ausgang durch – meine gute Stimmung war etwas beeinträchtigt –, nahm ein Taxi und fuhr ins Hotel Excelsior. Dort erwartete mich eine andere unangenehme Überraschung – es war kein Zimmer für mich reserviert. Das Hotel war ausgebucht. Ich fühlte mich verletzt und vernachlässigt und rief in Diaghilews Hotel an. Keiner war da.

»Monsieur Diaghilew est sorti ... Il est au Théâtre du Casino.«

»Et Kochno?«

»Sorti aussi.«

»Lifar ...?«

»Avec Monsieur Diaghilew.«

Ich rief im Theater an und versuchte Grigoriew, den technischen Direktor der Truppe, an den Apparat zu bekommen. Endlich, nach langem Warten, kam sein Assistent, gähnte und sagte mit säuerlicher Stimme, »Sie sind alle auf dem plateau bei der Probe. Ich kann sie nicht stören.« Als ich ihm sagte, wer ich sei und was ich wollte, wachte er ein wenig auf und murmelte: »O ja, ich habe etwas von Grigoriew gehört. Man konnte für Sie kein Zimmer im Excelsior bekommen. Er sagte etwas von einem anderen Hotel, aber ich habe den Namen vergessen.« Als ich schon den Hörer aufhängen wollte, wurde er munter und rief: »Warten Sie eine Minute! Ich erinnere mich ... es ist das Hotel de la Côte d'Azur. Gehen Sie dorthin und verlangen Sie das Zimmer, das von Grigoriew reserviert worden ist.«

Mein Taxi fuhr hügelan durch das von Hotels starrende Zentrum Monte Carlos und hielt vor einem altmodischen Gebäude. Ja, dort gab es ein Zimmer für mich, sogar mit Bad. Dort lag auch eine verstümmelte Nachricht von Grigoriew – »Partien von Herrn N. sind angekommen, würde er kommen und sie abholen ...« Ich kletterte vier Stockwerke hoch in mein Zimmer. Es hatte seltsam längliche Proportionen, war aber hell, groß und sauber. Der Fußboden war mit den in Südfrankreich üblichen rotbraunen Kacheln belegt, und der winzige Balkon ging nach Süden und bot mir das Panorama von Monte Carlo, Monaco und dem blauen, blauen Meer. Aber was sich meinem Gedächtnis am deutlichsten einprägte, war die knospende Glyzinie am Balkongitter, die eine Woche vor meiner Abreise aus Monte Carlo in violette Blüten ausbrach und das Zimmer Tag und Nacht mit einem Duft erfüllte, der mich an andere südliche Frühlinge denken ließ – den Frühling auf der Krim, in Sewastopol, in Jalta und an den nördlichen Ufern meines Schwarzen, Skythischen Meeres.

Ich wusch mich, aß ein Sandwich in dem *buvette* an der Ecke und ging zum Casino hinunter. Das Théâtre du Casino, *Salle Garnier* genannt oder besser noch »Seiner fürstlichen Hoheit Oper und Ballett-Theater von Monaco und Monte Carlo«, befindet sich praktischerweise in dem gleichen Gebäude wie das Casino. Es ist ein exemplarisches Monument für edwardianische Sitten und edwardianischen Geschmack. Vergoldet, plüschen- und puttenübersät, hat es die gleiche komfortable Gemütlichkeit wie die *salons privés* gewisser Pariser Restaurants (jener, in denen die französischen Senatoren der Dritten Republik ihre Damen leidenschaftlichen gastronomischen Exerzitien unterzogen) oder etwa auch die luxuriösen Freudenhäuser der Rue Chabannais.

Hinter der *Salle Garnier* mit ihrer wohlproportionierten Bühne, ihrem Orchestergraben für etwa 75 Musiker, ihren Sitzreihen mit breiten, damastbezogenen Fauteuils, umgeben von einem Halbkreis von Logen, liegen mehrere große Probenräume und Magazine für Dekorationen und Kostüme.

Nach kurzem Suchen und Fragen fand ich den Weg durch die Spielsäle, Korridore und Probenzimmer und betrat die Bühne. Diaghilew saß links neben einem Klavier, den Rücken dem leeren Zuschauerraum zugewandt. Auf einem Stuhl neben ihm ein komisch aussehender Mann mit Spitzbart und dicken Brillengläsern, in zerknitterter Kleidung. Hinter ihm, ans Klavier gelehnt, stand die massive Gestalt André Derains, der mir den Kopf zuwandte, als er mich kommen hörte, lächelte und mir bedeutete, mich neben ihn zu stellen. Die gleiche Aufforderung kam von Rika, der schwarzhaarigen, spitzen Dame am Klavier, die ich schon in Paris getroffen hatte und die mich immer an einen eingewachsenen Zehennagel erinnerte. Sie winkte nur mit dem Kopf, ihre Hände waren mit den Akkorden eines mir unbekannten Stückes beschäftigt, das, wie ich mir dennoch leicht zusammenreimen konnte, Strawinskys ›Apollon Musagète‹ war.

Diaghilew konnte mich nicht sehen. Er war von dem absorbiert, was auf der Bühne geschah. Dort umstand eine Gruppe von drei Ballerinen einen Tänzer. Die Ballerinen waren die Tschernitschewa, die Dubrowskaja und die Nikitina, drei der besten seiner Truppe. Der Tänzer war Lifar. Diese Gruppenposition ist seitdem in den Annalen des choreographischen Klassizismus berühmt geworden: Lifar kniete zwischen den dreien in einer Arabeske. Jeder hatte ein Bein hoch in der Luft. Ihre Körper wippten nach vorn, und ihre Nacken waren aufwärtsgerichtet, so daß sie wie drei trinkende Schwäne aussahen. Das labile Gleichgewicht wurde durch die zitternden Hände gehalten, die auf Lifars Schultern lagen. Vor der Gruppe stand ihr Schöpfer, der grazile und unglaublich jung aussehende Choreograph George Balanchine, Diaghilews neueste Entdeckung, sein neuer choreographischer Genius.

»Haben Sie Boris und Alexandrina gesehen?« flüsterte mir Derain ins Ohr. »Sie wollten Sie vor einer halben Stunde abholen.«

Ich sagte, ich hätte sie nicht gesehen, und wollte gerade fragen, wer der Mann neben dem Patron sei, als Diaghilew sich umwandte. Er sah mich, und ein ironisches Lächeln zog über sein Gesicht. Er sagte in neckendem Ton: »Ah, Nika, warum kommen Sie so spät? Wo sind Sie in all den Wochen gewesen? Jeder hier hat auf Sie gewartet, damit Sie mit der Arbeit anfangen«, und ohne auf eine Antwort zu warten, zeigte er auf Balanchine und sagte zu Derain: »Was er macht, ist hervorragend. Es ist der reinste Klassizismus, etwas, das wir seit Petipa nicht mehr gesehen haben.« Dann drehte er uns wieder den Rücken zu und beobachtete weiter die Tänzer auf der Bühne.

Während Diaghilew zu mir sprach, hatte auch der kleine Mann mit dem Bart sich uns zugewandt und mich von oben bis unten gemustert. Dann war er, ohne offensichtlichen Grund, in ein blökendes Gekicher ausgebrochen. Ich war erschrocken und durch Diaghilews rüden Empfang verletzt. Es war unfair und ungerecht. Niemand hatte mir gesagt, alle warteten darauf, daß ich mit der Arbeit begänne. Im Gegenteil, mehr als zwei Wochen hatte ich darauf gewartet, etwas von Diaghilew zu hören. Aber nichts war geschehen. Schließlich hatte Nouvel sich entschlossen, mich nach Monte Carlo zu schicken. Als ich da stand und mir die Situation von Minute zu Minute peinlicher wurde, beugte sich Derain vor und murmelte: »*Ne vous en faites pas*, er ist schlechter Laune. Irgend etwas ist zwischen ihm und diesem Mann schiefgegangen«, er nickte mit dem Kopf in Richtung des Kicherers. »Nebenbei bemerkt, ist er die ganze letzte Zeit schon schlechter Laune.«

»Wer ist der Mann?« fragte ich endlich Derain.

»Oh, er ist schon ein merkwürdiger Charakter. Es ist Bauchant, der Maler. Er macht die Bühnenbilder für Strawinskys ›Apollon‹.«

Bald darauf war die Probe zu Ende. Diaghilew stand auf und befahl mir, mit ihm ins Hotel zu kommen.

Als wir in den Sonnenschein hinaustraten und zum Hotel de Paris hinübergingen, sagte er: »Kommen Sie, Nika, ich habe mit Ihnen zu sprechen.« Er begann mir zu erzählen, daß es mit meiner ›Ode‹ Probleme gebe, daß sich niemand wirklich darum kümmere und daß alles von Anfang an falsch gelaufen sei. »Boris weiß nicht, was er will, und Massine noch weniger. Und was Tschelitschew betrifft, ich weiß nicht, was seine Experimente bedeuten sollen, aber eines weiß ich, sie haben nichts mit der ursprünglichen Konzeption der ›Ode‹ zu tun.« Als wir vor dem Eingang des Hotels standen, sagte er mit erhobener Stimme: »Wenn ihr alle weiterhin indolent und faul bleibt, kommt nichts dabei heraus. Ich kann nichts für Sie tun und will es auch einfach nicht. Ich wasche meine Hände bei der ganzen Sache in Unschuld.«

Abrupt wandte er sich ab. Aber bevor er zur Tür hineinging, schrie er mich noch einmal an: »Wenn ihr alle endlich zu arbeiten anfangt, zieht den Karren gefälligst nicht in drei verschiedene Richtungen, sonst bleibt er stecken, und ich helfe euch nicht, ihn aus dem Dreck zu ziehen.« Und mit einem barschen »*Au revoir*, ich sehe Sie morgen«, verschwand er im Eingang.

Es war nur natürlich, daß als Ergebnis dieses Monologes (es war das erste Mal, daß ich ihn so verstimmt erlebt hatte), mein erster Abend in Monte Carlo von melancholischer Niedergeschlagenheit erfüllt war. Für den Rest der vier Wochen, die ich in Monte Carlo verbrachte, war mein Tagesablauf geregelt und verlief »normal«. Ich arbeitete mit Massine von zehn bis eins und manchmal wieder von drei bis sechs. Immer wieder intonierte ich Teile meines Balletts auf einem der gräßlichen Klaviere, die in allen Probensälen des Theaters herumstanden. Während ich spielte, entwarf Massine die Choreographie, und in den Pausen bat er mich, ihm die Konstruktion meiner Musik zu erklären. »Wo hört diese Melodie auf? Welche Instrumente halten diesen Akkord? Habe ich recht, wenn ich dies für eine zusammenhängende Phrase halte?« Dann machte er sich in einem ehrfurchtgebietenden, ledergebundenen Buch, das er mit sich trug, unzählige Notizen.

Im Gegensatz zu dem, was ich erwartet hatte, war Massine, der in jenen Jahren für ungewöhnlich ernst und schweigsam galt, sehr nachgiebig mit mir, manchmal sogar lustig und freundlich. Insgesamt ging unsere Arbeit zügig voran. Ich verhielt mich wie viele junge Komponisten bei ihren ersten Bühnenwerken: Ich ließ mir alles gefallen, was Massine mit meiner Musik machte. Schließlich war er ein berühmter Choreograph und seit über mehr als zehn Jahren im Geschäft, während ich noch ein vollkommener Anfänger war.

Erst als das choreographische Ganze in breiten Zügen erkennbar wurde, was erst nach drei Wochen meines Aufenthalts in Monte Carlo möglich war, dämmerte mir, daß die Konzeption – obwohl für sich gesehen vielleicht sehr gut – mit Ausnahme von zwei oder drei lieblichen lyrischen Tänzen nur sehr wenig mit meiner Musik zu tun hatte. Natürlich war das Diaghilew nicht entgangen.

Er kam eines Tages zu einer Morgenprobe, um Massine zu beobachten, der einen Tanz für Lifar entwarf. Er blieb nur während der ersten Hälfte, hielt die Augen geschlossen und ließ den Kopf hängen. Dann erhob er sich, ohne ein Wort zu sagen, und ging hinaus. Erstaunt sahen Massine und ich uns an. Massine lachte und sagte: »Ich weiß nicht, warum er zu Proben kommt, wenn er nichts tut als dabei zu schlafen.«

Aber Diaghilew hatte nicht geschlafen. Ganz im Gegenteil. Er war hellwach gewesen und ebenso aufgebracht. Um elf Uhr nachts wurde ich aus dem Bett geholt und informiert, daß Diaghilew in einem Ballettprobensaal auf mich warte. Er wolle dort Lifar noch einmal tanzen sehen und habe verschiedene Boten durch ganz Monte Carlo geschickt, um Lifar und Kochno zu suchen, die auf irgendeiner Party sein sollten.

Als ich im Theater ankam, saß Diaghilew ganz allein in seinem Büro neben dem Probensaal. In der Halle fand ich seinen alten »Onkel« Pawel Jegorowitsch Koribút-Kubitowitsch, der in Wirklichkeit sein Vetter war und der ebenso komisch aussah, wie sein Name klang. Er saß in einem großen Klubsessel, sein dicker Körper schien zu schlummern, sein bärtiges Gesicht war gramverzerrt. »Seien Sie vorsichtig«, flüsterte Pawel Jegorowitsch, »er ist wütend.«

Aber Diaghilew behandelte mich, obwohl er sichtlich ärgerlich war, ganz ruhig und sah außerordentlich ernst aus. Er sagte, was er heute morgen gesehen habe, sei »gröbster Unfug«, Massine habe gar nichts verstanden, »nicht das kleinste Fünkchen«. Er wolle es jetzt noch einmal ohne Massines Anwesenheit sehen (beide lagen seit den frühen zwanziger Jahren miteinander in Fehde), nur seien die *coureurs,* Lifar und Kochno, nicht zu finden. Dann hielt er mir einen langen Vortrag darüber, wie er sich die Choreographie meines Balletts vorstellte. Er sah es romantisch, lyrisch, mit reichen, ansprechenden und weichen Bewegungen, mehr im Stil Fokines. Zeitweise sollte es nur prunkvoll-festlich, glitzernd sein, dann wieder zart, mysteriös, freundlich. »Massine macht modernes, kaltes, eckiges Zeugs, was nichts mit Ihrer Musik zu tun hat.«

Wir warteten länger als eine Stunde, aber weder Lifar noch Kochno erschienen. Endlich sagte er auf eine traurige, müde Weise: »Nika, Sie gehen jetzt am besten ins Bett. Es tut mir leid um Ihr Ballett, aber was kann ich machen? Niemand scheint zur Zusammenarbeit bereit zu sein.«

Nach jener Krisennacht, in der Lifar ihm den »Unsinn« Massines noch einmal vortanzen sollte, erwähnte Diaghilew das Thema ›Ode‹ nicht mehr. Er schien an Massines Choreographie nicht weiter interessiert zu sein, er kam nicht mehr zu den Proben, und wenn ich mein Ballett in seiner Gegenwart erwähnte, schwieg er oder wechselte den Gesprächsgegenstand.

Nur einmal erkannte er die Tatsache an, daß das Projekt ›Ode‹ noch existierte: Er bat mich, ihm den Klavierauszug und die Orchesterstimmen zu bringen, und sagte, das Orchester sei gerade für zwanzig Minuten frei und könne es durchgehen. Ich versuchte, ihn davon mit dem Einwand abzubringen, daß die ›Ode‹ vierzig Minuten dauere und die Stimmen noch voller Schreibfehler seien. Er antwortete, daß Scotto, der Dirigent, es eben schneller durchgehen würde, und was die Fehler betreffe,

so gehe ihn das nichts an, das sei meine und nicht seine »Beerdigung«.

Diese Orchesterprobe war eine der schlimmsten musikalischen Qualen, die ich in meinem ganzen Leben ausgestanden
habe. Scotto hatte die Partitur nie zuvor gesehen und schlug
tatsächlich ein doppelt so schnelles Tempo an. Die Stimmen
waren aufgrund meiner Unerfahrenheit und der Sorglosigkeit
der Kopisten ein Meer von Fehlern. Diaghilew und ich saßen in
der ersten Reihe des dunklen Saals. Jedesmal, wenn ich von
meinem Sitz aufspringen wollte, hielt mich seine schwere Hand
zurück.

»Stören Sie sie nicht. Sie haben nicht viel Zeit.«

Das Stück, das wir hörten, war ein unerhörtes Getöse, das an
das Stimmen eines Schulorchesters erinnerte. Am Ende fühlte
ich mich schlaff und erschlagen. Diaghilew wandte sich mir zu
und sagte: »Hat es Ihnen gefallen?« Und ohne meine Antwort
abzuwarten stand er auf und verließ das Theater.

Zur selben Zeit wurde mir klar, daß seine früheren Prophe-
zeiungen Wirklichkeit wurden: Der Karren ›Ode‹ oder was davon noch übrig war, wurde in verschiedene Richtungen gezerrt.
Ich wußte nicht, was Tschelitschew machte, er achtete auch
darauf, daß ich nichts davon zu sehen bekam, und ebensowenig
schätzte oder verstand ich, was Massine mit seiner Choreographie vorhatte.

Nur einmal wurde mir erlaubt, dem Ablauf der Tscheli-
tschewschen Experimente beizuwohnen. Er brauchte mich, um
einige Filmtakes zeitlich abzustimmen, die er für ›Ode‹ gemacht
hatte. Ich sah einige merkwürdige Bilder von jungen Männern,
die Fechtmasken und Trikots trugen und mit langsamen Bewegungen in so etwas wie Wasser tauchten. Ich verstand zwar
nicht, was dies mit meinem Ballett zu tun haben sollte, aber
Kochno, der in Ermangelung Diaghilews die Verantwortung
für diese Produktion auf sich genommen hatte, sagte, dies stelle
das Element des Wassers dar. So bereitwillig ich dieses Element
auch respektierte, so wußte ich doch nicht, was es in meinem
Ballett zu suchen hatte.

Als ich Monte Carlo verließ, waren die Hoffnungen auf eine
gelungene Aufführung von ›Ode‹ gering. Massines Choreographie war halbfertig, Tschelitschews Dekorationen waren mir
rätselhaft. Ich wußte, daß alles sich noch im Zustand des Expe-
riments befand und daß Diaghilew über das Ganze sehr gereiz-
ter Stimmung war. Das Schlimmste von allem aber war – und

das betraf mich ganz allein –, daß die Orchestrierung (mein erster Versuch, für ein großes Orchester zu schreiben) zum Teil nicht richtig klang und einer genauen Durchsicht bedurfte. So verließ ich die Mittelmeerküste mit Hangen und Bangen.

Bis zur Eröffnung der Ballettsaison waren es nun nur noch wenige Wochen. Die Presse hatte schon begonnen, einführende Artikel über die neuen Produktionen zu bringen. Ich wurde von so viel Anrufen, Bitten um Interviews und Einladungen zum Essen heimgesucht, daß ich mich bei einem Freund versteckte, in dessen Wohnung ich in Ruhe Teile meiner ›Ode‹ neu orchestrieren und die schädlichen Druckfehler ausmerzen konnte.

Endlich, zehn Tage vor Beginn der Saison, kamen Diaghilew und seine Truppe nach Paris, und die Proben begannen erneut. Massine und ich nahmen unsere Morgenarbeit wieder auf. In wenigen Tagen vollendete er die Choreographie. Auf Tschelitschews Seite dagegen blieb alles so ungewiß wie bisher. Diesmal zeigte man mir einige seiner Zeichnungen zu den Dekorationen und Kostümen. Kochno führte mich sogar vor ein vollständiges kleines Modell der ersten Szene. Hier begann ich zum erstenmal zu begreifen, was Tschelitschew im Schilde führte.

Das Modell war ganz aus blauem Tüll, der, wenn er mit schmalen Lichtstrahlen angeleuchtet wurde, plötzlich seltsam lebendig wurde und außerordentlich mysteriös und schön aussah. Ich sah auch, daß sein Projekt von lauter im Grunde undurchführbaren Dingen abhing. Es verlangte von der Beleuchtung, die damals noch in ihren Kinderschuhen steckte, eine vollständige Koordination von Licht und Bewegung, eine völlige Übereinstimmung zwischen der Kamera (die meisten Dekorationen bestanden aus veränderlichen Projektionen) und der Musik, zwischen den szenischen Effekten und der Choreographie.

All dem gegenüber verhielt sich Diaghilew bis zu den letzten zwei oder drei Tagen völlig gleichgültig. Es schien, als habe er uns alle der Katastrophe preisgegeben.

Am Morgen des 2. Juni 1928 klingelte sehr früh mein Telefon: Ich war nach einem probenreichen Tag mit einer Orchesterprobe und einer zähflüssigen Chorprobe spät nach Hause gekommen. Diaghilew war mit Prokofjew ins Theater gekommen und hatte es vor Ende der Probe brüsk verlassen.

Zunächst wollte ich das Telefon klingeln lassen, aber der Anrufer blieb hartnäckig. Ich nahm den Hörer, um einen Fluch hineinzubrüllen, als ich zu meiner äußersten Überraschung die Stimme Diaghilews mich anschreien hörte.

»Warum nehmen Sie nicht den Hörer ab? Warum schlafen Sie, wenn Sie im Theater sein sollen? Stehen Sie auf, ziehen Sie sich an und kommen Sie sofort her. Diese Katastrophe kann nicht länger so weitergehen. Ich habe für zehn Uhr eine Klavierhauptprobe, für zwei Uhr eine Orchesterprobe, für fünf Uhr eine Chorprobe und für den ganzen Abend eine Beleuchtungsprobe angesetzt.« Er hängte ebenso abrupt ein, wie er mich angebrüllt hatte.

Von diesem Augenblick an lebte ich für die nächsten drei Tage, bis der letzte Vorhang über einer äußerst erfolgreichen Vorstellung gefallen war, in einem wahnsinnsartigen Zustand. Wie jeder, der mit der Produktion zu tun hatte, arbeitete ich Tag und Nacht in einer wahren Agonie von Schlaflosigkeit und Euphorie, wie ich sie niemals vorher oder nachher erlebt habe.

Diaghilew hatte im wahrsten Sinne des Wortes das Ruder in die Hand genommen. Von nun an gab er Befehle, entschied und übernahm die Verantwortung. Er war überall, seine Energie war grenzenlos. Er lief zum Polizeipräfekten, damit er das Verbot von Neonlicht auf der Bühne aufhöbe, das Tschelitschew für die letzte Szene haben wollte (Neonlicht war damals etwas Neues und wurde für gefährlich gehalten). Er überwachte das Einfärben, Zuschneiden und Nähen der Kostüme. Er war auf jeder Orchester- und Chorprobe und ließ den Dirigenten Desormière die Solisten und den Chor Teile der Musik so lange wiederholen, bis sie mit den Bewegungen auf der Bühne und dem Licht genau übereinstimmten. Er scheuchte die müden und trägen Bühnenarbeiter des Théâtre Sarah Bernhardt mit Trinkgeldern und Schmeicheleien an die Arbeit. Er half sogar dabei, die Prospekte und Versatzstücke anzustreichen.

Aber er leitete vor allem zwei ganze Nächte lang die Beleuchtungsproben, schrie Tschelitschew und seine technischen Assistenten an, wenn die empfindliche Apparatur falsch lief, beschimpfte mich, wenn mein Klavierspiel nachließ und unrhythmisch wurde, und Lifar, wenn seine Schritte nicht mit dem Rhythmus und dem Lichtwechsel übereinstimmten.

Am 6. Juni, dem Tag der Premiere, war ich erschöpft, betäubt und von der Art Erregung geschüttelt, wie sie sich nach langen Anstrengungen und Reisen ohne Schlaf einstellt. Aber als ich, fünfzehn Minuten bevor der Vorhang hochging, Diaghilew durch den Bühneneingang hereinkommen sah, im Abendanzug mit Monokel, seine berühmte rosa Perle auf dem schneeweißen Hemd, da wußte ich, daß nur dank der unglaublichen Antriebskraft dieses Mannes und seiner Energie die ›Ode‹ zustande gekommen war und der Vorhang sich heben konnte.

Bis zur letzten Minute hatte ich an dem Bühnenbild gemalt und hatte Diaghilew eine Stunde vor der Vorstellung das Theater verlassen sehen: müde, grau und blaß, das Gesicht von einem zwei Tage alten Bart bedeckt. Nun war er wieder ganz er selbst, ruhig, zuversichtlich, strahlend. Er blieb vor mir stehen und sagte, ich solle in den Zuschauerraum gehen. Ich murmelte etwas davon, daß ich hoffte, alles würde gut ausgehen und die Vorstellung ein Erfolg werden.

»Nun«, antwortete Diaghilew nonchalant, und sein Gesicht überzog wieder jenes charmante, liebevolle Lächeln, »das liegt an Ihnen.« Dabei öffnete er die Arme und bewegte sie rückwärts mit der weichen und überlegenen Geste eines virtuosen Dirigenten, der das Orchester aufstehen läßt, um den Applaus des Publikums entgegenzunehmen.

Im Juli 1929, etwas mehr als ein Jahr nach der Uraufführung der ›Ode‹, sah ich Diaghilew zum letzten Mal. Wir trafen uns auf dem Musikfest in Baden-Baden. Er war in Begleitung seiner alten Freundin, der Prinzessin von Polignac, und seines neuen komponierenden Findelkinds, des vogelartigen, zerbrechlich aussehenden Igor Markewitsch.

Diaghilew sah nicht gesund aus. Sein Gesicht war aufgeschwemmt und glasig, ein typisches Anzeichen der Diabetes während oder nach einer Krise. Er war gekommen, um ein neues Werk von Hindemith zu hören, seinem neuen kompositorischen Mitarbeiter. Nach der Aufführung ging ich mit ihm ins Hotel zurück. Obwohl seine äußere Erscheinung dagegen sprach, schien er glücklich zu sein. Er sprach freudig bewegt über seine Pläne für den Rest des Sommers und für die Herbstsaison. »Ich nehme Markewitsch mit zu einem Besuch bei Richard Strauss und zu einigen Wagner-Vorstellungen in der Münchener Staatsoper, dann fahre ich wie gewöhnlich an den Lido. Kommen Sie doch mit uns und besuchen Sie den alten Meister in seiner Villa in Garmisch!«

Aber so gerne ich mitgefahren wäre, ich mußte am nächsten Morgen mit dem Zug nach Berlin.

Ich fragte ihn, welche Fortschritte Hindemiths Ballett mache. Er antwortete, daß er einen Tag bei Hindemith in Berlin verbracht habe und daß noch sehr wenig zu Papier gebracht sei. »Aber ich mache mir keine Sorgen, ich weiß, was für ein außergewöhnlicher Handwerker er ist und wie schnell er arbeitet.«

Er fragte mich, was ich gerade schriebe, und als ich ihm erzählte, daß ich mitten in meiner ersten Sinfonie stecke, wurde er interessiert und wollte alles wissen – wie sie sei, ob ebenso lyrisch und romantisch wie meine ›Ode‹, wie viele Sätze sie habe und wann sie fertig würde. »Glänzend«, rief er aus, »sobald ich zurück bin, spielen Sie mir vor, nicht wahr? Sie müssen sich auch die Musik des jungen Markewitsch genau ansehen. Er ist außerordentlich begabt.«

Am nächsten Morgen traf ich zu meiner Überraschung Diaghilew auf dem Bahnhof von Baden-Oos, auf dem die Züge von der Schweiz nach Berlin halten.

»Sie sehen, ich bin gekommen, um Ihnen auf Wiedersehen zu sagen«, und er kam auf mich zu, »oder doch zum Teil Ihnen, zum Teil jenen Leuten.« Er zeigte auf ein fremdländisch aussehendes Paar, das von vielen eleganten Gepäckstücken umgeben war.

Damals nahm ich das letzte Bild von Diaghilew in mich auf. Obwohl im Gegenlicht, zeigte es deutlich seine große, schwarze Gestalt vor einem Lattenzaun und dem Feld neben der Bahnstation von Baden-Oos.

Drei Wochen später fuhr ich von Berlin ins Elsaß. Wie gewöhnlich nahm ich den Nachtzug, der Berlin um sechs oder sieben Uhr abends verließ. Etwa um zehn Uhr hielt der Zug in Halle. Ich stieg aus und kaufte mir eine Abendzeitung. Ich konnte sie nicht im Abteil lesen, weil die anderen Fahrgäste schliefen und das Licht gelöscht war. Ich ging auf die Toilette und starrte beim trüben Licht einer 25-Watt-Birne auf die Titelseite. In der rechten oberen Ecke las ich eine zweizeilige Nachricht aus Venedig. Sie war datiert vom 19. August und lautete: »Heute morgen um 5 Uhr starb hier der berühmte russische *Tänzer* Diaghilew.«

Der Schock, der Verlust, das Gefühl von Leere und tiefer Verwirrung waren überwältigend. Wie konnte das geschehen? Warum mußte er sterben? Was wird nun aus seinem Werk? Und was würde mit uns allen geschehen, seinen Freunden, seinen jungen künstlerischen Mitarbeitern, seiner Truppe von Tänzern? Ich ging auf die Post in Straßburg und schickte unzusammenhängende Telegramme an Kochno, Misia Sert, George Balanchine und Prokofjew.

Nach und nach wurden mir die Umstände seines Todes bekannt. Er war an einer Attacke von Diabetes gestorben, seinem alten, stets vernachlässigten Leiden. Sein Leben lang hatten ihn Krankheit, das Schwinden von Kraft und Bewußtsein erschreckt. Seit dem Beginn der Attacke muß er gewußt haben, obwohl er es nie zugegeben hätte, daß seine Tage, seine Stunden, gezählt waren. Seine beiden Freunde, Lifar und Kochno, waren bei ihm. Später, während der letzten Tage seines Lebens, kamen zwei andere treue Freunde, Misia Sert und die Baronin d'Erlanger.

Er starb im Morgengrauen des 19. August im Alter von siebenundfünfzig Jahren nach einem langen und qualvollen Todeskampf. Er starb, wie er sein ganzes Leben gelebt hatte, in einem bescheidenen Hotelzimmer, ein heimatloser Abenteurer, ein Verbannter und ein Fürst der Künste. Und wie sein Leben ein merkwürdiges und exotisches Prunkstück gewesen war, so war es auch sein Tod. Am Morgen des 21. August brachte ein Zug von vier Gondeln seine sterblichen Überreste zu dem russischen Friedhof auf der winzigen Insel von San Marco. Der Sarg war mit Tuberosen, Rosen und Nelken bedeckt. Ein russischer Priester und der kleine Chor von San Giorgio dei Greci sangen die traurigen Gesänge der slawischen Beerdigungsgottesdienste, während die Prozession durch die stillen Gewässer der venezianischen Lagune glitt.

Srg Srgwtsch Prkfw

»Überhaupt nicht wie Paris«, dachte ich, als ich aus der Haustür von Nr. 2, Rue Valentin Hauy in das grelle Sonnenlicht trat und mich nach rechts wandte. Der Frost prickelte in meiner Nase, in der Ferne schlug eine Glocke. Ich zählte die Schläge: zwölf.

»Was tun Sie hier, genau auf meinem Glockenschlag?« sagte eine joviale russische Stimme hinter meinem Rücken. »Wissen Sie nicht, daß dies hier mein privates Terrain ist?« Ich drehte mich um und sah Sergej Sergejewitsch Prokofjew vor mir. Er trug einen weiten grauen Tweedmantel mit auffallendem Fischgrätenmuster und eine flache Reisemütze. Er war gerade aus der Haustür getreten. Ich erklärte ihm, daß ich eben meine neuen Lieder für ihn bei der Concierge abgegeben hätte. Seine Frau,

Lina Iwanowna, habe mich gebeten, sie zu bringen, und nun sei ich auf dem Heimweg. »O nein«, sagte er mit dem gleichen jovialen Bariton, »jetzt gehen Sie nicht nach Hause, Sie kommen mit. Wir werden einen Kreis um das Ding da abschreiten«, und er zeigte auf die untersetzte gelbe Kugel über Napoleons Grab. Damit legte er seine Hände in hellgelben Handschuhen auf meine Schultern, drehte mich herum und sagte: »Vorwärts marsch!«

»Wie gesund er aussieht«, dachte ich, als ich den Dampf aus seinen Nüstern wie bei einer Spielzeuglokomotive in rhythmischen Stößen hervorstieben sah. Sein Gesicht war rötlich, rund und glänzend, seine Augen fröhlich und seine dicken aufgestülpten Lippen, die so verdrießlich herabhängen konnten, lächelten glücklich.

»Sie müssen wissen«, sagte er, »dies ist für mich ein Ritual. Ich fing vor einem Jahr damit an, und nun mache ich es alle Tage. Ich verlasse das Haus vor dem Mittagessen und marschiere die Avenue de Breteuil hinauf. An ihrem Ende wende ich mich nach rechts, dann nach links und sobald ich den Invalidendom erreicht habe, fange ich an, gräßlich hungrig zu werden. Sie werden sehen, bald spüren Sie es auch.« Er grinste, während wir durch die leere Straße marschierten. »Ich habe das genaue *timing* heraus. Ich brauche exakt fünfunddreißig Minuten von Tür zu Tür. Jetzt aber«, er sah auf seine Armbanduhr, »habe ich Ihretwegen Zeit verloren. Eine Minute und vier Sekunden. Ich komme an diesem Haus immer vier Minuten und zehn Sekunden nach dem Start vorbei. Gehen wir schneller. Seien Sie nicht so faul! Los!« Er beschleunigte seine Schritte. Ich folgte ihm, und bald überquerten wir den Platz hinter dem Invalidendom. Eine Zeitlang marschierten wir in konzentriertem Schweigen, wie Soldaten auf einer Parade, während Prokofjew die Sekunden zählte und ich dem hohlen Klang unserer Schritte lauschte. Er sah wieder auf die Uhr und rief aus: »Sehen Sie, wir haben es aufgeholt. Wir haben die Markierung für die Hälfte des Weges hinter uns, dort«, er zeigte auf einen Laternenpfahl. »Nun können wir langsamer gehen und uns unterhalten. Wir haben viel Zeit.«

Am Abend zuvor waren wir zusammen in einem Konzert mit neuer Musik gewesen, einem der ersten der Saison, das von einer Gesellschaft moderner Komponisten, »La Sérénade« genannt, veranstaltet worden war. Im Jahr zuvor, 1930, hatte man eine Konzertreihe in der Salle Gaveau organisiert. Die »Sérénade« hatte reiche und aufgeschlossene Geldgeber, und ihre Konzerte waren elegante gesellschaftliche Ereignisse, mit dem Hauch jenes Snobismus, der auch auf Diaghilews Ballettunternehmungen lag. Prokofjew und ich waren beide Mitglieder (es gab insgesamt nur etwa acht), aber Prokofjew konnte die Atmosphäre der Konzerte nicht ausstehen. Am vergangenen Abend war er während einer Pause verschwunden, bevor das Hauptwerk des Programms aufgeführt worden war. »Warum sind Sie gestern abend so früh verschwunden?« fragte ich ihn deshalb gleich.

»Weil ich«, antwortete er, und sein Gesicht bekam einen säuerlichen Ausdruck, »genug von dem ganzen halbseidenen Konzert hatte. Außerdem hatte ich Teile von Markewitschs Stück schon auf der Probe gehört und ...« Er unterbrach sich für einen Moment, aber bevor ich irgend etwas sagen konnte, fuhr er fort, als folge er einem besonderen Gedankengang. »Wissen Sie, Markewitschs Musik überrascht mich.« (Igor Markewitsch, ein Komponist russischer Herkunft, war damals sehr plötzlich zu Ruhm gekommen.) »Es hört sich alles so schrecklich *clever* an, aber in Wirklichkeit ist es unsinnig. Es ist, als mache einer akustische Experimente mit den Orchesterinstrumenten.« Er wandte sich mir zu und sah mich neugierig und ironisch zugleich an. »Aber ... hat es denn Ihnen gefallen?«

»Nun«, begann ich, »der Mann ist noch sehr jung. Er ist sehr begabt, aber ... aber ...«

»Aber was?« unterbrach mich Prokofjew und verfiel wieder in seinen säuerlichen Ton. »Warum sagen Sie nie, was Sie denken? Ihr seid alle gleich. Warum rücken Sie nicht damit heraus und sagen: ›Ja, mir gefiel das Stück‹ und erklären dann warum, oder: ›Nein, ich mochte es nicht‹? Statt dessen machen Sie Ausflüchte. ›Der Mann ist sehr begabt‹ ... ›Er ist jung‹. Was soll das heißen? Absolut nichts. Es klingt wie das gesellschaftliche Plaudern von Damen, die nicht wissen, was sie sagen sollen.« Dann fügte er in ruhigerem Ton hinzu: »Ich habe Markewitsch gesagt, daß ich sein Zeug nicht mag, und auch warum.« Er sprach nicht weiter, und wieder gingen wir schweigend, bis er einen Blick auf seine Armbanduhr warf. Sein Gesicht hellte sich auf. »Gott, nun können wir kriechen. Wir waren zu schnell.«

Wir kamen an den alten Kanonen auf der Place des Invalides vorbei. Prokofjew blieb stehen und zeigte darauf. »Sehen Sie, wie ärgerlich sie aussehen«, bemerkte er, »genauso fühle ich mich, wenn ich zu einem dieser Pariser Konzerte muß. Diese

Gräfinnen, Prinzessinnen und albernen Snobs machen mich wütend. Sie tun so, als sei alles auf der Welt nur dazu da, sie zu amüsieren. Und ...«, seine Stimme wurde rauh und gereizt, »nun schauen Sie sich an, was dieser *salonarisme* der französischen Musik angetan hat. Es hat keinen erstklassigen französischen Komponisten seit Chabrier und Bizet mehr gegeben, weil sie alle damit beschäftigt waren, ihren Prinzessinnen, Gräfinnen und Marquisen die Ohren zu kitzeln.«

»Aber Sergej Sergejewitsch«, versuchte ich einzuwerfen.

»Ich weiß, ich weiß«, unterbrach er mich, »Sie lieben die Franzosen. Sogar den alten Schwengel Satie. Und ich weiß, was Sie über seine Jünger denken. Sie halten sie für wichtig. Nun, das sind sie mitnichten. Sie treiben puren Unsinn.«

»Aber was halten Sie denn von ... Debussy?« fragte ich schüchtern, als wir in die Rue Valentin Hauy einbogen.

»Debussy?« Er schmunzelte. »Debussy! Sie wissen, was er ist: Kalbskopf in Aspik ... Lauter Glibber ... völlig knochenlose Musik.« Seine Stimme wurde laut und aufgeregt. »Nein, ich kann die Bewunderung der Leute für Debussy nicht teilen, außer vielleicht«, und er grinste wieder, »daß es ein sehr persönlicher Aspik ist und der Aspik sehr genau weiß, was er tut. Wissen Sie ...« Doch er unterbrach sich abrupt und hob den behandschuhten Zeigefinger seiner rechten Hand. Wir blieben vor seinem Haus stehen. Er sah auf seine Uhr und strahlte: »Wunderbar, sechsundzwanzig Minuten und zwanzig Sekunden. Ausgezeichnete Zeit. Wollen Sie nicht mit nach oben kommen und mit uns zu Mittag essen, Nika?« ...

Wenn ich an Prokofjew denke und mich an sein Äußeres zu erinnern versuche, steht mir immer dieser Spaziergang um den Invalidendom vor Augen. Ich sehe ihn vor seiner Haustür stehen, jovial, männlich und voll dieses seltsamen, rauhbeinigen Optimismus. Das Bild ist so klar, ganz wie er selber war. Es ist von allen, die ich während unserer fünf oder sechs Jahre dauernden Pariser Freundschaft in mich aufnahm, das ihm am besten entsprechende.

Das erste Mal hatte ich ihn gesehen, als ich ein Junge von dreizehn Jahren war. 1915 oder 1916, nach Alexander Skriabins Tod, war Sergej Rachmaninow nach St. Petersburg gekommen, um zugunsten der Witwe des Verstorbenen ein Wohltätigkeitskonzert zu geben. Es fand im Saal des Konservatoriums statt, und mein Hauslehrer nahm mich dorthin mit. Es war natürlich eine sehr aufregende Angelegenheit: mein erstes Konzert mit Rachmaninow, dem berühmten Pianisten und Komponisten, von dem ich seit meiner frühesten Kindheit hatte sprechen hören. Was die Aufregung noch vermehrte, war der Umstand, daß Rachmaninow ein komplettes Programm von Skriabin spielte, in dessen Bann ich damals stand. An das Konzert selbst kann ich mich kaum noch erinnern. Aber ich weiß noch, daß ich von meinem Platz aus eine komisch zusammengewürfelte Gruppe beobachten konnte, die sich während des ganzen Abends flüsternd unterhielt. Unter ihnen war ein schlanker junger Mann mit fleischigen, aufgestülpten Lippen und einem ungewöhnlich großen blonden Kopf, der merkwürdig ungeschickt auf dem dünnen Hals saß. Ich fragte meinen Hauslehrer, wer diese Leute seien, vor allem aber jener junge Mann. »Ich weiß nicht, wer sie sind«, antwortete er, »aber der junge Mann ist, glaube ich, der Komponist Sergej Prokofjew.«

Viele Jahre später, in Paris, erzählte mir Prokofjew seine eigene Geschichte von dem Konzert. Rachmaninow war damals das Idol Moskaus, während Skriabin in St. Petersburg von einer Gruppe von Ästheten, Musikliebhabern, Pseudomystikern und Pseudophilosophen glühend bewundert wurde. Diese Leute betrachteten Rachmaninow mit einer gewissen Verachtung und hielten ihn für den Hauptrepräsentanten des dekadenten Salonromantizismus der Post-Tschaikowsky-Schule, der sein Zentrum in Moskau hatte. So war Rachmaninows Auftreten in St. Petersburg sowie die Tatsache, daß er ein ganzes Skriabin-Programm spielte und den Abend dem Andenken des Meisters widmete, eine Art Provokation. Nachdem Rachmaninow die esoterischen Stücke mit seiner gewohnten Präzision, Sorgfalt und Sachlichkeit gespielt hatte, brach diese kleine Gruppe von Melomanen in vernichtende Bemerkungen über Rachmaninows Versagen aus, er habe den Sinn der Stücke nicht begriffen. Prokofjew dagegen war der Ansicht, daß Rachmaninow seine Sache sehr gut gemacht habe. Er ging ins Künstlerzimmer und sagte dem Moskauer Idol auf seine übliche direkte und rauhe Art, daß der Abend »nicht schlecht, gar nicht schlecht« gewesen sei.

»Was meinen Sie, nicht schlecht?« fragte Rachmaninow und drehte Prokofjew unwillig den Rücken zu.

Erst nach langer Zeit, gelegentlich einer Schachpartie auf einem Ozeandampfer, sollten beide den Petersburger Zwischenfall begraben.

Das nächste Mal sah ich Prokofjew während eines Schachturniers in St. Petersburg, zu dem ich als Zuschauer gegangen war. Ich fand ihn vor seinem Tisch sitzen, den großen blonden Schopf über das Schachbrett gebeugt. Er sah konzentriert, ernst, fast ärgerlich drein. Der Champion Aljechin, damals noch ein junger Mann in der Uniform der Petersburger Studenten, aber schon ein berühmter Schachmeister, ging von Tisch zu Tisch. An jedem hielt er für einen Augenblick inne, machte einen Zug und ging zum nächsten. Prokofjew saß unbeweglich stets mit dem gleichen ernsten und intensiven Gesichtsausdruck da. Er hob nicht die Augen, wenn Aljechin an seinen Tisch herantrat. Ich beobachtete das Spiel mehrere Stunden lang, bis allmählich fast alle Spieler geschlagen worden waren. Prokofjew und ein oder zwei andere blieben übrig. Als wir die Halle verließen, wurde das Resultat angekündigt. Aljechin hatte achtundzwanzig Partien des Simultanturniers gewonnen, eine war unentschieden geblieben und die eine an Prokofjew verlorengegangen.

Das Rachmaninow-Konzert und das Schachturnier blieben meine einzigen Erinnerungen an Prokofjew in Rußland. Ich sah ihn erst viel später wieder, in Paris 1923 oder 1924, als ich von Deutschland nach Frankreich übergesiedelt war und die Pariser Universität besuchte. Aber in der Zwischenzeit hatte ich Prokofjews Musik kennen und lieben gelernt.

1919, in Jalta, war mir zum erstenmal ein Stück von ihm unter die Augen gekommen. Durch eine Kette von nicht mehr rekonstruierbaren Ereignissen war ich in den Besitz von zwei Heften seiner Klavierstücke gekommen. Vielleicht hatte der kleine Organist an der katholischen Kirche, der mein Verlangen nach neuer Musik kannte, sie mir zu Weihnachten geschenkt. An sich war so etwas in den ersten Jahren nach der Revolution und dem Bürgerkrieg nicht zu bekommen. Seit der Verstaatlichung der Verlagshäuser durch Lenin wurde fast gar nichts mehr gedruckt. Unser Musikgeschäft in Jalta war leer, und das einzige neue Stück, das ich seit 1917 gesehen hatte, war ›Unser Marsch‹ von Arthur Lourié, Vizekommissar in der Regierung, das in Millionen von Exemplaren über ganz Rußland vertrieben wurde. Die Stücke waren Prokofjews ›Großmutters Erzählungen‹, und ich stürzte mich darauf wie ein Verhungernder, der seit Jahren aller musikalischen Nahrung beraubt worden war. Ich spielte sie wieder und wieder, gepackt von ihrer merkwürdig versponnenen und zugleich naiv-aufrichtigen Einfachheit.

Meine persönliche Bekanntschaft mit Prokofjew begann in

den Jahren 1926/27, als Diaghilew sein zum Lobe der russischen Industrie geschriebenes Ballett ›Pas d'acier‹ produzierte, das erste und einzige Ballett des nachrevolutionären Rußland, das seine Compagnie im Ausland aufführte. Es war der Beginn einer intensiven Beziehung auf der Basis gemeinsamer musikalischer Interessen. In den darauffolgenden vier oder fünf Jahren spielten wir uns gegenseitig unsere neuen Kompositionen vor, aber auch die anderer, und reagierten heftig auf alles, was uns gefiel und was wir ablehnten. Wir führten lange Telefongespräche über alles und nichts, über die letzten Konzerte, über Meyerholds Inszenierung des ›Revisor‹, Strawinskys ›Apollon‹, die besten Restaurants in Paris – alles in jener Atmosphäre entspannter Heiterkeit, die damals den Kreis um das *Ballet Russe* auszeichnete.

Prokofjew kam mir immer wie eine Art Riesenbaby vor. Wenn er jemanden nicht mochte, sagte er es ihm ins Gesicht, und selbst wenn es ihm einmal gelang, sich zu beherrschen, brauchte man kein Psychologe zu sein, um zu ahnen, was in ihm vorging. Wie oft habe ich ihn brummen hören, wenn ihm jemand nicht paßte oder zu langweilig wurde. Nach einem Konzert sagte er einmal zu einer berühmten Sängerin, die gerade einige seiner Lieder gesungen hatte, daß sie nichts von der Musik verstanden habe und lieber aufhören solle, sie vorzutragen – und das in Gegenwart einer so großen Menge von Zuhörern und in so grobem Ton, daß die arme dicke Dame in Tränen ausbrach. »Da sehen Sie es«, fuhr er darauf fort, »ihr Frauen sucht alle in Tränen Zuflucht, anstatt anzuhören, was man euch zu sagen hat, und eure Fehler zu korrigieren.«

Auch gegenüber seiner Frau und seinen Freunden konnte er überaus reizbar sein. Bei der kleinsten Gelegenheit ging er plötzlich in die Luft, hochrot im Gesicht. Glücklicherweise dauerten diese Ausbrüche nicht lange, doch hinterher schmollte er immer noch eine ganze Weile wie ein Kind, so daß man ihn sich selbst überlassen mußte, wollte man seine Wut nicht noch einmal provozieren.

Im Sommer 1930 oder 1931 fuhr ich mit ihm und seiner Frau auf eine *tour gastronomique*. Der letzte Teil der Reise bestand aus einer Fahrt von Straßburg durch die Vogesen nach Nancy und von dort nach Paris zurück, wohin es mich unwiderstehlich zurückzog, um meine ruinierte Verdauung wieder in Ordnung zu bringen. Die Fahrt war lang und ermüdend gewesen, teils, weil die Tage ausschließlich damit hingingen, Gerichte zu bestellen, sie aufzuessen und dann zu verdauen, teils aber auch, weil die Prokofjews sich stündlich bis zu Tränen darüber stritten, was man als nächstes tun sollte. Während Lina Iwanowna in jedem Dorf halten wollte, um jede Kathedrale, jedes Schloß und jedes Museum zu besichtigen, strebte ihr Mann von einem Dreisterne-Restaurant zum nächsten. Während seine Frau sich nach gemütlichen Wirtshäusern und schönen Aussichten sehnte, wollte er in dem besten Hotel bleiben, das der Guide Michelin verzeichnete. Er interessierte sich nicht im geringsten für Museen, Schlösser und Kathedralen, und wenn er gezwungen war, uns bei diesem »Totengräber-Ritual«, wie er es nannte, zu begleiten, blickte er gelangweilt und düster drein. Das einzige, was er beim Anblick der Kathedrale von Chartres zu sagen hatte, war: »Merkwürdig, wie sie die Statuen da oben hinstellen konnten, ohne sie fallenzulassen.« Aber wenn er eine große, phantastisch ausgestattete Speisekarte vor sich hatte, belebte sich seine Miene, und er begann heiter, für jeden von uns die *plat du jour* oder die *spécialité de la maison* mit dem dazugehörigen *vin du pays* zu bestellen.

Meine Erschöpfung auf der Fahrt wurde noch durch seine grauenhafte Fahrweise gefördert. Es war, ich glaube, seine erste längere Autoreise, und er fuhr übervorsichtig langsam und ließ uns zusammenfahren, wann immer er die Gänge wechselte oder anhielt. So krochen wir in seinem neuen, winzigen Viersitzer über die Straßen Frankreichs mit einer Höchstgeschwindigkeit von vierzig Stundenkilometern. Nach diesem Tempo hatte er die ganze Strecke und alle Aufenthalte im voraus geplant. Wo wir auch hinfuhren, wir mußten mit dem Glockenschlag pünktlich eintreffen und wieder abfahren.

Es war halb zehn in der Frühe, als wir in Richtung Nancy aufbrachen. Der Tag war grau und neblig, aber wir hielten unsern Zeitplan ein und kamen Punkt ein Uhr auf dem Kamm der Vogesen vor einem berühmten Restaurant an, in dem Touristen gerne zwei Stunden bei Krebsen, Gänseleber, Forellen, Rebhühnern und Torte pausieren. Kaum hatten wir die Krebse gegessen, als uns Prokofjew sagte, daß wir wegen des Nebels sofort aufbrechen müßten, um zum Abendessen pünktlich in Nancy zu sein. Lina Iwanowna protestierte und machte schwache Versuche, die Reiseroute zu ändern, indem sie vorschlug, statt nach Nancy nach Domrémy, dem Geburtsort der Jungfrau von Orléans, zu fahren. Natürlich ging er in die Luft: »Unsinn, wir haben schon vor langer Zeit beschlossen, in Nancy zu übernachten. Außerdem ist Domrémy ein großer Umweg.« Aber als ich Lina Iwanowna beipflichtete, gab er zu meiner großen Überraschung nach.

Unglückseligerweise war unser Besuch in Domrémy ein völliger Reinfall. Der Dorfgasthof war häßlich und ungemütlich, das Essen von klösterlicher Dürftigkeit. Es hatte zu regnen angefangen, und als wir ankamen, waren alle Gedenkstätten geschlossen. Prokofjews Laune wurde immer schlechter, und er beschimpfte uns wegen des lächerlichen Umwegs und des Zeitverlustes. Während der ganzen Mahlzeit grollte er, war grob zu der Kellnerin, als sie die Rechnung brachte, und zum Portier, als dieser nicht gekommen war, um Prokofjews Trinkgeldgewohnheiten zu würdigen. Nachdem wir einander gute Nacht gesagt und uns in unsere benachbarten Zimmer zurückgezogen hatten, hörte ich ihn noch, bis er das Licht ausknipste, mit Lina Iwanowna schimpfen.

Für den nächsten Morgen war die Abfahrt wieder auf halb zehn anberaumt (»Und keine Minute später!«). Aber Lina Iwanowna und ich wollten noch Jeanne d'Arcs Geburtshaus, das Museum von Domrémy und die Kathedrale besichtigen. Wir trafen uns um halb neun und gingen los, während Prokofjew sich rasierte. Wir gingen von einer der gräßlichen Gedenkstätten zur anderen, bis wir die monströse Kirche erreichten, die nach Jeannes Heiligsprechung erbaut worden war. Hier fanden wir in der Krypta des protzigen Baus, umgeben von allerlei frommen und patriotischen Emblemen den einzigen interessanten Gegenstand: eine von Marschall Foch dem Jeanne-d'Arc-Museum gestiftete Münzsammlung. Sie hatte zwar nichts mit dem Heldenmädchen zu tun – nicht eine einzige Münze stammte aus ihrer Zeit –, enthielt aber einige große russische Silbermünzen aus der Zeit Peters des Großen und seiner Tochter Elisabeth, deren Anblick uns erfreute. Als wir die Krypta verließen, war es fünf Minuten nach halb zehn. Wir rasten zum Gasthof zurück. Prokofjew stand vor der Tür, sein Gesicht blaß vor Wut. Bei seinem ersten Aufbellen brach Lina Iwanowna in Tränen aus. Das machte ihn noch wütender, er wurde lauter und immer heftiger. Dann ließ er seine Wut an mir aus. »Was für ein Benehmen ist das«, brüllte er. »Für wen halten Sie mich? Ich bin nicht Ihr Lakai, der auf Sie zu warten hat.« Der Wutanfall dauerte mindestens eine Viertelstunde, in welcher der Portier mit aller Ruhe fortfuhr, unsere Koffer im Auto zu verstauen.

Als wir endlich losfuhren, saßen Prokofjew und ich in dumpfem Schweigen auf den Vordersitzen. Seine Lippen schmollten, dicker und verdrießlicher denn je. Von hinten kamen die haltlosen Schluchzer seiner Frau. Nach etwa einer Stunde wandte ich mich zu ihm und sagte: »Sergej Sergejewitsch, entweder beenden wir diese Szene sofort, oder Sie lassen mich im nächsten Dorf aussteigen, und ich fahre mit dem Zug nach Hause.« Zunächst gab er keine Antwort. Dann, nach etwa fünf Minuten, grinste er und sagte ruhig: »Ja, es macht einen komischen Eindruck, nicht wahr? Zwei Erwachsene sitzen vorne mit belämmerten Gesichtern, und hinten sitzt eine dritte und blökt sich aus.«

Aber seine Grobheit, Rauheit und Bäuerlichkeit hatten auch eine andere Seite, und das war seine feste und treue Freundschaft. Er konnte einfach nicht lügen. Er konnte nicht einmal die kleinste Notlüge aussprechen, wie etwa: »Dies ist ein charmantes Stück«, wenn er der Ansicht war, daß es keinen Charme hatte. Wenn man ihm ein neues, eigenes Werk zeigte, drückte er sich nie um ein Urteil und schwieg, im Gegenteil, er sagte einem genau, was er davon hielt, diskutierte die Vor- und Nachteile und machte wertvolle Vorschläge für Verbesserungen. Auf diese Weise wurde er denen, die seine barsche Art und seine Offenheit hinnahmen, zu einem unschätzbaren Freund.

Prokofjew hatte praktische Systeme gern. Er plante seine Tage genau und sehnte sich in allem nach Methode. Daher rührte auch seine Leidenschaft für Schach und Bridge. Während der Sommermonate spielte er mit seinem Pariser Verleger Briefschach. Was Bridge betrifft, erinnere ich mich an zwei Maiwochen anfangs der dreißiger Jahre, als wir zu zwölft von drei Uhr nachmittags bis zwei Uhr morgens in der überfüllten und verräucherten Wohnung Prokofjews nahe dem Invalidendom Bridge spielten. Er hatte für dieses Turnier eigens eine graphische Darstellung ersonnen, die die Position jedes Spielers anzeigte.

In der rein grammatikalischen Schreibweise war Prokofjew in seiner Musik genauer als andere Komponisten. Zwar ist die Kalligraphie seiner Manuskripte in ihrer Perfektion nicht so erstaunlich wie bei Strawinsky, aber wenn er die Manuskripte seinem Verleger schickte, waren sie fehlerfrei. Bei den Metronomzahlen war er sehr präzise, ebenso bei den Opuszahlen und den Daten seiner Kompositionen. Alle Systeme, die er sich ausgedacht hatte, leiteten sich von seinem praktischen Sinn her, den

man in seiner Musik findet. Wenn er Postkarten schrieb, benutzte er häufig platzsparende Abkürzungen. Er ließ alle Vokale fort. Dann sah sein Russisch wie eine der konsonanten-
überladenen Sprachen des Balkans aus. Eine Postkarte begann
gewöhnlich mit »Lbr Frnd« und endete mit »Srg Srgwtsch
Prkfw«.

Prokofjew hatte Rußland im Winter 1917, kurz nach der Oktoberrevolution, verlassen. Er war einer der ersten Russen, der
einen sowjetischen Reisepaß bekam, mit dem er legal und nicht
als Emigrant ausreisen konnte. Er machte, via Japan, eine Kon-
zertreise nach Amerika. Nach einem Aufenthalt von fast einem
Jahr in den Vereinigten Staaten kam er nach Paris und ließ sich
dort nieder, wie es so viele russische Intellektuelle und Künstler
des pro- und konterrevolutionären Lagers getan hatten. Von da
an lebte er im Westen als Komponist, dessen Ruhm schnell
wuchs und dessen Musik überall in der Welt aufgeführt wurde.

Anfang der zwanziger Jahre ging er wiederholt auf ausgedehnte, einträgliche Konzertreisen durch Nord- und Südamerika und Westeuropa. Fast überall wurde er als einer der bedeu-
tendsten modernen Komponisten und Interpreten begrüßt (er
war, wie viele russische Komponisten, ein hervorragender Pianist und Interpret seiner eigenen Musik). In Amerika hatte er
eine attraktive Sängerin spanischer Herkunft kennengelernt, die
jedoch in Rußland großgeworden war. Sie heirateten später,
und seine Frau wurde seine engste Mitarbeiterin. Schon mit
Beginn der dreißiger Jahre gaben beide auf Tourneen Liederabende, sie sang und er begleitete sie.

Als Frankreich 1924 die Sowjetunion diplomatisch aner-
kannte und beide Länder Botschaften austauschten, war Prokofjew einer der ersten Besucher in der neu eingerichteten Sowjetischen Botschaft in Paris in der Rue de Grenelle. Wie viele
andere war er staatenlos geworden und hatte einen Nansenpaß
erhalten. Nun hatte er auf dem Grund seines Koffers seinen
sowjetischen Paß gefunden und ließ sich als sowjetischer Staatsbürger eintragen.

Bis 1925 war es ihm gelungen, die sowjetische Staatsbürgerschaft zu bekommen. Auf Einladung eines sowjetischen Musi-
kerverbandes unternahm er eine ausgedehnte Reise durch sein
Heimatland. Er wurde triumphal empfangen als berühmter russischer Komponist, der dem Sowjetregime freundlich gesonnen
war und der, obwohl er in Paris lebte, sich nicht als Emigrant
fühlte. Seine Werke wurden in ganz Rußland aufgeführt, und

seine Opern und Ballette kamen sowohl in Moskau als auch in Leningrad mit großem Erfolg auf die Bühne.

Was bewog Prokofjew, sich auf seine russische Staatsbürgerschaft zu besinnen und 1934 sogar ganz in die Sowjetunion zurückzukehren? Welche Art von Sehnsucht veranlaßte ihn, seine etablierte Stellung als berühmter Komponist in der westlichen Welt aufzugeben? Die Antwort ist zwiefach: Erstens war die Sowjetunion damals noch nicht verstalinisiert. Zweitens waren die Gefühle eines revolutionär gesonnenen Intellektuellen seinem Vaterland und dessen Regierung gegenüber gemischt. Mitte der zwanziger Jahre ging die Sowjetunion durch eine Periode, die vielen, Außenseitern wie Eingeweihten, als eine Befreiung von dem blutigen Schrecken des roten Terrors und des Bürgerkriegs erschien. Einer kleinen Zahl von Sowjetbürgern wurde zum erstenmal erlaubt, nicht nur ins Ausland zu reisen, sondern auch dort zu leben. Die Demarkationslinie zwischen Prokommunismus und Antikommunismus war noch nicht so strikt gezogen wie später. So empfand Prokofjew, obgleich er, soweit ich weiß, kein Parteimitglied war, für das Regime Sympathie, sah es als legitime Regierung seines Landes an und entschuldigte, wie viele andere, die extremistischen und terroristischen Züge seiner Politik als durch die historisch-revolutionäre Notwendigkeit bedingt. Andererseits hatte sich Prokofjew, während er in Paris lebte, frei und unbefangen unter die Emigranten gemischt. Er nahm aktiv an den künstlerischen Ereignissen teil, die von Männern wie Diaghilew ausgingen, dessen Mitarbeiter fast ausschließlich aus emigrierten Russen bestanden, und er genoß alle Vorzüge und Vergnügungen der bürgerlichen westlichen Welt. Aber damals war eine solche Zwitterstellung nichts Ungewöhnliches. Es war keineswegs überraschend, den Schriftsteller Ilja Ehrenburg in freundlichem Gespräch mit einem emigrierten antisowjetischen Schriftsteller in einem Pariser Café zu sehen.

Damals noch reisten sowjetische Schriftsteller, Dichter und Musiker in Europa umher, und sowjetische Theatertruppen, das Moskauer Künstlertheater, das Meyerhold-Theater, das Tairow-Theater, gaben im Ausland vor einem Publikum ihre Vorstellungen, das sich hauptsächlich aus russischen Emigranten zusammensetzte. Erst einige Jahre später wurde dann Prokofjews Stellung zu etwas Außergewöhnlichem und tatsächlich zu einem Privileg.

Prokofjew akzeptierte die russische Revolution in ihrer Gesamtheit und erblickte in dem neuen Rußland eine Fortsetzung des alten, das Ergebnis einer über Jahrhunderte hinweg fort-schreitenden Emanzipation. Er war und blieb ein ernster, aus dem Instinkt handelnder Patriot, der wenig nach Recht und Unrecht fragte und die Taten der Sowjetregierung als eine Art unerklärbarer historischer Notwendigkeit ansah. Zugleich fühlte er eine tiefe Bindung, eine Verwurzelung mit Rußland, dem russischen Volk und seiner Kultur. Trotz der vielen Jahre im Ausland und seiner Stellung als berühmter Komponist in der westlichen Welt blieb er seinem Wesen, seinen Gewohnheiten, seinen Ansichten und seiner Kunst nach ein Russe.

Als in den Jahren 1930/31 die ersten Pläne der sowjetischen Regierung hinsichtlich der Zukunft der Musik bekanntwurden: die Abkehr von den »formalistischen Experimenten« (die mit der ersten Säuberungsaktion gegen Musiker 1931 eingeleitet wurde) und die Hinwendung zu einer Musik, »die von den breiten proletarischen Massen der Sowjetunion akzeptiert und verstanden werden konnte«, begrüßte Prokofjew den offiziellen Erlaß als Verwirklichung einiger seiner eigenen Ideen über die Funktion der Musik. »Ich wollte immer Melodien erfinden«, bemerkte er oft, »die von der großen Menge des Volkes verstan-den werden können – einfache, singbare Melodien.« Dies hielt er für die wichtigste und schwerste Aufgabe eines modernen Komponisten.

Aber es gab noch einen anderen Anlaß für Prokofjew, Mitte der dreißiger Jahre in die Sowjetunion zurückzukehren: Für ihn war Rußland ein großes Feld, das er mit seiner künstlerischen Energie beackern konnte, ein Land der günstigen Gelegenhei-ten, das von Millionen möglicher »Musikkonsumenten« be-wohnt war.

Als er nach seiner ersten Reise in die UdSSR 1926 nach Paris zurückkam, schrieb er das Ballett ›Pas d'acier‹ (Der stählerne Sprung). Es war eines der breiten Panoramen des sowjetischen Lebens, die, mit ein wenig Satire gewürzt, mit einer Apotheose vom Aufbau des neuen Rußland enden. Dieses »heroische« Bal-lett schrieb er in einer friedlich-bürgerlichen Umgebung in einer hübschen Villa in den Bergen Savoyens. Das Werk wurde vom *Ballet Russe,* von eben jenem Sergej Diaghilew aufgeführt, der später von den sowjetischen Machthabern als Erzschurke, Ver-derber der russischen Kunst und Künstler und als Prototyp des »verderblichen, degenerierten und wurzellosen Kosmopoliten« bezeichnet worden ist.

Prokofjew wurde zu einem Repräsentanten der Sowjetkultur im Ausland. Man sah in ihm ihren besten Protagonisten und wirksamsten Propagandisten. Während die Grenzen Rußlands sich langsam schlossen und die kulturellen Barrieren immer höher wurden, blieb Prokofjews Stellung als inoffizieller Botschafter der sowjetischen Kultur im Ausland unangetastet. Er lebte weiterhin in Paris, ging für drei oder vier Monate jährlich nach Rußland und im übrigen auf ausgedehnte Konzertreisen durch die ganze Welt. In seinem Privatleben empfing er den gleichen Freundeskreis, sprach ihnen gegenüber frei von seinen Ideen über die Sowjetunion und seinen Beziehungen zu ihr, von seinem Glauben an die Zukunft Rußlands und der russischen Kultur. Er schien seine einzigartige Position, als ein berühmter Mann zweier so verschiedener Welten, außerordentlich zu genießen.

Denn erst zu diesem Zeitpunkt wurde die Trennung der beiden Welten offenbar. Um 1932/33 hatte die stalinistische Reaktion die Kontrolle über alle Abweichlergruppen innerhalb Rußlands gewonnen und ihr Polizeinetz über das ganze weite sowjetische Land gespannt. Dennoch schien Prokofjews Stellung innerhalb der UdSSR gesichert; er hatte, was man in totalitären Systemen am meisten braucht: Protektion »aus den höchsten Kreisen«. 1931 oder 1932 nahm er sich eine Wohnung in Moskau und verbrachte mehr und mehr Zeit in der Sowjetunion. Nach glaubwürdigen Berichten scheint er von »höchster Stelle« gedrängt worden zu sein, sich länger in seinem Vaterland aufzuhalten. Seine privilegierte Stellung muß unter seinen sowjetischen Kollegen großen Neid erregt haben. Jeder, der in einem totalitären System gelebt hat, weiß, wie wichtig ein Privileg ist und welch übermächtige Eifersucht es hervorrufen kann. Es ist möglich, daß man Prokofjew diese Vorschläge machte, um die Gemüter seiner Landsleute zu besänftigen. Aber es kann auch bedeutet haben, daß, während die »höchsten Stellen« bereit waren, ihre besondere Gunst Prokofjew zu schenken, die nicht ganz so »höchsten Stellen« irritiert und kritisch einem Mann gegenüberstanden, der ein unabhängiges Leben als freier Künstler führen wollte.

Mitte der dreißiger Jahre zog Prokofjew mit seiner Familie endgültig nach Rußland. Ob man ihn sanft dazu drängte oder ob man es ihm befahl, bleibt Mutmaßung. Die Tatsache bleibt bestehen, daß er offensichtlich irgendeiner Anordnung nachkam und daß er dies ohne große Begeisterung tat.

Alle Jahre hindurch schwankte sein instinktiver Patriotismus nie, und er suchte in allen ästhetischen und ideologischen Fragen mit den Wünschen der Partei und Regierung konform zu gehen. So gehorchte er den »höchsten Stellen« auch, als man ihm vorschlug, ein Stück zum fünfzehnten Jahrestag von Lenins Tod zu schreiben – er komponierte ein ›Trinklied auf Stalin‹. Es war ihm unmöglich gewesen, irgendwo in den Werken Lenins einen Text zu finden, der zur Vertonung geeignet war, ganz abgesehen davon, daß es in dem umfangreichen Werk Lenins nur zwei Stellen gibt, die sich auf Stalin beziehen, beide in abschätziger Weise. So mußte er auf Lenin als Inspirationsquelle verzichten und auf einen harmloseren Text ausweichen.

Aber hat nun seine Musik unter dem Konformismus gelitten? Zeigte sie Spuren eines schöpferischen Erlahmens, das sich aus seinem Gehorsam gegenüber dem Diktat der Partei herleiten ließe? Auch hier ist man auf Vermutungen angewiesen, denn wir können nicht wissen, was aus seiner Kunst geworden wäre, hätte er die westliche Welt nie verlassen. Insgesamt unterlag seine Musik einem Prozeß großer, zuweilen übertriebener Vereinfachung. Einige seiner Melodien erreichten den Punkt der Trivialität, und in seiner harmonischen Sprache benutzte er mitunter Modelle aus dem tiefsten 19. Jahrhundert. Aber was davon das Ergebnis seines Konformismus und was eine natürliche Entwicklung war, ist schwer zu bestimmen.

Bis 1938 unternahm er weiterhin Reisen ins Ausland und kam bei seinem letzten Besuch in der westlichen Welt sogar nach Amerika. Damals sah ich ihn zum letztenmal in New York. Es war, glaube ich, der letzte Abschnitt seiner Reise durch die Vereinigten Staaten. Er wohnte im Hotel St. Moritz am Central Park South und sollte entweder ein Konzert in einem Schachklub irgendwo in der 40. Straße geben oder hatte es gerade hinter sich. Ein gemeinsamer Freund, der Pianist Nikita Magalow, und ich besuchten ihn. Zu dritt gingen wir durch den nächtlichen Central Park. Prokofjew marschierte nicht mehr so schnell wie seinerzeit in Paris und er sah sichtlich müde und geistesabwesend aus. Ganz offen sprach er über die Schdanowschen Säuberungsaktionen, die in Moskau 1937 stattgefunden hatten, und wie große Sorgen er sich über sein eigenes Schicksal machte. Er schien gereizt und verbittert und sprach auch davon, wieviel Feinde er unter den »offiziellen« Kritikern und seinen Kollegen habe. »Schostakowitsch ist auf Eis gelegt worden«, sagte er,

»und mit ihm Chatschaturian und noch ein paar andere.« Er selbst war Schdanows Zorn entgangen. »Stalin hat meinetwegen eingegriffen. ›Er ist einer der Unseren‹, hat Stalin zu Schdanow gesagt. – Aber ich bin eben nur auf Stalins Befehl von den Listen gestrichen worden.« Dennoch bestand Prokofjew Magalow und mir gegenüber darauf, daß er recht gehandelt habe, nach Rußland zurückzugehen, daß er zu seinem Vaterland gehöre und froh sei, dort zu sein.

Über seine Kunst aber war er beunruhigt. Alle die Jahre, meinte er, habe er genau das getan, was die Regierung von ihm verlangt habe, und einfache und leicht faßliche Musik geschrieben. Er glaube auch, daß er es besser mache als die meisten seiner Kollegen, weil seine persönliche Auffassung mit dem übereinstimme, was die Regierung seiner Meinung nach wünsche. Plötzlich aber sagte er, daß er an seiner eigenen Interpretation der Regierungserlässe zu zweifeln beginne und sich frage, was er tun solle. »Was für Musik soll ich eigentlich schreiben, um ... konform zu gehen?« Zugleich revoltierte seine künstlerische Integrität gegen den Konformismus um des Konformismus willen. »Ein Konformismus, der nicht auf den eigenen Ansichten basiert, und sich im Gegensatz zu meiner künstlerischen Freiheit befindet.«

Nichtsdestoweniger wahrte er weiter sein Gesicht. Bald verschlechterten sich die Beziehungen zu seiner Frau, und 1940 verließ er sie. Er reiste in den Kaukasus. Er ließ sich jedoch nie von Lina Iwanowna scheiden, die ihm zwei herrliche Söhne geboren hatte. Sein persönliches Drama ging dem Krieg um ein paar Monate voraus. Bald nach dem Krieg begann Prokofjew, wie viele andere russische Künstler, an der moralischen Wiederaufbauarbeit seines Landes teilzunehmen. Seine Position schien gesichert, und sein Ruf ließ – abgesehen von Schostakowitschs – den aller seiner Rivalen hinter sich. Tatsächlich galt damals, während Schostakowitsch der »Star« der sowjetischen Musik war, Prokofjew als ihr Altmeister.

1943 oder Anfang 1944 hörte man von seiner plötzlichen Krankheit. Er war eine Treppe hinuntergefallen, offensichtlich infolge einer Herzattacke. Viele Monate lang war er unfähig zu arbeiten. Aber sobald es ihm wieder besser ging, vollendete er die umfangreiche Partitur seiner Oper ›Krieg und Frieden‹. Ein erneuter Herzinfarkt zwang ihn zu einem langen Erholungsurlaub im Kaukasus. Unterdessen blieb die Sechste Sinfonie unvollendet. Als er 1946 zurückkam, vollendete er die Partitur.

Das Werk wurde in Leningrad erfolgreich uraufgeführt, in Moskau dagegen weniger enthusiastisch aufgenommen.

Ein dritter Herzinfarkt warf ihn 1948 für weitere zwei oder drei Monate nieder. Während er krank im Bett lag, hörte er am 10. Februar 1948 die Axt fallen. Das war der Tag, an dem die ›Prawda‹ eines der infamsten stalinistischen Dokumente der modernen Geschichte veröffentlichte: Punkt für Punkt wurden die prominentesten sowjetischen Komponisten vom Zentralkomitee der Kommunistischen Partei der UdSSR verdammt. Prokofjews Name stand an erster Stelle.

Das Ritual der sowjetischen Säuberungen rollte mit skrupelloser Präzision ab. In der ganzen Sowjetunion wurden Sitzungen der Komponisten-Vereinigungen abgehalten. Auf ihnen mußten alle Irrtümer und ideologischen Sünden widerrufen werden. Prokofjew schrieb einen Entschuldigungsbrief. In ihm widerrief auch er mit etwas würdevolleren Ausdrücken, als sie von anderen benutzt worden waren. Er bedauerte seine offensichtlichen Irrtümer, bat aber um Nachsicht, mit einer langen Erklärung, wie schwer es sei, gute Melodien zu erfinden. Der Brief wurde jedoch als unzulänglich empfunden.

Die nächste Stufe des Säuberungsrituals forderte ein Werk der Buße. Prokofjew wählte dafür eine Kurzgeschichte über das Leben eines Helden der sowjetischen Flugabwehr, der im Krieg zwei Beine verloren hatte. Jemand braute daraus ein Libretto zusammen, und er schrieb in Rekordzeit eine abendfüllende Oper: ›Das Leben eines wirklichen Menschen‹. Nachdem eine Gruppe von Sängern und ein Leningrader Orchester sich das Werk versuchsweise angesehen hatten, wurde es als eine »unverzeihliche Verzerrung der sowjetischen Realität und eine fundamentale Mischung formalistischer Gesinnung« verworfen. Prokofjew und der Dirigent erhielten beide einen Verweis, weil sie dem Orchester die Zeit gestohlen hatten, ein so abscheuliches Werk zu proben. Prokofjew wurde gezwungen, Entschuldigungsbriefe über die ganze Affäre zu schreiben.

Wieder drangen Gerüchte über seine schlechte Gesundheit durch den hermetisch geschlossenen Eisernen Vorhang, während die offizielle sowjetische Presse fortfuhr, ihn und seine Kunst mit unbarmherziger Grausamkeit anzugreifen. Es dauerte einige Jahre, bis sich die Anti-Prokofjew-Kampagne gelegt hatte. Er starb im März 1953. Zwei Jahre später erzählte mir einer seiner »Apparatschik-Kollegen«, daß seine letzten Jahre schwierig und qualvoll gewesen seien. Dennoch habe er trotz der partiellen Paralyse und schnell aufeinanderfolgender Schlaganfälle zu komponieren fortgefahren.

»Und dann, wissen Sie, geschah etwas ganz Unglückliches«, sagte er, »es war wirklich sehr peinlich. Sergej Sergejewitsch starb am gleichen Tag wie Stalin.«

»Warum war das so peinlich?« fragte ich.

»Nun ... wissen Sie ... wie soll ich es sagen«, wand sich Prokofjews Kollege, »unsere Zeitungen waren voll von Artikeln über Stalin und seine Verdienste ... Es war kein Platz für irgendeinen Nachruf für Prokofjew.«

Wie »ungezogen« von Prokofjew, sich einen *solchen* Tag zum Sterben auszusuchen, schien der »Apparatschik« sagen zu wollen.

Erste Begegnung mit Igor Strawinsky

An einem duftenden Sommertag des Jahres 1911 führte mich mein Hauslehrer Pjotr Sigismundowitsch in einen neugotischen, glasgedeckten Pavillon – ein Mittelding aus Bahnhof und Kurhaus – in Pawlowsk, einer der grünsten Vorstädte St. Petersburgs. Der Pavillon diente während der Sommersaison als Konzertsaal für das Kaiserliche Hoforchester. Die Konzerte fanden den ganzen Sommer hindurch einmal in der Woche statt und galten mit Recht als eine Attraktion für das musikliebende Petersburg.

Wie viele Mütter dieser Stadt unterstützte auch die meine diese Veranstaltungen. Sie verschafften ihren Nachkömmlingen eine ideale Kombination von Landpartie, wofür Pawlowsk mit seinen schattigen Parks und großen Wiesen sich vortrefflich eignete, und kulturellem Ereignis. Für uns Kinder war der Ausflug dorthin mit dem dazugehörigen mittäglichen Picknick höchst vergnüglich und das Abendkonzert im schlimmsten Falle auszuhalten.

Bis Mitternacht erhellte die lange nordische Dämmerung die Abende. Die Gärten dufteten nach Vogelbeeren, Flieder und Seringa (die Russen bestehen darauf, diese Pflanze für Jasmin zu halten), und vom Finnischen Meerbusen kam eine kühle und erfrischende Brise.

Die Pawlowsker Konzertprogramme waren meiner Erinnerung nach eine gemischte Kost aus leichter und ernster Musik;

Repertoirestücke des 19. Jahrhunderts, von Bach bis Offenbach und von Johann Strauß bis Richard Strauss wechselten mit den verschiedensten Klassikern des eigenen Landes ab. Gelegentlich gab es einen Ausflug in die zahme Moderne, aber niemals etwas Exzentrisches, Schockierendes oder Umstrittenes.

Die musikalische Reise begann jedesmal mit einer bekannten Ouvertüre, dann kam eine ebenso bekannte Sinfonie oder ein Solistenkonzert. In der Pause gingen die Männer zum Rauchen hinaus, während sich die Kinder und ihre Beschützerinnen, nach Geschlechtern getrennt, in zwei Reihen vor den zu eng bemessenen Toiletten aufstellten.

Nach der Pause kam die Reise nicht mehr so recht voran, sie wurde sogar unerträglich ermüdend. Obwohl die musikalischen Nummern gewöhnlich lustiger und leichter zu verdauen waren, schliefen viele Kinder und auch einige Erwachsene ein oder dösten vor sich hin, weil die Luft im Saal immer sauerstoffärmer wurde.

An diesem Abend in Pawlowsk nun wurde ich von einem kurzen, seltsam-holprigen Musikstück, wie ich zuvor noch keines gehört hatte, aus meinen Gedanken aufgeschreckt. Die Instrumente zischten, quiekten und trillerten, rasten ihr ganzes Register herauf und herunter, sprühten und ratterten, und bevor mir klar wurde, was vor sich ging, war das Stück mit einem dumpfen Schlag auf die große Trommel beendet.

Ich griff nach dem Programmzettel auf Pjotr Sigismundowitschs Schoß und entzifferte im Halbdunkel ›Feuerwerk‹ von Igor Strawinsky.

Dies war das erste Mal, daß mir Strawinsky und sein Werk ins Bewußtsein drangen, und obwohl darauf eine zehn Jahre während Pause eintrat, in der ich den Namen nicht wieder hören sollte, hat er mein Leben nie wieder verlassen.

Von der ersten Begegnung ist mir wenig in Erinnerung geblieben, nichts von dem Feuerwerk, außer dem Schock ... Wir gingen schweigend unter dem blaßrosa Himmel zum Bahnhof von Pawlowsk und ratterten in einem überfüllten Zug nach St. Petersburg zurück ... Bevor ich am nächsten Morgen zur Schule ging, erzählte ich meiner Mutter von Strawinskys ›Feuerwerk‹ und wie sehr mich das Stück beunruhigt hatte. Aber sie zeigte für meine kindlichen Sorgen kein Interesse. Wenige Tage später fragte ich meinen Cellolehrer, der selbst ein Mitglied des Kaiserlichen Hoforchesters war, ob er wisse, wer Strawinsky sei, und ob er jemals ›Feuerwerk‹ gespielt habe.

»Glücklicherweise nicht«, antwortete er lakonisch.

Aber ich versetzte meiner Frage Nachdruck: »Sie müssen aber Strawinskys ›Feuerwerk‹ gehört haben, ganz sicher, Ihr Orchester hat es am letzten Sonntag gespielt.«

»Ja ... ich habe das verrückte Stück gehört ... allerdings nicht jetzt, sondern vor zwei Jahren, als Siloti die Uraufführung dirigierte ...«

Doch ich wollte mehr wissen: »Aber wenn Sie es gehört haben, müssen Sie wissen, wie es gemacht ist ... Wie komponiert man solche Musik? Wie spielt man sie? Und warum nennen Sie sie verrückt?«

Er sah mich ernst an, drohte mir mit dem Finger und sagte: »Paß mal auf, mein lieber Junge, hör auf, mir solche sinnlosen Fragen zu stellen! Du solltest dir solche Musik nicht anhören. Sie ist ein Abgrund, und wenn du dem zu nahe kommst, wirst du da hineinfallen ... Und nun wollen wir weiterarbeiten!«

Ein Jahrzehnt später spähte ich wirklich in den Abgrund und fiel hinein, dieses Fallen hörte nicht mehr auf. Für den Rest meines Lebens blieb ich Strawinskys Musik verfallen.

Wie kommt es, daß ich in der ereignisreichen Zeit zwischen Pawlowsk und den ersten Exiljahren in Berlin nicht eine Note von Strawinsky gehört habe? Wer war für diese Nachlässigkeit verantwortlich? Wie anders wäre meine musikalische Entwicklung verlaufen, hätte ich seine Musik in den *frühen* Jahren der Kindheit gehört und gespielt, in denen das Wachs des Gedächtnisses noch weich ist, die Gewohnheiten und der Geschmack noch nicht entwickelt sind und die Psyche noch auf Abenteuer und Experimente aus ist. Als ich zu Strawinsky einmal darüber sprach, sagte er: »Ja, lieber Nika, das war wohl ein Unglück, denn ist man erst einmal achtzehn Jahre alt, dann ist das Gehirn schon mit allem möglichen Unsinn belastet.« Und ich habe leider bis zu eben diesem Alter warten müssen, ehe ich seine Musik wieder hören konnte. Dabei war doch unser Haus in St. Petersburg in den Jahren von 1911 bis 1917 voller musikalischer Aktivität.

1912 und 1913 waren in Rußland Jubiläumsjahre: 1912 war die äußerst populäre Jahrhundertfeier des Sieges über Napoleon, 1913 das weit weniger populäre, von viel aufgedonnerten Festlichkeiten umgebene dreihundertjährige Jubiläum der Romanow-Dynastie. Mit Beginn des Herbstes 1913 wurde ich jeden Mittwoch zu den Konzerten des Kaiserlichen Hoforchesters mitgenommen. Man nannte sie die »Historischen Konzerte russischer Musik«. Sie waren ein fester Bestandteil oder auch ein Ergebnis des Romanow-Jubiläums und sollten in chronologischem Überblick präsentieren, was im Verlaufe des 19. Jahrhunderts in Rußland und seiner Musik geschehen war. Ich kann mich nicht genau an das Programm der Konzerte erinnern, aber es bestand außer aus sinfonischer Musik auch aus Oratorien und Kantaten sowie aus konzertanten Aufführungen von Opern, lauter Produkten russischen Talents und Fleißes.

Die Geschichte der russischen Musik ist kurz. Sie begann erst Ende der dreißiger Jahre des 19. Jahrhunderts mit Glinka, Rußlands erstem unbestrittenem Genie. 1910 gab es plötzlich nur noch wenige Komponisten von echtem Wert und dafür eine große Zahl solcher zweiten Ranges, sie aber waren von einem unerschöpflichen Produktionseifer.

Aus diesem Grunde mußten die Konzertreihen, deren Ziel es war, das an Wunder grenzende Wachstum der musikalischen Kultur Rußlands zu zeigen, nicht nur die Werke jener wenigen einschließen, sondern vor allem die der vielen; und damit stand Qualität hinter Quantität. Die Mittwochkonzerte waren infolgedessen endlos, langweilig und eintönig, zumal die Betonung auf patriotischen Stücken lag.

Tschaikowsky und die westlich orientierten Komponisten blieben fast ungespielt – ausgenommen natürlich solche Stücke wie die Ouvertüre ›1812‹ –, während die Musik der sogenannten »großen Fünf« (Balakirew, Borodin, Cui, Mussorgsky und Rimsky-Korssakow) und ihrer Nachfolger überreichlich vertreten war.

Überflüssig zu sagen, daß Strawinsky bei diesen Hofkonzerten überhaupt nicht gespielt wurde. Seine Musik hatte nichts mit dem allgemein herrschenden Geist zu tun, der Komponist war für die zaristische Bürokratie zu sehr ein *fauve*.

Natürlich gab es noch andere Sinfoniekonzerte in St. Petersburg, in denen Strawinskys Kompositionen vereinzelt aufgeführt wurden. Ich denke vor allem an die Konzerte des Pianisten und Dirigenten Alexander Siloti, der damals im Zenit seines russischen Ruhmes stand. Aber niemand nahm uns dorthin mit, und ich erfuhr erst davon, als ich St. Petersburg auf immer verlassen hatte. Auch von Sergej Alexandrowitsch Koussewitzky, der wie so viele russische Juden den kulturellen Idealen seiner Zeit sehr aufgeschlossen war und sein Orchester auf ausgedehnten Reisen durch ganz Rußland in Städte führte, die wohl nie zuvor ein Sinfonieorchester gesehen hatten, hörte ich zum erstenmal 1922 in Berlin, als wir beide schon Emigranten waren ...

Eines ist sicher: Es gab in jenen Jahren in St. Petersburg keine organisierte Verschwörung gegen Strawinsky und seine Kunst, und ebensowenig war die Vernachlässigung in unserem Hause speziell gegen ihn gerichtet. Es war die normale Haltung des Milieus, zu dem ich und meine Familie gehörten, ein Ausdruck seiner antiquierten Gewohnheiten und seines verwelkten Geschmacks. Meine Eltern waren sicher verschanzt hinter dem alles durchdringenden Konformismus, der von den Hofkreisen ausging. Sie gehörten eben zu dem, was man heute *Establishment* nennt.

Strawinsky lebte damals meistens außerhalb Rußlands. Nachrichten von Ereignissen im Ausland, wie brillant und bestaunenswert sie auch immer gewesen sein mochten, drangen nicht durch den Schutzvorhang unseres Milieus. Dergleichen wurde anderswo in St. Petersburg diskutiert, bei der liberalen Intelligenz, zu der unser Teil der Familie nicht gehörte.

Als ich im Spätherbst 1919 in Stuttgart meine Studien fortsetzte, war mein Kompositionslehrer Joseph Haas, ein freundlicher, rundgesichtiger Mann, der mit einem krausen Schnurrbart wie ein Kater aussah. Haas war ein glühender Katholik und ein Schüler Max Regers, und ich mußte dem Stil seines Lehrers nacheifern. Unter allen Umständen zu meiden hatte ich seine deutschen Schreckbilder: die Kakophonisten, diese schrecklichen Schönbergs und Bergs, die er nicht nur verabscheute, sondern, wie mein ehemaliger Cellolehrer, auch für den Abgrund aller Musik hielt. Nach Strawinsky fragte ich ihn gar nicht erst, und er nannte ihn auch nie im Unterricht. Dabei hätte er eigentlich von der Uraufführung des ›Sacre‹ gehört haben müssen. Aber das »dekadente Paris« lag für ihn schrecklich fern.

So blieb mir Strawinskys Musik für zwei weitere Jahre verschlossen. Im April 1921 wurde ich achtzehn Jahre alt, und damit war, wie Strawinsky so richtig gesagt hatte, mein Gedächtnis schon mit musikalischem Ballast vollgestopft.

Endlich, im Herbst des gleichen Jahres, zog ich nach Berlin und setzte dort meine Studien fort. Bald nach meiner Ankunft besuchte ich mit meinem Vetter Sergej ein Konzert, in dem Otto Klemperer Strawinskys ›Le Sacre du Printemps‹ dirigierte. Der erwartete Schock blieb aus. Das alles lag außerhalb meiner Erfahrung. Es paßte in keine der musikalischen Landschaften, die ich bisher durchwandert und an die ich mich gewöhnt hatte. Mir fehlte jeglicher Maßstab, an dem ich Strawinskys Kunst hätte messen können. So war mein Weg zu dem komponierenden Landsmann weit und langwierig. Zwischen 1921 und 1923 hörte ich in Berlin die meisten seiner nun schon sehr bekannten Meisterwerke, schätzen lernte ich sie aber erst allmählich. Dann allerdings wurden sie für mich zur größten Erfahrung meines Lebens. Erst nach mehreren Jahren in Paris begann ich, den nutzlosen musikalischen Ballast aus dem Keller meines Gedächtnisses zu werfen und ihn mit dem *grand crû* aus Strawinskys Weinberg aufzufüllen.

Chez Prunier

An einem regnerischen Pariser Oktobertag des Jahres 1927 holte mich Boris Kochno, der Sekretär Diaghilews, gegen Mittag ab, und wir fuhren zu Pruniers Restaurant in der Nähe der Madeleine.

Man führte uns die Treppe hinauf in einen *salon privé,* wo ein für sechs Personen gedeckter Tisch stand.

»Wer kommt denn noch?« fragte ich.

»Diaghilew, Serjoscha Lifar, Walitschka Nouvel und *er* natürlich«, antwortete Boris.

Kurz darauf traf Diaghilew mit Lifar im Gefolge ein. Diaghilew war merklich verdrossen. In dem kleinen Zimmer wirkte er riesig. Wie immer, wenn ich ihm begegnete, war ich verschüchtert und fühlte mich unterdrückt.

»Ich habe Walitschka geschickt, ihn zu holen«, sagte Diaghilew zu Boris. »Sonst würde er bei diesem verdammten Wetter nicht kommen ...« Und sich herablassend mir zuwendend, fügte er hinzu: »*Je suis navré, cher Nika,* aber er scheint nicht besonders wild darauf zu sein, Sie kennenzulernen. Als ich ihn heute morgen anrief, lehnte er rundweg ab zu kommen ... Ich mußte ihn erst überreden.« Und ohne mir eine Chance zu einer Antwort zu geben, fügte er hinzu: »Und noch etwas, wenn Sie ihm Ihre Musik vorspielen ... Ich meine Ihre ›Ode‹, versuchen Sie um Gottes willen nicht alles zu spielen. Nur ein paar Brokken ... Und dreschen Sie nicht auf das Klavier ein, wie neulich bei Misia, *ça va lui casser les oreilles* ...«

Mehr als eine halbe Stunde standen wir um den Tisch herum und warteten. Diaghilew summte vor sich hin, während Boris und ich miteinander flüsterten. Die Atmosphäre war wie das typische Pariser Oktoberschnupfenwetter. Ich fühlte mich ungemütlich und war besorgt, was mir die nächsten Stunden bringen würden.

Endlich hörten wir Schritte auf der Wendeltreppe. Zwei kleine Gestalten tauchten auf, erst die bekannte Walitschka Nouvels und hinter ihm die mir von Porträts und Fotos geläufige Strawinskys, in Shawls gehüllt, die schlaff und schwarz seinen Kopf einhüllten. Zweierlei fiel mir sofort in die Augen: seine kleinen hellgrauen Gamaschen und die über seine Weste hinundhergespannte Uhrkette. Ich wußte, daß Strawinsky klein war, und war doch überrascht. Er wirkte geradezu winzig, weil er so dürr war – das ganze Gegenteil des kleinen, dicken Franzosen. Es gab etwas Antikes, Assyrisches in seinem Gesicht, etwas Vogelartiges und Spitzes, und gleichzeitig hatte es etwas von einem Zauberer aus den weiten russischen Wäldern an sich, einem *lessowitschok*, einem Waldkobold der russischen Sage.

Strawinsky zog ein großes, makellos weißes Taschentuch hervor und schnaubte trompetenartig hinein. Dann, nachdem er seine Nase sorgfältig geputzt hatte – es dauerte ziemlich lange –, begann er zu grunzen und zu grollen.

»*Quel temps! Kakoje swinstwo! Komu eto nushno!* (Was für eine Schweinerei! Wozu soll das gut sein!) Es ist widerlich, bei einem solchen Wetter hinaus zu müssen. Gott sollte es verbieten. Meine Nase läuft so schlimm, daß ich kaum sprechen kann.« Aber Diaghilew unterbrach ihn. Er nahm ihn beim Arm und stellte mich vor.

»Dies ist der junge Komponist Nika Nabokov, von dem ich dir erzählt habe.« Strawinsky schüttelte mir, ohne zu lächeln, die Hand, sagte »*sdrastje*« und wandte sich ab.

»Wo soll ich sitzen?« fragte er Diaghilew.

»Oben natürlich«, antwortete dieser mit einem höflichen Lächeln. »Schließlich ist es deine Party ... Möchtest du einen Aperitif zum Aufwärmen?«

»Nein.«

»Warum?«

»Warum einen Aperitif? Warum können wir nicht gleich mit dem Essen und Wein beginnen?«

Wir setzten uns alle, ich mich neben Strawinsky, Diaghilew gegenüber.

»Wessen Party ist das?« fragte Strawinsky.

»Deine, natürlich«, antwortete Diaghilew.

»Ich sehe nicht ein, warum dies ausgerechnet meine Party sein soll«, grummelte Strawinsky. »*Du* hast *mich* eingeladen, nicht umgekehrt ...«

Aber Diaghilew blieb beharrlich und begann den Fall spöttisch zu diskutieren. Brummig gab Strawinsky nach und erklärte sich bereit, die Rechnung zu bezahlen.

Sofort wandte sich Diaghilew an den Kellner. »*Alors, si c'est lui qui paye* – Kaviar für alle«, und wir lachten.

Ich kann mich nicht erinnern, worüber wir bei Tisch sprachen. Ich weiß nur sicher, daß es nicht um mich und meine ›Ode‹ ging. Vielleicht unterhielten wir uns über Strawinskys ›Apollon‹. Er arbeitete gerade daran, und Diaghilew wollte das Ballett in der nächsten Saison für den jungen, aber schon berühmten Choreographen George Balachivadse herausbringen, der seinen georgischen Namen in Balanchine französisiert hatte. Vielleicht wollte Diaghilew Strawinsky dahin bringen, den neuentdeckten naiven Maler Bauchant als Bühnenbildner für ›Apollon‹ zu akzeptieren, anstelle von Chirico, den Strawinsky vorzog.

Nur einmal wandte sich Strawinsky an mich und fragte nach dem Gedicht von Lomonossow: »Warum dieses alte, abgestandene Gedicht? War das wirklich notwendig? ... Ich kann mich nicht daran erinnern, aber als ich noch zur Schule ging, glaubte ich, daß er der Boileau des kleinen Mannes ist.«

Ich murmelte etwas über die »archaische Schönheit« des Gedichtes, und Diaghilew unterstützte mich, indem er sagte, daß es darin um die Zarin Elisabeth ginge, daß es symbolisch gemeint und doch sehr schön sei. Aber Strawinsky ließ sich nicht überzeugen.

»Gut«, sagte er, »wir werden nach dem Essen sehen, wenn Sie es mir vorspielen.« Und dies war nicht gerade ein Befehl, aber auch nicht eben eine Bitte. Dann lächelte er gnädig und fügte hinzu: »Ich hoffe, Sie tun es, nicht wahr?«

Das Essen dauerte lange und war ermüdend. Ich saß wie betäubt da, fühlte mich ganz und gar überflüssig und unfähig zu sprechen. Ich hoffte nur, bald alles hinter mir zu haben, nicht nur das Essen, sondern auch den restlichen Tag.

Dann, als wir hinunter- und hinausgingen und vor dem Austernstand des Restaurants auf ein Taxi warteten, geschah etwas, das in meiner Erinnerung haften blieb. Ein junger Mann und ein junges Mädchen stürzten sich auf Strawinsky und baten schüchtern um ein Autogramm, indem sie ihm ein Konzertprogramm entgegenhielten. Strawinsky beugte sich über das Programm, fragte nach dem Datum und unterschrieb. Dann kam das Taxi, und wir fuhren los.

»Sehen Sie«, murmelte Diaghilew ironisch, »ich bin viel älter als er und habe, der Himmel weiß es, viel mehr in dieser Stadt getan als er, aber mich fragen sie nicht nach einem Autogramm, sie wollen unbedingt seins!«

Und dann – wie unendlich freundlich und charmant war Strawinsky an jenem Nachmittag nach dem verdrießlichen Essen und, mein Gott, wie verstört war ich, als ich ihm vorspielen sollte.

Diaghilew stand hinter mir und blies mir seinen Atem in den Nacken, links und rechts von ihm Kochno und Nouvel. Lifar saß zu meiner Rechten, um umzublättern, obwohl er Noten gar nicht lesen konnte. Strawinsky saß ganz nah an meiner Linken, die Brille auf die Stirn geschoben.

»Müssen Sie so schlampig schreiben?« sagte er und blickte auf meine unordentlichen, mit Bleistift geschriebenen Noten. »Man kann es kaum lesen!«

Ich war froh, als Diaghilew mir einen Schlag auf die Schulter versetzte und mir befahl, mit dem Vorspielen anzufangen. Ich spielte den Eingangschor und eine der lyrischen Arietten, die ich in einer Mischung aus Baß und Falsett sang.

Plötzlich sah ich, wie Strawinsky sich vorbeugte und mir half, indem er die untere Stimme mit der linken Hand spielte. Sein Stirnrunzeln war einem amüsierten Lächeln gewichen.

Als ich am Schluß der ersten Arietta die Hände von den Tasten nahm, sagte Strawinsky: »Machen Sie weiter, das ist ganz gut ... Ich habe *ce truc-là* nicht erwartet.«

Und so spielte ich mit seiner Hilfe noch ein anderes Stück aus ›Ode‹, ein Duett, wobei ich versuchte, den Baß und Sopranpart gleichzeitig zu singen.

Aber Strawinsky unterbrach mich und sagte: »Singen Sie nur den Sopran, den Baß lege ich mir selbst zurecht.«

Auf einmal schob sich eine weitere Hand zwischen mir und Lifar auf die Tastatur, und ein meckernder Baß fiel in meinen Kastratensopran ein. George Balanchine spielte in seiner üblichen deftigen Art die Oberstimme und sang dazu den Baß.

Ausgelassen kamen wir zum Ende. Strawinsky wandte sich an Diaghilew und sagte mit einem frohen Ton in der Stimme:

»Weißt du, wie das ist? Es klingt, als wäre es von einem Vorgänger Glinkas geschrieben, jemandem wie Guriljow oder Alabjew.« Und dann lächelnd zu mir: »Woher kennen Sie all diese russische Salonmusik aus der Zeit um 1830? Dies ist auf ganz unmißverständliche und naive Weise russisch.«

Ich wußte nicht, was ich antworten sollte. Strawinsky stand auf und wandte sich an Diaghilew: »Selbstverständlich solltest du diese Musik aufführen. Nur, was geschieht mit der Orchestrierung? Sie sollte ganz *à l'italienne* sein und unter keinen Umständen deutsch. Vielleicht könnte Rieti Nabokov dabei helfen.«

Wenige Minuten später gingen wir die Treppe hinunter, und Strawinsky bot mir an, mich in meine Wohnung zurückzufahren.

Als wir im Taxi saßen, stellte er mir Fragen, als stände ich im Mittelpunkt seines Interesses. Er wollte alles wissen. Er fragte, wo ich in St. Petersburg gelebt hatte, wer meine Eltern seien, was sie machten, wo und bei wem ich Musik studiert habe. Er lachte, als ich ihm Geschichten über meinen Lehrer Rebikow erzählte. »Ich kannte ihn«, sagte Strawinsky. »Er mag ein Original gewesen sein, seine Musik allerdings war es nicht. Aber ich hörte, Sie sind ein Freund von Sergej Prokofjew. Stimmt das?«

Ich erzählte ihm, wie ich Prokofjew vor zwei Jahren kennengelernt hatte, daß wir Freunde geworden seien und uns gegenseitig neue Kompositionen vorspielten.

Strawinskys Gesicht wurde ernst. »Ich mag Serjoscha Prokofjew gern, aber was seine Musik betrifft ... sie ist so unausgeglichen. Und nicht nur das, es liegt etwas Anfängerhaftes darin, etwas Ungeschlachtes. Sie ist makellos geschrieben, aber ihr Geist ist mir irgendwie fremd.«

Nach einer Weile fügte er hinzu: »Ich gebe Ihnen den Rat, sich nicht von ihm beeinflussen zu lassen. Es ist nicht gesund für Sie und Ihre Musik. Nach dem, was ich vorhin gehört habe, ist sie unerhört zart und lyrisch. Seine Musik ist auch lyrisch, aber nie sanft. Es ist ungeschliffener Lyrismus, kein sehnsüchtiger wie der, den ich in Ihrem Stück gehört habe.«

Als wir vor meinem Hotel auf dem Boulevard Suffrenes angekommen waren, verabschiedete er sich mit einem warmen Händedruck und einem breiten Lächeln von mir.

»Ich hoffe, Sie bald wiederzusehen ... Und darf ich zu Ihnen Nika sagen, ja?«

Es waren die letzten Lebensjahre Diaghilews und seines Balletts. Ich sah Strawinsky nur noch ganz selten. Während ich im
Frühjahr 1928 in Monte Carlo war, als George Balanchine an
Strawinskys ›Apollon‹ und Leonide Massine an meiner ›Ode‹
arbeiteten, war ich zu sehr mit meinen eigenen Problemen beschäftigt. Von George Balanchine, Boris Kochno und Diaghilews Sekretärin Alexandrina Troussewitsch, mit denen ich oft in
einem Bistro am Meer saß, hörte ich begeisterte Berichte über
die Musik zu ›Apollon‹. Boris nannte sie klassisch, aber dabei
sei sie irgendwie ironisch.

»Natürlich nicht im Sinne von Jux, nicht etwa komisch, ganz
im Gegenteil. Und dennoch ist es eines der typischen genialen
Strawinskyschen Amalgame von Ballettmusiken des 19. Jahrhunderts, angefangen bei Adam über Delibes zu Tschaikowsky
und selbst bis zu solchen *faiseurs* wie Minkus ...«

Balanchine andererseits sprach von der Schwierigkeit, diese
reine und durchsichtige Musik in einen adäquaten Ballettstil
umzusetzen. »Verstehst du – es ist wie Mozart«, rief er aus,
womit er andeuten wollte, daß Mozart für einen Choreographen eine der schwersten Aufgaben sei.

›Apollon‹ war das Werk eines choreographischen Genies.
Klassisches Ballett gab es in jenen Jahren überhaupt nicht. Was
»klassisches Ballett« genannt wurde und vielfach heute noch so
bezeichnet wird, war eigentlich nur romantischer Kram, der auf
dem Tanzvokabular und der Syntax basierte – einem Inventar
von Schritten, Bewegungen und Figuren, die aus der klassischen
Tradition vergangener Jahrhunderte übriggeblieben waren. Reines klassisches Ballett und klassische Choreographie waren seit
den Tagen Glucks und Vestris erloschen. Die Ballettmeister des
19. Jahrhunderts bis hin zu Balanchine stellten lediglich klassische Techniken in den Dienst des romantischen Balletts. Diese
Techniken waren lange zuvor, während der frühen klassischen
Jahrhunderte Italiens und des Mediceischen Frankreichs entwickelt worden, um die allegorischen und mythologischen Be-
dürfnisse der Hofballette zu befriedigen. Eine eigene Technik
brachte die romantische Bewegung nicht hervor. Sie hatte weder die Geduld noch die nötige Hochachtung für rationale Systeme, und das betraf besonders eine »mindere« Kunst wie das
Ballett.

Als Balanchine der Musik und der Handlung von ›Apollon‹ begegnete, mußte er aus dem Nichts einen klassischen Ballettstil entwickeln. Das Ergebnis war ein erstaunliches Werk von unübertroffener Vollendung, in dem jeder Schritt, jede Bewegung und jede Pose aus dem musikalischen Bedürfnis erwuchs. Die klassische Technik und ihr altes Vokabular wurden von Balanchine wiedererweckt und sublimiert, und das war nicht einfach eine Wiederholung, sondern tatsächlich die Geburt eines wahrhaft neuen klassischen Stils.

Eben dies empfand Diaghilew, als er ›Apollon‹ ein *ballet blanc* oder ein *blanc sur blanc* nannte. ›Apollon‹ war für das Ballett, was Mondrians ›Weiß auf Weiß‹ und Malewitschs ›Schwarz auf Weiß‹ für den Beginn der abstrakten Malerei bedeuten.

Aber ›Apollon‹ war nur der erste Schritt in eine neue Richtung, zumindest der erste erkennbare. Von ihm ging der neue Klassizismus aus, der heute zum Ruhm Amerikas und einiger Generationen von Tänzern gehört. George Balanchine verscheuchte den staubigen, romantischen Stoff, der noch immer von Tanzkompagnien in Europa dargeboten wird (und noch immer die lukrative Geldquelle für Agenten ist), und ersetzte ihn durch etwas, das nicht nur zu unserer Gegenwart Bezug hat und eine Parallele zur zeitgenössischen Kunst besitzt, sondern das auch die Haltung eines Ballettmeisters widerspiegelt, für den Kunst und Technik untrennbar sind und für den der klassische Tanz nicht mehr und nicht weniger bedeutet (aber auch nichts anderes) als eine glaubhafte Übersetzung von hörbarer Tonsprache in sichtbare Bewegung.

Aber George Balanchine wäre das ohne die Musik Strawinskys nie gelungen.

Ich weiß, daß ich eine Meinung vertrete, die gegenwärtig von vielen nicht geteilt wird. Für die Nachkriegsgeneration ist der Neoklassizismus Strawinskys eher eine Verirrung, ein ästhetischer Unfug, der auf Strawinskys wilden Appetit auf die Musik vergangener Jahrhunderte zurückzuführen ist. Die meisten sehen darin nur eine Wiederbelebung von Gespenstern. Besonders ›Apollon‹ wird als ein Beispiel dafür gebrandmarkt. Aber die Mode kommt und geht – und dennoch findet das Unvermeidbare statt. ›Apollon‹ hat im Repertoire ebenso seinen festen Platz wie andere neoklassizistische Werke Strawinskys, angefangen vom Ersten Klavierkonzert bis zu ›Agon‹. Ob man sie mag oder nicht, ich glaube, die Muse ist auf Strawinskys Seite, und Mnemosyne arbeitet besonders energisch daran, diese Meisterwerke vor der alles verschlingenden Lethe zu bewahren.

Begriff ich selbst damals, 1928, irgend etwas davon? Ich glaube nicht. Irgendwie dämmert es mir, daß ich irritiert war, als ich die Musik zum ersten Male hörte, denn selbst im Vergleich zu den vorangegangenen Werken des Komponisten erschien mir der ›Apollon‹ zu künstlich zurückhaltend, wie in Anführungsstrichen komponiert. Erst viel später verstand ich das Werk richtig, und es wurde mir immer lieber.

Im ganzen haben die letzten Diaghilew-Jahre nicht viel dazu beigetragen, Strawinskys und meine Freundschaft zu fördern. Die Pariser Saison Diaghilews war von zuviel gesellschaftlichem *ballyhoo* umgeben, den Strawinsky klugerweise mied, den ich aber damals begeistert mitmachte. Es war zeit- und geistverschlingend, aber schrecklich verführerisch. Ich begriff noch nicht, wie hohl alles war. Mit meinen fünfundzwanzig Jahren erschien es mir einfach amüsant. Es war verführerisch, von der Prinzessin X. und der Gräfin Y. eingeladen zu werden, und von den »Älteren«, von Cocteau, Picasso, Max Jacob, Derain und Diaghilew als *copain* behandelt zu werden.

Ich machte damals sozusagen meine »tollen Zwanziger« durch. Ich war sehr spät dazugekommen, gerade am Ende einer Dekade und nach mageren Jahren. Kein Wunder, daß ich mich kopfüber in all diese pariserischen Vergnügungen stürzte, die mir mein plötzlicher, ach so bescheidener Ruhm einbrachte.

Was mich damals auch von Strawinsky noch trennte, war der Generationsunterschied. Er war soviel älter und sehr, sehr berühmt. Ich war ein Anfänger und ein Grünspecht. So sah ich ihn in jenen frivolen Jahren nur selten, und wenn ich ihn traf, war er von Menschen seines Alters oder seiner Familie umgeben. Ich besuchte ihn weder in Nizza noch in Paris. Und nach der Premiere von ›Apollon‹, als ich ihn in seiner Loge aufsuchte, war er unangenehm berührt von meiner Unfähigkeit, irgend etwas Passendes zu sagen. Ich murmelte unzusammenhängende Sätze mit Allgemeinplätzen – und er wandte mir den Rücken zu.

Am Tage danach sagte der Komponist und Kritiker Arthur Lourié, damals sein bester Freund, Strawinsky sei über meine Reaktion enttäuscht und verärgert gewesen. »Warum konnte Nabokov nicht etwas Vernünftiges über ›Apollon‹ sagen?«

Glücklicherweise blieb Strawinsky nicht bis zur Premiere der ›Ode‹. Zwei Jahre lang begegneten wir uns nicht, und dann auch nur durch einen Zufall: Wir wurden Studionachbarn, als wir beide an einer Auftragsarbeit saßen, er mit vollem Erfolg (das Ergebnis war die ›Psalmen-Sinfonie‹) und ich ziemlich scheiternd bei dem Versuch, ein Stück für das Cembalo zu schreiben.

Während ich, ein Opfer nahezu totaler kompositorischer Verstopfung, an den Pedalen der neuen Errungenschaft von Pleyel herumfummelte, klopfte es an der Tür, und bevor ich »*entrez*« sagen konnte, traten Strawinsky und sein Schatten, Arthur Lourié, ein.

»Was machen Sie hier?« fragte Strawinsky lustig. Ich erklärte ihm mit kurzen Worten meine Qual. »Wissen Sie, daß wir Nachbarn sind?« sagte er und zeigte auf eine Tür, die auf der anderen Seite des dunklen Ganges lag. Dann ging er zum Fenster und sah hinaus auf die goldene Kuppel der Russischen Kirche in der Rue Daru. »Sehen Sie nur, er hat eine viel schönere Aussicht als ich«, sagte er zu Lourié. »Wie ein Bühnenbild für Boris Godunow, erster Akt. Nur Ihr Cembalo paßt nicht in die Szenerie.«

Von diesem Morgen an veränderte sich für die folgenden drei oder vier Wochen von Strawinskys Aufenthalt in Paris mein Leben. Der Cembalo-Auftrag war vergessen. Ich widmete meine ganze Zeit Strawinsky. Er wohnte irgendwo in St. Cloud und erschien morgens zwischen neun und zehn Uhr in seinem Studio. Dann warf er einen verstohlenen Blick in meinen Stall und sagte: »Nika, lassen Sie uns auf einen *petit café arrosé* an die Ecke gehen, und dann fange ich zu arbeiten an.«

Dem *café arrosé* folgte unvermeidlich ein vierhändiges Vom-Blatt-Spielen einer Bach-Kantate oder eines Händel-Oratoriums an seinem Flügel. Strawinsky konnte blendend Partitur lesen, was nicht gerade meine Stärke war. Er pflegte »*merde alors!*« zu schreien, wenn ich einen Fehler machte. Aber am Ende des Stücks umarmte er mich und sagte: »Danke, Nika, daß Sie mit mir gespielt haben. Nun gehen Sie in Ihr Studio zurück. Ich muß arbeiten.«

Gewöhnlich ging er entweder mit Lourié oder mit Vera Arturowna de Bosset, die ich zwei Jahre zuvor bei Diaghilew-Proben oder bei Freunden kennengelernt hatte, zum Mittagessen. Aber manchmal auch gingen wir beide in das russische Restaurant gegenüber der orthodoxen Kirche in der Rue Daru. Wir tranken Wodka und aßen eine Pastete, und dann pflegte Strawinsky zu sagen: »Nun bestellen Sie sich, was Sie wollen. Sie wissen, ich lebe Diät und kann nur rohe Sachen zu mir nehmen.« Und anschließend erklärte er dem untröstlichen Kellner: »Bringen Sie mir einen Teller voller roher, in Scheiben geschnittener Kartoffeln und Tomaten, aber ohne Salz und Pfeffer, mit einer halben Zitrone und etwas Olivenöl.«

Strawinsky aß diese Horrormixtur und sagte: »Eigentlich ist dies ganz gut. Es schmeckt ein wenig sauer, wie Erde ... oder wie das, was die Schweine essen.«

Ich bestellte mir russische Buletten mit dem vornehmen Namen *Côtelettes Posharsky.* Strawinsky rief dem Kellner nach: »Bringen Sie ihm gleich drei. Er ist groß, hungrig und braucht Fleisch.«

Und wenn ich dann von zweien der Côtelettes völlig gesättigt war, pickte er sich die dritte auf die Gabel, tauchte sie in saure Sahne und sagte, mir verschmitzt zublinzelnd: »Ich möchte die rohen Kartoffeln in meinem Magen verblüffen.«

Diese Wochen im Sommer 1930 in Paris waren für mich ein Himmelsgeschenk. In dieser Zeit wurde das Band unserer Freundschaft auf immer geknüpft. In endlos langen Gesprächen hielten wir Dia- und Monologe, und alles war, wie immer bei Strawinsky, unwiederholbar persönlich, irritierend oder lustig, sanft oder ruppig, immer aber aufregend, bedeutungsvoll, und immer ganz köstlich voreingenommen.

Einige dieser Gespräche sind mir bis heute – fast fünfzig Jahre danach – in Erinnerung geblieben. So sagte er über das Komponieren: »Ich komponiere immer am Klavier. Ich muß den physikalischen Klang hören, keinen imaginären. Erst dann kann ich mir vorstellen, wie es klingen wird, wenn es von diesem oder jenem Instrument oder einer Instrumentalgruppe gespielt wird.

Sehen Sie, ich bin nie zum Instrumentalisten erzogen worden, sondern sofort zum Komponisten, was ich für falsch halte. Das ist eine pädagogische Erfindung des 19. Jahrhunderts. Johann Sebastian Bach und sein Sohn Philipp Emanuel waren Instrumentalisten von Haus aus. Komponist war man in jenen Jahrhunderten ja eigentlich mehr zufällig. Die primäre Aufgabe bestand darin, ein Instrument zu spielen, und so hatten die beiden Bachs, Händel und Mozart eine natürliche, klare und stets präzise Vorstellung vom orchestralen Klang.

Ich habe, wie so viele meiner Generation, dergleichen nicht zur Hand. Und rein abstrakt zu arbeiten, ohne den speziellen Klang des Instrumentes im Ohr zu haben, ist mir unmöglich, ja sogar verhaßt.«

An einem sehr heißen Sonnabendvormittag hatte Strawinsky

die Tür zu seinem Studio offen gelassen, und ich hörte, wie er plötzlich aufstand, eine Weile hin und her ging, sich wieder an den Flügel setzte, immer den gleichen Akkord anschlug und dabei auf Französisch murmelte: »*Pas de pitié*.« Ich dachte, ich könnte ihm vielleicht irgendwie helfen, und ging hinüber in sein Zimmer. Ohne sich umzudrehen, sagte er: »Nein, es ist nichts, Nika, danke«, und dabei radierte er mit einem großen Gummi geschriebene Noten aus. Dann wandte er sich mir zu und sagte in streng belehrendem Ton: »Man darf niemals Selbstmitleid haben oder sich in irgendeinem Punkte nachgeben. Mit ›Annäherungen‹ ist es in der Musik nicht getan. Komponieren heißt Pfeile abschießen – man muß ins Zentrum treffen, alles übrige taugt nichts.«

Wir sprachen noch eine Weile weiter und kamen dabei auf die Frage, woher eigentlich Musik kommt.

»Musik oder, besser noch, Klangmoleküle«, sagte Strawinsky, »kommen zu mir von außerhalb, von überallher. Mein inneres und äußeres Ohr ist immer offen und ist begeistert von Klängen im Stadium ihrer *matière première*. Manchmal sind diese Klänge unbrauchbar, aber manchmal begeistern sie mich auch und verschaffen mir eine Art Erektion meines inneren Ohres. Dann manipuliere ich die Klänge nach freiem Willen, und nach und nach kommt dabei so etwas wie eine Spermatozoe heraus. Sehen Sie sich zum Beispiel dieses Stück an«, Strawinsky zeigte auf das sauber geschriebene Manuskript auf seinem Arbeitstisch: den Entwurf zu der ›Psalmen-Sinfonie‹. »Vor zwei Jahren habe ich etwas gehört, was ich mir notiert habe. Dann habe ich damit gearbeitet, und es wurde der Embryo zweier kleiner Terzen, die das Hauptthema bilden. Wenn ich Ihnen das Skizzenbuch zeigen würde, könnten Sie die Ähnlichkeit zwischen dem, was ich damals festgehalten habe, und dem Thema, wie es heute erscheint, nicht wiedererkennen. Aber in meiner Erinnerung kann ich den Prozeß der Entstehung wiederholen. Kunst, und in meinem Falle Musik, heißt Ordnung machen, geordnete Klangstrukturen erfinden«, fuhr er fort, »und dies in geordneter Zeit und Raum. Ich brauche eine Wurzel, Grundtöne als Pol der Anziehungskraft, nennen wir es, wie Sie wollen: Tonalität, Modalität, Wurzelität. Sie muß in jeder Phrase erkennbar sein, in jedem Satz, und das natürlich nicht im Sinne des Konservatoriumjargons des 19. Jahrhunderts, sondern im Sinne freier Wahl. Das etwa ist es, was ich mit dem *libre arbitre* meine.«

An jenem Vormittag hielt in der Russischen Kirche auf der anderen Straßenseite der Chor laut und unermüdlich eine Probe ab. Ich saß wieder in meinem Zimmer, und die Klänge dieser Gesänge mit ihrem opernhaften Charakter erfüllten meine Ohren mit flüssigem Gorgonzola. Jedesmal, wenn der Chor auf dem Höhepunkt eines *fortissimo* angelangt war, wurde der Gesang unterbrochen, weil der Sopran, vielleicht wegen eines Druckfehlers in seinen Stimmen, immer wieder den gleichen Fehler machte. Sie sangen anstelle eines Ganztonschritts einen Halbtonschritt.

Strawinsky hatte mir von seinen Schwierigkeiten mit der Coda des letzten Satzes der ›Psalmen-Sinfonie‹ geklagt: »Ich kann kein Ende für den letzten Satz finden. Wenn ich meine, es jetzt endlich gefunden zu haben, ist es doch wieder nichts, und ich muß alles *pas de pitié* wieder ausradieren.«

Plötzlich hörte ich ihn in mein Studio kommen. Er ging zum Fenster und fragte: »Was ist das für ein Gesang?«

»Oh«, sagte ich, »hören Sie sich das an, Igor Fedorowitsch. Seit einer Viertelstunde schon singt der Chor die gleiche Phrase, und wenn die dritte Wiederholung kommt, macht der Sopran immer wieder den gleichen Fehler.«

»Still, still«, unterbrach mich Strawinsky und flüsterte: »Lassen Sie mich zuhören.«

»Passen Sie auf, jetzt kommt er wieder, der Fehler«, flüsterte ich zurück.

Aber Strawinsky grinste von Ohr zu Ohr und sagte, immer noch flüsternd: »Aber das ist ja schön! Das ist genau, was ich brauche.«

Und er lief in sein Studio zurück.

Um halb eins erschien er wieder und rief ganz glücklich: »Nika, kommen Sie, lassen Sie uns feiern. Es gibt Wodka und Kaviar. Ich habe die Coda gefunden.«

Zwei Tage danach spielte er mir den Schluß der ›Psalmen-Sinfonie‹ vor. Die chromatische Passage des Halleluja war aus dem Fehler des Soprans des russischen Chores geboren worden.

Eines Tages fragte ich Strawinsky etwas über die Melodie. Ich muß die Frage zu ungenau gestellt haben, was er nicht leiden konnte.

»Ich verstehe nicht, was Sie meinen«, antwortete er. »Geht es Ihnen um Melodie, ein *popjewka* (ein Liedfragment), oder meinen Sie *melos* im allgemeinen, die *melopoeia*, den melodischen Fluß?«

»Eigentlich beides«, sagte ich.

»Nun gut«, erwiderte Strawinsky, »eine *popjewka* ist etwas Unterscheidbares, Identifizierbares, etwas, das wie Leim im Gedächtnis haften bleibt. Ich habe damals solche Fetzen von Straßenliedern in ›Petruschka‹ benutzt oder daraus Themen für ›Les Noces‹ erfunden. Aber in dieser Weise interessiert mich die Melodie nicht mehr. Heute brauche ich lange melodische Linien, die meinem Bedürfnis nach Polyphonie entsprechen, und diese Linien enthalten nicht unbedingt, wie soll ich sagen, identifizierbare, melodische Moleküle oder Muster. Hier zum Beispiel«, und er zeigte auf seine ›Psalmen-Sinfonie‹, »sind die melodischen Moleküle ganz klar zu erkennen. Aber das ist nicht ausschlaggebend, denn die Struktur des Ganzen bestimmen sie nicht. Wichtig ist nur, wie ich sie mit Hilfe meines *libre arbitre* in solchen langen, melodischen Passagen verberge.«

Ebenso plötzlich und unerwartet, wie Strawinsky in seinem Studio bei Pleyel aufgetaucht war, verschwand er eines Tages. Er verließ Paris, um, wie er mir erzählte, eine Ferienreise durch Frankreich zu machen. Einige Tage nach seinem Verschwinden trafen die ersten Ansichtskarten aus den Restaurants aller möglichen Provinzen bei mir ein. Auch ich stellte fest, daß der Sommer gekommen war, packte meine Sachen und fuhr zu meinen Freunden im Elsaß.

Als ich im Oktober zurückkehrte, hörte ich, daß Strawinsky in der Stadt sei, und sah auch Plakate, die ein großes Strawinsky-Konzert ankündigten. Ich wollte ihn in seinem Studio besuchen, aber es war verschlossen.

Wir sahen uns lange Zeit nicht mehr. Unser beider Leben änderte sich – wie die ganze Welt – drastisch. Ich war in Amerika und gab Musikunterricht, Strawinsky reiste umher und komponierte.

Amerika, du Land der Freuden

Die Weltwirtschaftskrise griff damals auch in Frankreich allen Leuten in die Tasche und machte sich natürlich bei den armen heimatlosen Russen zuerst bemerkbar. Einnahmequellen, wie gelegentliche Kompositionsaufträge oder Begleitmusiken für Filme und Theateraufführungen, versiegten schnell. Auch die Pianofabrik Pleyel schickte sich an, ihre Monatsschrift ›Musique‹ einzustellen, an der ich als Assistent des Herausgebers arbeitete. Die Zukunftsaussichten waren trübe. Ich hatte 1928 zum erstenmal geheiratet, und meine Frau Natalie Schachowskaja war der Meinung, das Heil könne für uns nur in einem Umzug nach Amerika liegen.

Dabei hatten wir noch das Glück, die Sommer in einem entzückenden kleinen Haus im Elsaß in der Nähe eines wunderschönen Schlosses verbringen zu können. Schloß wie Häuschen gehörten meinen alten Freunden Antoinette und Alexander Grunelius und Alexanders Mutter. Seit ich 1923 von Berlin nach Paris gezogen war, war Schloß Kolbsheim ein Zufluchtsort für uns geworden. Die Familie Grunelius, vor allem die rührend liebevolle Mutter, nahm mich wie ein Familienmitglied auf und umgab mich mit der herzlichsten Gastfreundschaft. Ich war jederzeit willkommen.

Das rosa verputzte Schloß, ein breit hingelagertes Gutshaus aus dem 18. Jahrhundert, steht auf einem Hügel der linken Seite der Rheinebene, im Westen sieht man die blaßblaue Kette der Vogesen, im Osten ahnt man den meist von Wolken verhüllten Schwarzwald. Gelassenheit und Ruhe geht von den weiten Räumen des Hauses aus. Der terrassenförmig abgestufte Garten, mit beschnittenen Buchsbaumhecken, Blumenrabatten und wenigen, geschickt plazierten Skulpturen läßt an Italien denken, aber an ein halbwirkliches, traumhaftes Italien, wie es die großen Flamen als Hintergrund ihrer Porträts gemalt haben.

In diesem Schloß hatte ich Anfang der zwanziger Jahre Albert Schweitzer und seine beiden musikbegabten Vettern, Charles und Fritz Münch, kennengelernt. In Kolbsheim habe ich die meisten meiner Kompositionen geschrieben und die französischen, englischen und deutschen Klassiker gelesen oder wiedergelesen. Dort habe ich meine Leidenschaft für Bergwanderungen, für romanische Architektur und für Parklandschaften entdeckt.

Nachdem Natascha und ich geheiratet hatten, boten uns die Schloßherrn von Kolbsheim das kleine Haus am Ende des Dorfes als Aufenthalt an, und in den fünf Jahren von 1928 bis 1933 verbrachten wir dort eine Reihe von glücklichen, ungestörten Sommern und empfingen einen Schwarm von Freunden: Komponisten wie Darius Milhaud, Sergej Prokofjew, Henri Sauguet und Paul Hindemith besuchten uns, aber auch Schriftsteller wie Jean Cocteau, mein Vetter Wladimir und viele, viele andere. Als unser wichtigster Besucher sollte sich der sanfte und heiligmäßige Jacques Maritain erweisen. Auch unsere Gastgeber im Schloß wurden ihm, seiner Frau Raïssa und seiner Schwester Vera tief ergeben, so daß Kolbsheim zu Maritains zweiter Heimat wurde.

Dem Gelingen eines von Natascha zäh und ausdauernd verfolgten Planes war es schließlich zu danken, daß wir uns am 9. August 1933 auf dem kleinsten Dampfer der »French Line«, der S. S. »de Grasse«, nach New York einschifften. Wir reisten auf Einladung der Barnes Foundation in Merion, Pennsylvania, einem Vorort von Philadelphia. Dieses Institut war ein Mittelding zwischen Museum und Kunsthochschule. Ich sollte hier einen Kurs über künstlerische Tendenzen in der Musik und der Malerei der letzten hundert Jahre abhalten.

Amerika war genauso, wie ich es mir vorgestellt hatte. Was mich beeindruckte, nachdem ich die durch dichte Schotten abgetrennte europäische Gesellschaft kennengelernt hatte, war die weite Öffnung Amerikas, die von jedem Klassendenken freie Bereitschaft seiner Bewohner, sich gegenseitig und vor allem dem Neuankömmling, dem Einwanderer, zu helfen.

Kaum waren wir gelandet, wurden wir schon mit Einladungen zu Dinner- und Cocktail-Partys überschüttet, mit Freikarten für Theater, Konzerte und Vernissagen, mit Aufforderungen, das Wochenende auf dem Lande zu verbringen. Dabei lernte ich auch Archibald MacLeish und seine Frau, die Sängerin Ada, kennen. Ich war von MacLeish einfach hingerissen. Er schien mir der Inbegriff des amerikanischen Edelmannes aus Neu-England zu sein: männlich, liebenswürdig und geistreich. Er beklagte, daß es in Amerika kein Ballett gebe, und erzählte von einem Libretto zu einem amerikanischen Ballett, mit dem er sich einige Zeit in Gedanken beschäftigt habe. Es hatte etwas mit dem Bau der Union-Pacific-Bahn zu tun. Zunächst achtete ich nicht weiter auf diese Idee, doch dann führte eine ganze Kette von Zufällen dazu, daß sie sich ganz in den Vordergrund meiner Überlegungen schob.

Nach einigem Hinundher entschloß ich mich, die Musik zu ›Union Pacific‹ zu schreiben, obwohl es mir zunächst absurd erschienen war, daß ausgerechnet ein in Frankreich lebender Russe das »erste echt amerikanische Ballett« komponieren sollte. Ich hatte, nachdem die schwierige Finanzierung endlich geklärt war – das Libretto von MacLeish war längst fertig –, noch genau 23 Tage Zeit dazu.

Ich arbeitete Tag und Nacht. Ich schrieb Noten, wo ich ging

und stand: in der Untergrundbahn und im Bus, beim Warten auf das Frühstück oder Mittagessen, und vor allem an dem Klavier, auf das ich in meiner dürftigen kleinen Wohnung in der 55. Straße West eindrosch.

Wenn auch das Grundschema des Balletts denkbar einfach war, so mußte man doch auf eine große Anzahl von Wünschen Rücksicht nehmen. In der Compagnie des *Ballet Russe de Monte Carlo*, das ›Union Pacific‹ auf seiner Amerika-Tournee tanzen sollte, gab es zahlreiche hübsche, junge Ballerinen, und der Chef-Choreograph Leonid Massine wollte sie natürlich alle vorzeigen. Infolgedessen mußte jede von ihnen eine Solo-Nummer bekommen, und möglichst noch einen *Pas de deux* hinterher. Ich hatte daraufhin noch bedeutend mehr zu komponieren, als ich ursprünglich geglaubt hatte.

Als die Proben begannen, deutete sich eine Katastrophe an. Die Kopien der Orchesterstimmen wimmelten von Schreibfehlern, das Orchester selbst war aufsässig und spielte saumäßig. Bei der dritten Probe am 4. März hatten die Tänzer ihre Schritte vergessen, die Ensembles klappten nicht, die Dekorationen waren noch nicht trocken und ließen sich nicht aufhängen. Unaufhörlich fielen Versatzstücke um, der Vorhang war zu kurz und das Zelt für die erste Hauptszene zu klein. Die Kostüme waren entweder noch nicht fertig, oder sie paßten nicht. Am nächsten Tag gab es zwei weitere Proben mit dem Orchester. Wir arbeiteten bis Mitternacht, und trotzdem sah immer noch alles nach einer unvermeidlichen Katastrophe aus und klang auch so.

Am 6. März sollte Premiere sein. Am Morgen war Generalprobe. Doch über Nacht war keinerlei Wunder geschehen, das Orchester spielte immer noch falsche Noten, und die Tänzer wußten immer noch nicht, was sie auf der Bühne zu machen hatten.

In der Pause fragte ich den Manager Sol Hurok, wie ihm denn die Musik gefalle. Er sah mich verdrießlich an und sagte: »Was heißt hier Musik? Alles an dem Ding ist lausig! Besonders im ersten Akt kommt eine Note vor, die muß unbedingt raus!«

Bei der Premiere am Abend geschah dann das Unerwartete. Von den ersten Nummern an hatte ich das Gefühl, daß alles vielleicht doch noch klappen würde. Das Publikum von Philadelphia applaudierte immer kräftiger, bis Massine mit dem »Tanz des Barmanns« das Haus zum Toben brachte.

›Union Pacific‹ wurde das erfolgreichste Stück im Repertoire des *Ballet Russe de Monte Carlo*. Es wurde überall in Amerika gespielt und ging dann auf Tournee durch Europa und fast die ganze übrige Welt.

Leider haben weder Archibald MacLeish noch ich viel davon gehabt. In den hektischen Wochen vor der Premiere hatten wir beide nicht – und ich sicherlich am wenigsten – daran gedacht, einen ordentlichen Vertrag zu schließen. Mir war nicht einmal die Zeit geblieben, eine Kopie von der Partitur oder wenigstens von dem Klavierauszug zu machen. So gelangte das Werk völlig ungeschützt durch ein Copyright zur öffentlichen Aufführung. Alles, was ich zuwege gebracht hatte, war ein mündlich versprochenes Honorar von 500 Dollar. Ich bekam sie in homöopathischen Dosen verabreicht. Die letzte Rate erhielt ich in Gestalt von 25 Pfund Sterling hinter der Bühne des Royal Covent Garden Opernhauses in London im Juni 1934 ausbezahlt.

Ich steckte die druckfrischen weißen Banknoten in meine Brusttasche und fuhr stracks mit dem Nachtzug über Falmouth und Boulogne nach Paris. Die See war unruhig, und ich gab Neptun zurück, was ich mir im Grill-Room des Savoy-Hotels einverleibt hatte. Noch immer im Smoking und sehr wacklig auf den Beinen, bestieg ich in Boulogne ein Eisenbahnabteil dritter Klasse. Ich mußte dringend auf die Toilette. In jenen Jahren geschah es häufig, daß es auf den Toiletten der dritten Klasse der französischen Eisenbahn kein Papier gab ...

Glücklicherweise hatte ich in meiner Tasche ein Bündel wunderbar sauberen, weißen, englischen Papiers. Erst als ich das erste Blatt durch die Röhre abwärts flattern sah, wurde mir mein Mißgriff klar.

Im Dschungel

Anfang des Jahres 1936 entschieden meine amerikanischen Beschützerinnen Dorothy Chadwick, Edith Fincke und deren Schwester Marion Dougherty, daß ich mit meinem ungeordneten Leben aufhören und mir eine geregelte Arbeit besorgen müsse.

Zu jener Zeit waren die Fleischtöpfe für Komponisten in Amerika von sehr begrenzter Zahl. Um als ein eingewanderter Komponist Geld zu verdienen, blieben einem wenig Möglichkeiten. Die beste war, an einem College zu unterrichten. In

Amerika glaubte man damals, und in einem gewissen Maß auch noch heute, daß importierte Komponisten, wie Weine oder Käse, *eo ipso* besser sind als die einheimischen. Eine andere Möglichkeit hieß, auf Vortragsreisen zu gehen – für einen Menschen mit exotischem Hintergrund konnte das ansehnliche Honorare abwerfen. Privatstunden zu geben war eine dritte, aber weniger sichere Chance, etwas Geld zu verdienen.

Am hellsten am Finanzhorizont winkten natürlich Hollywood und der Broadway. In diese Traumsphäre wurde man aber nur aufgenommen, wenn man das spezifische Talent für diese Glamour-Welle besaß.

Der Komponist Wladimir Dukelskij (alias Vernon Duke) hatte mir, als ich ihn 1926 in Paris kennenlernte, von den unerschöpflichen Möglichkeiten vorgeschwärmt, in Hollywood oder am Broadway Geld zu scheffeln. Er schrieb damals zugleich an einem Ballett für Diaghilew und an Melodien für Musikkomödien.

»Sie können beides auf einmal machen«, erklärte er mir. »Sie müssen das populäre Zeugs nicht selbst instrumentieren. Dafür gibt es Professionelle. Infolgedessen können Sie leicht von einem Stuhl zum anderen hüpfen, von der Unterhaltungsmusik zur ernsten Musik, wobei natürlich die ernste Musik in Ihrem Kopf immer den Vorrang behalten muß.«

Dukelskij war ein begabter Komponist mit einer lyrischen russischen Begabung. Aber trotz der Unterstützung Diaghilews und Koussewitzkijs hatte er mit seiner ernsten Musik niemals Erfolg, während es ihm als Unterhaltungsmusiker, unter dem Namen Vernon Duke, etwas besser ging – sein ›April in Paris‹ wird noch heute gespielt. Aber wenn man es recht betrachtet, saß Dukelskij auf keinem der beiden Stühle, sondern direkt dazwischen. Niemals hat er viel Geld gescheffelt, und seine populäre wie seine ernste Musik blieb meist unaufgeführt. Er wurde immer matter und brummiger, schrieb ein grundlos garstiges Buch über Strawinsky, verlor alle seine Freunde aus den Augen (selbst George Balanchine besuchte ihn nicht mehr) und starb in jungen Jahren als verbitterter und einsamer Mensch. So war er gewissermaßen auch ein Opfer der Entwurzelung und der Versuchungen des Hollywood- und Broadway-Kapitalismus.

Die einzigen Künstler, denen es gelang, zwischen den beiden Stühlen hin und her zu jonglieren, waren Kurt Weill und George Gershwin. Weill allerdings hatte seinen Stuhl für ernste

Musik irgendwo in Berlin zurückgelassen. Und Gershwin ist ohnehin eine Klasse für sich. Ich bin auch immer noch nicht überzeugt, ob seine Versuche, über seine ursprüngliche Welt des Songs mit ihrem genialen Gemisch aus jüdischem Odessa und schwarzem Amerika hinauszugehen, von bleibendem Wert sind. Seine ernsten Werke gehören in die Welt der Promenadenkonzerte, und dort werden sie ihren festen Platz behalten.

Mit importierter, moderner, ernster Musik Geld zu verdienen, war in jenen Jahren so gut wie unmöglich, es sei denn, daß man schon in Europa berühmt gewesen war wie Strawinsky, Rachmaninow und Prokofjew.

Meine Chance, nach dem »Triumph« meines Balletts ›Union Pacific‹ im März 1934 nach Hollywood zu gehen, hatte ich verpaßt. Ich war damals zu sorglos und leichtsinnig gewesen, zu begierig, mich in den Strudel der New Yorker Vergnügungen zu stürzen. Außerdem wollte ich nicht das Risiko eingehen, in die Filmmetropole zu kommen und mich dort zu verlieren. Zwar drängten George Gershwin und andere amerikanische Freunde mich, den Erfolg des Balletts sogleich auszunutzen, aber ich beachtete ihre Ratschläge nicht.

Was den Broadway betraf, so sagte mir mein Instinkt, daß ich nicht das Zeug zu einem George Gershwin, Cole Porter oder Irving Berlin hatte. Außerdem konnte ich mit meiner altmodischen russischen Musik dort wohl kaum etwas anfangen.

So blieb nur die Wahl zwischen Vortragsreisen und »The groves of Academy«, wie man so schön zu sagen pflegt.

Ich hatte nie an irgendeiner Art von Schule oder College unterrichtet, aber seit meiner Kindheit in Rußland war mir alles verhaßt, was mit Lehren und Lernen zu tun hat. Das Aussehen und die Gerüche von Klassenzimmern, die Balgereien, das Lärmen und Schwatzen der Klassenkameraden, das Fehlen alles Privaten (besonders in den Toiletten mit den Pißbecken und Massenklos), die langweiligen Schulbücher und die gelangweilten Lehrer und, vor allen Dingen, die Prüfungen. Ich brauche nicht erst zu sagen, daß ich auf der Schule nichts gelernt hatte.

Als ich zum zweitenmal nach Amerika kam, im November 1934, besaß ich ordnungsgemäße Einwanderungspapiere, die mir Archie MacLeish besorgt hatte, und ich konnte versuchen, mir Vorlesungen zu beschaffen. Aber schon nach acht Monaten war ›Union Pacific‹ vergessen, und ich bekam wenige Angebote und erbärmliche Honorare. Ich war eben auch nur einer von den vielen kunstverständigen Russen aus Paris, die im Sog der

Depression und der politischen Unsicherheit nach Amerika gekommen waren.

Ich kann mich nicht erinnern, wovon ich in den ersten Jahren
in New York gelebt habe, nachdem meine entnervende Tätigkeit für Dr. Barnes und seine Vorlesungsreihen im Frühling
1934 aufgehört hatte. Aber wovon hatte ich denn in Paris gelebt, oder noch davor in Deutschland, oder in der Zeit nach
unserer Abreise aus Sewastopol am 1. April 1919? Meine wohl-
behütete Kindheit hatte sich zwischen dem Oktober 1917 und
dem Tage, an dem wir Mütterchen Rußland verließen, in Wohlgefallen aufgelöst. Seither hatten wir alle, etwa zwei Millionen
Russen, die aus ihrem »Heiligen Land« ausziehen mußten,
wenn sie nicht bereit waren, sich unter seinem Schnee begraben
zu lassen, in ständigen Geldsorgen und fortwährender Unsicherheit gelebt. Es gab wie immer wenige Ausnahmen, und da
diese nicht die leiseste Idee hatten, wie man mit Geld umgeht,
gesellten auch sie sich sehr bald zur Schar der verarmten Emigranten.

In New York übernahm ich gelegentlich kleine Hilfsarbeiten,
ich orchestrierte zum Beispiel Schlager für eine Big Band, aber
das geschah selten. Gut bezahlte, meist an besondere Verlagshäuser gebundene professionelle Orchestratorenposten waren
kaum zu haben. Ich gab auch Privatunterricht. Aber die guten
Schüler, wie der reizende junge Pianist und Komponist Leo
Smit, waren ebenfalls arm, sie konnten nicht zahlen. Und wer es
konnte, war unzuverlässig, sagte seine Stunden im letzten Augenblick ab oder erschien zur verabredeten Zeit überhaupt
nicht. Ich schrieb Artikel für kleine Zeitschriften in Amerika
und Frankreich und, noch seltener, Konzertkritiken. Aber mit
all dem konnte ich Frau, Sohn und mich selbst nicht ernähren.
Mutter war weit weg in Polen, ruiniert und nicht in der Lage zu
helfen, außerdem waren Devisen aus Übersee schwer zu bekommen und mehr oder weniger illegal.

So war ich auf die Freigebigkeit reicher Freunde, hauptsächlich auf mein Beschützerinnentrio angewiesen, und auf einen
neuen Freund, Raimund von Hofmannsthal, den Sohn des
Dichters. Ich hatte ihn im Februar 1934 kennengelernt. Er war
damals mit Alice Astor verheiratet, einer reichen und großzügi-
gen Frau. Alice besaß ein großes Landhaus in Rhinebeck in der
Nähe von Poughkeepsie, ein Teil des großen Besitzes der
Astors, von dem aus man den Hudson überblickte. An den
Wochenenden fuhr ich oft dorthin. Sie waren mit allerhand

Vergnügungen, *jeux le l'amour et du hazard,* verbunden. Raimund war von Natur ein *grand seigneur,* stets um seine Freunde besorgt. Er war fröhlich und amüsant und, wie ich, genoß er das Leben als wahrer Hedonist. Er liebte gutes Essen und Trinken, vor allem aber die Gesellschaft von hübschen und klugen Menschen.

In Österreich mieteten sich die Hofmannsthals ein luxuriöses Schloß, das sie mit Eleanore Mendelssohn und deren Mann teilten. Sie luden Freunde ein und gaben glänzende Feste. Das Schloß stand auf einer Halbinsel am Ufer des Attersees im Salzkammergut. In den Sommern 1934 und 1935 verbrachte ich dort viele Wochen und arbeitete nur wenig.

Auch mein amerikanisches Beschützerinnentrio half. Es verschaffte mir Kompositionsaufträge und arrangierte deren Aufführungen. Sie luden mich in ihre Landhäuser ein, wann immer ich es wünschte, stellten mich allen möglichen berühmten Leuten vor und verschafften mir nützliche Kontakte.

Edith Fincke war damals Präsidentin der »Schola Cantorum« von New York. Der Chor war hervorragend, und sein Direktor Hugh Ross ein bewundernswerter Musiker, mit dem ich bald nach meiner Ankunft in New York Freundschaft schloß. Die »Schola Cantorum« gab jährlich ein oder zwei Konzerte in der Carnegie Hall. Gleich im Jahr meiner Ankunft führte sie meine ›Ode‹ und einige Jahre später meine Chöre für ›Oedipus Rex‹ auf.

Trotz aller Hilfen wußte ich nie, wovon ich meine Rechnungen für den kommenden Monat oder selbst für den laufenden, was viel schlimmer war, bezahlen sollte. Um so größer war das Problem, genug Geld für die Überfahrt nach Europa zu haben. Ehe es die Möglichkeit des Fliegens gab, waren die Schiffspassagen irrsinnig teuer. Und doch drängte es mich jedes Jahr nach Europa, schon meiner Mutter wegen, aber auch, weil ich ja, wie ich schon erzählt habe, im Elsaß so etwas wie einen stillen Hafen der Besinnung besaß.

Zocia Kochanski war eine ausgemergelte, nicht besonders gut aussehende, aber freundliche Polin mit dunklem Haar, einer Hakennase und einem ständigen Lächeln auf den Lippen. Sie führte in New York einen Salon, ganz im altmodischen französischen Sinn. Sie war die Witwe des Violinvirtuosen Paul Kochanski, einem Mann von großem Charme und einem ausgeprägten jüdisch-polnischen Sinn für Humor. Zocia war übersprudelnd herzlich, aber ein großer Snob. Sie kannte, wie man so sagt, »jeden« und bezog sich ständig auf »jeden«, der zu der Gemeinschaft dieser »Jeden« gehörte.

Unter Amerikas mächtigen »Jeden« war Zocia auch befreundet mit Mr. und Mrs. Myron Taylor, dem zukünftigen persönlichen Gesandten Präsident Roosevelts bei Papst Pius XII. Sie hatte gehört, daß Myron Taylor auf der Suche nach einem Musikprofessor für ein College war, zu dessen Kuratoriumsvorstand er gehörte. Zocia stürzte sich auf diese Idee.

Einige Wochen später traf ich Herrn und Frau Taylor bei Zocia Kochanski. Während ich in der einen Ecke des Salons Konversation mit Frau Taylor machte, pries Zocia in der anderen Myron Taylor meine Vorzüge. Hin und wieder blickte er in meine Richtung und starrte mich frostig an, als schätzte er den Marktwert dessen ab, was ihm angeboten wurde.

Auf Myron Taylors Anweisung fuhr ich nach Boston, um dort einen der Vorsitzenden des Wells College zu treffen, der die Aufgabe hatte, den neuen Professor für Musik zu suchen. Ich reiste per Schiff. Es war die billigste, und wie ich dachte, die amüsanteste Art zu fahren. Ich hätte es besser wissen sollen. Es herrschte eine rauhe See, und ich war den größten Teil der Nacht seekrank. Mit vor Schmerzen zerspringendem Kopf und ausgedörrtem Mund kam ich in Boston an.

Der Vorsitzende erwartete mich am Kai. Er fuhr mich in Boston herum und erzählte mir vom Wells College, stellte mir Fragen, die meine Arbeit, meine Karriere als Komponisten betrafen, alles in der Art, mit der altmodische Amerikaner zu exotischen Ausländern sprechen. Er führte mich zum Essen in ein berühmtes Hummerrestaurant und brachte mich dann zum Bahnhof.

Obwohl von der schlaflosen Nacht auf dem Boot durcheinander und gelblich aussehend, muß ich einen ganz guten Eindruck auf den musikliebenden Vorsitzenden gemacht haben. Er sagte, daß er mich mit dem Präsidenten von Wells in New York besuchen würde, »sobald die Schule vorbei ist«.

Präsident Weld muß den Schock seines Lebens erfahren haben, als er mich mit dem Bostoner Vorsitzenden in meinem Studio in der 39. Straße nahe der Ecke Lexington Avenue an einem Sonnabend Ende Mai 1936 aufsuchte.

Das Studio, in dem ich lebte, war sehr geräumig. Es hatte vier Fenster, eine hohe Decke mit einem Oberlicht, ein Badezimmer, und ein großes, offenes Kabinett. Alles lag in einer Flucht über einem Architektenstudio. Der war ein Freund der Finckes und hatte mir das Studio für ein Jahr mietfrei überlassen. Meine Beschützerinnen hatten mich mit den notwendigen Möbeln versehen: einer Schlafcouch, zwei Tischen, einer Kommode und einigen Stühlen. Ein Russisch sprechender Direktor von Steinway arrangierte es, daß ich auch noch einen kleinen Flügel, ebenfalls mietfrei, aufgestellt bekam.

Bald nachdem ich im Frühherbst 1935 eingezogen war, schenkte mir Cecil Beaton zwei Töpfe mit tropischen Kletterpflanzen. Beide Pflanzen begannen die Wände zum Oberlicht wie zwei schnell wachsende Amöben hinaufzukriechen. Nach wenigen Monaten bedeckten sie eine der Wände und teilweise die Decke. Ich machte sie notdürftig mit einem Netz an der Wand fest, damit sie nicht auf mein Bett und den Flügel herabfielen, und hängte kleine Wasserflaschen an ihre Luftwurzeln. Im Oktober sah die eine Seite meines Studios wie ein Dschungel aus.

Da ich arm war, lebte ich meistens von Obst und Kaffee. Ich kaufte das Obst in großen Mengen billig ein und stapelte es auf dem Kaminsims, den Fensterbrettern, auf dem Flügel und in den Borden in meinem Kabinett. Infolgedessen roch meine Wohnung immer nach Zitrusfrüchten, Bananen, Ananas, Äpfeln, verfaulenden Birnen und Kaffee. Ich hatte irgendwo gelesen, daß Schiller seine Magennervosität damit zu heilen versucht hatte, daß er faule Birnen aß. Ich probierte es aus und fand, daß *eine* Birne ein mildes Laxativ war, aber daß ich von zweien oder dreien Durchfall bekam. So aß ich täglich nur eine faule Birne.

Pawlik Tschelitschew, der Maler, kam auf die Idee, eine Ausstellung von Fotografien bei mir zu veranstalten. Er und ich waren mit Cecil Beaton, Carl van Vechten und Hoynigen Huehne befreundet. Diese drei gaben uns einige Dutzend ihrer Porträtfotografien. Pawlik, sein Freund Charlie Ford und meine damalige Freundin, Margot T., hängten sie an die blätterbedeckte Wand und überall in meinem Dschungel auf. Wir veranstalteten eine lustige Vernissage.

Raimund stiftete dazu nicht nur Wodka, Champagner und ein kaltes Büfett, sondern auch eine österreichische Kapelle, die Walzer, Polka, Czardas und anderes Zeug spielte, das man damals in Amerika tanzte. Es gab mindestens ein Dutzend schöner Geschöpfe unter den Gästen, und alle tanzten bis in die frühen Morgenstunden. Zwei große irische Polypen erschienen um drei Uhr in der Frühe und wollten, daß wir aufhörten.

Aber wir machten sie betrunken, sie zogen ihre Uniformen aus und tanzten mit. Es ging bis in den Vormittag hinein. Dann zog die Kapelle, flankiert von zwei uniformierten Polizisten, auf die Straße und besänftigte die Gemüter der Mitbewohner mit Mendelssohns ›Venezianischem Gondellied‹.

Anfang März 1936 rief mich Pawlik Tschelitschew an, um mir zu sagen, daß Henri Cartier-Bresson aus Mexiko angekommen sei, aber nicht wisse, wo er wohnen solle.

»Kannst du ihn in deinen Dschungel aufnehmen?« fragte Pawlik. »Ich habe kein Zimmer für ihn und weiß nicht, zu wem ich ihn schicken kann. Er hat überhaupt kein Geld.«

»Sicher«, antwortete ich. »Sag ihm, er soll herkommen.«

Ich hatte Henri Cartier-Bresson ein Jahr zuvor in Paris kennengelernt, aber nur flüchtig. Außer einem kleinen Kreis von Freunden war er noch gänzlich unbekannt. Er war jung und sah gut aus mit seinem blonden und rosigen normannischen Kopf, seinem freundlich-spöttischen Lächeln, das um seine Lippen spielte und das ich an französischen Gesichtern immer geliebt habe. Aber das Erstaunlichste an seinem Gesicht waren die Augen. Sie waren scharf und klug, durchsichtig blau und unendlich behende. »Henri besitzt das schnellste Auge, das ich kenne«, pflegte Pawlik Tschelitschew zu sagen. Tatsächlich gab es den schnellen Funken eines schlauen Voyeurs in Henris Blick, aber zugleich vermittelten sie tiefen Ernst und unschuldige Reinheit.

Henri kam eine halbe Stunde nach Pawliks Anruf an. Er trug einen Rucksack mit einem Bündel Bettzeug obendrauf und brachte ein faltbares Feldbett mit. Während ich Kaffee machte, erzählte er mir, was ihn nach New York geführt habe. Er war in Mexiko zu einer archäologischen Expedition gestoßen, aber mitten in der Arbeit war der Finanzier des Unternehmens entweder verschwunden oder bankrott gegangen. Henri saß daraufhin in den mexikanischen Provinzen auf dem trockenen und war per Anhalter nach New York gereist.

Wir stellten sein Feldbett in der meiner Schlafstatt gegenüberliegenden Zimmerecke auf, die Kommode kam ins Bad. Dann liehen wir uns von dem befreundeten Architekten einen Wandschirm, mit dem wir das Zimmer unter uns aufteilten. So lebten wir zusammen und teilten redlich das Geld, das wir hatten oder verdienten.

Henri liebte Apfelmus mit einem Klumpen Quark. Er fand, dies sei das billigste und nahrhafteste Gericht. Ich aß flache

Buletten aus dem Drugstore, und zu Hause aßen wir weiterhin riesige Mengen Obst.

Henri war in Harlem verliebt. Er verbrachte dort viele Tage, Abende und Nächte. Wir trotteten, wenigstens einmal die Woche, von Club zu Club und hörten uns die Bands an. Einige von Henris Freunden zählten zur radikalen Elite Harlems – kluge und wohlgebildete Leute. Und nahezu alle Farbigen, die ich damals kennenlernte, waren unendlich gastfreundlich und warmherzig. Ich erinnere mich besonders an eine Frau in mittleren Jahren, eine Rechtsanwältin und Arbeitsvermittlerin, deren Name, glaube ich, Mrs. Thomas war. Sie fütterte uns mit herrlichen Gerichten aus den Südstaaten und setzte mich mit ihrer Kenntnis von den Arbeitsbedingungen in Europa und ihrer klugen Analyse der Natur des Faschismus in Erstaunen.

Mit einigen von Henris intellektuellen Freunden bekam ich über die bolschewistische Revolution Streit. Für sie war Lenin ein Heiliger und ein Held, dessen Rolle in der russischen Geschichte nicht angezweifelt werden durfte. Zu jener Zeit aber, Mitte der dreißiger Jahre, gehörten noch viele zukünftige Antikommunisten zur Partei oder standen ihr nahe.

Henri war sorglos, lustig, unerhört eifrig und gesellig. Doch war er in gleichem Maße uninteressiert an dem, was in Amerika Hauptaufgabe ist: Geld zu verdienen, ob viel oder wenig. Er machte lange Spaziergänge, fotografierte, aber außer einigen Freunden sah sich niemand das Ergebnis an. Damals wurden die meisten Fotografien gestellt und arrangiert. Schnappschüsse waren immer noch eine Domäne der Fotoreporter. Sie galten nicht als Kunst. Ich glaube, die Anerkennung der Fotografie als Kunst begann erst während des Spanischen Bürgerkriegs und setzte sich mit dem Zweiten Weltkrieg durch. In diesem Sinn war Henri ein Pionier.

Ich glaube, es war Beaton oder vielleicht Pawlik, der die Direktorin von ›Harpers Bazar‹, die verstorbene Carmel Snow (Cocteau nannte sie *la caramelle de neige rousse*, das *rousse* bezog sich auf Mrs. Snows Nase) dazu überredete, Henri eine Chance zu geben. Er sollte Modefotos für das Magazin machen. Man gab ihm einige blendend aussehende Modelle, und er sollte sie aufnehmen, wo immer er es wollte – drinnen oder draußen. Er entschied sich für letzteres.

Henri verbrachte zwei Tage damit, seine Schönheiten durch das untere New York zu schleifen. Mit der Zeit wurde er auf die Mädchen saurer und saurer und umgekehrt wohl auch die Mädchen auf ihn. »*Ah, qu'elles sont cons ces foutues filles!*« rief er am Abend, als er erschöpft auf sein Feldbett fiel.

Das Projekt war ein Fiasko. Ich erinnere mich der Bestürzung in Pawliks und Cecils Gesicht, als Henri ihnen das Ergebnis seiner Arbeit zeigte. Die Glamourgirls waren fotografiert worden, während sie Mülleimer aufmachten, neben einer verfallenen Mauer standen oder in ein Autowrack kletterten. Mme. Caramelle de Neige Rousse wird diese »Modefotos« bestimmt nicht haben ausstehen können.

Wie gewöhnlich in der Beziehung zwischen Kunst und Mode war Henri seiner Zeit – oder besser der Zeit Madame Caramelles – um Dezennien voraus. Seine Fotografien gehörten der Zukunft, der Zeit von 1960 und ihrem erbärmlichen Chic fleckiger Blue jeans, ausgelatschter Westernschuhe und pseudoindischem Abfall.

Das einzige Problem in unserem Dschungel war, für jeden von uns die Intimsphäre bei seinen jeweiligen Liebschaften zu bewahren. Obwohl von homosexuellen Freunden umgeben, waren wir beide glühend heterosexuell, wenn auch unter keinen Umständen zu Gruppensex oder Exhibitionismus aufgelegt. Meine Liebesabenteuer fanden ausschließlich mit Bleichgesichtern und gewöhnlich am Nachmittag statt. War eine Dame im Anmarsch, warnte ich Henri vorher. Er ging dann so lange fotografieren. Henris Partnerinnen dagegen waren ausschließlich farbig, und sie und er zogen die Nacht oder den Abend vor. Meistens verschwand Henri die ganze Nacht in Harlem. Im Morgengrauen hörte ich ihn dann die Tür öffnen und sich zu seinem Feldbett schleichen. Bald hatte er eine ständige Begleiterin, ein hinreißendes, dunkelhäutiges Mädchen mit einem scheuen Lächeln und einem imponierenden Busen. Sie kam eines Nachmittags zu Besuch und duftete nach Moschus und Flieder. Es gab Tee und Kuchen, und wir lachten und alberten. Einige Wochen später kam ich um Mitternacht von einer Party nach Hause und roch ihr Parfüm auf der Treppe. Ich fand den Wandschirm um Henris Bett gestellt vor und hörte Kichern und Flüstern.

»Nicolas, *tu n'as rien contre ... si on reste?*« fragte Henris fröhliche und hohe Stimme.

Nein, ich hatte nichts dagegen. »Macht weiter ... bleibt«, sagte ich. Ich putzte mir die Zähne und ging ins Bett. Aber das laute Liebeswerk hinter dem Wandschirm hielt mich wach und regte mich einigermaßen auf. Ich fühlte mich in die Rolle eines Voyeurs gedrängt.

Der nächste Tag war ein Sonntag, und wir gingen zu dritt zum *brunch* in einen Drugstore auf der Grand Central Station. Als Vorsichtsmaßnahme für künftige Liebesspiele kaufte ich mir ein Päckchen Oropax. Aber ich brauchte sie nicht mehr. Henri fand ein Zimmer für sich und verließ meinen Dschungel. Aber Moschus und Flieder hingen noch lange in meinen Kletterpflanzen und steigerten deren tropische Duftnote.

Wie gut und bedeutungsvoll sind diese gemeinsamen Wochen für mich gewesen. Wir wurden nicht nur Freunde auf Lebenszeit, sondern ich lernte auch viel über die Güte, die ein außergewöhnliches menschliches Wesen, wie er es war und noch immer ist, ausstrahlen kann. Seine Intransigenz, seine *droiture*, sein instinktives Gerechtigkeitsgefühl und Mitgefühl, seine zielbewußte Hingabe an sein Handwerk waren mir, dem Unsteten, Launenhaften, ständig Unsicheren, eine nützliche Lehre.

Wir führten lange Gespräche über Moral und Politik. Ich war älter als Henri, und er hörte mir wie einem Vater zu. Wir waren beide radikal eingestellt. Aber für Henri waren die kommunistische Bewegung, die Partei (der er nie angehörte) gewissermaßen Träger der Wahrheit und der Zukunft der Menschheit, besonders in jenen Jahren, als Hitler Deutschland überschattete und sich der Spanische Bürgerkrieg abzuzeichnen begann. Ich stand Henris Ansichten sehr nahe, aber trotz der mich verzehrenden Sehnsucht nach meiner Heimat konnte ich die philokommunistischen Ansichten vieler Westeuropäer und Amerikaner nicht akzeptieren. Ich sah, daß es nur eine Reaktion auf den Faschismus, der Europa überschwemmte, und die Schrecken der Depression war.

Damals gehörte es zum intellektuellen »guten Ton«, prokommunistisch zu sein. Wer widersprach, wurde als Reaktionär oder Faschist bezeichnet. Die Prokommunisten schienen mir männliche und weibliche Nackte zu sein, die in einem vorparadiesischen und gleichzeitig in einem futuristischen Garten eines Marx, Lenin und Eden wandelten.

Henri war niemals dogmatisch oder rechthaberisch mit seinem Glauben oder seinen Meinungen. Er hörte aufmerksam zu und vertraute der Ernsthaftigkeit meiner eigenen Ansichten. Er stritt nicht, noch widersprach er mir. Ich glaube, daß er mir schließlich recht gab.

Nachdem Henri meinen Dschungel verlassen hatte, dehnte ich meine Liebesspiele auch auf die Nacht aus. Margot T. lebte in dem für Frauen bestimmten Barbizon-Hotel in der Lexington Avenue, in das man nur in Röcken oder mit einer Perücke weiter als bis in die Halle eindringen konnte. Sie hatte einen Job angenommen und konnte sich nur abends mit mir treffen. Da sie peinlich genau und deutsch erzogen war, machte sie daraus ein festes Freitagsereignis. Ich holte sie um sieben Uhr abends in ihrem Nonnenkloster ab, wir aßen in einem nahegelegenen Restaurant Delikatessen, gingen ins Kino (sie sah gern Cowboy-Filme), und anschließend tobten wir die ganze Nacht in meinem Dschungelbett bis in den frühen Sonnabendmorgen.

Manchmal fuhren wir dann mit dem Zug nach Rhinebeck, wo sie mich eifersüchtig zu machen versuchte, indem sie mit einem 2,10 Meter großen österreichischen Mannsbild flirtete, der Raimunds bester Freund war. Aber damals war ich selbst sehr polygam, und so fügten diese kleinen Neckereien unserem Verhältnis keinen ernsten Schaden zu.

An einem dieser Sonnabendmorgen schliefen wir nackt in der sogenannten »Löffelchenposition«, als es plötzlich läutete. Ich sprang aus dem Bett, zog einen Bademantel über und lief ans Fenster. Unten auf der Straße stand der Vorsitzende aus Boston mit einem anderen Herrn.

»Du meine Güte!« rief ich. »Ich habe ganz vergessen, daß sie heute kommen!« Ich trieb die nackte Margot ins Badezimmer, beschwor sie, sich ruhig zu verhalten, und schon schrillte die Klingel wieder, noch anhaltender. Ich drückte auf den Türöffner und sagte durch die Sprechanlage: »Bitte kommen Sie herauf.«

Der Bostoner betrat das Zimmer mit einem ältlich aussehenden Herrn, und beide blickten in offensichtlicher Verwirrung um sich. Es war Mittag, das Bett war nicht gemacht, und der tropische Geruch war intensiver denn je.

»Hm ... wir haben Sie offenbar aufgeweckt«, bemerkte der Vorsitzende, »das tut mir leid.«

»Nun ja«, antwortete ich. »Ich habe verschlafen. Ich habe bis spät in die Nacht gearbeitet«, was auf gewisse Weise der Wahrheit entsprach, »es tut mir sehr leid!«

Aber der Bostoner kümmerte sich nicht weiter darum und begann mir seinen Begleiter zeremoniell vorzustellen: »Dies ist Dr. Weld, der Präsident von Wells College«, und sich zu mir wendend, »und dies, Bill, ist dein voraussichtlicher Musikprofessor Nicolas Nabácaugh«, und er verlieh dem »a«, das die Amerikaner aus irgendwelchen Gründen dem »o« vorziehen, einen Nachdruck. »Er ist Myrons Protegé.«

Dr. Weld war sichtlich erstaunt über den Anblick meines Zimmers, aber er setzte ein höfliches Lächeln auf und begann den Anlaß seines Besuchs zu erklären, erzählte die Geschichte von Wells College und seiner Gründer, der Wells-Fargo-Familie ... und wie großzügig Mr. Myron Taylor gewesen sei ... Alles das mit verlegenen Pausen und einem gelegentlichen höflichen Stottern.

Der Bostoner stolzierte im Zimmer umher, blieb vor den fotogenen Gesichtern von Marlene Dietrich, Jean Cocteau und Greta Garbo stehen, sah sich die Noten auf dem Flügel an und studierte die komplizierten Verschlingungen meiner beiden Kletterpflanzen. Im Badezimmer war es mit Ausnahme eines gedämpften Planschens still.

»Ich möchte Ihnen folgendes vorschlagen, Mr. Nabácaugh«, sagte der Bostoner und kam auf Dr. Weld und mich zu. »Für den Fall, daß Sie zum Mittagessen frei sind. Wenn ja, lassen Sie uns zusammen in meinem Club essen. Es ist nur vier Querstraßen von hier entfernt.«

»Aber selbstverständlich«, antwortete ich mit einem Seufzer der Erleichterung, »mit großem Vergnügen.«

»Nun, dann komm jetzt, Bill«, und er wandte sich an Dr. Weld, »geben wir dem Herrn Zeit, sich anzuziehen, so daß er in einer Stunde bei uns im Harvard-Club sein kann ... Sie wissen, wo er ist?«

»Ja«, gab ich zur Antwort und hielt meinen Besuchern die Tür auf. Als sie die Treppe hinuntergingen, lugte Margot aus dem Badezimmer und flüsterte: »Sind sie weg?«

Nach Aurora

Der Herr aus Boston hatte recht gehabt – Aurora war wirklich ein hübscher Ort. Wir hatten die Nacht in einem Gasthof in Syracuse verbracht und trafen gegen Mittag dort ein. Ich hatte jedes Stückchen Fahrt in diesen ersten Junitagen genossen.

Der späte Mai und der späte Oktober sind die eindrucksvollsten Wochen für die am Atlantik liegenden amerikanischen Staaten. Nach einem unbeständigen April und frühen Mai bezwingt die Sonne Nebel, Regen und den stündlichen Wechsel der Temperaturen; das Laub strotzt von Chlorophyll, als wollte es im Fernsehen Urlaubsreklame machen, und die Luft wird erfrischend klar. Dann, Ende Oktober, nach einem unerträglichen Sommer, veranstaltet die amerikanische Natur eine zweite, andere Show. Das Chlorophyll verwandelt sich in Zitrone, Eigelb und Blut.

Aber Amerikas Luft im frühen Juni, wie rein, trocken und duftend sie auch immer sein mag, besitzt nicht die scharfe Würzigkeit wie die der Steppen meiner Kindheit: Wermut, Bohnenkraut und Thymian, von der gnadenlosen Junisonne gebacken.

Ich habe mich oft gefragt, wonach die amerikanische Landschaft riecht. In den Wäldern gibt es Ziegenbart und Vogelbeere, aber beide verströmen einen viel milderen Geruch als in Frankreich oder Rußland. An den Häusern stehen Glyzinien, Flieder, Linden, aber es duftet hauptsächlich nach warmem Heu. Und alle Gerüche sind leichter, sanfter, höflicher. Es ist, als hätte die amerikanische Fauna und Flora eine Art von puritanischer Hemmung und wünschte nicht sich einzumischen oder die Bestände der Luft an Oxy- und Hydrogen zu stören.

Auf der anderen Seite ist die Schönheit der amerikanischen Landschaft grandioser, majestätischer als Europas Vertrautheit. In Amerika scheint das ganze Land, seine Buchten, Seen, Strände, Felder, Wiesen, Wälder und Berge, unbegrenzt, weit und offen zu sein. Man hat das Gefühl, der Himmel, die Sonne, das Wasser und die Erde würden zu einem unermeßlichen Ganzen verschmelzen, das zu langen Fahrten, zu Schwimmen, Ritten und unendlichem Wandern einlädt.

Aber obwohl schön und grandios, gibt es etwas Trostloses in vielen Landschaften Amerikas. Viel zu oft sehen sie verlassen und ungepflegt aus. Es erwartet dich keine Zartheit, wie in dem belebten und geliebten Europa, zum Beispiel in den Landschaften von Perigord, der Provence, der Toskana oder selbst Süddeutschlands. Es ist so, als wären die Menschen durch Amerika gezogen und hätten nur kärgliche Spuren von Liebe und Pflege hinterlassen. Zweifellos waren die meisten von ihnen schwer arbeitende und fleißige Männer, aber sie waren immer unterwegs. Einige von ihnen waren nur gierig. Sie beraubten das Land und überließen es dann den Stürmen, der erbarmungslosen Sonne und dem Frost. Sie waren nicht auf Abenteuer oder auf neue Vergnügungen aus, sondern nur auf Gewinn: Minen, Ziegen- und Biberfelle oder Land, auf dem man schnell zu Geld kommen konnte. Sie hatten für das Land kein Gefühl, sie pflegten und liebten es nicht, weil sie nicht wußten, was Liebe heißt, sie zogen nur umher, um Geld zu verdienen. Und nirgendwo in all den Landschaften, die ich in Amerika gesehen habe, empfindet man diese verlorengegangenen Eigenschaften einer Landschaft so sehr wie im oberen Teil des Staates New York mit seinen verlassenen Farmen, seelenlosen Städten und dem, was Gertrude Stein *nobody's spaces* nennt – Niemandsland.

Mein Bostoner Mentor brachte mich zuerst nach Ithaca; scheinbar, als wollte er mir zuerst den Anblick des Cayuga-Sees von der Hügelseite her zeigen, tatsächlich aber, um mich mit dem Anblick des Campus der Cornell-Universität zu beeindrucken, den er zweifellos für sehr schön hielt. Wie bei so vielen Campus im oberen Staat New York verdecken die Bäume und Büsche, besonders in ihrer Junipracht, die Schrecklichkeiten der Gebäude. »Wie glücklich die amerikanische Jugend ist«, dachte ich, »daß sie in so wohlgepflegten Gärten leben und arbeiten kann.« Sechs Monate später, als das Laub gefallen war und sich der Schnee in Matsch verwandelt hatte, änderte ich meine Meinung. Die von Menschen gemachten architektonischen Monstren erschienen in ihrer ganzen gefängnisartigen Häßlichkeit.

Von Ithaca fuhren wir die zweispurige Straße in Richtung Auburn. Die Straße wand sich um die rostigen Schienenstränge, die, wie ich bald entdeckte, an der Seeseite durch griechische und römische Orte liefen, bis hin zur anderen Spitze von Cayugas wäßrigem Finger, dem ungriechischen (und unschweizerischen) Geneva.

Wir fuhren etwa eine halbe Stunde lang Kurven. Dann wendeten wir nach links und kamen auf eine abrupt abfallende Straße, die mit Ulmen und Ahorn gesäumt war, in deren Schatten saubere weiße, braune oder gelbe Puppenhäuser standen. Ein Schild auf der rechten Straßenseite besagte: »Aurora, Township incorporated 1797.«

»Nun, da sind wir«, sagte mein Begleiter und zeigte auf ein Ziegelgebäude mit weißen Säulen aus der Kolonialzeit. »Dies ist die neue MacMillan-Halle.«

Wir bogen nach rechts in eine Seitenstraße ein und fuhren auf das Gebäude zu. »Und dies hier«, und er zeigte nach rechts, »ist das älteste Gebäude auf dem Campus. Es ist von Wells, dem Collegegründer, gebaut worden. Dort ist die Kapelle und das Hauptwohngebäude.«

»Und was ist das?« fragte ich, als wir an einem schäbig aussehenden Ziegelbau vorbeifuhren, dessen Wände zur Hälfte mit Efeu bewachsen waren.

»Das da? Nun, mein Freund, dort werden Sie, wenn alles gutgeht, unterrichten ... Das ist die Musikabteilung.«

Der Präsident wartete leutselig und höflich auf uns in seinem Büro in der MacMillan-Halle. Er schlug uns vor, bei ihm zu Mittag zu essen. Aber zuvor fuhren wir noch schnell durch den Campus. Alles stand leer wie eine Muschel und sah aus wie eine Hollywooddekoration, die auf die Schauspieler für einen Film wartete.

Präsident Weld lebte in einem imponierenden, herrschaftlichen Wohnhaus im griechischen Stil, dem Geburtshaus und ehemaligen Familiensitz Myron Taylors.

»Es ist viel zu groß für uns«, sagte er, als wir hineingingen. »Als meine Frau und ich im letzten Jahr hierherkamen, zögerten wir zunächst einzuziehen, aber sie«, und er warf einen Blick auf den Vorsitzenden aus Boston, »bestanden darauf. Sie sagten, daß Myron Taylor es dem College als Wohnsitz für den Präsidenten überlassen habe. Und so sind wir hier.«

Am Ende des Nachmittags war ich bestallter Leiter der Musikabteilung, bei Tee und Kuchen war ich Professor geworden. Der Vertrag lief zunächst ein Jahr, dann zwei, dann drei und dann, »wenn alles, wie wir hoffen, gutgeht, mit *tenure*.« Ich wußte nicht, was das Wort bedeutete, aber aus irgendeinem Grund machte es mich nervös.

»Wir werden für Sie und Ihre Familie ein nettes Haus finden. Am besten kommen Sie schon Anfang September, wenigstens eine Woche, bevor der Betrieb anfängt, dann können Sie Ihre Kollegen kennenlernen und mit ihnen den Lehrplan der Musikabteilung besprechen.«

Der Herr aus Boston fuhr noch am Nachmittag fort. Dr. Weld und ich machten einen Spaziergang. Der Abend war ruhig, sonnendurchflutet, die Luft war kristallklar. Wir erklommen einen hinter dem Haus des Präsidenten liegenden Hügel. Unser Pfad führte durch Gebüsche hindurch auf eine Ebene.

»Drehen Sie sich um und sehen Sie!« sagte Dr. Weld. »Ist es nicht schön?«

Es war überwältigend. Unten lag der Cayuga-See. Er sah aus wie der Bernsteinfinger eines Riesengottes. Die Sonne stand in Richtung Ithaca: ein Ball aus geschmolzenem Metall, der rosa Federn auf den dunkelorangenen Himmel zeichnete.

»Ja«, dachte ich bei mir, »es ist schön ... sehr schön. Aber werden das je mein See, meine rosa Wolken, meine Sonne sein?«

Um sieben Uhr abends brachte mich Dr. Weld zum Bahnhof

von Auburn. Damals gab es noch einen direkten Schlafwagen nach New York. Er wurde an andere Züge an- und abgekoppelt; morgens kam man in New York an. Die Fahrt war holprig, laut und sauerstoffarm. Ich lag schlaflos in der oberen Koje, mit verstopfter Nase. Offenbar hatte ich mir in Aurora eine Erkältung geholt.

Und plötzlich stieg in mir eine unkontrollierbare Panik auf. Worauf hatte ich mich da eingelassen? Sollte ich das akzeptieren? Gibt es keinen Ausweg? Muß ich wirklich in dieses erbärmliche Exil zu den Paukern? Bin ich überhaupt imstande, mich da hindurchzustümpern, werde ich der Aufgabe gerecht werden?

Nein! Nein! Ich werde dem netten Mann einen Brief schreiben und ihm sagen, daß es mir leid tut ... Ich wolle nicht, ich könne nicht! ... So ging es bis in den Vormittag hinein.

Noch am gleichen Nachmittag schrieb ich einen Dankesbrief an Dr. Weld und an den Vorsitzenden aus Boston und nahm ihr »sehr freundliches Angebot« an.

Provinzmusik

»O, *que ma coque brise. O, que j'aille à Wells College*, Aurora, New York (434 Einwohner).«

Grimmiger Laune und unrasiert kam ich im Schlafwagen in Ithaka an. Dort stieg ich in einen alten Waggon um, der von einer uralten Lokomotive über die rostigen Schienen gezogen wurde. Nach etwa dreißig Minuten ratterte das Ding in den Bahnhof von Aurora hinein. Ich war der einzige Passagier.

Ein kleinerer Mann, dessen Haar sich bereits lichtete, und eine große Frau mit einem Mundvoll Lächeln kamen mir entgegen.

»Ich bin Carl Parrish«, sagte Carl Parrish. »Und dies ist ...«

»Ich bin Catherine Parrish«, sagte Catherine Parrish. »Ich bin Carls Frau und die Krankenschwester des College.«

»Ist das Ihr ganzes Gepäck?« fragte Carl Parrish.

»Nein«, antwortete ich, »ich habe noch eine ganze Menge, aber man ließ es mich nicht bis Aurora aufgeben, nur bis Ithaca. Es muß dort auf dem Bahnhof sein.«

»Gut«, sagte Carl Parrish, »fahren wir also gleich nach Ithaca, während Catherine das Mittagessen für uns kocht. Wir haben gedacht, Sie würden sicher gern bei uns essen und dabei Mary Duncan aus unserer Abteilung kennenlernen.«

Ich sagte: »Okay.«

»Ich werde Sie zuerst in die Prophetenkammern bringen«, sagte Carl Parrish.

»Wohin?« fragte ich.

Er lächelte und erklärte: »So werden die Gästezimmer im College genannt. Ich nehme an, daß Sie dort so lange wohnen werden, bis Sie in das Haus ziehen können, das man für Sie gefunden hat. Wenn Sie wollen, können wir uns das Haus am Nachmittag ansehen. Catherine hat die Schlüssel.«

Zuerst ging es also in die Prophetenkammern. Dann fuhren wir nach Ithaca, um mein Gepäck abzuholen, dann aßen wir mit Mary Duncan bei den Parrishs, dann besuchten wir das riesige viktorianische Haus am Ufer des Sees, und dann ging es zurück zu den Parrishs zu einem Whisky und einem frühen Abendmahl. Endlich brachte mich Carl Parrish wieder zu den Kammern. Ich fühlte mich erschöpft, wie Moses nach seinem langen Ringen mit Jehova, aber ich hatte keine Tafeln zum Zerschmettern, keine ungläubigen Juden zum Beschimpfen, nicht einmal ein Goldenes Kalb, geschweige denn ein lebendes zur Verfügung. Ich riß mir die Kleider vom Leibe und fiel wie ein erschöpfter Jagdhund sofort in einen tiefen, traumlosen Schlaf.

Eine Woche später trafen, wie ein Bienenschwarm, die Studentinnen ein, und ich hielt meine erste Vorlesung über ›Allgemeine Musikgeschichte, Teil I‹. Ich hatte mich sorgfältig vorbereitet, und alles schien ganz gut zu gehen. Am Morgen des gleichen Tages hatte mir Mary Duncan erklärt, wie man die Liste der an- und abwesenden Studentinnen aufstellt. »Das ist wichtig«, sagte sie, »für deren *credit*.«

»Hm«, dachte ich. »Haben alle diese lieben Mädchen Bankkonten oder Versicherungen?«

Ich fragte, ob die jungen Damen im ersten oder zweiten Studienjahr seien.

»Sind alle *sophomores*«, antwortete sie.

»Was?« fragte ich.

»Sie sind im zweiten Jahr«, und sie wiederholte, »es sind *sophomores*.«

»Wie buchstabieren Sie das? So?« Und ich schrieb auf die Wandtafel: »*Suffer more*.« Mary Duncan korrigierte mich. Griechisch war ein böhmisches Dorf für mich.

Meine erste Unternehmung war, mir einen Gebrauchtwagen zu besorgen. Ich fand ein altes Ford-Coupé, mit klapperndem Motor und einem Auspuff, der raketenartig Rauchwolken ausstieß. An den Wochenenden fuhr ich gewöhnlich, so schnell es der Wagen zuließ, nach New York.

Anfang Oktober kamen meine Frau Natascha und mein vier Jahre alter Sohn Iwan nach Aurora. Aber nach kaum einem Monat floh Natascha nach New York zurück, und ich blieb allein in dem leeren, weitläufigen Haus und führte ein Junggesellenleben.

Bald gab es Regen, dann Schnee, Schlamm und vereiste Straßen. Nach New York zu fahren wurde eine langwierige, riskante, endlose Angelegenheit. Schließlich mußte ich ganz damit aufhören, nachdem ich einmal auf einem solchen Wochenendausflug beinahe draufgegangen wäre.

In Wells konnte ich Musikgeschichte und die Anfänge der Musiktheorie nicht so unterrichten, wie ich wollte, sondern ich mußte mich nach den Vorbildern richten, die zu jener Zeit an amerikanischen Colleges maßgebend waren.

Meine etwa dreißig Studentinnen stammten aus der Mittelklasse des Mittelwestens, musikalisch war die Mehrzahl von ihnen mittelmäßig begabt. Einige waren sexy und sahen auf eine überfütterte Weise ganz gut aus, andere waren flach, aber fleißig, und nur wenige waren wirklich klug.

Mit meinen beiden Assistenten (ich war immerhin Abteilungsleiter), mit Mary Duncan und dem Musikwissenschaftler Carl Parrish bildeten wir ein brauchbares und geistesverwandtes Team. Mary Duncan spielte die Orgel, unterrichtete die Anfänger in Theorie, assistierte mir bei den musikgeschichtlichen Kursen und bei den Proben. Carl Parrish unterrichtete Klavier und polierte ständig sein Clavichord aus dem 18. Jahrhundert. Ich dirigierte den Collegechor und lehrte Komposition (was ein Euphemismus ist, denn es gab gar keine Kompositionsschülerinnen), Theorie und Harmonielehre. Zusammen veranstalteten wir ganze Konzertreihen und führten ein- oder zweimal im Jahr unter meiner Leitung Stücke auf, für die ich, wenn notwendig, die Musik schrieb.

Im ganzen genommen war das Leben in Wells leicht. Wenn auch provinziell von der Welt abgeschlossen, hatte es doch seinen Reiz und konnte gelegentlich richtig vergnüglich sein.

Es gab, wie immer in Amerika, viel geselligen Verkehr innerhalb des Lehrkörpers, wozu in einem gewissen Maße auch die Studierenden herangezogen wurden. Sehr bald ergaben sich für mich freundschaftliche Beziehungen zu den meisten meiner Kollegen. Die beiden Musikwissenschaftler, der Kunsthistoriker J. J. Lankes, der Historiker George Ridgeway und der Altphilologe John Tyler wurden meine engen Freunde.

Das Unterrichten war für mich eine neue, keineswegs erquickliche Erfahrung. Ich entwickelte von Anfang an eine Haßliebe für alles institutionalisierte Lehren. Wahrscheinlich lag es mit daran, daß ich Dinge unterrichten mußte, die ich selbst nur notdürftig beherrschte.

Ich hatte nie etwas systematisch gelernt, sondern immer nur durch Erfahrung. Nun mußte ich, um meiner neuen Profession Genüge zu tun, was immer ich wußte, in eine pädagogische Ordnung bringen. Mir wurde klar, daß ich große Wissenslücken hatte, gerade bei den Dingen, die ich besonders sorgfältig unterrichten wollte, wie Musikgeschichte und Musikästhetik. Um das aufzuholen, mußte ich eine Menge neuen Materials studieren, viele langweilige Bücher sehr genau lesen, aber vor allem eine große Anzahl Partituren studieren und rekapitulieren. Das raubte mir viel Zeit und ließ mich nicht zum Komponieren kommen. Statt Eigenes zu schreiben, mußte ich mich auf Vorlesungen vorbereiten, Arbeiten korrigieren, den Chor dirigieren und mir die Kenntnisse für den weiteren Unterricht einverleiben. Das Ergebnis war, daß mich Wells auf doppelte Weise frustrierte: Ich war vom pulsenden Leben der Großstadt abgeschnitten und doch in meiner Einsamkeit nicht in der Lage, als Komponist voranzukommen.

Damals fanden in allen Zweigen des Colleges viele »Übersichtskurse« statt. Die Musikabteilung bot zwei dieser frei zur Wahl stehenden und nicht obligatorischen Kurse an. Sie standen im Vorlesungsverzeichnis als ›Musikgeschichte im Überblick I‹ und ›Musikgeschichte im Überblick II‹; im ersten Jahr sollte die Musik von den alten Griechen bis zu Bach, im zweiten von Bach bis zur Gegenwart behandelt werden. Jeder Student konnte diese Kurse besuchen, es wurden keinerlei Voraussetzungen verlangt, wie zum Beispiel Notenlesen oder Geschichtskenntnisse. Genau besehen waren diese Überblickskurse ein großer Humbug.

Wie sollte ein unvorbereiteter junger Mensch, der in seiner häuslichen Umgebung nur die Musik gehört hatte, die gerade aus dem Radio oder aus der Musikbox kam, in zwei Studienjahren, also knapp 14 Monaten, irgendeine Art von Überblick über die Geschichte der westeuropäischen Musik bekommen, und das alles in zwei Wochenstunden, illustriert mit ganz offensichtlich unzulänglichen Beispielen, dargeboten auf alten Schellackplatten mit kratzenden Metallnadeln. Mir erschien das gänzlich absurd. Dennoch mußten diese Kurse von dem Leiter der Abteilung abgehalten werden, also von mir. Und infolgedessen hatte ich nicht nur die Pflicht, mir pädagogische Kenntnisse anzueignen, sondern mußte auch eine Lösung suchen, mit der die Unternehmung intellektuell zu vertreten war, und nicht eine mehr oder weniger angenehme Zeitverschwendung, der die Studentinnen zum Opfer fielen.

Mary Duncan und ich versuchten die Kurse zu verbessern, indem wir die Anfangsgründe der Notenschrift lehrten, die Studentinnen dazu brachten, beim Anhören der Schallplatten die Partituren mitzulesen, und indem wir möglichst viele in den Collegechor aufnahmen. Aber all dies brachte kaum Abhilfe. Mich überfällt heute noch, wenn ich an die Tortur dieser »musikgeschichtlichen Überblicke« zurückdenke, ein Schuldgefühl, und ich bekomme ganz rote Ohren vor Scham. Wieviel Zeit haben wir vertan, in der die Mädchen vielleicht etwas für sie Wichtigeres hätten lernen können.

Nach den Erfahrungen eines Jahres änderte ich nicht nur die Bezeichnung dieser unsinnigen Kurse, sondern auch, sehr zum Verdruß meiner Kollegen, ihren Charakter und Inhalt. Ich nannte sie ›Einführung in die Musikgeschichte I und II‹ und vermehrte die Anzahl der Stunden auf vier die Woche. Nur die erste Hälfte des Unterrichts war einer üblichen Vorlesung vorbehalten, in der zweiten wurde musiziert und diskutiert. Ich verlangte als Voraussetzung für den Besuch des ersten Kurses musikalische Grundkenntnisse und beschrieb oder besser umschrieb das Dargebotene im Vorlesungsverzeichnis, indem ich diese geschichtliche Unterweisung als eine Ergänzung zur allgemeinen Geschichte der westlichen Zivilisation bezeichnete. Ich wies immer wieder auf die Zusammenhänge zwischen den verschiedenen Künsten hin, auf ihre Rolle in der Geschichte und in der Gesellschaft. Wir diskutierten klassische Texte über Musikästhetik nach der Sokratischen oder Aristotelischen Methode, in die mich mein Freund Jacques Maritain eingeführt hatte.

Als ich nach Wells kam, stand ich zum erstenmal heranwachsenden Amerikanern aus der Mittelklasse gegenüber. Ich war nicht so sehr über ihren Mangel an Grundkenntnissen erstaunt, besonders in Geschichte, Literatur und allen schönen Künsten, als über ihre allgemeine Ignoranz, eine alles durchsäuernde Apathie oder Trägheit des Geistes. Die meisten von ihnen schienen nie ein gutes Buch gelesen, ein anspruchsvolleres Musikstück gehört, ein bedeutenderes Theaterstück gesehen zu haben, ganz zu schweigen davon, daß sie einen Manet nicht von einem Michelangelo hätten unterscheiden können. Ein Mädchen aus Toledo (Ohio) war der Meinung, daß Michelangelo der Name einer Sauce sei, die sie in einem italienischen Lokal gegessen hatte, ein anderes bat mich, den Vornamen von Verdi zu buchstabieren, nachdem ich eine Stunde lang über Monteverdi gesprochen hatte. Sie schienen sich alle von der Wiege an auf Dinge wie *comic strips,* Groschenromane, Western, Sport und Picknicks beschränkt zu haben.

Dazu kam die merkwürdige Laschheit ihrer Manieren, die zwar nicht unbedingt schlecht, aber widersprüchlich waren. Sie begrüßten mich mit einem vorfabrizierten Lächeln von Ohr zu Ohr, aber sie konnten auf ihren Stühlen nicht gerade sitzen, sondern fläzten sich hin, streckten ihre Beine von sich und gähnten mir direkt ins Gesicht. Sie waren beflissen, jeden Auftrag auszuführen, aber sie kauten Kaugummi, während sie mich etwas fragten, und sogar während der Chorproben. Ich mußte ihnen immer wieder sagen, daß die Bearbeitung von Kaugummi während des Singens der Diktion und Aussprache nicht förderlich sei. Die meisten hatten die Angewohnheit, sich irgendwo hinzuflegeln, einerlei worauf: einen Sessel, ein Sofa, den Rasen oder den staubigen Fußboden in den Gemeinschaftsräumen, und sie standen nicht auf, wenn man mit ihnen sprach. »Ja, sie gehören wirklich kaum zur Gattung *homo erectus*«, bemerkte Mary Duncan einmal bissig.

Sehr wenige der Mädchen besaßen intellektuelle oder künstlerische Interessen oder auch nur Neugier. Für die Mehrheit, und sicher auch für deren Eltern, war das College eine Statusfrage. Ob sie dort etwas lernten oder nicht, war zweitrangig. Die meisten Mädchen waren sich auch der Tatsache bewußt, daß sie nicht da waren, um etwas zu lernen, sondern um anderen Mädchen gleichen Standes zu begegnen und die Statusregeln zu befolgen. An Politik waren sie völlig desinteressiert, ebenso an öffentlichen Angelegenheiten oder dergleichen, mit Ausnahme der Frage, wie man durchs Examen kam, damit man den bewußten Status erreichte. Die Professoren trugen dem vollauf

Rechnung, indem sie ihnen bereitwilligst diesen Status verliehen.

Für mich war diese erste Begegnung mit der Unkultur der amerikanischen Mittelklasse etwas Neues, erstaunlich und deprimierend. Es zeigte die Leere eines vom Statussymbol bestimmten Lebens. Ich fragte mich, wie es wohl so weit gekommen sein mochte, wie es möglich war, daß all diese jungen Mädchen am Wells College, von denen viele feine und selbst schöne Gesichtszüge und manche klare und wißbegierige Augen hatten, die verborgene Talente verrieten, in den sinnlosen Trubel eines bürgerlichen Lebens gestoßen werden konnten, ohne geistige Ziele, nur vom Statusbewußtsein getragen.

Das »verzauberte« Leben, das diese Mädchen in ihren Elternhäusern oder, wie man hoffte, auch am Wells College führten, glich viel mehr dem Dasein der von Pawlow trainierten Ratten als einem Menschendasein. Es war bar jeder Leidenschaft, jedes Leidens, jeder intellektueller Bemühungen, jeder Sorge um das Leben anderer. Glücklicherweise fand ich heraus, daß der Statuskonformismus wenigstens einiger Mädchen nur ein oberflächlicher Firnis war, daß in ihnen noch unberührte, geistige Fähigkeiten steckten, eine ungestörte Lebensfreude, eine Arbeitsbereitschaft und eine Liebe zu intellektuellen Abenteuern, die ich anfangs kaum zu finden gehofft hatte. Das konnte dann den Kokon der Lethargie und Apathie, die akademische Langeweile durchbrechen, die diese jungen Menschen in Wells umgab.

Die Sitten in Wells und in ganz Aurora waren altmodisch streng. Es war ein presbyterianisches College und der Ort selbst ein Bollwerk der Prohibition. Wenn ein Lehrer, obendrein noch Junggeselle, ein Mädchen allein zum Essen einlud oder auf einen Ausflug mitnahm, wurde er scheel angesehen. Aus irgendwelchen Gründen war man mir und meinem Leichtsinn gegenüber sehr nachsichtig. Ich vermute, man verzieh mir, weil ich ein »Russe aus Paris« war, was konnte man von so einem ausländischen Geschöpf schon erwarten? Außerdem sind Amerikaner, wie mich die Erfahrung lehrte, in ihrem Herzen viel toleranter, als es scheint, solange man der Gemeinschaft oder einem ihrer Mitglieder nicht auf die Zehen tritt.

Präsident Weld stellte sich als freundlicher, gemütlicher älterer Herr heraus, der im Ausland gelebt hatte; er hatte früher das Amerikanische College in Beirut geleitet. Er war äußerst schüchtern und ebenso nett. Aus irgendeinem merkwürdigen

Grund mochte er mich sehr, vielleicht weil ich aus dem Osten, aus Rußland, kam, von dem so viele Amerikaner sich instinktiv angezogen fühlten. Vielleicht auch, weil ich ein, wenn auch irgendwie exzentrischer Heimatloser war, so daß man mit mir Mitleid und Geduld haben mußte. Er behandelte mich wie einen verlorenen Sohn. Nun war das College für Dr. Weld nicht einfach ein Ort, an dem man etwas lernen sollte, sondern eine ethische Daseinsform, in der Geist und Charakter geprägt und bereichert werden sollten.

Als ich einmal eine Juniorin zu ostentativ hofierte (die ich dann später heiraten sollte), bat er mich zu sich nach Hause und sagte mir bei einem Glas Sherry, leicht errötend: »Nicky, Sie und ich sind Männer von Welt. Ich habe im Nahen Osten gelebt, Sie in Paris ... und wir sind ... hm ... sozusagen ... an den freien Umgang zwischen Männern und Frauen ... und ... hm ... Mädchen gewöhnt. Aber die Menschen hier in Aurora sind es nicht, so meine ich«, und er lächelte jovial, »könnten Sie nicht ... hm ... Ihre Freundin irgendwo ... außerhalb des Campus treffen?« Und nach einem peinlichen Schweigen fügte er hinzu: »Ich meine ... könnten Sie nicht irgendwo aus Aurora hinausfahren ... hm ... und ... ich meine, auf irgendeine Seitenstraße ... oder einen stillen Waldweg ... und ... Sie wissen schon ... hinter den Büschen?« Ich befolgte seinen Rat, aber das Ergebnis war leider, daß meine Begleiterin von giftigem Efeu einen Hautausschlag bekam.

»Poisoned Ivy« war im Mai ein großes Problem. Das Krankenrevier war überfüllt von solchen Fällen von Ausschlag, seltsamerweise immer an den gleichen Körperteilen.

Der Antrieb, etwas Richtiges zu unternehmen, entstand in meinem Leben oft nicht aus eigener Initiative, sondern durch Notwendigkeit. Zu meinen Pflichten als Leiter der Musikabteilung gehörte es, einen Chor zusammenzustellen und ihn bei den Gottesdiensten zu leiten, die »Vespern« genannt wurden, aber sonntagsmorgens stattfanden. Dr. Weld leitete diese langweiligen, aber kurzen Veranstaltungen; er hielt eine knappe Predigt, die kleine Gemeinde sang einige Choräle, und danach konnte jeder zu einem Sonntagsbraten nach Hause gehen.

Ich hatte nie zuvor einen Chor dirigiert, aber ich hatte eine große Vorliebe für Stimmen und schon für Soli und Chor komponiert. Ich freute mich darauf, einen Chor für mich zu haben, wenn ich auch wußte, daß es nur ein Frauenchor sein konnte.

Gleich nachdem das College Ende September 1936 angefangen hatte, hielten Mary Duncan und ich ein Probesingen ab. Von den etwa fünfzig Mädchen, die sich dazu meldeten, wählte ich an die zwanzig aus. Es war zunächst einmal wichtig, einen kleinen Kern zu bilden. Später wollte ich den Chor weiter auffüllen. Ich war erstaunt, was für schöne Stimmen die amerikanischen Mädchen hatten, aber unglücklicherweise sangen sie meistens falsch, und viele konnten nicht einmal Noten lesen. Mary Duncan und ich begannen mit intensivem Gehörtraining. Die Mädchen lernten überraschend schnell. In drei Wochen hatte ich eine Gruppe von Chorsängerinnen zusammen, die einfache vierstimmige A-cappella-Stücke vom Blatt lesen und singen konnten.

Ein Problem war die Anwesenheit bei den Chorproben. Zum Ärger meiner Fakultätskollegen hatte ich die Anzahl der Proben von einmal auf dreimal die Woche heraufgesetzt. Obwohl das Singen bei der Vesper obligatorisch war, gab es vom College her keinen Antrieb für die Mädchen, zu den Proben zu erscheinen. Chorsingen brachte den Studentinnen keine Pluspunkte ein, es war keine akademische Angelegenheit, sondern eine regelmäßige Sonderbeschäftigung. Das widerwärtige »Punktsystem« war im Wells College fest verankert. Ich fand es unsinnig, daß die Mädchen für den Besuch irgendwelcher »Überblickskurse« Pluspunkte bekamen, aber nicht dafür, daß sie richtig singen und im Verlaufe eines Jahres eine ganze Menge guter Chormusik kennenlernten. Ebensowenig gab es Pluspunkte, wenn sie ein Stück von Shakespeare oder Sophokles aufführten – auch das galt als »Sonderbeschäftigung«.

Ich fand diese Regeln schwachsinnig und schlug der Fakultätssitzung vor, daß meine Chormitglieder ebensoviel Pluspunkte wie die Teilnehmerinnen meiner »Überblickskurse« erhalten sollten. Aber die Fakultät blieb störrisch, und mir blieb nichts anderes übrig, als die Chorproben so attraktiv wie möglich zu machen, besonders für die Mädchen mit den schönsten Stimmen.

Der Collegechor sollte auf jeder Vesper zumindest vier ölige Choräle in einer Fassung des 19. Jahrhunderts vortragen. Ich umging diese Tortur, indem ich diese hinreichend bekannten Melodien unisono mit der Gemeinde singen ließ und dafür mit dem Chor einige gute polyphone Chorsätze aufführte. Ich gab auch im Laufe des Jahres vier oder fünf Konzerte, bei denen Musik verschiedener Jahrhunderte gesungen wurde, die Mary Duncan oder ich für Frauenchor umgesetzt hatten. Hier war die gute Musikbibliothek des College sehr hilfreich, und ich studierte die Bände der Denkmäler deutscher und österreichischer Tonkunst gründlich.

Erst nach und nach wurde mir klar, wie das Pluspunktsystem und die »Überblickskurse« mit den Abteilungsbudgets zusammenhingen. Es war meine Einweihung in die wirtschaftliche Seite der amerikanischen akademischen Sitten.

Im Wells College bekam diejenige Abteilung, die den größten Zulauf an Studenten hatte, den größten Teil am finanziellen Kuchen. Das hieß, daß auch mehr Geld für Lehrer, Assistenten und Gastprofessoren zur Verfügung stand und die Gehälter der Festangestellten schneller stiegen. Der einzelne hatte mehr Geld für Sekretärinnen, für Bücher, und mehr Prestige bei den Studentinnen. Vor allem aber bedeutete es auch mehr Einfluß in akademischen Fragen, weil diese starken Abteilungen über mehr Stimmberechtigte verfügten.

Aber um mehr Studenten zu gewinnen, mußte man leichtere »Kurse« mit einem höheren Prozentsatz von Pluspunkten haben. Die »Überblickskurse« waren die Antwort darauf. Sie waren mit Honig überbackene Karotten, welche die unschuldigen, ahnungslosen Eselinnen, deren Papas und Mamas ihnen eine teure Erziehung gekauft hatten, vor die Nase gehalten bekamen. Weder die Eselinnen noch ihre Eltern, geschweige denn die Lehrer, kümmerten sich darum, welche Art von Erziehung sie kauften oder erhielten. Es zählte allein, daß diese Sallies, Jeans und Patsies ihre vier Collegejahre hinter sich brachten und genügend Pluspunkte für den Abschluß sammelten. Die »Überblickskurse« nahmen weder das Gehirn noch das Gedächtnis der Eselinnen in Anspruch, und die Prüfungen waren sozusagen bombensicher.

Die Abteilungen, die nicht genug Zulauf von Studenten hatten, mußten zeitweise aussetzen, ihre Leiter wurden entlassen, obwohl das Vorlesungsverzeichnis sie noch erwähnte. Mein armer Kollege, das einzige Mitglied der Abteilung für Griechisch, einer der reizendsten und gelehrtesten Männer in Aurora, war ständig in dieser Gefahr. Wenige Mädchen interessierten sich für Griechisch – er hatte keine Studentinnen und mußte »Überblickskurse« erfinden, wie zum Beispiel »Einführung in die griechische Mythologie«, bei dem ich ihm gelegentlich mit meinen bescheidenen Kenntnissen der russoslawischen Mythologie aushalf.

Im Frühjahr 1937 brachten die Studentinnen von Wells ›Oedipus Rex‹ von Sophokles auf englisch zur Aufführung. Ich komponierte dazu sechs Chöre, die an zwei Klavieren begleitet wurden, in einem imaginären »archaischen« Stil. Außerdem besorgte ich mit der erfindungsreichen Unterstützung eines Freundes vom Oberlin College, L. Woodruff, die ganze Ausstattung und führte selbst Regie. Der Altphilologe John Tyler überwachte das Skandieren der Verse und machte uns die Rolle der griechischen Religion und Konvention im Sophokleischen Drama klar. Das Stück wurde in den ersten Junitagen aufgeführt und hatte einen unerwarteten Erfolg; anwesend waren nicht nur die Studentinnen, sondern auch deren Eltern, dazu einige meiner Freunde, die gekommen waren, um meinen ›Oedipus‹ zu sehen. Einer von ihnen machte Fotos von der Aufführung, ›Vogue‹ schrieb darüber, und man plante sogar, das Ganze nach New York zu bringen, aber daraus wurde nichts.

Manche Professoren hatten etwas gegen meine »schmutzige« griechische Szenerie einzuwenden. Sie erwarteten ein Griechenland *propre, pucellée, moutonnée et flutée,* wie Cocteau die allgemeine Vorstellung vom antiken Griechenland einmal genannt hat. Statt dessen zeigte ich ein dreckiges, pestverseuchtes Theben in seiner hybriden Dekadenz.

Ich hätte auf meinen ersten Theatererfolg stolz sein können. Es war meine erste Regiearbeit, und alles klappte vorzüglich. Die Mädchen arbeiteten wie besessen, vergaßen darüber ihr Studium und werkelten Tag und Nacht an Bühnenbildern und Kostümen. Unser Teamwork war einfach fabelhaft. Unglücklicherweise verliebte ich mich während der Proben in Ödipus – nicht in das Stück oder den alten König, sondern in das schöne Mädchen, das ich wegen seiner tiefen, samtigen und kraftvollen Stimme für die Rolle ausgesucht hatte. Sie sah reizvoll aus, hatte eine liebenswerte Intelligenz und einen herrlichen Sinn für Humor. Leider war sie schon verlobt oder so gut wie verlobt, während ich, wenn auch getrennt lebend, nicht nur verheiratet war, sondern auch einen vier Jahre alten Sohn hatte.

Connie (Constance Holladay) und ich durchlitten eine Kette von *to be or not to be.* Die Strapazen unerfüllter Liebe, der Regiearbeit, des Unterrichtens und Komponierens führten zu

Schlaflosigkeit, ich hatte keinen Appetit mehr, und schließlich brach ich zusammen.

In jenem Jahr fuhr ich nicht nach Europa. Statt dessen verbrachte ich die ersten Sommerwochen in einem Sanatorium in der Nähe von Hartford in Connecticut, wohin Dr. Weld mich für die notwendig gewordene Arbeitspause geschickt hatte.

Es war ein komischer, hollywoodhafter, unwirklicher Ort, wie ich ihn nie zuvor gesehen hatte, vollgepfropft mit Film- und Theaterregisseuren und einem großen Aufgebot von Direktoren und Generaldirektoren, die alle vom Alkohol oder von teuren Nervenzusammenbrüchen geheilt wurden. Leider waren fast alle ziemlich langweilig. Umgeben waren sie von einer Herde gepflegter Schwestern, die offensichtlich nicht allein wegen ihrer fachlich-therapeutischen Fähigkeiten ausgesucht worden waren.

Mein Schutzengel Marion Dougherty kam aus Southampton, um mich aus dieser Ödnis zu retten. Ich verließ das Sanatorium etwas erholt, aber ungeheilt von meiner Liebe. Die ganze Angelegenheit brachte mir viele Schulden beim Wells College ein, denn Dr. Weld hatte mir freundlicherweise aus Collegegeldern die Kosten vorgestreckt, die, wie immer bei solchen Sanatorien, sehr hoch waren. Ich brauchte zwei Jahre dazu, den Betrag zurückzuzahlen.

Marion fuhr mich auf ihre friedliche Insel an der Bucht von Long Island, gegenüber Southampton. Sie lud mich ein, den Sommer dort zu verbringen, und hatte eigens einen alten Eiskeller in ein angenehmes Musikstudio verwandelt, in dem sogar ein kleiner Steinway-Flügel stand. So wohnte ich auf Marions entzückender Datscha, umgeben von Rosenbeeten, und vertonte die Lieder, die mir Max Jacob aus Paris geschickt hatte.

Zuerst ging die Arbeit nicht gut voran. Ich war von den Ereignissen im Frühling noch immer verwirrt, fühlte mich unglücklich und schuldig. Aber bald begannen die Ruhe der kleinen Insel, die süßen Düfte der Kiefern und des Heus, die kühle Brise der See und vor allem die Abwesenheit aller Collegepflichten auf mich zu wirken.

Ein Sonnabend im November 1937 in Aurora. Der Wind, er bläst den ganzen Tag. Wind und eisiger Regen. Nasse Blätter klatschen gegen die Fensterscheiben. Meine Wirtsleute sind ausgegangen. Das Haus steht leer. In Shawls gehüllt arbeite ich am Klavier.

Da klingelt unten das Telefon, lang und ausdauernd. Ich laufe hinunter. Eine rauhe Stimme aus der Ferne: »Ist dort Mister«, und sie buchstabiert, »N-A-B-O-K-O-V?« – »Ja, ich bin es.« – »Hier ist Western Union, Auburn. Wir haben ein Telegramm für Sie. Es kommt aus – ich buchstabiere: V-I-N-O... Ist das richtig?« – »Ja«, sage ich, »das wird richtig sein.«

»Ich muß Ihnen das durchbuchstabieren, Sir, es ist in einer fremden Sprache. Haben Sie etwas zu schreiben da?« – »Ja«, sage ich, »fahren Sie fort.«

Das meiste ist verstümmelt, aber die wichtigsten Worte nicht: »MAMA SKONTSCHALAS SEUODNJA – Mama heute gestorben.« Das Telegramm hat meine Schwester aufgegeben.

»Ich schicke Ihnen den Text noch heute abend mit der Post zu«, sagt die Stimme. »Sie haben ihn am Montag. Wollen Sie eine Antwort aufgeben?«

»Nein«, sage ich, »jetzt nicht ... Ich rufe später wieder an.« Ich bin nicht überrascht. Ich habe es ja erwartet. Aber plötzlich stockt mir doch der Atem. Ich bin wie betäubt.

Planlos verlasse ich das Haus. Soll ich ins College hinüber? Soll ich ein Telegramm schicken? Aber wohin? An das Krankenhaus in Wilna? Wird meine Schwester es bekommen? Und ein Telegramm – um was zu sagen?

Nein, lieber nicht. Auch nicht ins College hinüber. Lieber allein bleiben. Ich erklimme einen Pfad durch die Wälder zu einem Plateau oberhalb des Sees. Dort ist alles dürr und naß und welk. Schmutzige Wolken jagen tief über mich hinweg. Der See ist schwarz, sturmgepeitscht. Um mich herum nur Wind und Regen ... Ich setze mich auf den Boden und starre ins Leere. *Sewodnja* heißt heute, bedeutet aber sicher gestern. Wie ist es passiert? Wie starb sie? Hatte sie Schmerzen? War sie bei Bewußtsein? Hat sie meinen letzten Brief noch bekommen? Konnte sie ihn lesen, oder hat meine Schwester ihr ihn vorgelesen? Werden sie Mutter in Wilna beerdigen oder sie nach Hause bringen, nach Lubcza?

Plötzlich steigen Bilder in mir auf, alles durcheinander, aber lebendig, ungetrübt.

... Mutter in einem weißen Organdykleid. Ihr mit Spitzen besetzter Kragen eng um den Hals liegend. Smaragdohrringe. Sie schwebt die Treppe in Schloß Lubcza herunter. Sie hat eine glänzende, dunkle Frisur.

Koló, mein Stiefvater, Tante Karolina, unser Hauslehrer und die Gouvernanten, der Verwalter und die Haushälterin, der Butler und anderes Hauspersonal und natürlich wir drei Kinder sind unten im Wohnzimmer versammelt, alle warten auf Mutter.

Das Zimmer riecht nach Flieder und Wachs. In der Mitte steht ein rechteckiger Tisch mit einem weißen Tischtuch, darauf – umgeben von Girlanden aus wilden Blumen und zwei Leuchtern – das Evangelium in rotes und goldenes Saffianleder gebunden, daneben ein großes, achtzackiges Kreuz und eine silberne Schale mit dem Weihwasser.

Vor dem Behelfsaltar stehen der Priester und der Diakon, beide in ihren festlichen Brokatgewändern. In einer der Nischen des Wohnzimmers steht Mutters Geburtstagstisch voll von Geschenken. Es ist ein sonniger Tag, Mitte Mai. Der Frühling geht in den Sommer über, sanft und glücklich.

Sie erscheint in der Tür, nimmt Kolós Arm und geht auf den Altar zu. Das Moljeben beginnt. Am Ende singen wir alle: »Langes, langes Leben!«

Sie steht, ganz in Weiß, unter uns. Eine Feenkönigin – ein Märchen.

... Mutter in einem langen, leuchtend hellblauen Satinkleid, das über und über mit kostbaren Steinen bestickt ist. Es ist die russische Nationaltracht, dazu gehört auch der Kopfputz, den sie trägt – der große, flügelartige Kokoschnik, der vor Perlen und Diamanten strahlt.

Sie ist gekommen, um uns einen Gutenachtkuß zu geben und sich uns zu zeigen. Sie geht zu einem Hofball. Koló trägt seine Kammerherrenuniform, mit Gold bestickt. Unter seinem Arm hält er den mit Straußenfedern geschmückten Dreispitz, unter dem anderen Mutters Abendcape.

Sie hebt mich aus dem Bett hoch und umarmt mich. Ich fühle die Kühle ihres Kleides, des Perlenhalsbandes, ihre gepuderte Wange, den Duft von *Trèfle Incarnat*. Sie legt mich wieder hin, geht hinüber zum Bett meines Bruders, um auch ihm einen Gutenachtkuß zu geben. Koló legt das Cape um ihre Schultern. Dunkelroter Samt mit einem hochstehenden Zobelkragen und innen ganz mit Zobel gefüttert.

»Nu djeti«, sagt sie, *»maintenant dormir.* Morgen werde ich euch alles erzählen.« Und sie knipst das Licht aus.

... *Askania Nova, August 1918.* Mutters Augen sind geschwollen, rot vor Tränen. Sie starrt vor sich hin. Seit dem Vormittag starrt sie so vor sich hin, seitdem man ihr gesagt hat, daß ...

Sie will nicht sprechen, will nicht essen oder trinken, will nicht schlafen. Sie starrt vor sich hin oder weint.

Nein, sie weint nicht, sie wimmert, sie klagt wie eine Bäuerin. Sie verbirgt das Gesicht in ihren Händen und schluchzt.

Als ich zu ihr gehe, streichelt sie mir übers Haar, aber sie sieht mich nicht an. Sie starrt weiter vor sich hin, und ihre Lippen zittern.

Es war ein schwüler Augustnachmittag. Wir saßen auf der luftigen Veranda vor dem alten Herrenhaus von Askania Nova. Koló war in Simferopol. Die Teestunde war vorbei, aber die Sonne brannte noch heiß.

Zigeuner treiben sich auf der anderen Seite des Hofplatzes herum. Ein junges, dunkelhaariges Mädchen kommt auf Mutter zu.

»Dawai pogadaju?« fragt sie und zeigt ihre flache Hand. Aber Mutter bemerkt es nicht. Sie blickt in eine andere Richtung.

»Herrin ... Herrin ...«, quengelt das Mädchen im Näherkommen, »laß mich dir die Zukunft lesen! Ich werde die Wahrheit sagen ... nur die Wahrheit ... zeig mir deine Hand.«

Mutter dreht sich herum, lächelt und fragt:

»Woher kommt ihr Leute? Wann seid ihr angekommen?«

»Wir kamen mit unserem ganzen Lager vom Don. *Barinja!* Zeig mir deine Hand!«

Mutter streckt ihre rechte Hand aus. »Aber du bist so jung. Kannst du wirklich aus der Hand lesen?«

Tante Karolina greift ein: »Bitte, Lidotschka. Mach es nicht. *Arrête!«*

»Aber warum«, fragt Mutter, »warum willst du nicht, daß mir dieses Mädchen die Zukunft liest?«

»Weil, weil ... *cela ne se fait pas ...«*, murmelt Tante Karolina. Sie geht auf das Zigeunermädchen zu und winkt ihm mit einem Zwanzigrubelschein.

»Wenn Sie es zulassen, Madame«, fällt Mademoiselle Verrière ein, »werden sie nie weggehen! Sie sind eine Plage. Sie werden die ganze Nacht hier bleiben. *Et puis ils volent.*«

»Das ist genau, was ich meine!« ruft Tante Karolina aus. Sie wendet sich an das Zigeunermädchen und an die anderen: »Nun verschwindet, ihr Leute, bitte, geht! Geht zu eurem Tabor zurück. Dies hier ist ein Privathaus.«

Aber das junge Zigeunermädchen rührt sich nicht. Sie sieht Tante Karolina nicht einmal an. Statt dessen legt sie ihre Hand an ihre Wange, schüttelt den Kopf und starrt Mutter an. Dann sagt sie sehr, sehr sanft, als spräche sie ganz allein mit Mutter: »Oi oi, *Barinja!* Oi, oi, du Arme! Du wirst weinen! Bald! Bitterlich! Bitterlich! ...«

»Du siehst, was ich gesagt habe!« stößt Tante Karolina hervor, und ihr Gesicht ist rot vor Ärger. »Es sind Raben! Sie bringen Unglück!« Und wieder zu den Zigeunern gewandt, aber lauter und ärgerlicher: »Wollt ihr Leute endlich fortgehen! Um Himmels willen!« Während Tante Karolina schreit, höre ich entfernt im Vorraum Telefonklingeln. Ein Diener tritt auf die Veranda hinaus und flüstert Mademoiselle Verrière etwas ins Ohr. Sie eilt hinein, kommt aber schon eine Minute später zurück und macht Tante Karolina Zeichen. Beide verschwinden und schließen die Haustür hinter sich.

»Wohin sind sie gegangen?« fragt Mutter. Sie wendet sich an meine Schwester Onja und bittet sie, herauszufinden, wer angerufen hat und warum Tante Karolina und Mademoiselle Verrière verschwunden sind.

Ich folge Onja ins Haus. Der Butler steht in der Halle und sieht verstört aus.

»Was ist passiert?« frage ich, »was ist eigentlich los?« Aber er legt seinen Zeigefinger auf die Lippen und macht: »Pst! Sprechen Sie nicht zu laut, Herr«, flüstert er, »*Barinja* könnte es mithören ... Es gibt schlechte Nachrichten! Sie haben vom Postamt angerufen ... Ein Telegramm aus Simferopol, Nikolai Fedorowitsch, ich meine, Ihr Stiefvater, ist in Simferopol gestorben, an einem Herzanfall.«

... *Jalta, März 1919.* Mutter und ich an Bord eines kleinen Dampfers, der nach Sewastopol fahren soll. Er ist schrecklich überfüllt. Familien, Offiziere, Kindermädchen, Verwundete, alle fliehen aus Jalta.

Das Schiff sollte um acht Uhr auslaufen, aber jetzt ist es schon zehn, und wir liegen immer noch an der Pier.

Mutter sieht müde und nervös aus. Ich habe einen Stuhl für sie gefunden. Wir sitzen in der Nähe des Schornsteins, sie auf dem Stuhl, ich auf ihrem *porte-plaid*.

Mutter hat entschieden, daß sie der Familie voraus per Schiff nach Sewastopol fahren will. Mich hat sie mitgenommen. Sie möchte für uns alle Visa nach Frankreich besorgen. Sie kennt jemanden beim französischen Marine-Hauptquartier. Sie trägt ihr Necessaire, ich das *porte-plaid*. Sonst haben wir nichts bei uns.

»Morgen müssen wir Kommandant X. sprechen«, sagt Mutter. »Ich bin sicher, er wird alles arrangieren, ganz sicher.«

Seit Kolós Tod ergraut ihr Haar, ist ihr Gesicht von Fältchen überzogen. Wir haben einen schweren Winter hinter uns, und sie zwei schreckliche Jahre.

Ich stöbere einen jungen Leutnant auf, Serjoscha T., einen Freund der Familie. Er ist auch auf dem Weg nach Sewastopol, um dort zu seiner Truppe zu stoßen. Er sagt, es gebe kaum Hoffnung. Die Alliierten würden nicht helfen. Es habe eine Meuterei auf einem französischen Kreuzer gegeben. Die Weiße Armee sei auf dem Rückzug. Er kommt vom Kaukasus. »Dort herrschen noch schlimmere Zustände als in Jalta«, sagt er.

Es gibt auf dem Schiff nichts zu essen. In der Eile haben wir vergessen, etwas einzupacken. Serjoscha T. entdeckt einen Armenier, der kalte Piroschki verkauft. Die See ist rauh. Das Schiff wird schlingern. Ich hoffe, daß ich nicht seekrank werde. Mittags fahren wir los. Mutter und ich winken dem Rest der Familie auf der Pier zum Abschied zu. Mutter ruft: »Ich telefoniere morgen, bereitet alles vor«, aber ihre Stimme geht im Sirenengeheule des Schiffes unter.

... *26. März*. Das »Rossia« in Sewastopol ist überfüllt. Spekulanten, Bürgerfamilien, Schauspieler und Schauspielerinnen. Die Halle ist erfüllt von Geflüster. Nicht ein freier Platz, überall Haufen von Gepäck. Onkel Sergej Nabokov ist hier. Er ist vor einigen Tagen auf dem Landweg angekommen und wartet nun auf seine Familie. »Ich habe in diesem Haus ein Zimmer«, sagt er, »aber das andere ist in der Stadt, und ich weiß nicht, was Wladimir (sein Bruder) mit seiner Familie tun will, wenn er ankommt. Er sagt, daß uns die Franzosen überhaupt keine Visa erteilen wollen. Aber es gibt zwei Schiffe, die in wenigen Tagen aus Sewastopol mit griechischen Flüchtlingen nach Konstanti-

nopel und Griechenland auslaufen wollen. Das größere von beiden heißt ›Trapezund‹. Wir müssen mit oder ohne Visa darauf
Platz finden, sonst bleiben wir liegen.«

Die Stadt kocht vor alarmierenden Gerüchten. Die Roten,
heißt es, haben die letzte Linie des Widerstands der Weißen
durchbrochen. Sie sind im Begriff, den Isthmus zu überqueren.
Keiner der Alliierten hilft.

... *27. März.* Wir gehen ins französische Hauptquartier. Wir
bahnen uns den Weg durch eine mürrisch dreinblickende
Menge. Die Posten kontrollieren unsere Pässe. Man sagt uns,
daß Kommandant X. fortgefahren sei, nach Odessa. »Vielleicht
kommt er morgen zurück.«

Die Straßen sind voll von Ambulanzen. Serjoscha T. sagt, daß
alle Krankenhäuser, Hotels und Privathäuser überfüllt seien.
»Niemand weiß, was er machen oder wohin er gehen soll. Niemand führt das Kommando. Vollständige Anarchie. Die Stadt-
verwaltung ist geschlossen. Es ist ein Skandal!«

Der Tag ist grau, ein ständiger, kalter Nieselregen. Wir suchen in einem Restaurant Unterschlupf. Es ist zwar offen, aber
es gibt nichts zu essen. Mutter und ich haben zusammen ein
Zimmer. Ich schlafe auf dem Sofa, sie in einem schmalen Bett.
Das Zimmer ist klein, feucht und stickig. Ich habe nichts bei
mir, nicht einmal ein Nachthemd, nur meine Zahnbürste.

... *28. März.* Am Morgen kommt Kommandant X. zu uns,
direkt von seiner französischen Korvette, die um neun Uhr im
Hafen aufkreuzte. Er sagt, daß er nicht viel tun kann. Er hat
strikte Anweisungen, keine Ausländer an Bord zu nehmen. Er
kann nur französische Staatsbürger nach Hause schaffen. *»Je
regrette, chère Baronne«*, entschuldigt er sich, *»ce n'est vrai-
ment pas possible!«*

Mutter erzählt ihm von dem griechischen Schiff »Trapezund«. Vielleicht könne er uns die notwendigen Visa besorgen.
Er sagt, er wolle es versuchen.

Mutter ruft Tante Karolina an. Es dauert Stunden, bis man
Jalta erreicht. Mutter sagt: »Packe und komme so bald wie
möglich mit den Kindern und dem Hausmädchen Manja her.
Warte nicht auf das Schiff. Komme mit dem Bus.« Ein weiterer
Tag verstreicht. Viele Neuankömmlinge in der Hotelhalle. Wo
werden sie schlafen?

... *29. März.* Mutter trifft einen Bekannten in der Halle,
einen reichen *karaiter*, Solomon Samojlowitsch Krym, der
noch Verbindungen hat. Er ruft in Jalta an und besorgt ein

Auto für die Familie, damit sie morgen nach Sewastopol kommen kann.

»Lydia Eduardowna«, sagt er mit beruhigendem Lächeln, »machen Sie sich keine Sorgen! Sie werden sehen, daß alles so wie gewünscht vonstatten geht. Und wenn Sie etwas brauchen, sagen Sie es mir nur – ich werde es für Sie beschaffen!«

Er ist lieb und nett. Er sieht sehr orientalisch aus. Ein schwarzer keilförmiger Bart und eine Glatze, wie ein alter Assyrer. Koló und ich haben ihn vor zwei Jahren auf seinen Obstplantagen bei Karassubasar, im Innern der Krim, besucht.

Er lädt Mutter und mich zum Essen ein, mit einem schönen Filmstar, Lissenko, und deren Mann, Mossjuchin, ebenfalls einem berühmten Schauspieler. Beide haben mit französischen Filmgesellschaften Verträge. Sie warten auf das Passagierschiff nach Konstantinopel: »Wir haben reservieren lassen.«

»Aber wird das Schiff kommen?« fragt Mutter.

»Natürlich«, sagt der Filmstar, »ich weiß nicht, warum die Leute in solcher Panik sind!« Und sie sieht Mutter mit Verachtung an.

S. S. Krym läßt uns ein luxuriöses Essen in einem *cabinet privé* vorsetzen, behandschuhte und livrierte Kellner, blitzblankes Silber, Kaviar und Seljanka mit Stör.

»Wo haben Sie das alles her?« frage ich.

Er lacht: »Das ist mein Geheimnis. Ich kaufe das von den Bolschewiken. Wirst du nun weiteressen, seit du das weißt?«

... *30. März.* Serjoscha T. hat den Befehl bekommen, zu seiner Truppe in Rostow zu stoßen. Er fährt am 2. April mit dem Schiff ab.

»Haben Sie die Schießerei in der letzten Nacht gehört?« fragt er.

Nein, das habe ich nicht. Er erzählt mir, daß die Roten bis in die Außenbezirke von Simferopol vorgedrungen sind, aber zurückgeworfen wurden.

»Natürlich sind das alles Gerüchte. Niemand weiß, was geschehen ist. Außer, daß es eine Schießerei gab ...«

Meine beiden Schwestern, Bruder Mitja und das Hausmädchen Manja kommen am späten Nachmittag müde und verdreckt an. Tante Karolina hat sich entschieden zu bleiben ... Mutter ist aufgeregt. Sie versucht sie anzurufen, kommt aber nicht durch. »Jede Verbindung mit Jalta ist unterbrochen«, sagt der Portier.

Mitja hat mir einen Kissenbezug voller Sachen mitgebracht,

aber nicht mein neues Cello. Dafür zwei rechte Schuhe! Aber jetzt kann ich wenigstens mein Hemd und meine Unterwäsche wechseln. Ich nehme ein kaltes Bad in Onkel Sergejs Badezimmer, wir haben keins. Glücklicherweise hat Mutter für sich, meine beiden Schwestern und das Mädchen ein Zimmer bekommen. Mitja und ich bleiben in dem alten feuchten.

Die Lichter gehen um neun hier aus. Aber bei der französischen Flotte brennen alle Lichter. Ich sehe aus dem Fenster. Alles ist dunkel: die Hügel, das Meer.

... *31. März.* Kommandant X. ruft an. Er wird Visa für uns für das griechische Flüchtlingsschiff »Trapezund« bekommen. »*Aussi pour Monsieur Sergej Nabokov et sa famille.*«

Aber wir dürften mit niemandem darüber sprechen.

Mutter geht mit Onja und Onkel Sergej in das französische Hauptquartier, um die Pässe abzuholen. Ich bleibe mit Serjoscha T. in der Hotelhalle. Manja, Mitja und meine kleine Schwester machen einen Spaziergang.

Serjoscha T. ist verbittert. Sein Schiff hat Verspätung. »Es geht hier zu wie im Puff«, murmelt er. »Jeder denkt nur an seine eigene Haut. Zur Hölle mit Rußland. Es geschieht ihnen ganz recht, wenn die Bolschewiken sie gefangennehmen und an den Eiern aufhängen.«

Mutter kommt triumphierend zurück. Sie hat die Pässe bekommen, Onkel Sergej für seine Familie auch. Mutter hat auch einen Karton mit Lebensmitteldosen gefunden. »Er lag im Hafendepot«, sagt sie, »er war der letzte aus Großmutters Fabrik in Odessa.«

Heute gehen die Lichter noch früher aus. Wir entkleiden uns im Dunkeln. Es gibt keine Kerzen.

... Um zwei Uhr nachmittags besteigen wir ein Boot. Außer uns sind noch Onkel Sergej, seine Familie und über zwanzig andere Personen mit französischen Pässen dabei. Wir erreichen die »Trapezund«, die im äußeren Hafen liegt, und klettern über die gedrängt volle Treppe auf das Oberdeck. Wir sind entsetzt. Unser Schiff ist eine ausgebrannte leere Schale. Es sollte in Jassy repariert werden, sagt man uns, wurde aber von den fliehenden Deutschen liegengelassen. »Wir können höchstens mit einer Geschwindigkeit von acht Knoten fahren«, sagt der Kapitän. Er ist ein ehemaliger Vizeadmiral der Ostsee-Flotte, ölig und unangenehm. Er hat seine dromedarähnliche Frau und seine beiden dürren Töchter bei sich.

Wir finden zwei Kabinen mit ausgebrannten Kojen. Sie sind

schmutzig, und es gibt kein Wasser in der Nähe, außer auf dem Oberdeck. Die Kabinen sind für die Frauen, wir finden Platz im Laderaum. Auch die WCs sind ausgebrannt. Onkel Sergej, Mitja und zwei Seeleute bauen im Vorschiff neue. Sie haben dafür Bauholz gefunden. Ich helfe das Gepäck in den Kabinen verstauen und verstecke den Karton mit den Dosen unter meiner Koje. Es gibt außer uns und den andern Menschen aus dem Boot niemanden an Bord. Am Abend sitzen Onja, Mitja und ich mit unseren Kusinen Muma, Katja und unseren Vettern Serjoscha und Kolja in einem Kreis auf dem Heck und singen Lieder.

... *1. April.* Ich wache im Morgengrauen auf. Ringsum großer Lärm, Gerassel von Ketten, Stimmengewirr. Ich gehe auf Deck. Schwärme von Menschen überfluten es: weinende Kinder, Frauen jeden Alters, Männer mit Gepäck. Sie sprechen eine Sprache, die ich nicht verstehe. Es sind häßliche kleine Menschen, kein hübsches Gesicht darunter. Sie scheinen ärgerlich und erschöpft zu sein.

Ich frage einen Seemann: »Sind das die Griechen?«

»Wer sollten sie sonst sein?« antwortet er mürrisch.

Wir verbringen den größten Teil des Morgens damit, Mutters und Tante Dollys Kabinen zu verteidigen. Die Griechen sind wütend. Keiner von ihnen spricht russisch. Sie beschimpfen uns auf griechisch und versuchen uns fortzustoßen. Um die Mittagszeit geben sie endlich auf und lassen sich anderswo nieder. Sie haben das ganze Schiff besetzt, alle Laderäume, alle Decks und selbst die Kommandobrücke.

Bei Dämmerung liegt das Schiff dunkel da, nur einige schwache Glühbirnen brennen, in den Kabinen keine.

Seit gestern regnet es nicht mehr. Vom Meer her weht eine warme Brise. Frühling liegt in der Luft. Ich kann nicht schlafen. Meine Koje liegt ganz am Ende des griechischen Lagers. Ich bahne mir einen Weg durch die schlafenden Menschen. Jetzt ist alles ganz ruhig, nur gelegentlich ein Greinen, Fetzen eines Liedes, von einer Frau gesungen, fremdartig und traurig. Ich blicke auf das Meer, in den Dunst über dem Hafen, und zurück auf das dunkel daliegende Sewastopol. Es ist kaum ein Licht zu sehen, nur höher hinauf, in der Nähe des Malachowhügels. Das muß eine alliierte Truppe sein.

Plötzlich höre ich Mutter rufen: »Nikaa ... Nikaa ...«

Ich gehe der Stimme nach. Ich finde Mutter in dem Dunkel ihrer Kabine. Sie ist verängstigt und erschöpft: »Ich weiß nicht, was ich machen soll. Der Kapitän fährt mit uns an Bord nicht ab. Er sagt, es sei illegal. Die Griechen hätten sich beschwert. Das Boot sei vom Roten Kreuz für sie gechartert worden. Nun will er nicht einmal unsere französischen Pässe ansehen ... Onkel Sergej ist zu ihm gegangen, um mit ihm zu reden.«

Sie beginnt zu weinen. Arme Mutter, so hilflos. Ich drücke mich an sie. Ich küsse ihre Hände. Sie streichelt mir den Kopf und lächelt unter Tränen.

Wir warten. Onkel Sergej kommt lächelnd zurück: »*Tout est arrangé*«, sagt er. Mutter und er werden eine gewisse Summe in Valuta bezahlen. »Doch mehr *du vice qu'amiral*«, lacht Onkel Sergej ... »*Un amiral extortioniste* ...«

Ich gehe aufs Deck zurück. Über mir die Sterne, das Meer ... endlos ...

Am 2. April 1919, nach dem alten Julianischen Kalender, verläßt die »Trapezund« mit Mutter und ihren vier Kindern den Hafen von Sewastopol. Ich sehe das Ufer in der Ferne schwinden.

Mutter ist ruhig, traurig, aber stolz. Sie hat getan, was sie für ihre Pflicht hielt: Uns gerettet.

... *August 1925, Kolbsheim im Elsaß.* Mutter schläft. Ihr Gesicht ist voller Frieden und schön. Wie gut ich es kenne, jede Runzel, jede Falte, jedes Grübchen. Wie genau weiß ich, wie gut dieses Gesicht sein kann, aber auch wie ängstlich.

Sie war sehr krank. Es ist das erste Mal seit Wochen, daß die Schmerzen nachgelassen haben. Der Arzt sagt: »*La crise est passée.*«

Sie war auf dem Weg nach Polen für ein Wochenende auf das hübsche Schloß von Mme. Grunelius, der Mutter meines Freundes Lexi, gekommen. Nun ist sie volle drei Wochen dageblieben, mit meiner Schwester Lida. Der ganze Haushalt hat sich liebevoll um sie gekümmert. Aber ihre Gegenwart hat auch das Leben hier verändert. Sie wurde zwar krank, aber sie hat wie eine gute Fee unbewußt Glück in dieses wunderbare Haus gebracht, zu diesen geliebten Freunden. Sie weiß nicht einmal, welch ein neues Leben der Freude, des Friedens und der Liebe sie hier geweckt hat ...

Schlaf, Mutter, schlaf ein, werde gesund, bleibe noch viele Jahre gesund ...

... *Dezember 1937, Aurora, USA.* Drei Wochen nach dem Telegramm kam ein langer Brief von meiner Schwester Onja. Sie beschrieb Mutters Tod in allen Einzelheiten.

Der Brief kam und mit ihm der erste Schneesturm. Die Straßen waren für einige Tage blockiert, das Telefon funktionierte nicht. Die Autos lagen wie Betrunkene mit weißen Zylindern im Schnee vergraben auf dem Campus.

Oh, mein böses nördliches Aurora. Wie sehr habe ich dich in diesem verfluchten einsamen Dezember gehaßt.

Abschied vom hohen Norden

Schon im Herbst 1937 war mir der Gedanke, ans Wells College zurück und in Aurora leben zu müssen, immer unsympathischer geworden.

»Ich verstehe nicht, wie Sie es hier aushalten können«, sagte Aaron Copland, während er aus dem Fenster meiner presbyterianischen Behausung in den Winter hinausblickte. Aaron war an einem besonders abscheulichen Tag gekommen, um einen Vortrag zu halten. Ein arktischer Wind blies Schneewehen von Hügel zu Hügel. Der Himmel war finster, und unter meinem Fenster lag riesig und dampfend der pechschwarze Cayuga-See wie ein bedrohliches Ungeheuer.

»Dampft er immer so wie heute?« fragte Aaron.

»Nur wenn die Temperatur unter den Gefrierpunkt sinkt«, erklärte ich ihm. »Es muß im See heiße Quellen geben.«

»Und friert er jemals ganz zu?« fragte er weiter.

Ich lachte: »Es gibt ein Sprichwort in Aurora: Der Cayuga-See friert zu, wenn eine Jungfrau das Abschlußexamen macht. Seit der Gründung des College ist es noch nicht passiert.«

Aaron verzog keine Miene. Er trat näher an das Fenster und blickte stier auf das dampfende Monstrum.

Schließlich ließ er sich in einen Sessel fallen, schüttelte den Kopf und sagte: »Er sieht finster aus, nicht wahr? Und so feindselig.«

In Anbetracht des Wetters war Aarons Vortrag gut besucht gewesen. Die Mädchen hatten »höflich interessierte« Fragen gestellt. Danach hatte es den üblichen, strikt »trockenen« Empfang gegeben (Coca, Gingerale, Kaffee, Tee und Kuchen). Ich brachte Aaron zu Fuß in den Gasthof am anderen Ende der Stadt zurück. Der Wind hatte nachgelassen, aber mit dem Auto zu fahren war immer noch unmöglich. Wir stampften untergehakt durch die Schneeverwehungen und rutschten und stolperten wie zwei Betrunkene.

»Nickie!« rief Aaron, »Sie sollten eine Sinfonie schreiben und sie ›La Sibérie américaine‹ nennen. Können Sie sich nicht einen wärmeren Job besorgen? Kann Koussie Ihnen nicht helfen? Soll ich mit ihm sprechen?«

Aber als das Schuljahr zu Ende ging, war nichts geschehen. Ich schuldete dem College eine große Summe und hatte keine andere Möglichkeit als zu bleiben, mindestens noch für ein weiteres Jahr, das zweite meines Fünfjahresvertrages.

Zu Beginn des Frühlings 1939 heiratete ich zum zweitenmal. Meine Frau, Constance Holladay, mein »Ödipus« – war Amerikanerin. Anfangs glaubte ich, daß sich nun alles zum Besseren wenden würde, daß das Leben weniger einsam, weniger deprimierend sein würde. Wir verbrachten den Sommer am Cape Cod in Wellfleet, und zu Beginn des Herbstes zogen wir in ein geräumiges, komfortables Haus, das hübsch altmodisch auf einem grünen Hügel lag, umgeben von alten Ulmen, Linden und Ahorn. Es kamen uns jetzt immer mehr Freunde besuchen, und anstelle der üblichen Empfänge für Gastprofessoren und Gastvirtuosen veranstalteten wir Partys bei uns, die sehr »feucht« und oft sehr ausgelassen waren.

Ich komponierte Chormusik für den Collegechor, der um 1938 auch für professionelle Begriffe erstklassig war. Ich hatte Spaß daran, mit ihm zu arbeiten und für ihn vielerlei aus der frühen Renaissancemusik umzuschreiben.

Das einzige, was nicht besser wurde, sondern mir das Leben in Aurora in zunehmendem Maße verleidete, war das Unterrichten, nicht der Einzelunterricht in Theorie, sondern die Kurse über Musikgeschichte. Sie schienen mir steril und für alle nur eine Zeitverschwendung zu sein. Ich sah damals nicht ein, wozu man diesen zukünftigen Frauen, Müttern und Omas der amerikanischen Provinz etwas beibringen sollte, was sie offensichtlich nicht interessierte und was sie später nicht verwenden konnten.

Trotz allem, wäre der Krieg in Europa nicht gewesen, der mich immer mehr bewegte und beunruhigte, hätte ich hier überwintern und meine *condition humaine* akzeptieren können. Ich hätte vielleicht am Ende sogar meinen Frieden mit dem bürgerlichen Wells geschlossen und meine Pensionierung abgewartet.

Doch während der Weihnachtsferien 1939/40 hatte ich plötzlich die Nase voll. Ich wollte weg, so schnell wie möglich. Meine Frau war zu ihren Eltern nach Minneapolis gefahren. Ich nahm den Zug nach New York. Ich glaube, es muß um diese Zeit gewesen sein, daß Jacques Maritain mir zum erstenmal von einem College in Maryland sprach, an dem nach einem Musiklehrer gesucht wurde.

Es war ein College für junge Männer mit experimentellen oder zumindest ungewöhnlichen Ideen über Erziehung. Ich hatte in den Zeitungen darüber gelesen und erinnerte mich vage daran, daß die Erzieher von einem *liberal arts*-Lehrplan sprachen, der auf der Lektüre der *Great Books* beruhte.

»Sie sehen, *mon cher* Nika«, erklärte Maritain, »diese Leute kümmern sich um die Zukunft der Menschen in Amerika. Sie finden das gegenwärtige Erziehungssystem verschlampt, oberflächlich und daher verderblich. Sie wollen *aux sources* zurück. Und die Hauptquellen sind natürlich Aristoteles, Platon, Aquin. Die meisten dieser Leute sind Mitglieder eines Komitees, das an der Universität von Chicago von dessen jungem Präsidenten Robert Hutchins gebildet worden ist. Ich kenne einige von ihnen. Ich stimme nicht mit allem überein, aber es gibt unter ihnen ganz bemerkenswerte Menschen, wie zum Beispiel der Dean des neuen College. *Un peu arrogant* in ihren theoretischen Versuchen ... *mais qu'importe* ... Das ist immerhin weniger *triste* als Ihr Wells College.

Das St. John's College liegt in Annapolis, einer hübschen, kleinen, alten Stadt in der Nähe Washingtons. Der Dean, Scott Buchanan, hat mir gut gefallen. Er erzählte mir, daß er an seinem College jemanden mit neuen Ideen über Musikerziehung brauche.«

Jacques sah mich freundlich an und fragte: »Soll ich an Buchanan schreiben und Sie empfehlen? Es ist natürlich nur eine vage Chance, aber ... *pourquoi pas?*«

Jacques Maritain schrieb. Und vierzehn Tage später erhielt ich vom Dean Buchanan einen liebenswürdigen Brief. Er lud mich ein, ihn im St. John's College in Annapolis zu besuchen. Wir verabredeten uns für Mitte März.

Es ging mir schon viel besser. »Kann sein, kann sein«, dachte ich, »daß dies das Ende meines Exils in diesem nördlichen Drecknest bedeutet.«

Dann, gerade als ich mich zu meiner langen Fahrt in den Süden anschickte, geschah etwas, was die Menschen verschieden als Unfall, Zufall oder als Vorsehung bezeichnen. Wie man es auch immer nennt, es war einer der goldenen Schicksalsfäden meines Lebens.

Zunächst schien es bedeutungslos, ja sogar trivial: nur ein Telefongespräch.

Es war Edith Fincke, meine Beschützerin. Sie wollte wissen, ob ich einen ihrer Verwandten treffen wollte, einen jungen amerikanischen Diplomaten, der für einige Zeit in Moskau stationiert gewesen sei.

»Er hat dort perfekt Russisch gelernt«, sagte Edith, »und hat in Rußland ein amerikanisches Mädchen aus Bryn Mawr geheiratet. Er ist schrecklich klug, und ich bin überzeugt, daß er *une grande carrière* macht.« Edith gluckste in ihrem selbstgebastelten Französisch.

Ich versuchte sie zu unterbrechen, aber sie fuhr fort – erbarmungslos:

»Er heißt Charles Bohlen«, sie buchstabierte jeden Buchstaben des Namens. »Es mag Ihnen deutsch vorkommen, aber er ist durch und durch Amerikaner. Können Sie kommen?«

Ich erklärte ihr, warum das nicht ginge. »Ich bin gerade im Begriff, Aurora auf der Suche nach einem neuen Job zu verlassen.«

»Oh, aber wohin?« fragte Edith. »Ich dachte, Sie wären für einige Jahre fest in Aurora?«

»Ich fahre zuerst nach Washington und von dort aus in eine kleine Stadt namens Annapolis, um dort den Dean zu treffen, der ...«

»Aber das klappt ja vorzüglich«, unterbrach sie mich. »Annapolis liegt direkt neben Washington, und in Washington werde ich in zwei Wochen für zehn Tage sein. Und eben dort wird auch Charles Bohlen zu tun haben ... Wann fahren Sie? Mit dem Auto oder mit dem Zug?«

Ich berichtete ihr von meinen Plänen, und wir vereinbarten ein Datum. Ich sollte noch einen weiteren Tag in Washington bleiben, um mit ihr zu essen und dabei ihren diplomatischen Verwandten aus Moskau zu treffen.

Gut, gut, aber meine Gedanken waren ganz woanders, bei dem Dean von St. John's. »Wird er mich mögen? Wird er mir einen Job anbieten, und wenn, für wann?«

Aus dem schneeverwehten Aurora fuhr ich in ein schon frühlingshaftes Washington und am nächsten Morgen weiter nach Annapolis. Ich verliebte mich sofort in das helle, ruhige und saubere Städtchen mit seinen Häusern im Kolonialstil, den engen Straßen, die in französischer Manier angelegt waren, wie ein Miniatur-Washington. Und der Campus von St. John's College war mit seinen alten Linden und knospenden Gebüschen reines Bilderbuchamerika des 18. Jahrhunderts.

Aber noch mehr gefiel mir Dean Scott Buchanan.

Er empfing mich hinter seinem Schreibtisch sitzend in einem dunklen Büro im Hauptgebäude, der McDowell Hall. Er hatte eines jener einzigartigen Gesichter, die einem vom ersten Anblick an für immer im Gedächtnis haften bleiben. An sich sah er aus wie ein ungeschlachter Arbeiter, ein Bergmann. Doch die großen Augen, die unter den buschigen Brauen aus einem kanonenkugelrunden Kopf hervorlugten, waren die eines Richters, eines Denkers, vielleicht sogar eines Propheten. Ich erinnere mich, daß ich mich unter seinen durchbohrenden Blicken unbehaglich fühlte.

Wir vertrugen uns bei diesem ersten Gespräch blendend. Er gestand, eine irrationale und unkontrollierbare Vorliebe für Musik zu haben, während ich ihn mit der Beschreibung meines aurorischen Exils erheiterte. Er fragte mich sofort, ob ich Interesse daran hätte, als Tutor an das St. John's College zu kommen.

»Natürlich erwartet man von Ihnen«, sagte er, während er mit einer Streichholzschachtel spielte, »daß Sie unterrichten – oder besser gesagt, zu unterrichten lernen, und zwar sämtliche *liberal arts.*« Er unterbrach sich und starrte mich unter seinen Augenbrauen an. »Und das schließt Mathematik ein, die, wie Sie wissen, ein Teil der Musik ist, dazu Sprachen: Griechisch, Lateinisch und Französisch oder Deutsch, Philosophie, Geschichte und die Naturwissenschaften.«

Ich starrte ihn furchtsam an und murmelte, daß ich nichts von Naturwissenschaften verstünde, daß ich seit langem das lächerliche bißchen Mathematik, das ich gelernt hatte, um mein *bachot* in Frankreich zu bestehen, längst vergessen und daß ich nie Philosophie studiert habe. »Was das Griechische betrifft«, sagte ich, »so weiß ich, wie man guten Morgen sagt oder gute Nacht, aber nur auf neugriechisch, und ich kann um eine Apfelsine oder um ein Glas kaltes Wasser bitten. Das ist alles ... sehen Sie, ich bin ein großer *ignoramus* in dem, was Sie als *liberal arts* bezeichnen.«

Buchanan drehte seinen Drehstuhl halb herum, legte seine Hände hinter den Kopf, warf ihn zurück und brach in ein merkwürdiges, lautloses Gelächter aus, das in einem Hustenanfall endete.

»Machen Sie sich nichts daraus«, sagte er. »Keiner von uns beherrscht die *liberal arts*. In diesem Falle sind wir alle Unwissende, zumindest Lernende. Sie werden nur einer davon sein. Es ist nur zu Ihrem Besten, wenn Sie zugeben, diese Künste nicht zu kennen. Einige Leute haben jahrelang Mathematik studiert, kennen aber nicht einmal die Anfangsgründe.«

Er drehte seinen Stuhl wieder in die Ursprungsstellung zurück und sagte in einem anderen, nachdenklicheren Ton:

»Was wirklich wichtig ist, oder besser gesagt, wo wir jede Hilfe und jeden Rat von Ihnen brauchen und natürlich auch Erfahrung ...«, er zögerte einen Augenblick, »ist, daß Sie uns den Weg, einen richtigen und vernünftigen Weg zeigen, wie man die Schönen Künste in den Lehrplan der *liberal arts* einbauen kann.«

Überflüssig zu sagen, daß ich keine blasse Ahnung von dem hatte, wovon Scott Buchanan sprach. Ich hatte nur eine allgemeine Vorstellung vom Lehrplan von St. John's und dem *Great Books*-Leseprogramm, zusammengebastelt aus den Erzählungen Maritains und aus zufälliger Zeitungslektüre.

Ich wußte, daß außer Robert Hutchins und Stringfellow Barr, dem Präsidenten von St. John's, zwei andere Namen stets im Zusammenhang mit dem Aufbau dieses neuen Erziehungssystems genannt wurden: Alexander Meikeljohns und Mortimer Adler. Aber das war auch alles. Ebensowenig verstand ich die strikte, mittelalterlich wirkende Trennung, die Buchanan zwischen den »Freien« und den »Schönen« Künsten gemacht hatte, und die hierarchische Beziehung, die zwischen beiden als für ein gesundes humanistisches College notwendig angenommen wurde. Aber mein Nichtwissen erschreckte mich nicht, es prallte an meinem Wunsch, hier zu arbeiten, ab. Ich sah in der irgendwie verwirrenden Vorstellung Buchanans nur die Chance und war bereit, alles zu akzeptieren, wenn ich damit aus meiner Wellsschen Zwangsjacke herauskam.

Als ich während der Fahrt von Annapolis nach Washington auf die Autokarte sah, stellte ich fest, daß Annapolis, Washington und Baltimore ein ordentliches kleines Dreieck mit etwa dreißig Meilen Seitenlänge bildeten. Dies allein war schon eine Verführung, Aurora zu verlassen und nach Annapolis zu ziehen. Washington in diesen Jahren nahe zu sein, war ein fesselnder Gedanke. In Roosevelts Zeiten, und vor allem während des

Krieges, war die Stadt ein aufregendes, anregendes kosmopoliti-
sches Zentrum.

Ein amerikanischer Diplomat

Ich dachte an jenem Märztag des Jahres 1940, als ich um die
Mittagszeit die Halle des Mayflower-Hotels in Washington betrat, noch immer ans St. John's College und meine Vereinba-
rungen mit Mr. Buchanan. Der Portier sagte auf Befragen, daß
Mrs. Reginald Fincke ihre Gäste im Gartenrestaurant erwarte.
Es war ein warmer, fast sommerlicher Tag, der Garten war
voller Menschen. Aus einer entfernten Ecke winkte mir meine
alte Freundin Edith zu, die dort mit ihrer Tochter Nancy saß.
Während ich mir einen Weg zu ihrem Tisch bahnte, bemerkte
ich, daß mir ein Herr in einem hellen Sommeranzug folgte.
»Hallo, Chip«, begrüßte Edith ihn und stellte uns einander vor:
»Die ist mein Russki, der Musik-Mensch, von dem ich dir erzählt habe.«
Ich war überrascht. Dies war unzweifelhaft ein Vollblut-
Amerikaner, aber er hätte ebenso ein baltischer Baron oder ein
deutscher Adliger sein können (was er durch entfernte Vorfahren anscheinend auch war), vielleicht sogar ein englischer Lord,
aber nur aus der besten Zeit des Empire. Das Amerikanische an
ihm war schwer greifbar und doch ganz offenkundig. So hatte
ich mir immer seine bedeutenden Landsleute aus dem späten 18.
und frühen 19. Jahrhundert vorgestellt, die wir im liberalen
Rußland meiner Kindheit so bewundert hatten. War es, weil er
trotz seiner Jugend so selbstsicher und reif aussah? Oder weil
er, von kräftiger, fast bäurischer Gestalt, so ungemein elegant
wirkte? Vielleicht war es auch der Schimmer in seinen Augen,
eine Wachheit, stets bereit, in ein schallendes Gelächter auszubrechen, mit vielen Fältchen in den Augenwinkeln, oder die
Noblesse des Gesichts, das wohlproportioniert war und wie aus
Stein gemeißelt, so wie man sich die ersten römischen Konsuln
denkt.
Dieser Mann war der Prototyp des gutaussehenden amerikanischen Diplomaten, wie aus einem besseren Hollywood-Film.
Aber es lag noch mehr in seinem Gesicht, etwas von Geradheit,
Ehrlichkeit, von Humor und Mitgefühl, ein Gerechtigkeitssinn

und eine beträchtliche moralische Kraft. Vor allem aber zeugte dies Gesicht von einer scharfen, ausgeprägten Intelligenz, der man nichts vormachen konnte.

Chip Bohlen war damals nicht mehr in Moskau, sondern an der Amerikanischen Botschaft in Tokio. Er las und sprach fließend Russisch, aber seine Kusine Edith habe übertrieben, meinte er: »Ich spreche kein perfektes Russisch. Ich bin durch und durch Amateur.«

Seine Stimme war ein tiefer, samtiger Bariton, und er sprach ein besonders deutliches Englisch, jedes Wort, selbst Slang-Wörter genau aussprechend, ein Oberschicht-Englisch, aber frei von allen Affektiertheiten, weder Bostonian noch Oxonian. Er erzählte sehr gute Witze und brachte uns alle zum Lachen; ganz offensichtlich liebte er kleine Sticheleien.

Bei Tisch sprachen wir nicht von Politik, sondern er fragte mich nach meiner Meinung über die jüngere russische Literatur, nach Babel, Pilnjak, Bulgakow und Juri Olescha, aber auch nach bestimmten russischen Eß- und Trinkgewohnheiten, zum Beispiel ob es im vorrevolutionären Rußland auch so viele Betrunkene auf der Straße gegeben habe wie heute.

Ich brachte ihn nach dem Essen in meinem Wagen zum State Department. »Was für ein Luxus-Auto Sie haben!« sagte er auf russisch, als er in mein Ford-Coupé stieg. »In Ihrem Vaterland können sich das nur die alleroberstens *Towarischtschi* leisten!«

Sein Russisch heimelte mich an, es war gespickt mit verkehrten Zeitformen, grammatischen Geschlechtern, Prae-, Post- und Infixen. Doch sein Akzent, seine Wortwahl, sein Tonfall ließen es anziehend und kultiviert erscheinen, frei von den halbverdauten Fremdwörtern, mit denen die Sowjets meine Muttersprache verdorben haben.

Die Fahrt vom Mayflower-Hotel zum State Department war nur kurz. Unterwegs erzählte mir Chip Bohlen, wie er mit Bill Bullitt an die erste nachrevolutionäre Amerikanische Botschaft in Moskau gekommen war. Im Gegensatz zu dem, was man so gehört habe, seien nicht alle von der Botschaft gegenüber Stalins Rußland blind gewesen, weder er selbst noch George Kennan oder sein Schwager Charlie Thayer.

»Natürlich fühlten wir uns sehr frustriert, aber das ging allen westlichen Diplomaten in Moskau so, nicht nur den Amerikanern. Wir stellten fest, daß normale Beziehungen zu Russen sehr schwierig, ja praktisch unmöglich waren. Es war für uns genauso gefährlich wie für die Russen, weil alles voller KGB-Spitzel saß.«

Die Säuberungen, die auf die ersten Moskauer Prozesse folgten, seien noch viel schlimmer gewesen, als wir im Ausland es uns vorgestellt hätten. »Der systematische Terror hat Hunderttausende, wenn nicht Millionen Menschen aller Schichten, vom höchsten Parteifunktionär bis zum Arbeiter oder Bauern, verschlungen.«

Zum Schluß sagte Bohlen, daß in der UdSSR und in Japan die ganz große Katastrophe schon in der Luft liege. »Und *Boy, oh Boy!* Sie wird sich über die ganze Welt ausbreiten, und wir Amerikaner werden hineingezogen werden, ob wir wollen oder nicht. Sie ist unvermeidlich, und niemand wird sie eindämmen können.«

Ich hörte voller Staunen zu und dachte, wie wenige, wie sehr wenige in Amerika begriffen hatten, was Bohlen wußte oder voraussah.

Wir mußten uns schnell verabschieden. »Vielleicht sehen wir uns im nächsten Jahr, Towarischtsch. Da komme ich auf einen längeren Urlaub nach Hause, und dann müssen Sie uns in Villanova besuchen und meine Frau und die ganze Familie kennenlernen. Sie wird Ihnen bestimmt gefallen. Inzwischen viel Glück an dem neuen College! Wenn Sie mich brauchen, können Sie mich immer über das State Department erreichen. Der Postsack braucht allerdings manchmal drei Wochen.«

Das College der Hundert Großen Bücher

Ich wußte kaum, worauf ich mich eingelassen hatte, als ich im Spätsommer 1941 mit meiner Frau und unserem neugeborenen Sohn Peter in das vor Hitze ersterbende Annapolis zog.

Der *Liberal-arts*-Lehrplan von St. John's war in jenen Jahren eine seltsame Sache – eine Odyssee im Jet durch zweitausendfünfhundert Jahre westlicher Geistesgeschichte. Alles basierte auf dem Lesen, der Diskussion und dem – erhofften – Verständnis der *One Hundred Great Books*, wie es im Lehrplan angekündigt war. Diese *One Hundred Great Books* wurden für den Felsen gehalten, auf dem unsere jüdisch-griechische-lateinische Zivilisation errichtet war. Sie waren von dem mächtigen *liberal arts committee* der Universität von Chicago ausgewählt und in chronologischer Reihenfolge so angeordnet worden, daß sie in einen Vierjahresplan paßten.

Obwohl ich den Wert dieser *Great Books* nicht in Frage stellen will, habe ich doch nie die Kriterien dafür entdecken können, warum gerade diese hundert Bücher den großen zivilisatorischen Felsen bildeten. *Liberal arts, Great Books, fundamental knowledge, watersheds in thought* waren einige der Klischeeantworten. Aber warum war zum Beispiel ›Krieg und Frieden‹ dabei und nicht ›Anna Karenina‹ (ein viel besserer Roman)? Warum sollte jemand seine eigene und fremde Zeit damit vergeuden, eine obskure mittelalterliche Abhandlung ›Über die Größe der Formen‹ von Grosteste Bishop von Lincoln zu lesen und zu diskutieren, und nicht beispielsweise das viel unterhaltsamere und ebenso obskure Horoskop Wallensteins von Kepler? Es schien mir ganz sicher, daß dieser Leuchtturm, der sein jüdisch-griechisch-lateinisches Licht auf unsere zweifelhafte Zivilisation werfen und uns vor Untiefen bewahren sollte, um es nur ganz vorsichtig auszudrücken, unvollständig und willkürlich mit diesen hundert ausgewählten Büchern geheizt war.

Es wollte mir auch nicht einleuchten, warum es ausgerechnet hundert *Great Books* waren und nicht zum Beispiel siebenundneunzig oder hundertunddrei. War das Ganze nicht wie in einem Kaufhaus, das drei Schlipse für zehn Dollar verkaufte?

Dennoch, da war ich nun in diesem Herbst 1941 und begann ein pädagogisches Flohhüpfen (mit Hindernissen) von Homer (›Ilias‹ und ›Odyssee‹ in drei Wochen) zu Platon, von Thukydides zu Aristoteles und weiter über die griechischen und römischen Dichter, Dramatiker, Historiker, Mathematiker und Naturwissenschaftler – alle glücklicherweise auf englisch – bis zur Bibel!

Trotz allem war ich das erste Jahr gerne an St. John's. Man zwang mich, Bücher zu lesen, die ich sonst nie in die Hand genommen hätte, und das in ungewohnter Hast, denn an sich bin ich ein pedantisch langsamer Leser. Zunächst ging alles ganz gut. Die Kollegen waren nett und hilfsbereit, die Studenten viel aufnahmefähiger als die Mädchen von Aurora.

Meine Kollegen und ich hatten einen Plan entwickelt, einige stilistische Prototypen der *Great Works of Music* in historischer Folge vorzustellen. Wir wollten mit einer monophonen Gregorianischen Messe beginnen, der eine polyphone von Guillaume de Machault folgen sollte. Von Monteverdis ›Orfeo‹ sollte es zu

Bachs h-Moll-Messe, Mozarts ›Don Giovanni‹, Beethovens cis-Moll-Quartett weitergehen und mit Strawinskys ›Sacre‹ enden. Dieses musikalische Menü sollte über die vier akademischen Jahre verteilt werden als eine Art *table d'hôte* für alle Studenten und Mitglieder der Fakultät.

Unsere Idee war einfach und praktisch. Diese Werke existierten auf Schallplatten, die Studenten konnten sie hören, sooft sie wollten, einzeln oder in Gruppen, die Partitur dabei in Händen. Wir wollten genaue, sehr informative Vorlesungen über diese *Great Works of Musik* halten und alle sie betreffenden Fragen so objektiv wie möglich beantworten. Wenn diese Werke erst einmal vorgestellt, angehört und wenigstens bis zu einem bestimmten Grad verdaut worden waren, würden wir sie genauso diskutieren wie die *Great Books*.

Die Sache hatte nur einen Haken: Die meisten Studenten konnten keine Noten lesen. Als ich nach St. John's kam, waren für das *Great-Books*-Programm rund zweihundertfünfzig Versuchskaninchen eingeschrieben. Lediglich etwa zehn Prozent davon konnten Klavierauszüge und vielleicht fünf oder sechs die Partitur eines Streichquartetts entziffern. Dennoch schien es wenig Sinn zu haben, ernsthaft über ein Stück zu sprechen, ohne in der Lage zu sein, seine Struktur, seine Form und seinen Stil diskutieren zu können. Aus diesem Grunde war das Notenlesen, wenn auch nur in bescheidenem Umfang, wesentlich und unumgänglich. Wir entschieden uns daher, einige technische und bis zu einem gewissen Grade historische Vorlesungen über die Entwicklung der Notation zu halten. Sie sollten für alle Studenten zuzüglich des Lehrkörpers obligatorisch sein.

Die ersten Vorlesungen waren gut besucht, und die Fragen, die gestellt wurden, zeigten uns, daß die Studenten echtes Interesse hatten. Ich hatte das Gefühl, einen intelligenteren Weg gefunden zu haben, Laien etwas über die Kunst und das Handwerk der Musik beizubringen, als dies bei den schlampigen *Music-appreciation*-Kursen möglich gewesen war.

Ich ging auch gleich daran, einen Chor und ein Orchester aufzubauen. Der erstere war ein reiner Männerchor und bestand aus Studenten, das letztere war eine Mischung aus Studenten, Amateuren beiderlei Geschlechts aus Annapolis, Seeleuten von der Marineakademie und zwei oder drei Berufsmusikern aus dem Baltimore Symphony Orchestra. Wir probten regelmäßig und gaben im Verlaufe des Jahres mehrere Konzerte mit allen Arten guter Musik, meist im Schrittempo und mit einer

Girlande von falschen Noten verziert. Aber wir taten es mit Hingebung, und unser Publikum liebte uns.

Eines Tages im April 1942, als ich meine erste Vorlesung über Notation hielt, sah ich Scott Buchanan den Saal betreten und sich in die hinterste Reihe setzen. Dort blieb er eine Weile und schien zuzuhören. Anschließend bat er mich in sein Büro, und es kam zu einer heftigen Auseinandersetzung, in der ich ihm verständlich zu machen suchte, daß sich Musik nicht lehren ließe, wenn die Schüler ihre Sprache nicht verstanden.

»Warum?« fragte Buchanan beißend. »Ist eine Partitur nicht etwas vom Verstand Erfundenes? Wenn dem so ist, warum kann es dann nicht mit dem Gehirn nachvollzogen werden? Die Studenten müssen das alles selbst bewerkstelligen ... und wenn sie dann wollen, ich meine, den Drang dazu verspüren, können sie sich Platten anhören. Und wenn es so nicht geht, gibt es keinen Grund, fürchte ich, die Musik in den *Liberal-arts*-Lehrplan aufzunehmen.«

»Aber das ist doch unsinnig! Das ist absurd!« rief ich. »Das ist sinnlos.«

Buchanan warf den Kopf zurück und hatte einen seiner leisen, krampfartigen Lachanfälle.

Ich sah ihn ernst an und fühlte kalte Wut in mir aufsteigen, aber sie klärte meine Gedanken. Ich wartete, bis er aufhörte zu lachen. Dann sagte ich, meine Worte sorgfältig abwägend: »Lassen Sie uns ein Experiment machen. Wir nehmen eine Gruppe von fünfzehn Studenten, die keine Noten lesen können und noch nie das cis-Moll-Streichquartett von Beethoven gehört haben. Ich werde ihnen die Partitur in die Hand geben und ein Seminar darüber abhalten. Wir beide werden es leiten. Sehen wir, was dabei herauskommt.«

Buchanan stimmte widerstrebend zu.

Dieses Seminar hat Buchanan mir nie vergeben. Es war das Paradigma einer Katharsis. Vor dem Seminar hatten der Lehrplan von St. John's und seine *Great Books* noch eine gewisse Faszination auf mich ausgeübt. Ich hatte auch einen geheimen Minderwertigkeitskomplex Buchanan gegenüber gehabt. Ich fühlte mich in seiner Gegenwart eingeschüchtert und unwissend und benahm mich ihm gegenüber servil, was bei mir selten vorkam. Er machte mich unsicher – nicht durch seine intellektuelle Überlegenheit allein, sondern auch durch seine rätselhafte Denk- und Ausdrucksweise. Ich verstand nie genau, was er sagte, was er meinte, worüber er die Stirn runzelte oder lachte.

Dabei fühlte ich mich zugleich ihm verbunden, als wäre er meine intellektuelle Mutter oder Amme, oder ich eine dieser dümmlichen Personen in den Dialogen Platons, die von ihm wie von Sokrates angefeuert wird.

Nach diesem Seminar war das alles verflogen. Ich stand wieder auf eigenen Füßen und konnte wieder einfachere und geradere Beziehungen zum St. John's College und seinem Dean aufnehmen. Ich habe den Verdacht, daß es auch Buchanan so lieber war.

Ich wußte natürlich, daß meine Tage im St. John's College gezählt waren und daß nur rücksichtsvolle Freundlichkeit den Dean daran hinderte, mich geradewegs hinauszuwerfen. Er schlug mir vor, mich um einen Lehrauftrag am Peabody Conservatory zu bewerben, und mit seiner Unterstützung übernahm ich 1943 dort den Unterricht in Musikgeschichte.

W. H. Auden

Zwei Fotografien von der gleichen Person, in einem Zeitabstand von nahezu dreißig Jahren aufgenommen.

Die erste (Datum: irgendwann zwischen 1943 und 1945, Ort: ein College in Pennsylvania) zeigt einen sitzenden jugendlichen Mann im Profil. Er hat seinen rechten Ellbogen senkrecht auf die Kante eines unordentlichen Tisches gestützt. Eine brennende Zigarette hängt zwischen dem Zeige- und Mittelfinger einer Hand, die durch die Kameralinse übergroß erscheint. Das Licht fällt vom Fenster her in den Nacken, das Gesicht liegt im Halbschatten. Es ist ein nobles Profil, wohlproportioniert, beinahe klassisch. Die große Ohrmuschel, die sanft gebogene Augenbraue und die Nase, das willensstarke Kinn und die breite Stirn, halbverdeckt von unordentlichem, kurzgeschnittenem Haar – alles bildet ein harmonisches Ganzes.

Die aufgeworfene, feingezeichnete Oberlippe bedeckt nicht ganz die fleischigere, sinnlichere Unterlippe. Deshalb wirkt der Mund wie halbgeöffnet, wie im Begriff zu sprechen, einen Witz zu erzählen, spottlustig oder aufsässig.

Der Blick ist nach innen gerichtet, als hänge er Erinnerungen nach, sehe Worte und Sätze sich formen, oder als suche er den klarsten Ausdruck für einen Gedanken, für ein Gefühl, für die

Beschreibung einer Landschaft, eines Gegenstands, eines Gesichts.

Die zweite Fotografie (Datum: 28. September 1973, Ort: Palais Palffi in Wien, aufgenommen von Barbara Pflaum) zeigt das gleiche Gesicht, *en face*. Aber Unwiderrufliches ist mit ihm geschehen. Es sieht aus wie das Totem eines exotischen Kultes, eine Maske für ein altes asiatisches Stück oder auch wie ein alter, müder, heimatloser Hund.

Beide Hände sind sichtbar, sie halten etwas wie ein Autogrammalbum, einen dicken, weißen Kugelschreiber und eine halb heruntergebrannte Zigarette, von der die Asche gleich zu Boden fallen wird. Die Augen sind halb geschlossen auf das Album gerichtet – aber sehen sie es? Wie auf dem anderen Foto ist der Blick nach innen gerichtet. Er spricht von unendlicher Müdigkeit, vom Elend der Existenz, er ist unbeteiligt an dem, was das Leben anzubieten hat, und einsam, vollkommen einsam.

Das Gesicht ist verwüstet, kreuz und quer durchfurcht von Falten, so daß es aussieht wie eine Wüstenlandschaft mit ausgetrockneten Flußbetten und schartigen Gebirgskämmen. Noch immer ist das Haar unordentlich und kurzgeschnitten, aber jetzt gelblich-weiß und matt, die Stirn, die Augen, die Brauen, die fleischige Nase, die Wangen und der Mund, alles hängt herunter wie alte Elefantenhaut, und jeder Gesichtszug scheint zu sagen:

> »Laß mich allein,
> Ich bin fahl und müde,
> Ohne Wiederkehr,
> Jenseits der Fähigkeit zur Ruhe
> Jenseits der Macht des Schlafes oder
> Des zartesten, menschlichsten Mitleids.«

In der Nacht vom 28. zum 29. September 1973, wenige Stunden, nachdem dieses Foto entstand, ist Wystan H. Auden gestorben.

W. H. Auden trat im Spätherbst oder Winter 1943 in mein Leben. Ich lernte ihn durch Isaiah Berlin kennen, der in Washington 1943 als Sekretär an der Britischen Botschaft aufgetaucht war und dem ich bei Freunden begegnet war.

Ich glaube, daß ich Auden zum erstenmal in dem Wohnzimmer eines kleinen Hauses in Washingtons Georgetown sah, das

Isaiah Berlin gemeinsam mit einem englischen Kollegen bewohnte. Der Raum war zum Ersticken eng, alle Fenster waren fest geschlossen. Audens Gesicht glänzte, und Schweißperlen fielen auf den Teppich. Ich höre noch die ersten Laute seiner kräftigen nasalen Stimme, das schwere Lachen, das er seinen selten gesellschaftsfähigen Witzen hinterherschickte, und kann mich noch an mein Erstaunen über seine schmutzigen Fingernägel und sein nachlässiges Äußeres erinnern. (Als Kind hatte ich alle Engländer für romantische Gestalten, soignierte Lord Byrons oder Beaux Brummels gehalten.) Aber noch mehr erstaunten mich seine Klugheit, sein Wissen, sein sprudelnder Witz, gekoppelt mit den komischsten Vorurteilen: alle Franzosen waren *frogs,* alle Deutschen *krauts,* die meisten Russen verschlagene und unergründliche Mystiker (»sehr unzuverlässig, *my dear*«), Drinks durften nicht vor Sonnenuntergang gereicht werden (im Winter Gott sei Dank ziemlich früh), und »Gin ist gut für einen, Whisky schlecht«.

Mit Menschen wie Wystan entsteht eine Freundschaft sofort oder nie. Bei uns klappte es. Wir sahen uns nicht sehr häufig, aber mindestens drei- oder viermal, bevor er im Frühjahr 1945 nach Europa ging. Ein- oder zweimal trafen wir uns noch in Washington, ein andermal kam er mich in Annapolis besuchen. Und einmal unterbrach ich meine Reise nach New York in Pennsylvania, seinem College. (Haverford, wenn ich mich recht erinnere.)

Ich weiß noch, daß ich von seiner bequemen, ja geradezu grandios wirkenden Wohnung beeindruckt war: hohe Decken, ein richtiger Kamin und ein schönes Arbeitszimmer.

Es waren an diesem Wochenende noch andere Leute in Wystans Wohnung, einige zum Lunch, andere zum Dinner, und einer von ihnen machte die Aufnahme, von der ich eingangs gesprochen habe. Ein Franzose (Jean Wahl?) war dabei, den Wystan als »völlig zahm, *my dear*« vorstellte, womit er meinte, daß er hinreichend amerikanisiert war, um vor seinen starken antifranzösischen Vorurteilen bestehen zu können. Ich weiß noch, daß sie sich über André Gide stritten, den Wystan, wie jeder anständige anglikanische Homosexuelle, als »langweiligen Immoralisten« ablehnte.

Der Abend war lang. Es gab wenig zu essen und viel zu trinken, und ich wurde elendiglich betrunken. Ich kotzte ausgiebig im Klo und brach hiernach auf einem Sofa in Wystans Wohnzimmer zusammen. Noch am nächsten Morgen, als Wystan mich im Taxi zur Bahn brachte, war ich in üblem Zustand. Unterwegs schalt er mich mit seiner krächzenden Stimme aus: »Sie sollten nicht so viel trinken, Nicky ... Ihr Russen könnt nie maßhalten ... Es ist nicht gut für Ihre Gesundheit ... Mein Gott, waren Sie besoffen!«

Eines schönen Tages im Winter 1945 erschien Auden in Isaiahs Wohnzimmer in Washington in amerikanischer Uniform, sehr forsch, aber irgendwie unpassend aussehend. Er schien sehr mit sich zufrieden.

»Was soll das bedeuten?« fragte ich, perplex über die Maskerade. Auden erklärte, daß er sich freiwillig zur amerikanischen Armee gemeldet habe und der *Morale Division* des *US Strategic Bombing Survey* zugeteilt worden sei; er würde vielleicht schon in wenigen Tagen nach Übersee eingeschifft werden.

»Ich bin gekommen, um Ihnen auf Wiedersehen zu sagen, Isaiah. Ich bin sehr froh, daß Nicky auch hier ist, dann ist es ein Abwaschen.«

Ich fragte ihn, wie man in seine Truppe hineinkam. Schon ein Jahr lang hatte ich versucht, zu den *Allied Armed Forces* nach Übersee zu kommen, hatte es aber nicht geschafft.

»Sie rufen da einfach an«, sagte Auden, »hier ist die Telefonnummer.« Er drückte mir einen zerknitterten gelben Zettel in die Hand. »Rufen Sie diese Nummer im Pentagon an und verlangen Sie Miss Katz. Sie suchen genau solche Leute wie Sie, Menschen, die viele Sprachen beherrschen ...«

Zwei Tage später rief ich Miss Katz an und verabredete mit ihr einen Termin. Sie empfing mich wie einen alten Freund. Ich wurde von verschiedenen Leuten befragt und füllte mindestens ein Dutzend Fragebogen und andere Formulare aus.

Dann herrschte zwei Monate lang Schweigen. An einem heiteren Maitag wurde ich aus meinem Musikunterricht am Peabody-Konservatorium herausgeholt.

»Ein Anruf für Sie aus Washington, aus dem Pentagon.« Und wenige Tage später flog ich an Bord einer DC-M, vollgepumpt mit Impfstoffen, an einen geheimen Bestimmungsort.

In einer eiskalten Juninacht fuhr ich mit einem Rudel Leidensgefährten auf einem Lastkraftwagen von Hamburg nach Bad Homburg. Wir erreichten das Kurhaushotel um drei Uhr früh im Zustand von Gefrierfleisch. Doch das Hotel war überfüllt. Alle Hotels von Bad Homburg waren überfüllt. *Psychological Warfare* hatte die Stadt schon vor uns erobert. Man bot uns an, den Rest der Nacht im Restaurant des Hotels zu verbringen, in dem wenige Stunden zuvor noch ein Riesenfest stattgefunden haben mußte. Leere Bierdosen, Gin- und Whiskyflaschen, zerbrochene Gläser, dreckige Papierservietten und feuchte Zigarettenkippen bedeckten den Boden. Die Luft war wie in einem Schweinestall.

Ich zögerte nicht einen Augenblick, wischte die Bartheke ab, breitete meinen Schlafsack darauf aus und kroch hinein, wobei ich mich, der Form der Bar entsprechend, in ein riesiges gekrümmtes L verwandelte. Ich versank sofort in tiefes Vergessen, trotz meiner durchgefrorenen Glieder.

Das nächste, was ich wußte, war ein Gesicht, das sich über mich beugte und mit hoher Stimme sagte: »Um Himmels willen! Was machen Sie denn ausgerechnet hier?«

Es war ein glattrasierter, frisch gewaschener Auden, auf der Suche nach Frühstück, voller Wut, daß der Speisesaal nicht aufgeräumt und statt dessen mit »Kadavern« in Schlafsäcken gefüllt worden war.

Gegen Mittag waren wir alle untergebracht, gewaschen und gefüttert. Auden bewohnte auf demselben Flur wie ich ein Zimmer mit einem Obersten und einem Professor aus dem Mittelwesten.

Das Wetter wurde klar, sonnig und warm. Der Flieder stand in voller Blüte, und Bad Homburg, vom Krieg unberührt und blitzsauber, präsentierte sich von seiner besten Seite, nur daß es leider von einem Haufen lärmender Amerikaner erobert worden war.

Unsere Einheit beschäftigte sich mit Zusammenkünften, auf denen, wie Auden sagte, mediokre Menschen mediokre Sätze in einem blödsinnigen, soziologischen Jargon von sich gaben. »All das ist völlig sinnlos, *my dear,* aber das soll nicht unsere Sorge sein.«

Bald wurde die *Morale Division* des *US Strategic Bombing Survey* aufgelöst. Ihr Führungskorps eilte nach Hause zu einbringlicheren Jobs. Auden hatte seinen Bericht abgeliefert und wollte über England nach Amerika zurück.

Die meiste Zeit des Tages verbrachten Auden und ich mit langen Spaziergängen durch die Kiefernwälder, die Bad Homburg umgeben, oder wir saßen auf der Terrasse des Hotels und tranken.

Wir waren beide hungrige Bücherwürmer, so suchten wir Homburger Villen heim, und anstatt wie die meisten Bestecke

und sonstige Souvenirs, wie Stöcke mit Gold- oder Silberkrük-
ken, zu »befreien«, holten wir uns Bände von Goethe, Hölderlin und anderen deutschen Dichtern. Auden kannte sie alle sehr
gut, ich nicht. Wir borgten sie uns für einige Tage aus, und er las
mir daraus in seinem etwas unbeholfenen Deutsch vor. Bevor
wir Homburg verließen, brachten wir die Bücher pflichtschul-
digst in ihre jeweiligen Quartiere zurück.

»Man soll Gesamtausgaben nicht auseinanderreißen«, bemerkte Auden.

Auden hatte zwei Projekte, die er »irgendwann«, wie er sagte,
»in Angriff nehmen wollte«. Das eine war eine stilgerechte und
gut lesbare Übersetzung von Goethes ›Italienischer Reise‹ ins
Englische, das zweite ein längerer Essay über Kierkegaard.
(Beide Vorhaben hat er ein Jahrzehnt später ausgeführt.)

Obwohl ich Auden seit über zwei Jahren kannte, hatte ich
doch niemals längere Zeit mit ihm zusammen verbracht. Diese
acht oder zehn Tage in Bad Homburg waren wie eine gemein-
same Seereise. Wir waren den ganzen Tag zusammen und hatten
nichts zu tun, als uns darüber zu freuen.

Eines Tages fragte Auden mich: »Was haben Sie eigentlich für
Pläne, Nicky? Werden Sie auch bald wieder demobilisiert wie
ich? Oder wollen Sie hier mit den Amerikanern in Deutschland
bleiben?«

Ich hatte diese Frage schon erwartet. Wenn Auden sie nicht
von selbst gestellt hätte, würde ich ihn dazu veranlaßt haben.
Denn ich brauchte seinen Rat. Ich wußte, ein Rat von Auden
war einfühlend, vernünftig und ganz und gar unparteiisch.

Kurz zuvor hatte ich in Norddeutschland ein traumatisches
Erlebnis gehabt, das in vieler Hinsicht mein ganzes späteres
Leben bestimmen sollte. Es war damals ein neuer, ein geradezu
gräßlich neuartiger Eindruck gewesen, vor allem für einen
frischgebackenen Amerikaner russischer Abstammung, in Uniform, den das Schicksal plötzlich mit einem der düstersten
Aspekte der Verwirrung konfrontierte, die aus dem Zusammenbruch Nazi-Deutschlands hervorgegangen war.

Genaugenommen hing die Sache mit den beiden Übeln der
Epoche zusammen, sowohl mit dem Nationalsozialismus als
auch dem Stalinismus. Aber es trat noch ein drittes Element
hinzu: die Ahnungslosigkeit, mit der die West-Alliierten
(hauptsächlich die Amerikaner) den russischen Kommunisten
in die Hände arbeiteten, indem sie sündhafterweise Hundert-

tausende von Menschen zurück in die Sowjetunion verfrachteten, die in den Jahren zuvor als Freiwillige oder Unfreiwillige von den Nazis dort herausgeholt worden waren.

Mir war wenige Tage, nachdem ich in Deutschland eingetroffen war, klar geworden, daß sich im Sowjetreich offenbar nichts geändert hatte und daß das Leben in meinem einstigen Vaterland eine Hölle war, nicht viel anders, nur noch viel größer als die Hölle, die in Deutschland gerade vor den Augen der Weltöffentlichkeit aufgedeckt worden war. Mich quälten Gewissensbisse und ein Gefühl der Hilflosigkeit, daß ich nichts dazu tun konnte, die Amerikaner die erbärmliche Lage all der russischen, ukrainischen und anderen *Displaced Persons* begreifen zu lassen, die nun von uns wie das liebe Vieh in Sklaverei oder Tod zurückgeschickt wurden.

Seit ich die ersten Auffanglager in Hannover, in Hamburg, bei Lübeck und weiter im Norden bis zur dänischen Grenze besichtigt hatte, konnte ich an nichts anderes denken als daran, wie man dieser Politik Einhalt gebieten könnte. Noch heute sehe ich die Hände vor mir, die sich mir entgegenstreckten, mit zerknitterten Zetteln, auf denen in kyrillischer Schrift stand: »Ich habe einen Vetter in Tampa«, oder »Ich habe einen Freund in Chicago ...«

So bildete sich in mir langsam der Entschluß, nicht gleich ins Zivilleben zurückzugehen, sondern mir irgendwo in der im Aufbau befindlichen Alliierten Militärregierung in Deutschland eine Stelle zu suchen. Es würde nicht einfach sein, den Leuten begreiflich zu machen, was für eine Sünde sie begingen. Aber wenn sich einige eifrige Verfechter des Gedankens zusammenfanden, konnte man vielleicht genug amerikanische und englische Persönlichkeiten bekehren und sie zu einem gemeinsamen Protest gegen das bisherige Verfahren bestimmen.

Außer diesen Überlegungen gab es auch noch private Gründe für meinen weiteren Verbleib in Deutschland. Mein Vater, der wieder geheiratet und seither in Polen gelebt hatte, befand sich irgendwo in der sowjetisch besetzten Zone Deutschlands, meine Schwester und ihre Familie waren in Westberlin. Ich besaß viele Freunde in Deutschland, die Gegner des Nazi-Regimes gewesen waren und in diesen Hunger- und Kältejahren meine Hilfe gebrauchen konnten.

Als ich Auden von meinen Überlegungen erzählte, antwortete er ganz nüchtern: »Ich kann weder ja noch nein sagen, weder zum Dableiben noch zum Nachhausefahren raten. Es tut mir leid, Nicky, aber das müssen Sie ganz allein entscheiden. Sicher ist es geradezu entsetzlich und barbarisch, Menschen zurück in eine solche Hölle zu schicken, ohne sie überhaupt nach ihrer Meinung zu fragen. Doch leider ist vieles, was Menschenwesen sich gegenseitig antun, ebenso abscheulich und eine Sünde gegen Gottes Wort ... Aber wenn Sie nach Berlin gehen, möchte ich Sie gerne dort besuchen, wenn es Ihnen recht ist. Darf ich?«

Und so bewarb ich mich um eine Tätigkeit in Berlin.

Musik unter den Generälen

Das Berliner Musikleben war in jenem Nachkriegswinter 1945/ 46 sehr kompliziert. Als ich im August eintraf, hatten die Alliierten die musikalischen Berliner unter sich aufgeteilt und kontrollierten deren Aktivität mit verschiedenen Graden der Strenge und Ermutigung. Die drei größten Gebilde, die Staatsoper, die Städtische Oper und die Berliner Philharmoniker, fielen jeweils den Russen, den Briten und den Amerikanern zu. Die Franzosen waren leer ausgegangen und mußten sich mit gelegentlichen Leihgaben der anderen Alliierten zufriedengeben.

Die Kontrolle über das deutsche Musikleben durch die Amerikaner war ganz vernünftig. Sie basierte auf dem Prinzip, das der letzte König von Sachsen bei seiner Abdankung so klar ausgesprochen hatte: »Macht euern Dreck alleene!«

Offiziell hatten wir uns nur um Folgendes zu kümmern:

1. Die Nazis aus dem deutschen Musikleben zu vertreiben und nur denen eine Arbeitserlaubnis zu geben, die wir für saubere Deutsche hielten.

2. Die Programme der deutschen Konzerte zu kontrollieren und darauf zu achten, daß daraus keine neuen nationalistischen Manifestationen wurden.

3. Kunstdenkmäler zu schützen, die durch die Eroberung in unsere Hände gefallen waren.

Alles übrige hatte die Musikkontrolloffiziere der Nachrichtenkontrollabteilung der Militärregierung der USA in Deutschland nicht zu interessieren, die ich als Berater General McClures auf der Viermächte-Ebene vertrat. Doch nichtsdestoweniger versuchten die enthusiastischen jungen Amerikaner in Uniform, die in diesen Positionen saßen und von denen die meisten im Zivilleben Musiker oder Musikliebhaber waren, den Deutschen nach Kräften zu helfen, den Anschein eines Kulturlebens auf den Ruinen des Krieges und der zwölfjährigen Naziherrschaft wiederherzustellen.

Inoffiziell mußten wir Säle und Häuser für die Orchester, Opern und Konservatorien finden, Kohle, sie zu beheizen, Dachziegel und Mauersteine, um ihre Löcher zu stopfen, Glühbirnen zur Beleuchtung, Instrumente für die Orchester, Kalorien für die Musiker (es tauchte zum Beispiel die Frage auf, ob ein Posaunist mehr Kalorien beanspruchen dürfe als ein Streicher). Die ausgebombten Orchesterbibliotheken brauchten Stimmen und Partituren, Komponisten Notenpapier, Opernhäuser Dekorationen und Kostüme, und alle zusammen Schutz, Essen und Feuerung.

Die Politik der Russen unterschied sich von der unsrigen. Das Problem der sauberen Hände in bezug auf Nazis und Mitläufer störte sie nicht. Am Anfang steckten sie Tausende von Nazis in MWD-Lager, vergewaltigten und ermordeten eine Anzahl anderer, während sie zugleich Berlin und andere deutsche Städte auf mittelalterliche Weise plünderten. Doch als alles vorbei war, nahmen sie sich Nazis, wann und wo auch immer sie sie gebrauchen konnten. Oberflächlich stimmten sie uns in der Notwendigkeit von Entnazifizierungen zu, aber, wie in den meisten Fällen der Viersektorenbeschlüsse, mißachteten sie diese, wann immer sie die Vereinbarungen für ihre unabhängige Politik in bezug auf Deutschland hinderlich fanden. Sie spielten uns von Anfang an die Rolle der Schutzherren über deutsche Kunst, Musik und Kultur vor, und als natürliche Folge dieses propagandistischen Kulturträgertums begannen sie zuerst heimlich, dann offen, die Amerikaner und Briten als Unterdrücker deutscher Kultur zu geißeln, indem sie auf unsere Politik des »Hände weg« mit anklagendem Finger zeigten. Während wir uns abseits hielten, stießen die Russen die Deutschen herum, sagten ihnen, was und wie sie es machen sollten, befahlen ihnen, Opern- und Ballettvorstellungen in unglaublich kurzer Zeit wiederaufzunehmen, sagten ihnen, was und was sie nicht spielen sollten, zwangen sie in die Kommunistische Partei unter Androhung des Verlustes der Arbeitsstelle oder mit der Verheißung besserer Rationen und präsentierten ihnen als Beispiele höchster sowjetischer Kultur russische Chöre, Volkstanzgruppen, Schlagersänger und Virtuosen, die herbeigeschleppt worden waren, um die Besatzungstruppen und -beamten zu unterhalten.

Der Hauptanlaß dafür, daß ich nach Berlin kam und in General McClures Stab wirkte, hatte wenig mit der Bekalorisierung von Posaunisten oder der Begutachtung russischen Musikgeschmacks zu tun. Meine Aufgabe ging in ganz andere Richtung und sah, oberflächlich betrachtet, ganz einfach aus. Man erwartete von mir, daß ich diejenigen in der sowjetischen Verwaltung aufspürte, die die gleiche Aufgabe wie General McClure hatten, das heißt die deutsche Presse, Nachrichten, Rundfunk, Film, Theater und Musik zu kontrollieren. Nachdem ich die Widerstrebenden gefunden hatte, sollte ich sie von der Notwendigkeit eines gemeinsamen Vorgehens aller Alliierten überzeugen. Dieses Direktorium sollte dann als dreizehntes oder vierzehntes Kind in die glückliche Militärfamilie, Alliierter Kontrollrat genannt, aufgenommen werden.

Die Aufgabe, die so einfach und klar schien, stellte sich als kompliziert und unerhört mühsam heraus. Wenn es mir nicht so viel Spaß gemacht hätte, würde ich nach vierzehn Tagen aufgegeben haben. Zuerst schienen meine Schwierigkeiten, die Struktur der sowjetischen Militärbürokratie zu entwirren, noch ganz normal. Ich besuchte einen Mann namens Bespalow, der, so vermutete man, die deutsche Presse kontrollierte und der, wie ich hoffte, mich aufklären und mit mir die Lage besprechen würde. Er war höflich, aber nicht sehr mitteilsam. Die meiste Zeit lächelte er mit seinen Stahlzähnen und lud mich zu Kaviar und Wodka ein. Dann suchte ich einen Mann namens Filipow auf, eine kleine verstohlene Kreatur in einem blauen MWD-Sergeanzug, ein typischer sowjetischer *tschinownik* der liebenswürdigen Sorte. Er war ein wenig zungenfertiger und übergab mir, obgleich er mir keinen Kaviar anbieten konnte, eine Aufstellung der sowjetischen Militärverwaltung und damit den ersten Schlüssel zum Mysterium. Es stellte sich heraus, daß er Zensor der deutschen Zeitungen war, und als ich ihn verließ, sah ich einige graue, aufgedunsene Deutsche in seinem Vorzimmer, die einen Gesichtsausdruck wie bei Magen- oder Ohrenschmerzen hatten. Der nächste in der Reihe war der Herausgeber der offiziellen sowjetisch-deutschen Tageszeitung, der ›Täglichen Rundschau‹, Oberst Kirsanow. Er war verbindlich und kühl, lud mich zu einem Essen mit gepreßtem Kaviar ein und versuchte mir abzuraten, meine Nachforschungen fortzusetzen.

Ich verließ ihn, von seinen Argumenten nicht überzeugt, und fuhr an den äußersten Stadtrand nach Karlshorst hinaus, wo ich in einer schmutzigen, alten Villa nahe einem Kartoffelfeld Professor Ignatiew traf, einen alten, schüchternen und ausgemergelten Mann, der über meinen Besuch sehr erschrocken war. Er wußte nichts. Er erklärte mir, daß er sich nur um die Kontrolle des Musiklebens zu kümmern habe und schon auf dem Rückweg nach Moskau sei. Während wir sprachen, wickelte er hartgekochte Eier in Zeitungspapier. »Ich fahre mit dem Zug nach Moskau«, sagte er, »und das dauert fünf lange Tage.«

Und von Bespalow zu Filipow, von Kirsanow zu Ignatiew und von -okew zu -enko, von -enko zu -adkin, von adkin zu -jy machte ich zwei Wochen lang weiter. Am Ende wußte ich sehr wenig, nur, daß die Russen keine derartige Organisation wie die unsrige hatten und auf keine Art und Weise mit uns zusammenarbeiten wollten. Ich erfuhr auch, daß alle Russen in eine Kaviarhierarchie eingeteilt waren: ganz oben die Russen der Klasse frischen Kaviars, darunter die mit gepreßtem, dann die mit rotem und zuletzt die zusammengeballte Masse der Russen ohne jede Art von Kaviar.

Eines Tages, nach annähernd drei Monaten vergeblicher Bemühungen, gab mir der sonst keineswegs kommunikative Oberst Kirsanow einen Wink. Er informierte mich, daß zwei wichtige Persönlichkeiten aus Moskau eingetroffen waren, um die Nachrichtenkontrollabteilung zu reorganisieren. Er versprach mir, mich den erhabenen Ankömmlingen vorzustellen, auf einer Party, die Marschall Schukow am 7. November in Potsdam geben wollte und zu der all unsere Generäle und Obersten eingeladen würden.

Am 7. November war unser General nicht in der Stadt. So steckten einer meiner Freunde, ein amerikanischer Oberst, und ich uns die Einladung ein und fuhren hinaus. Obwohl es mein erster Besuch bei einer Gesellschaft der oberen Kaviarklasse war und obwohl die Party mit Marschällen, Generälen, Brigadiers, Obersten, Spanferkeln, Truthühnern, Gänsen, Enten, Rehrükken, Stör, Lachs und Gänseleberpastete gut bestückt war, beeindruckte sie mich nicht so sehr, weil ich schon zu viele eingehende Beschreibungen solcher Partys gehört hatte – und weil ich auf der Suche nach Oberst Kirsanow und seinen Ankömmlingen aus Moskau war. Die Menge der Gastgeber und Gäste betrank sich und wurde schon eine Stunde, nachdem wir eingetroffen waren, ziemlich laut. Die einzigen, die nüchtern blieben, waren die finsteren MWD-Wachen, die an den Türen standen oder von der Brüstung im ersten Stock auf die Menge herabsahen. Ich konnte Kirsanow nirgends finden und dachte schon, daß sein Tip nur eines seiner Ausweichmanöver gewesen wäre, an die ich mich in Berlin hatte gewöhnen müssen. Verzagt ging ich durch alle Säle des gräßlichen Palais Cäcilienhof, in dem der Empfang stattfand. Ich durchforschte jede Ecke, suchte unter jeder Gruppe lärmender, roter Gesichter. Er war nirgends zu finden. Der Oberst in meiner Begleitung, ein Antialkoholiker, schlug vor zu gehen.

»Es ist sinnlos«, sagte er, »Ihr Oberst hat nur einen seiner gewöhnlichen Tricks abgezogen.« Wir gingen zum Ausgang. Vor dem Palais urinierten schweigend, den Rücken zur Tür gewandt, drei russische Generäle.

Ich hatte meinen Mantel vergessen und ging zur Garderobe zurück. Und dort entdeckte ich Oberst Kirsanow, der jemandem aus dem Mantel half. Er drehte sich um und sagte: »Ah, Nikolai Dimitrijewitsch, Sie sind da! Dies ist Oberst Tulpanow und dies«, und er führte mich zu einer anderen Gestalt, die hinter ihm stand, »ist General Bokow.« Der General schien nach dem gewöhnlichen Muster der sowjetischen Generalität zu sein: stämmig, klein, mit rundem Gesicht. Der Oberst aber war anders. Sein Gesicht, seine Manieren, seine ganze Erscheinung fesselten sofort meine Aufmerksamkeit. Sein Kopf war kahl, oder besser gesagt, kahlgeschoren, mit großen abstehenden Ohren, und saß halslos, wie eine übergroße Billardkugel, auf einem kurzen, gutgebauten Körper. Seine Gesichtszüge waren mongolisch, aber nicht mehr als bei den meisten Bauern Zentralrußlands. Seine Augen standen eng zueinander, die Wangenknochen waren stark ausgeprägt, die Nase platt und aufgestülpt. Wenn er, wie bei meiner Vorstellung, lächelte, bekamen seine Augen einen fuchsig-schlauen Ausdruck. Seine Art, mich zu begrüßen, war sowohl höflich-zurückhaltend als auch linkisch und freundlich. Ich war überrascht, daß er überhaupt keine Orden auf seiner abgetragenen Khaki-Uniform trug, nur ein oder zwei Streifen, und ein kleiner roter Stern baumelte herab.

Ich wußte nicht, was ich sagen, wie ich beginnen sollte, aber er half mir: »Wollen Sie wirklich so früh fort«, fragte er, »von so einer lustigen Gesellschaft?« und seine Augen blinzelten. Ich antwortete ihm, daß ich gehen müßte, aber daß ich es außerordentlich bedauerte, weil ich so sehr gehofft hatte, ihn zu treffen.

»Aber könnte ich Sie vielleicht morgen anrufen«, sagte ich,

»und Ihnen dann eine Einladung von General McClure übermitteln?«

»Nu ... nu«, begann er, »nicht morgen. Morgen ruhen wir uns aus und verdauen«, und er sah zu Kirsanow auf und lachte. »General Bokow und ich sind gerade erst angekommen ... und ich weiß nichts von dem, worüber Sie mit mir sprechen wollen. Rufen Sie mich lieber in den nächsten Tagen an. Oberst Kirsanow kennt meine Nummer. Er wird sie Ihnen geben.«

»Rufen Sie mich morgen an«, sagte Oberst Kirsanow, während sich die Gruppe zur Party hinein begab.

Ich war froh, als hätte ich nach langem Fischen im Trüben aus dem schlammbedeckten Teich einen fetten, goldenen Karpfen gezogen.

Er war ein Karpfen und ein fetter obendrein, wie wir bald herausfinden sollten – ein Preiskarpfen der S.M.A., aber er zappelte nicht an meiner Angelschnur, und der Teich, in dem er schwamm, lag gänzlich außerhalb meiner Reichweite. Tulip, wie ihn unsere britischen Kollegen bald tauften, war jemand, der sich Zeit ließ. Er gehörte zur sowjetischen Schicht des allerfrischesten Kaviars.

Von Ausbildung und Beruf war Oberst Sergej Iwanowitsch Tulpanow Ingenieur. Er stammte von großrussischen Bauern ab und war schon als sehr junger Mann zur revolutionären Bewegung gestoßen. Als die russische Revolution das zaristische Regime 1917 abschüttelte, war er bereits Mitglied des leninistischen Flügels der Sozialen Demokratischen Partei. Noch als Student an der Technischen Universität in St. Petersburg hatte er zu Alexander Schdanow in enger freundschaftlicher Beziehung gestanden. Er kämpfte im Bürgerkrieg von 1919–1921 tapfer mit und stand damals in dauernder Verbindung mit der Tscheka, die Ahnfrau der MWD. Nachdem er die Prozesse und Säuberungsaktionen überlebt hatte, stiegen seine Macht und Wichtigkeit stetig, hauptsächlich wegen seiner Freundschaft mit Schdanow. Offiziell bekleidete er unwichtige Posten, zuerst als Instrukteur und später als Professor am Politechnikum in Leningrad.

Mitte der zwanziger Jahre besuchte er Deutschland, studierte die Sprache und reiste ausgiebig umher. In jenen Jahren baute er enge Kontakte zwischen der sowjetischen GPU und den Sicherheitsorganen der deutschen Kommunistischen Partei aus. Während des Krieges nahm er an der Verteidigung von Leningrad teil und war einer der Miterfinder der Eisstraße über den Ladogasee, die die Stadt vor der Aushungerung bewahrte. Es war nur logisch, daß Schdanow Tulpanow zum Chef der Agitprop in Deutschland ernannt hatte.

Doch all das war uns damals noch unbekannt. Erst nach und nach wurde uns die Bedeutung Tulpanows klar. Im November 1945 war er für uns nur irgendein sowjetischer Oberst, der nach Berlin geschickt worden war, um etwas Ordnung in das sowjetische Kultur-Kontrollsystem zu bringen. Wir hofften, daß wir zu einer Kooperation in unserer alliierten Traumwelt kommen würden.

Obwohl ich Tulpanows Telefonnummer von Kirsanow erhielt, konnte ich ihn nie erreichen. Am anderen Ende der Leitung nahm trotz endlosen Klingelns niemand ab, oder es sagte eine sanfte Stimme: »Ich höre ...«

»Ist Oberst Tulpanow zu sprechen?«

»Nein ... nicht da«, und der Hörer wurde in die Gabel geworfen.

Schließlich entschloß ich mich, in das sowjetische Hauptquartier zu fahren und selbst nach Tulpanow zu suchen. Nach einer langen Wanderung durch das Labyrinth spürte ich ihn endlich auf und konnte mit ihm sprechen.

Er begrüßte mich wie einen alten Freund, entschuldigte sich, weil er so »schrecklich beschäftigt« gewesen sei und versprach, in der »nächsten Woche« General McClure anzurufen. Er erklärte auch, daß seine neue Propagandaabteilung der S.M.A. von nun an auf sowjetischer Seite alle Medien kontrollieren würde, die bei uns der Aufsicht General McClures unterstanden. »Nächste Woche« hieß, in diesem Fall überraschend genug, nur zehn Tage. Er meldete sich bei General McClure mit zweien seiner Adjutanten und stimmte einer Zusammenkunft zwischen ihm, den britischen und französischen Chefs der Kulturkontrolle auf informeller Basis zu, um die »gemeinsamen Interessen« zu erörtern.

Während der nächsten drei bis vier Monate wurde unsere Frustration, anstatt sich zu verringern, immer größer und intensiver. Wir trafen uns in regelmäßigen Abständen zu sogenannten »informellen« Sitzungen eines »informellen« Komitees, um »informell« unsere »informellen« Angelegenheiten zu diskutieren. Tulip kam zu den meisten Verabredungen und spielte bei einer sogar den Gastgeber (kein Kaviar), aber wenn einer seiner britischen oder amerikanischen Kollegen ihn einmal fragte, wann wir endlich die »Informalität« über Bord werfen könnten, antwortete er: »Ich erwarte Direktiven von meiner Regierung aus Moskau.«

Im Verlauf dieser Zeit lernte ich ihn ganz gut kennen, und es schien mir, als interessiere er sich ehrlich für mich, wenn er mich nicht sogar gern mochte. Er lud mich ein, ihn in seinem Hauptquartier oder in seinem Haus in Weißensee zu besuchen, wo alle Villen der großen Bosse der S.M.A. lagen. Bei jeder Möglichkeit zu einem privaten Gespräch fragte er mich über mein Leben aus. Wo ich vor der Revolution gelebt hatte? Wer meine Eltern seien? Ob ich ein Verwandter von Wladimir Nabokov sei, dem Führer der russischen Liberalen? Ob ich sowjetische Musiker kennte? Prokofjew zum Beispiel? Wann ich zuletzt in Rußland gewesen sei?

Er achtete aber darauf, daß seine Fragen nicht zu aufdringlich wirkten, und verschleierte sie mit allgemeinen Phrasen. Ich wußte schon, daß den sowjetischen Machthabern meine Stellung in der Militärregierung der USA nicht ganz klar war. Durch amerikanische Stellen erfuhr ich, daß die hierarchisch orientierten Russen von meiner Bedeutung eine völlig übertriebene Vorstellung hatten, woraus sich Tulips Fragen und sein Interesse an mir erklärten.

General McClure verlangte von mir, daß ich Tulip dahin brachte, zu ihm zu kommen und mit ihm in seiner Villa in Wannsee »in Ruhe« zu essen. Als typischer Amerikaner glaubte er, um mit einem Kunden Geschäfte abzuwickeln, sei es das beste, ihn zu einer Party einzuladen, ihm vor dem Essen einige Martinis zu verabreichen und nach einem herzhaften Mahl noch mehr zu trinken zu geben, woraus sich dann eine beiderseitige ergiebige Verhandlung ergebe. Tulip nahm die Einladung nach vielem Hin und Her an. Aber als vielbeschäftigter und vergeßlicher Mann vergaß er aus Bequemlichkeit oder Vorsatz das Essen beim General und erschien zur festgesetzten Stunde nicht.

Ich saß in meinem Büro und wartete auf ihn. Es war verabredet, daß ich ihn von unserem Hauptquartier in das Haus des Generals führen sollte. Es war schon über halb sieben. Mein Telefon klingelte alle fünf Minuten. Der General war dran und wurde mit jeder Minute ärgerlicher. Ein Kollege und ich riefen von zwei Apparaten jede uns bekannte sowjetische Nummer an. Von überall her kam die gleiche mürrische Antwort: »Ich höre ...«

»Ist dort Oberst Tulpanow?«

»Nein, er ist nicht da.«

Während dieser absurden Suche standen mir die Martinis, die sich in Eiswasser verwandelten, der im Ofen schrumpfende Braten, die trübe werdende Suppe und der welkende Salat des Generals vor Augen. Um acht Uhr erreichten wir endlich Major Dymschiz, und während wir abwechselnd mit ihm sprachen, stellten wir eine Art Ultimatum: »Wenn Oberst Tulpanow nicht kommt, dann ...« usw. usw. Merkwürdig genug, es wirkte. Zehn Minuten später rief mich der Oberst an: »Aber ich dachte, es wäre am Achtzehnten, und heute ist der Sechzehnte«, sagte er mit gelassener Stimme. Ich antwortete trocken, daß vor ihm auf dem Tisch eine Einladung liegen müsse, die erst vor zwei Tagen an ihn abgegangen sei. »Nu ... gut«, sagte er, »wenn es nicht zu spät ist, und wenn ich *Gospodin* General McClure nicht störe, komme ich.«

Eine halbe Stunde später traf er bei mir ein. Er lächelte schüchtern. »Nu, Nikolai Dimitrijewitsch, gehen wir. Es tut mir sehr leid, aber ich versichere Ihnen, ich glaubte, es wäre der Achtzehnte. Ich hoffe, Ihr General wird mir vergeben.«

Der erste Teil des Essens verlief eisig, und all meine Vorahnungen über die Martinis, die Suppe, den Braten und den Salat bestätigten sich. Es kostete den General einige Zeit, seinen Unwillen zu überwinden und sich zu entscheiden, das Beste aus der Situation zu machen. Tulip seinerseits war ganz Charme. Er sprach über den Krieg, seine Verwundungen bei der Verteidigung von Leningrad, und wie die Deutschen in der Schlacht am Don geschlagen worden seien. Er fragte den General nach der Landung in der Normandie (ein Thema, dem kein amerikanischer General widerstehen kann) und nach der Befreiung von Paris, und als das Essen vorüber war, hatte sich der Zorn des Generals gelegt. Keine wie immer geartete Angelegenheit war besprochen worden, noch bestand der geringste Hoffnungsschimmer, daß dies in den folgenden Stunden noch geschehen würde.

Als wir vom Tisch aufstanden und in den Salon hinübergingen, wandte sich Tulip, indem er auf ein in der Ecke stehendes Klavier zeigte, an mich und sagte: »Nun habe ich Sie. Setzen Sie sich ans Klavier und spielen Sie!« Und an den General gerichtet: »Gospodin General, bitte befehlen Sie ihm zu spielen.« Zu diesem Zeitpunkt hatte ich das Gefühl, daß auch der General die Partie verloren gab. So spielte ich ihm seine geliebten Zigeunerlieder vor, und dann begann Tulip einige neue sowjetische zu singen, deren Texte ich auf Wunsch des Generals aufschreiben sollte. Aber Tulpanow wollte, daß ich seinen Gesang begleitete, so daß ich jedesmal in die Tasten schlagen mußte, wenn ich gerade schreiben wollte, und dazu bekam ich einen Scotch nach dem anderen vorgesetzt. Die Lieder wurden lauter und lauter, und ich hämmerte immer wieder auf das Klavier ein, und begleitete Tulips Gesänge ... und ... und ...

Es war dunkel, als wir in Oberst Tulpanows großen, schwarzen Horch stiegen. »Wo wohnen Sie? Ich setze Sie dort ab«, sagte er. Ich gab dem Fahrer meine Adresse, und wir fuhren die holprige, enge Straße entlang. Tulpanow summte für eine Weile das letzte Lied des Abends. Dann hörte er auf, und es schien mir im Dunkel des Wagens, als betrachte er mich abschätzend von oben bis unten. »Nun, da sitzen wir«, begann er mit tiefer Stimme langsam, »Sie ein Russe und ich ein Russe. Nur ...«, und er hielt einen Augenblick inne, als suche er nach Worten, »Sie sind in dieser seltsamen Uniform und ich ... trage unsere alte russische Kosakenpapacha und die Epauletten der großen russischen Armee.« Er unterbrach sich und schien auf eine Antwort zu warten, aber ich blieb stumm. »Ni-ko-lai Di-mi-tri-je-witsch Na-bo-kov«, fuhr er fort, jede Silbe meines Namens betonend, »Na-bo-kov, welch ein schönklingender, alter, russischer Name. Und hier sitzen Sie in ... dieser Uniform.«

Ich fühlte plötzlich, daß ich etwas Einfaches und Klares sagen mußte. »In dieser Uniform«, sagte ich, »können Sie mir nichts anhaben. Wenn ich jetzt diese Uniform nicht anhätte, wenn ich *dort* geblieben wäre, hätte ich keine Uniform mehr nötig. Ich würde...«

Er lachte leise und verschmitzt. »Ihr Emigranten«, bemerkte er in väterlichem Tonfall, mit einem kaum wahrnehmbaren Unterton von Verachtung, »ihr habt alle diese übertriebenen, verdrehten Ansichten über euer Vaterland. Ihr denkt in den Begriffen von 1918 bis 1919, aber wir sind weiter fortgeschritten, und in Rußland ist eine neue Zeit angebrochen. Die Revolution ist hinter den dialektischen Prozeß der Geschichte zurückgetreten. Die Türen stehen überall für *alle* Russen auf.« Und wieder fühlte ich, wie er mich beobachtete, als wolle er mich ködern: »Ein Mann mit einem Namen wie Nabokov sollte in Rußland sein, arbeiten, sich für das neue Leben abplacken, für die Zukunft. Sie sind Musiker, nicht wahr? Ein Komponist?« Er hielt inne und wartete auf eine Antwort. Aber ich konnte nicht, ich hatte nichts zu sagen.

»In Rußland brauchen wir Komponisten«, fuhr er fort, »und Sie wissen doch, was im ganzen Land geschehen ist? Neue Städte sind überall emporgeschossen, und jede hat eine neue

Universität und ein Polytechnikum und ein Konservatorium. Ich habe einige von diesen wunderbaren neuen Städten in Sibirien gesehen. Sie wurden von den Roten Pionieren während der Sommerferien erbaut.« Der Ton seiner Stimme wurde weich, geradezu lyrisch. »In der Mitte der Stadt steht eine Fabrik, sagen wir eine Traktorenfabrik, und rundherum stehen saubere Arbeitersiedlungen. Die ganze Stadt lebt für die Fabrik. Erfüllt von dem Stolz über die steigende Produktion, verfolgt sie gespannt die Statistiken über den Produktionsausstoß. Wenn ein Vater von der Tagesarbeit nach Hause kommt, springen seine Kinder um ihn herum und rufen: ›Erzähl uns Vater, wie hoch war die Produktion heute?‹

Ja, Nikolai Dimitrijewitsch Nabokov«, fuhr Tulpanow fort, »ein Mann mit Ihrem Namen sollte *unsere* Uniform tragen und sollte in einer *unserer* Schulen oder *unserer* Konservatorien unterrichten. Wir brauchen Menschen wie Sie. Natürlich«, und wieder fühlte ich die hinter seinem ruhigen, väterlichen Ton verborgene Verachtung, »natürlich könnten Sie nicht gleich auf eine Professur in Moskau oder Leningrad, selbst in Charkow oder Kiew nicht rechnen, aber ... aber in einer der neuen sibirischen Städte ... dort ... dort hätten Sie einen guten Platz zum Leben, zum Unterrichten und zum Arbeiten.«

Ich wartete, bis das Auto vor meinem Quartier hielt und der Chauffeur ausstieg, um mir den Wagenschlag zu öffnen. In dem blassen Licht der Laterne vor dem Haus sah ich Tulpanow ins Gesicht. Ich sah seine kahle, nackte Stirn, seine abstehenden Ohren und seine schlauen Fuchsaugen. Er sah mich lächelnd an, voll unverhüllten Spotts. »Ich danke Ihnen, Sergej Iwanowitsch«, sagte ich sehr langsam, »aber ich ziehe das Klima New Yorks vor«, und schloß die Tür des Wagens.

Als ich auf Zehenspitzen nach oben schlich, hörte ich das regelmäßige Schnarchen Oberst Nicholsons. »Gott sei Dank«, sagte ich und ging sofort zu Bett.

»Mr. Nabicalf, Mr. Nabicalf, *hurry up, we're late*«, tönte Blintzens Stimme von unten herauf. »Es ist schon nach halb vier.« – »Dieser verdammte Deutsche und sein Gekrächze«, brummte ich und versuchte verzweifelt, mit Benzin einen großen Fleck aus meinen *pinks,* der Ausgeh-Uniform-Hose, zu entfernen. Aber der Fleck wurde statt dessen nur noch größer. Ich warf die *pinks* in den Schrank zurück und holte die *olives* hervor, bürstete sie, zog sie an, knöpfte meine Jacke zu und rannte die

Treppe hinunter. Blintz, ein friedfertiger G.I., der ursprünglich aus Hamburg kam, stand am Fuß der Treppe und schüttelte den Kopf.

»*Always late, always late*«, murmelte er, während wir zum Gartentor gingen. »Wenn der Körnel Nicholson da wäre ...«

»Oh, hören Sie auf zu quengeln, Blintz«, schnitt ich ihm das Wort ab.

Schmollend quetschte er sich auf den Fahrersitz des alten Ford-Sedan, unseres sogenannten »Stabwagens«. »*It is not I who is going to the opera*«, begann er zu jammern, als wir in die Königin-Luise-Straße einbogen, »und Sie wissen, wie lange es dauert, bis wir in den russischen Sektor kommen; außerdem müssen wir noch die beiden Körnels mitnehmen und den Herrn Major Borowski.«

Blintz schmollte, seit wir ihn vom General »geerbt« hatten. Er hatte des Generals für den Linksverkehr gebaute, stromlinienförmige Buick-Luxus-Limousine schrottreif gefahren und fühlte sich nun degradiert, weil er nur einen »Körnel« zu befördern hatte und einen *civilian*, womit er mich meinte. »Und was ist schon ein *civilian in de army*«, fragte er rhetorisch. »Ein Dreck! Weniger als ein Stabsgefreiter!«

Wir hielten an, um die beiden »Körnels« einzusammeln, aber sie waren schon mit dem General vorausgefahren, und Herr Major Borowski hatte einen Kater. »Außerdem«, sagte er, »warum, zum Teufel, muß ich in die Oper gehen und mir das bis zum Ende anhören?«

Wir fuhren bis zu den grauen Arkaden des zerstörten Rundfunksenders und nahmen dann Kurs auf das russische Herz von Berlin. Ich sah auf die Uhr. Es war fünf Minuten nach vier. Die Oper begann um halb fünf. Es war noch Zeit genug, aber Blintz murrte weiter: »*You know how it is* mit die Russen«, sagte er, »*dey don't know how to handle traffic. And today all de generals will be dere: from us, from de British, from de French. We will never get through.*« Wir bogen in die trostlose Bismarckstraße ein, vorbei an frischen Schutthalden, und kamen in den Tiergarten, Berlins einst prächtigen, schattenreichen Park, jetzt eine tote Wüste.

Dann passierten wir die Siegessäule, auf der die Trikolore aufgeregt im Winde flatterte, und fuhren durch das Brandenburger Tor in den russischen Sektor hinein. Unter den Linden wurde die Ikone des Generalissimo von vergilbten Girlanden und roten Fahnen umkränzt, durch Ruinen flankiert, zur Rechten die Höhle des ausgebrannten Adlon-Hotels, zur Linken durch nichts als Schutt. Mir schoß durch den Kopf, wie die Straße vor sechs Monaten ausgesehen hatte: total von Trümmern verstopft. Vor dem Adlon stehen zwei Lastwagen. Der erste ist mit einem Berg von Blechblasinstrumenten beladen: Tuben, Trompeten, Posaunen, mit einem schweren Bucharateppich bedeckt. Obendrauf sitzen drei finster dreinblickende, mongolisch aussehende Soldaten. Ihre Uniformen sind schmutzig. Sie essen Brot. Der zweite Lastwagen steht aufgebockt auf drei Rädern und blockiert den Verkehr. Auf ihm liegen Tausende von Schreibmaschinen ohne Deckel. Zwei junge Russen haben das vierte Rad abgenommen und testen, von einer stummen Menge umringt, den Schlauch in schmutzigem Wasser ...

Sobald wir in die Friedrichstraße einbogen, gerieten wir in ein wildes Verkehrschaos. Blintz hatte recht gehabt. Die enge Passage in der Straßenmitte, wie ein sich zwischen hohen Ufern windender Fluß, war mit Autos jeder erdenklichen Herkunft verstopft: amerikanischen und britischen Dienstwagen, auf deren Hecks Sterne klebten. Alle standen in einer endlosen Reihe, die Fahrer hupten und fluchten in vier verschiedenen Sprachen. Als wir endlich bis zum Admiralspalast vorgedrungen waren, dem alten Berliner Revuetheater, in dem man die Staatsoper untergebracht hatte, stand der Hof nahezu leer. Nur einige Zuspätkommende sprangen aus ihren Wagen und eilten auf den Eingang zu. An der Tür verlangten zwei Offiziere in langen grauen Mänteln mit blauen Mützenbändern (der Farbe der MWD) die Einladungen zu sehen: »Bitte sehr ... Einladung?« Ich holte die große gedruckte Karte mit Hammer und Sichel in Gold und ihrem mißtönenden Text hervor: »Der Glawnokomandujuschtschij der Streitkräfte der Regierung der UdSSR in Deutschland gibt sich die Ehre, Gospodin N. Nabokov ...« und durchquerte das Foyer. Als ich die mit Plüsch und Vergoldungen verzierte Treppe hinaufging, salutierten zwei junge Soldaten in dunkelgrünen Paradeuniformen. Der Zuschauerraum war dunkel, der Vorhang schon auf, und die Musik hatte angefangen. »Mein Gott«, sagte ich zu mir, als ich die öligen Melodien von ›Madame Butterfly‹ erkannte und mich wieder an das Programm erinnerte, »dieser alte Schmarren!«

Die Bühne, ein Labyrinth aus drachenübersäten Paravents und Bambus, wurde von rückwärts durch das Indigoblau des Hafens von Nagasaki erleuchtet. Zur Linken saßen in Schaukelstühlen Leutnant Pinkerton, U.S.N. (Tenor), und der amerika-

nische Konsul, Mr. Sharpless (Bariton). Zwischen ihnen standen auf einem Korbtischchen zwei Gläser, ein Wasserkrug und
eine Flasche Vat 69 in einem Eiskübel. In schrillem Deutsch
(der *lingua franca* Berlins) lud Leutnant Pinkerton Mr. Sharpless
zu »Milch, Punsch oder Whisky« ein und stimmte dann sein
lautes Loblied auf »Yankeefreuden« und »Yankeereisen« an.

Auf Stiefel und Schuhe tretend, bahnte ich mir den Weg zu
meinem Platz in der Mitte der achten Reihe. Im Licht von Pinkertons Wohnung in Nagasaki bot der Zuschauerraum einen
merkwürdigen, geradezu verblüffenden Anblick dar. Viele,
viele Reihen von übergroßen Eiern, auf die jemand Nasen,
Münder und Augenbrauen gemalt hatte und die auf schimmernden Epauletten, bunten Aufschlägen, bebänderten und ordens-
geschmückten Brustkörben ruhten, über senkrechten Reihen
von goldenen Knöpfen, alle bewegungslos verharrend. Aus jedem Winkel des riesigen dunklen Zuschauerraumes starrten die
Eier auf die Bühne. Es war wie das Innere eines gigantischen
Brutkastens, das monströse Gelege eines Kriegsgottes, der jedes
seiner Eier von einer aufgedonnerten Puppe tragen ließ.

»Hey, Nicky! Ich bin froh, daß Sie da sind«, sagte eine
Stimme zu meiner Linken in lautem Flüstern und einem deutlich wahrnehmbaren südstaatlichen Akzent. Ich drehte mich
um und sah das Ameisenbärenprofil von General X. »Sie kennen Colonel W., nicht wahr?« Er stellte mich seinem Nachbarn
vor. »Nick hier«, flüsterte der General dem Colonel zu, »arbeitet für Bob McClure bei der Nachrichtenkontrolle. Er ist ein
Musikmensch und gibt den Krauts Anweisungen, was sie zu tun
haben.« Er gluckste mit dem ganzen Körper und fügte hinzu:
»Er kann uns erzählen, was diese *goddam* Geschichte da oben
zu bedeuten hat.«

Ich erklärte so leise wie möglich, um Leutnant Pinkertons
Aufzählung der Vorteile einer japanischen Heirat (»Sie kann
monatlich anulie-jiert werden«) nicht zu stören, daß wir im
Begriff seien, ›Madame Butterfly‹ zu hören, eine italienische
Oper von Puccini, von zwei Italienern nach einer Vorlage von
Long und Be ...

»Mich interessiert nicht, wer die verdammte Geschichte geschrieben hat«, unterbrach mich der General, »ich will wissen,
wer diese Kerle da oben sind und was dieser Deutsche«, und er
zeigte auf Leutnant Pinkerton, »in einer amerikanischen Uniform zu suchen hat.«

»Sie trinken Whisky«, bemerkte Colonel W. trocken.

»Whisky, zum Teufel!« sagte der General. »Pferdepisse! Deutsche Pferdepisse!«

»*Silence, s'il vous plaît*«, flüsterte eine ärgerliche Uniform vor uns. »Ah, ces Américains!«

»Erzählen Sie weiter, kümmern Sie sich nicht um den Frenchie«, sagte der General und hielt sein Ohr dichter an meinen Mund.

Ich begann den Inhalt von ›Madame Butterfly‹ wiederzugeben, und je weiter ich kam, um so mehr veränderte sich sein Gesicht, erst heiter, dann ernst, von ernst zu düster, von düster zu ärgerlich, von ärgerlich zu wütend. »Aber das ist eine Beleidigung!« brach es aus ihm in lautem Flüstern hervor. »Sie wollen sagen, daß der amerikanische Offizier tatsächlich ein japanisches Mädchen anbufft«, er zeigte auf Cho-Cho-San, »und dann nach Hause fährt und jemand anders heiratet? Das ist eine Frechheit!« Sein Gesicht wurde fahl vor Wut. »Meinst du nicht auch, Bill?« wandte er sich an den Colonel. Dieser nickte, und sein Gesicht nahm dieselbe ernste Miene wie das des Generals an. »Wissen Sie nicht, daß ein amerikanischer Offizier, wenn er so etwas tut, vor ein Kriegsgericht gestellt wird?«

»Wollen Sie bitte schweigen«, sagte mit einem heiseren Flüstern und breitem russischen Akzent eine andere Uniform. Ein großes Ei drehte sich auf kurzem, dickem Hals herum, bemerkte salbungsvoll: »Wir wollen Musik hören«, und drehte sich mit Ordensgeklingel wieder nach vorn.

»Verdammter Mist!« murmelte der General. Er wandte sich von der Bühne ab und sah nicht mehr hin. Für den Rest des ersten Aktes saßen wir verlegen in eisigem Schweigen nebeneinander. Erst gegen Ende, als nach vielem Gesinge und mechanischem Geknutsche Cho-Cho-San und Pinkerton sich anschickten, sich in ihre sogenannte Hochzeitskammer zurückzuziehen, sah der General noch einmal zur Bühne. »Nein, diese verdammten ...«, grunzte er, als der Vorhang fiel und mehrere tausend uniformierte Arme wie die Dreschflegel in dröhnenden Applaus ausbrachen.

Ich schlüpfte, bevor das Licht anging, schnell hinaus, ehe mein Nachbar Zeit hatte, mein Verschwinden zu bemerken. Ich eilte hinauf in den ersten Rang, auf der Suche nach einem Freund, der mich vielleicht in seiner Loge verstecken konnte. Aber ich sah kein bekanntes Gesicht. Eine dichte Menge bewegte sich die Treppe hinunter ins Foyer. Ich folgte ihr. Unten fand ich eine kleine Seitentür und trat ins Freie.

Dicke Schneeflocken fielen langsam vom Himmel, im Licht einer schief hängenden Laterne. Gruppen von alliierten Militärs standen rauchend herum und unterhielten sich mit gedämpften Stimmen. Ich ging durch die Dunkelheit auf die Straße zu, wandte mich nach rechts und watete durch den Schlamm bis zur Spree. Dort, am Rand einer zerstörten Brücke, versuchte ich, mir im Schein einer Straßenlaterne eine Zigarette anzuzünden. Aber die Streichhölzer waren naß geworden und wollten nicht brennen. So stand ich für eine Weile in der Stille des Abends und atmete die kalte, feuchte Luft, die von schrecklichem Moderduft durchzogen war. Als ich mich umwandte, um zurückzugehen, stürzte eine Gestalt aus dem Dunkel hervor und hob die Zigarette auf, die ich fortgeworfen hatte.

Ich fluchte still vor mich hin, als ich zurückkam und sah, daß noch immer Pause war: »Nun wird er mich sehen, und ich werde ihm nicht entgehen können.« Ich blieb draußen und wartete, schließlich klingelte es, und die letzten Raucher schoben sich ins Foyer. Ich folgte und ging von der Menge geschützt zum Eingang des Parketts. Gerade wollte ich in den Zuschauerraum schlüpfen, als eine mir allzu vertraute Stimme rief: »Da ist er ja«, und jemand mich am Ärmel in den Gang zurückzerrte. »Wo sind Sie gewesen?« sagte General X. in gereiztem Ton. »Bill und ich haben Sie überall gesucht! Sie waren zwischen den Ruskies verschwunden. Kommen Sie, ich muß mit Ihnen reden.« Er schleppte mich in eine leere Ecke des Ganges. »Sagen Sie, Nick«, begann er, »haben Sie von dieser gottverdammten Sache gewußt«, und er zeigte in Richtung auf den Zuschauerraum, »bevor Sie heute abend hierherkamen?« Ich sagte, ja, ich hätte es gewußt, es stände schließlich auf der Einladung. »Sie geben zu, daß Sie es wirklich gewußt haben?« stieß er hervor: »Sie wußten, daß diese Leute den Krauts erlaubt haben, amerikanische Uniformen anzuziehen und diesen ... diesen beleidigenden ... diesen verleumderischen Blödsinn zu veranstalten? Und Sie haben nichts dagegen unternommen? Sie haben nicht protestiert?«

Ich erklärte, ich sei der Meinung gewesen, es bestünde dazu keine Veranlassung. »Schließlich«, sagte ich in dem besänftigendsten Ton, den ich mir abringen konnte, »ist ›Madame Butterfly‹ schon einige Male an der Met aufgeführt worden, und auch sonst in den USA. Es ist eine berühmte Oper ... ein Klassiker ... man kennt die Musik überall ...«

»Ich weiß, ich weiß«, unterbrach er mich, »ich habe die gottverdammte Musik schon von unserer Kapelle in Fort Worth spielen hören, und zwar besser als von diesen Deutschen ... Ich meine nicht die Musik. Ich meine das Stück. Ich bin der Ansicht, diese Hundesöhne haben es mit Absicht getan. Es ist eine ausgeklügelte Beleidigung gegen Amerika. Meinst du nicht auch, Bill?« wandte er sich an den Colonel. Die kaugummitrainierten Kinnbacken des Colonels bewegten sich zustimmend. »Wenn man den Russen das durchgehen läßt«, fuhr der General fort, »werden wir bald erleben ... werden sie uns bald ... haben sie uns bald ...« Um die richtigen Worte ringend, wandte er sich wütend zu mir und drohte mit dem Zeigefinger: »Ich werde Bob McClure anrufen und ihm sagen, daß er morgen Protest einlegen muß, ich verlange eine Entschuldigung.« Er setzte seine Mütze auf, knöpfte seinen Mantel zu und lenkte seine Schritte zur Treppe. »Und wenn Bob McClure nichts unternimmt«, bellte er, »werde ich mich an Lucius D. Clay wenden!«

Die Waldorf-Astoria-Konferenz

»Seht mal, was ich gefunden habe«, sagte Mary McCarthy und reichte mir ein zerknittertes Blatt mit hektographiertem Text.

Mary, ihr Mann, Bowden Broadwater, und zwei andere Gäste waren zum Abendessen zu uns gekommen. Es war an einem dunklen, matschigen Januartag 1949.

Ich war 1946, während meiner OMGUS-Zeit in Berlin, von Constance Holladay geschieden worden, hatte mich 1947 in New York niedergelassen und 1948 wieder geheiratet. Meine dritte Frau, Patricia Blake, war eine Intellektuelle reinsten Wassers, überaus gescheit, und sie sah gut aus. Da sie einen großen Teil ihrer Kindheit in Frankreich verbracht hatte, sprach sie ebenso perfekt Französisch wie Englisch, und schon bald fügte sie ihrem Sprachschatz auch noch das Russische hinzu.

Nach den beiden Jahren, die ich bei der Militärregierung in Berlin und dann als Mitarbeiter Charlie Thayers im russischen Programm der »Stimme Amerikas« verbracht hatte, war ich aus dem Staatsdienst ausgeschieden, entschlossen, niemals dahin zurückzukehren. Ich hatte den Weg nach Baltimore zum Peabody-Konservatorium zurückgefunden und meine Vorlesungen in Musikgeschichte, Musiktheorie und Komposition wieder aufgenommen.

Montags früh fuhr ich nach Baltimore, gab dort zwölf bis vierzehn Stunden Unterricht und war am Dienstagabend wieder in New York, wo wir in einem altmodischen Apartment-Haus an der Ecke der 95. Straße und der Madison Avenue wohnten. Ich kam mir wie befreit vor. Auf einmal hatte ich Zeit zum Komponieren, zu Begegnungen mit alten und neuen Freunden, ja sogar zum Schreiben meines ersten Buches, ›Old Friends and New Music‹. Patricia hatte mir mit einer ausgezeichneten Überarbeitung dabei geholfen.

Ich sah mir Mary McCarthys Fund an. Es war die Ankündigung eines sowjetisch-amerikanischen kulturellen Friedenskongresses, der im März 1949 im Hotel Waldorf-Astoria stattfinden sollte.

»Sie müssen Jahre damit zugebracht haben, das vorzubereiten!« rief Patricia aus. »Warum, um alles in der Welt, haben wir nichts davon gewußt?«

»Das möchte ich auch gern wissen«, sagte Mary. »Weshalb diese Geheimniskrämerei? Ich meine, warum hat man die Vorausreklame gescheut? Hatten die Angst? Dann frage ich mich, wovor?«

»Vielleicht müßten wir was unternehmen?« Patricia sah uns fragend an.

Wir waren uns alle darüber klar, daß etwas geschehen mußte, aber mehr wußten wir noch nicht. Schließlich schlug jemand vor, rund um die Uhr eine Art Streikposten aufzustellen. Aber das schien zu harmlos und hatte den Beigeschmack von Gewerkschaftstaktik. »Wir brauchen etwas, das der Sache einen politischen Anstrich gibt«, sagte einer von uns. Ein anderer schlug »Infiltration« vor. Wir waren uns einig, daß alles, was wir unternahmen, die Unterstützung der Presse und der öffentlichen Meinung haben, zugleich aber spontan und glaubwürdig sein müsse. Es durfte nicht so aussehen, als seien wir von der Regierung bestellt oder als sei das Ganze, wie Mary sagte, »von Senator McCarthy inszeniert«.

Gegen Ende des Abends hatten wir so etwas wie einen vernünftigen Plan entworfen.

Wir hatten uns entschieden, innerhalb der nächsten Tage eine Aktionsgruppe zu formieren. Diese sollte den Kern einer größeren überregionalen oder sogar internationalen Organisation bilden. Für sie wollten wir Mitglieder werben, das heißt, wir wollten Namen von eben solcher Bedeutung auftreiben, wie sie in der sowjetisch-amerikanischen Konferenzliste auftauchten. Dieser Kreis sollte sofort mit Telegrammen und telefonisch angesprochen werden. Wir mußten eine kurze Erklärung über das Warum und Wieso unseres Protestes herausgeben, so klar und dringlich wie möglich. Ich weiß nicht mehr, wer den Namen für das größere Komitee fand: *»American Intellectuals for Freedom«;* er traf genau den Kern der Sache.

Als nächstes mußten wir im Waldorf-Astoria für die Dauer der Konferenz Zimmer mieten. Dort wollten wir das Hauptquartier unseres Komitees aufschlagen und von dort alle Protestaktionen unternehmen, die wir für angebracht und notwendig erachteten.

»Wir müssen auch bei uns für eine Woche so etwas wie einen Agitprop-Apparat aufbauen«, sagte einer der Freunde.

Es war geradezu aufregend. Nach langen Jahren der Frustration geschah etwas Nützliches. Hier wurde endlich ein ernsthafter Versuch unternommen, Stalin und den Stalinismus im großen Stil bloßzustellen.

Die »Aktionsgruppe« wurde gebildet und hielt Sitzungen ab. Die in unserer Wohnung ausgearbeiteten Pläne wurden akzeptiert. Mary hatte das vollständige Programm der sowjetisch-amerikanischen Konferenz mit einer eindrucksvollen Förderer- und Teilnehmerliste in die Hand bekommen.

Ich wurde Sidney Hook vorgestellt, der mich zu Dubinsky schickte, dem Führer der Ladies Garment Workers Union. Er war bereit, 1500 Dollar zur Unterstützung des Unternehmens zu geben, und machte mich mit Arnold Beichmann bekannt, einem angenehmen, klugen Burschen, der damals in der Redaktion einer heute nicht mehr existierenden Abendzeitung arbeitete. Dieser erschien mit einem dürren, traurig dreinblickenden Menschen namens Mel Pitzele. »Den brauchen wir für die Public Relations«, sagte Beichmann. Pitzele wieder fand sofort eine tüchtige und kluge Person, die bereit war, als Sekretärin zu fungieren.

In weniger als einer Woche lief unsere Anti-Waldorf-Astoria-Konferenz auf vollen Touren ihrem Erfolg entgegen.

Der selbsternannte Kommandeur des Unternehmens war Professor Hook, sekundiert von den Herren Beichmann und Pitzele. Ihnen folgten die Mitglieder unserer Aktionsgruppe, was nicht immer ohne Murren abging.

Die verbleibenden Märzwochen verbrachten wir in fieberhafter Aktivität. Die Zimmer im Waldorf-Astoria waren reserviert, die Telegramme verschickt. Unsere Telefone klingelten ununterbrochen. Wir diskutierten Aktionsprogramme, beobachteten die Vorbereitungen des »Feindes« und verteilten die Aufgabe, in jedem Einzelfall darauf zu reagieren, unter den ständig anwachsenden Mitgliedern des Ad-hoc-Komitees *American Intellectuals for Freedom*.

Da steckte ich also doch wieder in der Politik. Eine ganze Weile hatte ich mich fast nur noch mit Musik beschäftigt, hatte meine Zweite (Biblische) Symphonie geschrieben, zwei größere Werke für das Boston Symphony Orchestra, die Koussewitzky in Auftrag gegeben hatte, ›La Vita Nuova‹ und ›Die Rückkehr Puschkins‹, später dann ein kleineres Stück für Eugene Ormandy und das Philadelphia Symphony Orchestra, die ›Studies in Solitude‹.

In politische Dinge hatte ich mich nicht mehr eingemischt, aber ich hatte doch mit einer leicht amüsierten Genugtuung beobachtet, wie sich nicht nur das amerikanische Bürgertum, sondern auch die linksgerichteten Intellektuellen von der Stalin-Verehrung der Kriegszeit ab- und zu verschiedenen Abstufungen des Antikommunismus hinwandten.

Das Erstaunliche war, daß der Gedanke, wir brauchten auf unserer Seite auch so etwas wie einen Agitprop-Apparat, wie durch ein Wunder Gestalt gewann. Vielen von uns paßte es nicht, wie Sidney Hook uns herumkommandierte, oder doch herumzukommandieren versuchte, doch muß man gestehen, daß der publizistische Enderfolg unserer ganzen Operation überwiegend der geschickten Taktik zu verdanken war, mit der Hook die buntscheckige, aber klarsichtige Schar der Protestwilligen einzusetzen verstand.

Am dritten Dienstag im März 1949 besetzten unsere Streitkräfte eine der plüschigen Flitterwochensuiten des Waldorf-Astoria. Ein unablässiger Strom von Besuchern ergoß sich durch das Appartement. Freiheitsdurstige verschiedenster Größen, Geschlechter und Spektralfarben quetschten sich unaufhörlich durch die vollgestopften Räume. Einige schwitzten vor Erregung, andere vertieften sich gelassen in den Lesestoff, mit dem die beiden Sekretärinnen und der Bediener eines Ungetüms von Kopiermaschine sie versorgten.

Seit 1947, und besonders nach der Berliner Blockade von 1948, hatte sich in der amerikanischen Außenpolitik ein entscheidender Wandel vollzogen. Der Kalte Krieg blies allen heiß in den Nacken. Doch leider rief diese neue Außenpolitik im Innern sehr bedauerliche Begleiterscheinungen hervor. Während nur wenige nicht-kommunistisch oder anti-kommunistisch gesinnte Intellektuelle in Amerika etwas dagegen einzuwenden hatten, daß man sich dem Stalinismus widersetzte (im Gegenteil, viele waren der Meinung, daß die Regierung viel zu matt und zu langsam reagierte), waren die meisten, vornehmlich auf dem liberalen und radikalen Flügel, doch voller Unwillen über die Entwicklung im Innern des Landes. Eine Hexenjagd hatte eingesetzt, die Reihe der Spionage-Prozesse begann, und das Verhalten einiger darein verwickelter Behörden konnte, milde ausgedrückt, gewisse Zweifel hervorrufen.

Das schuf eine besonders schwierige Lage für diejenigen unter uns, die zwar in jüngster Zeit überzeugte Anti-Stalinisten geworden waren, aber in tiefstem Mißtrauen gegen das kapitalistische System aufgewachsen waren und infolgedessen ihre Bindungen an den Marxismus als geschichtsphilosophische Doktrin und gesellschaftliche Idealvorstellung nicht so leicht aufgeben konnten. Für sie war Stalin jemand, der eine an sich höchst ehrenwerte Revolution verraten hatte, während Lenin in ihren Augen als Revolutionsheld fest auf seinem Piedestal verankert blieb.

Worum aber ging der ganze Trubel damals im März 1949 im Hotel Waldorf-Astoria? Wogegen protestierten wir überhaupt? Bestimmt nicht gegen die zwölf sowjetischen Opferlämmer, die unter den wachsamen Augen ihrer KGB-Bewacher und *apparatschiks* ihre Pflicht absolvierten. Sie durfte man höchstens als das brandmarken, was sie waren – gequälte, unschuldige Kreaturen, die Dinge aussprechen mußten, die sie weder meinen noch glauben konnten.

All das wußten die meisten von uns schon. Wir wußten, daß die sowjetischen Gelehrten, Schriftsteller und Komponisten, die an der abstrusen Farce des Waldorf-Astoria-Kongresses teilnahmen, nicht im Besitz ihres freien Willens waren. (Als ich sechzehn Jahre später einem Teilnehmer der Veranstaltung auf einer Datscha bei Moskau begegnete, erzählte er mir, wie man ihm befohlen hatte, sich der sowjetischen Delegation anzuschließen, und wie man ihm auferlegt hatte, das von seinen KGB-Wächtern vorbereitete Dokument vorzulesen.)

Was mich damals und bis heute am meisten beschäftigte, war die geradezu abgründige Ahnungslosigkeit und Verständnislosigkeit der sowjetischen Führung gegenüber der wahren Stimmung und dem politischen Klima in den USA. Daß sie sich anschickten, mitten im Kalten Krieg, nur ein paar Monate nach dem Beginn der Berliner Blockade, sich als Mit-Organisatoren dieses Kongresses zu beteiligen, bewies eine totale Unwissenheit von Amerika und der amerikanischen Gesellschaft.

Auf der anderen Seite überraschte es mich kein bißchen, daß die sowjetischen Organisatoren des Friedenskongresses amerikanische Geldgeber für die große Show im Hotel Waldorf-Astoria gefunden hatten. Auch im zaristischen Rußland pflegten reiche Kaufleute mit schlechtem Gewissen große Summen für die Zwecke der Revolution herzugeben. So war ich gar nicht verwundert zu erfahren, daß die amerikanisch-sowjetische Friedensveranstaltung mindestens teilweise von dem Millionär Corliss Lamont finanziert worden war.

Die nächsten Tage verbrachten wir in totalem Tumult. Unser Hauptquartier arbeitete Tag und Nacht. Die Reaktion auf unser Auftreten war überwältigend positiv. Es schien, als wären die amerikanischen und europäischen Intellektuellen reif für eine Gelegenheit, bei der sie ihrer Verbitterung und ihrer Verdammung des Stalinismus Ausdruck geben konnten. Wir nahmen Hunderte von Telefongesprächen und Telegrammen entgegen, in denen uns Unterstützung für unsere Protestaktion zugesagt wurde. Ein internationales Komitee von Förderern trat an, unter ihnen Benedetto Croce, T. S. Eliot, Karl Jaspers, André Malraux, Jacques Maritain, Bertrand Russell und Igor Strawinsky. Selbst der allgegenwärtige Elsässer aus Afrika, Dr. Albert Schweitzer, übermittelte uns seinen Segen, obgleich sein Name auch unter den Förderern der Waldorf-Astoria-Konferenz selbst auftauchte.

Beichmann und Pitzele fütterten die Presse mit einer Flut von Informationen, Kommuniqués und Antworten auf was auch immer von der anderen Seite geäußert wurde. Um die Mitte der Woche sah es bei uns aus wie in einem professionellen Public-Relations-Büro.

Die Presse fand einen ganz amüsanten Dreh, sich der ganzen Sache anzunehmen. Sie machte sie als eine Art sportlichen Wettbewerb auf geistiger Ebene auf und räumte mit der Zeit unserer Seite immer mehr Platz ein. Gegen Ende der Woche war klar, daß wir den Kampf in den Augen der Öffentlichkeit gewonnen und die sowjetische Agitprop mit ihren nichtsahnenden amerikanischen Mannschaftsgefährten ihn verloren hatten.

Die Waldorf-Astoria-Konferenz hatte mehrere Diskussionsorte in den verschiedensten Sälen des Hotels festgelegt. Es gab ein Hinundher darüber, wie wir uns bei den verschiedenen Veranstaltungen verhalten sollten. Wir waren uns darin einig, daß man alle besuchen müßte. Aber sollten wir sie stören oder unterbrechen und somit einen Skandal hervorrufen, wie es Hook gerne gesehen hätte (und, wie ich vermute, auch einige unserer Freunde von der Presse), oder sollten wir die zivilisiertere Methode der öffentlichen Debatte anwenden, wofür Mary McCarthy, Dwight McDonald und die meisten von uns plädierten? Schließlich wurde es jedem einzelnen überlassen. Die zivilisierte Methode gewann die Oberhand und wirkte weit besser, als wenn wir uns wie Raufbolde benommen hätten.

Ich beschloß, bei meinem Fach zu bleiben. Für den 25. März morgens um zehn Uhr war eine Veranstaltung angesetzt, auf der auch Dimitrij Schostakowitsch sprechen sollte. Dorthin wollte ich gehen und sonst nirgendwohin. Die Frage, die ich Schostakowitsch stellen wollte, war einfach und direkt, für ihn aber höchst verwirrend. Ich wußte im voraus, wie seine Antwort ausfallen mußte, daß sie aber gleichzeitig enthüllen würde, wie unfrei er handelte. Ich wußte, daß auch seine amerikanischen Anhänger über dieser Antwort in Verwirrung geraten würden. Es war nach meiner Meinung der einzig legitime Weg, die inneren Gesetze des russischen Kommunismus zu entlarven.

Unter den Musikern auf dem Podium der Sowjet-Freunde waren auch alte Bekannte. Ich winkte ihnen zu, und sie winkten zurück, mit einem Schafslächeln. Die Russen marschierten ein, kurz bevor der Vorsitzende, der Musikkritiker der ›New York Times‹, Olin Downes, die Sitzung eröffnete. Vier oder fünf umringten die zerbrechliche Gestalt des kurzsichtig blinzelnden Schostakowitsch. Zuschauer und Ausschuß erhoben sich und begrüßten die Russen herzlich. Schostakowitsch und seine KGB-Betreuer nahmen links neben Downes Platz.

Die Sitzung dauerte lang und war unendlich wortreich.

Als Schostakowitsch als letzter der Redner gesprochen hatte, konnte ich meine Frage stellen: »An dem und dem Datum in der und der Nummer der ›Prawda‹ erschien ein nicht gezeichneter Aufsatz, der wie ein Leitartikel aufgemacht war. Er betraf die Musik der Komponisten Paul Hindemith, Arnold Schönberg und Igor Strawinsky. In diesem Artikel wurden alle drei als Obskurantisten, dekadente bourgeoise Formalisten und Lakaien des imperialistischen Kapitalismus gebrandmarkt. Aus diesem Grund solle die Aufführung ihrer Musik in der Sowjetunion verboten werden. Stimmt Schostakowitsch persönlich dieser offiziellen, in der ›Prawda‹ gedruckten Ansicht zu?«

In die Gesichter der Russen trat Verwirrung. Der neben Downes Sitzende murmelte hörbar: »*Provokatsia.*«

Der KGB-Übersetzer flüsterte Schostakowitsch etwas ins Ohr.

Dieser stand auf, man gab ihm ein Mikrophon, und zu Boden starrend sagte er auf russisch:

»Ich stimme der in der ›Prawda‹ gemachten Äußerung voll zu.«

Der Höhepunkt unseres einwöchigen Unternehmens war die öffentliche Versammlung am Sonntagabend, dem 27. März 1949, im kleinen Auditorium des Freedom House. Der Saal war brechend voll. Unsere Propagandafachleute, Beichmann, Pitzele und der feurige Professor Hook, hatten fabelhafte Arbeit geleistet. Der ganze Block der 40. Straße zwischen Fünfter und Sechster Avenue war abgesperrt worden, und eine dichtgedrängte Menge lauschte aufmerksam den beiden Lautsprechern, die man auf dem engen Balkon von Freedom House installiert hatte. Die Sprecher dieses Abends waren beinahe alle sehr gut, nur ein paar verfielen in »ungezügelte Rhetorik«, wie Churchill es zu nennen pflegte, alle anderen waren nüchtern und unumwunden und lieferten vernichtende Urteile über Stalin und den Stalinismus. Im übrigen war das, was unsere Redner im März aussprachen und was unsere Gegner vom Waldorf-Astoria-Kongreß mit allen Kräften abzustreiten oder zu verheimlichen suchten, im Grunde nur das, was Chruschtschow sieben Jahre später in seiner berühmten Geheimrede auf dem 20. Parteikongreß enthüllte und was Solschenizyn inzwischen unaufhörlich geschildert hat.

Ich selbst hielt eine kurze Ansprache über die Leiden der Komponisten in der Sowjetunion und die Tyrannei des Kulturapparats der Partei und beklagte die Art und Weise, in der unsere Gegner zum Beispiel Dimitrij Schostakowitsch mißbraucht hatten, der selbst gerade erst ein Opfer, ja der Hauptangeklagte der Schdanowschen Säuberungen geworden war.

Nach meiner Rede sah ich ein vertrautes Gesicht aus den hinteren Reihen des Saales auf mich zukommen. Es war ein alter Bekannter bei OMGUS, der mich zu der gelungenen Veranstaltung beglückwünschte, die meine Freunde und ich auf die Beine gestellt hatten. So etwas Ähnliches, meinte er, müßten wir auch in Berlin machen.

Und eines Tages hörte ich dann tatsächlich von einem groß angelegten, ja, geradezu gewaltigen Kulturkongreß, der für den Juni 1950 in Berlin geplant war, unterstützt von der amerikanischen Regierung, die dem Bürgermeister von Berlin aus den sogenannten *Counterpart Funds* eine finanzielle Hilfe für das Unternehmen zu geben bereit war.

Der Kongreß für kulturelle Freiheit

An einem Herbsttag 1949 kam Melvin Lasky, der Chefredakteur der in Berlin von den amerikanischen Besatzungsbehörden herausgegebenen Zeitschrift ›Der Monat‹, nach New York und hielt in der *New School for Social Research* in der 12. Straße eine Pressekonferenz ab. Er kündigte an, der Kongreß solle eine große antistalinistische oder, genauer gesagt, anti-totalitäre (also auch anti-faschistische) Manifestation werden. Ihr Organisator werde der Bürgermeister von Berlin, Ernst Reuter, sein, und in seinem Namen würden auch die Einladungen hinausgehen. Die zur Teilnahme aufgeforderten Intellektuellen würden nur sich selbst repräsentieren, mit anderen Worten: Sie würden weder Delegierte einer politischen Partei noch einer Vereinigung oder irgendwelcher Komitees sein.

1949 verbrachten Patricia und ich zum erstenmal den Sommer in Europa. Wir mieteten uns ein Häuschen am Rand des Waldes von Fontainebleau und reisten im übrigen ziemlich viel umher. Patricia war gerne in Europa, und ich genoß es, die Festspiele in Aix-en-Provence, in der Schweiz und Italien, in England und in Salzburg aufzusuchen, an lauter Orten, die ich früher selten oder gar nicht zu sehen bekommen hatte. Aber in Paris fühlte ich mich nicht wohl. Das Nachkriegs-Paris wirkte fremd und düster auf mich. Mir war, als kehrte ich in ein mir seit langem bekanntes altes Haus zurück, das sich merkwürdig verändert hatte. Die meisten seiner früheren Bewohner waren gegangen, und die neuen waren gleichgültig, ohne ein Lächeln oder ausgesprochen feindselig. Die wenigen alten Bekannten wirkten dürftig und mißmutig, nur allzu willig, von den guten alten Zeiten zu sprechen, jedoch ohne etwas Neues zu sagen zu haben.

Außerdem quälte mich im hintersten Winkel meines Gehirns

immerfort der Gedanke: Was mag der oder jener, die oder jene wohl während der bitteren Jahre der deutschen Besatzung gemacht haben? Das unerquickliche Gerede über dieses Thema hielt ewig lange an, bis weit in die fünfziger Jahre, und vergiftete die Atmosphäre des französischen Lebens, besonders für jemanden, der wie ich in den voraufgegangenen Jahrzehnten mit dazugehört hatte.

Was das Nachkriegsdeutschland anlangt, so hatte ich es in seinen schwersten und hungrigsten Jahren zu Genüge kennengelernt. Nun war es auf dem Wege in eine hektische wirtschaftliche Erneuerung, in der ich mich überflüssig fühlte. Im übrigen ...

Ja, im übrigen hatte ich reichlich sechzehn Jahre damit verbracht, mich in Amerika zu akklimatisieren, dreizehn davon in dem Bemühen, mich aus der trostlosen amerikanischen Provinz (einschließlich der amerikanischen Nachkriegs-Institutionen im Ausland) zum hauptstädtischen Leben zurückzufinden. Ich war nun auch kein stellungsloser Einwanderer mehr, sondern ein freischaffender Komponist und Universitätslehrer, Bewohner der wichtigsten Stadt der Welt und vollberechtigtes, wenn auch nur bescheidenes Mitglied ihrer bunten Schar erlesener Geister. Weshalb also sollte ich zurückgehen und mich wieder im Ausland aufhalten, da doch Amerika endlich Verheißungen für mich bereithielt und ich meine zweite, aussichtsreichere Liebesaffäre mit New York, von gleich zu gleich, erlebte?

Im Mai 1950 flogen Patricia und ich wieder nach Europa, an Bord einer überaus wackligen Charter-Maschine einer Gesellschaft namens *Youth Argosy*, vollgepackt mit gitarrenbewehrten Studenten und still-bescheidenen Professoren-Ehepaaren. Wir erreichten glücklich Paris, bevor das Flugzeug völlig auseinanderfiel. In meiner Tasche steckte die von Ernst Reuter unterzeichnete Einladung zu dem Berliner Kongreß, der Ende Juni stattfinden und fünf bis sechs Tage dauern sollte. Der Brief des Bürgermeisters enthielt eine Liste der voraussichtlichen Teilnehmer, unter denen sich eine Anzahl glanzvoller Namen befand: Reinhold Niebuhr, Alfred J. Ayer, Ignazio Silone, Arthur Koestler (dessen ›Darkness at Noon‹ ich nun endlich im Flugzeug gelesen hatte). Aber abgesehen von mir war kein einziger Musiker, Maler, Bildhauer oder Dichter darunter.

Ich war noch unentschlossen, ob ich die Einladung annehmen sollte. Auf der einen Seite fragte ich mich, was ich *dans cette galère* eigentlich zu suchen hatte, auf der anderen Seite war ich natürlich begierig, nicht nur alle diese interessanten Leute kennenzulernen, sondern auch zu sehen, was aus dem zarten Pflänzchen unserer Veranstaltung in Freedom House auf dem internationalen Parkett wohl geworden sein mochte. Denn in meinen Augen war die bevorstehende Manifestation unter dem seltsamen Namen »Kongreß für kulturelle Freiheit« – der an die amerikanische Gewerkschaftsorganisation *Congress of Industrial Organisation* und ihren Boß John L. Lewis mit seinen buschigen Augenbrauen denken ließ – ganz unzweifelhaft die logische Fortentwicklung von Professor Hooks Protestaktion von 1949 und dem Ad-hoc-Komitee der *American Intellectuals for Freedom*.

Chip Bohlen, ein Freund vom State Department, und andere Freunde rieten mir zu. »Sie sollten schon deshalb hinfahren, um Ihren Kollegen von der Kulturfront klarzumachen, daß es ein Fehler ist, keine Künstler einzuladen. Sie sind bei den Sowjets wie bei den Nazis immer die bevorzugten Prügelknaben gewesen.«

Von den wildbewegten Tagen in Berlin sind mir nur ein paar Eindrücke haften geblieben. Einer geht noch auf den Flug nach Berlin zurück, den ich mit zwanzig oder mehr Gästen des Bürgermeisters Reuter von Orly nach Berlin antrat. David Rousset, ein rundlicher und liebenswürdiger Franzose, stellte mich einer jungen Frau namens Elinor Lipper vor, deren Buch ich gerade gelesen hatte – einen Erlebnisbericht über mehrere Jahre in Stalins Konzentrationslagern. Allein die Begegnung mit ihr war diese Reise wert. Sie war eine ungewöhnlich schöne Frau mit dunklen, traurigen Augen in einem blassen, fast durchsichtigen Gesicht unter einer schwarzen Haarkrone. Ihr Lächeln war sanft und ihre Stimme weich und leise. Es ging eine scheue, unendlich verletzliche menschliche Wärme von ihr aus, verbunden mit einem vorsichtigen Mißtrauen.

Es war meine erste Begegnung mit einem Opfer des sowjetischen Strafvollzugs. Ich wagte nicht, sie darüber auszufragen, aber andererseits wollte ich gern aus ihrem Munde bestätigt hören, was ich in ihrem Buch gelesen hatte. Die russische Sprache schlang ein gemeinsames Band um uns. Im Lauf des nächsten Monats wurden wir eng befreundet. Ich habe selten ein Menschenwesen von solch stiller Tapferkeit und Klugheit getroffen, von solchem Zartgefühl und einer solchen integren Haltung. Wir trafen uns so oft wie möglich, in Paris und in der Schweiz, doch sie entschloß sich sehr bald, einen französischen oder Schweizer Arzt zu heiraten und mit ihm nach Madagaskar zu entschwinden. Sie hatte im Lager einem Kind das Leben geschenkt und meinte, daß dieses Kind einen Vater und ein geregeltes Familienleben brauchte. Im übrigen war sie der Meinung, daß sie mit dem Aufschreiben und Veröffentlichen ihrer Lagererlebnisse ihrer Pflicht Genüge getan habe; sie wollte kein Schaustück der anti-stalinistischen Propaganda werden, wozu viele Leute und Organisationen sie machen wollten. So entfloh sie bei der ersten sich bietenden Gelegenheit dem Scheinwerferlicht der Öffentlichkeit, und ich habe sie nach dem September 1950 nie wiedergesehen.

Der Berliner Kongreß beschloß zur Fortsetzung seiner Tätigkeit die Einsetzung eines Komitees, in das ich hineingewählt wurde und das im Herbst 1950 in Brüssel zum erstenmal zusammentrat. Bei dieser Sitzung wurde beschlossen, eine ständige Organisation zu schaffen, die denselben seltsamen Namen tragen sollte wie die Berliner Manifestation. Er schien insofern angemessen, als das Geld für das weiterführende Büro und die geplante Organisation von den amerikanischen Gewerkschaften kommen sollte. Deren europäischer Vertreter, ein heiterer, munterer und außerordentlich gescheiter Mann namens Irving Brown, dem ich damals in Brüssel zum erstenmal begegnete, bestätigte das: »Ich kann noch nicht sagen, wieviel es sein wird, aber wir werden sehen, was sich machen läßt ...«

Bei dieser Sitzung in Brüssel wurde mir der Posten des Generalsekretärs der künftigen Organisation angeboten. Ich nahm ihn an, doch nur für eine begrenzte Frist und mit der Bedingung, ihn nicht vor dem Ende meiner Verpflichtungen am Peabody-Konservatorium im Mai 1951 antreten zu müssen.

So geschah es also, daß ich 1951 doch zu einem neuen Abenteuer nach Europa zurückflog. 1945, als Angestellter des *War Department,* war das Unternehmen vergleichsweise einfach gewesen. Diesmal aber ging ich nach Paris, um an die Spitze eines Gebildes zu treten, das noch gar nicht existierte und für das es in der modernen westlichen Welt keinerlei Vorbilder gab. Nie zuvor hatte jemand Intellektuelle und Künstler in weltweitem Maßstab dazu zu mobilisieren versucht, eine ideologische Auseinandersetzung mit den Unterdrückern des Geistes zu führen oder das »kulturelle Erbe« zu verteidigen. Dergleichen ideologische Feldzüge waren bisher eine Spezialität der Stalinisten und der Nazis gewesen.

Patricia brannte darauf, nach Paris umzuziehen. Sie reiste

schon vor mir und fand eine möblierte Wohnung für uns in der Nähe des Luxemburg-Parks. Gleich um die Ecke herum wohnte Albert Camus, den sie in New York kennengelernt hatte.

Halben Herzens folgte ich ihr Ende März 1951. Ich freute mich nicht darauf, wieder in Paris zu wohnen. Außerdem war mir klar, daß ich jahrelang nicht zum Komponieren kommen würde, denn eine noch nicht vorhandene Organisation auf die Beine zu stellen würde meine ganze Zeit in Anspruch nehmen. Andererseits war mir bewußt, daß ich eine einzigartige Aufgabe vor mir hatte – ich durfte an ihr nicht vorübergehen. Vielleicht konnte ich wirklich ein paar unerläßliche und konstruktive Beiträge leisten, vorausgesetzt, daß die nötige Entschlußkraft und die erforderlichen Mittel vorhanden waren.

Es schien mir absolut notwendig, einen wohlüberlegten, eiskalten und bewußt verstandesmäßigen Kampf gegen das Übel des Stalinismus zu führen, ohne dabei in den Fehler einer heuchlerischen manichäischen Selbstgerechtigkeit zu verfallen. Und zwar gerade zu einem Zeitpunkt, an dem innerhalb Amerikas die ideologische Auseinandersetzung in hysterische Spiegelfechterei und den Verfolgungswahn von Kreuzzugsteilnehmern auszuarten begann.

Im Flugzeug, diesmal einem bequemen *Stratocruiser* der Pan-American mit Schlafkojen und einer Flugzeit von elf Stunden, mithin vortrefflich zum Ausruhen und Nachdenken geeignet, fing ich an, meinen ersten Vorschlag an das kulturelle Komitee auszuarbeiten. Ich wollte mit einem weithin vernehmbaren Paukenschlag auf dem Gebiet der Kunst des 20. Jahrhunderts beginnen. Damals waren gerade die zeitgenössische bildende Kunst, Literatur und Musik Ziel und Opfer der abscheulichsten Unterdrückung durch Stalin und Schdanow geworden, genau wie in Hitler-Deutschland zehn Jahre zuvor. Ich war der Meinung, man sollte unseren Glauben an die Werte dieser Kunst bekräftigen und es sei an der Zeit, eine Art Bestandsaufnahme der Leistungen in der ersten Hälfte dieses Jahrhunderts zu machen. So entstand während der sich zusammendrängenden Nachtstunden zwischen dem 23. und 24. März in großen Linien der Entwurf zu meinem ersten und vorläufig aufregendsten Festival. Es sollte »Meisterwerke des 20. Jahrhunderts« heißen und in Paris vom 1. bis 30. April 1952 stattfinden.

Merkwürdigerweise beschäftigte mich der Gedanke an die Kosten des Unternehmens keinen Augenblick. Das war wahrscheinlich nicht richtig, denn es ließ sich kaum vorstellen, daß die amerikanischen Gewerkschaften ein so grandioses und kostspieliges Festival der modernen Kunst subventionieren würden, das obendrein nicht in Amerika, sondern ausgerechnet in Paris stattfinden sollte.

Aus keinerlei greifbaren Gründen, vielleicht allein aus meinem eingeborenen sorglosen Optimismus heraus, nahm ich an, daß das Geld schon irgendwo herkommen würde. Amerika war schließlich das Land des Kapitalismus und der kapitalistischen Stiftungen aller Art. Sollte es keine Möglichkeit geben, für eine so glanzvolle und ungewöhnliche Unternehmung von künstlerischer wie politischer Bedeutung Geld bei öffentlichen und privaten Stiftungen lockerzumachen?

Ich kannte Amerika gut genug, um zu wissen, daß wir von der Regierung und irgendwelchen Behörden nicht viel erwarten durften. Mir war bekannt, wie engherzig und widerstrebend diese Stellen – damals noch – die Schönen Künste unterstützten. Außerdem konnte eine solche Hilfe nur unter nationalen, nicht unter internationalen Gesichtspunkten geleistet werden, aber gerade eine Hilfe in internationaler Hinsicht brauchte ich am dringendsten.

Nicht in meinen verrücktesten Träumen wäre ich auf den Gedanken verfallen, daß mein »Traum-Festival« finanziell von der amerikanischen Spionageorganisation getragen werden sollte, ebensowenig wie ich ahnte, daß schon mein köstlich bequemer Erster-Klasse-Flug nach Paris von der CIA bezahlt worden war, auf dem Umweg über den Gewerkschaftsvertreter in Europa, den munteren Mr. Brown. Und es dauerte nicht lange, bis eben jene Spionagezentrale der amerikanischen Regierung ein ganzes Netz von kooperationsbereiten Stiftungen etabliert hatte, die willens waren, Gelder an solche Empfänger wie unseren Kongreß, an amerikanische Universitäten, an Flüchtlings-Orchester und Gott weiß wen weiterzuleiten.

Wenn ich zurückblicke, muß ich in dieser Erkenntnis an manche sehr komische Situationen denken. So zum Beispiel an die Gestalten zweier Russen, einen langen dünnen und einen kurzen dicken; der Lange war der Generalsekretär des sowjetischen Schriftstellerverbandes, der Kleine ein hassenswerter Bursche namens Yermilow, ein unsympathischer kleiner Parteibonze. Beide standen sie hintereinander aufgereiht, um aus den Händen unserer Sekretärin ihre Reise- und Tagesspesen entgegenzunehmen. Beide waren gekommen oder richtiger losgeschickt worden, um an einem Gedenk-Kongreß zum 50. Todestag von Tolstoi teilzunehmen, den ich 1960 gemeinsam mit der *Fondation Cini* in Venedig organisiert hatte. (Yermilow wird sich im Grabe umdrehen, wenn er erfährt, daß er Geld von der CIA angenommen hat!) Mit Vergnügen denke ich auch an die Amerikareise eines linksdralligen französischen Journalisten zurück, die vom »Kongreß für kulturelle Freiheit« bezahlt wurde. Oder an die Moskaureise eines Kunststudenten, die durch die Mitwirkung eines persönlichen Freundes von mir zustande kam und dem Zweck diente, die verborgenen Schätze abstrakter russischer Kunst zu fotografieren. Wenn ich es doch schon früher gewußt hätte, dann hätte ich schon viel früher darüber lachen können! Aber vielleicht hätte ich nicht gelacht?

Die Geschichte des »Kongresses für kulturelle Freiheit« sollte endlich geschrieben werden. Es ist einfach nicht zu begreifen, daß es noch nicht geschehen ist.

Liegt es an der Malaise, in der heute die meisten Vorgänge stecken, die mit der Periode des sogenannten Kalten Krieges zusammenhängen? Oder daran, daß der Kalte Krieg sich insgesamt in ein säuerlich stinkendes Etwas verwandelt hat, für das noch keine neue passende Bezeichnung gefunden worden ist? Die ganze Epoche nebst ihrem Etikett ruft, wenn man sie heute bei »liberalen« Intellektuellen erwähnt, eine Rötung von Wangen, Nacken und Ohren hervor, dazu kalte Füße und ein schon beinahe hörbares Zittern am ganzen Körper. Aus irgendeinem absurden Grunde scheinen die Leute von keiner der Aktivitäten des Kalten Krieges mehr etwas hören zu wollen, ja man scheint nicht einmal zu wünschen, daß die Vorgänge offengelegt werden und für sich selber sprechen können.

So wird beispielsweise der »Kongreß für kulturelle Freiheit« in keinem der beiden amerikanischen Konversationslexika erwähnt, die ich zu benutzen pflege, während das unselige Konglomerat von Staaten namens Vereinte Nationen mit allen seinen Anhängseln in einem dieser Nachschlagewerke allein sechs Spalten in kleinstem Druck ausfüllt. Dabei fungierte der »Kongreß für kulturelle Freiheit« im Rahmen des Kalten Krieges immerhin zwölf Jahre lang als ein kleiner Völkerbund von liberalen und kultivierten Intellektuellen, gab Dutzende von Zeitschriften aller Art heraus und zählte unter seinen Mitarbeitern und Ehrenvorsitzenden Männer und Frauen, deren Namen in den gleichen beiden Enzyklopädien ausführlich verzeichnet sind. Man fühlt sich versucht, die Parallele zur ›Großen Sowjetischen Enzyklopädie‹ von 1934/36 zu ziehen, in der sich ein Artikel über Trotzkismus, aber keine Eintragung über Trotzki befindet. Man weiß nicht, ist es Sabotage oder ein *Opera-buffa*-Streich, zum Ärgern oder zum Lachen. Und doch, mit welcher Sorgfalt, Ernsthaftigkeit und Wohlüberlegtheit, weit über das Maß der meisten UNESCO-Veranstaltungen hinaus, ist etwa die Tagung in Hamburg im Sommer 1953 veranstaltet worden, bei der sich unter dem Motto »Wissenschaft und Freiheit« rund achtzig europäische und amerikanische Gelehrte trafen. Ich kann mich noch gut an meine Reisen zur Vorbereitung und die Erörterung des Programms mit den Kernforschern Lise Meitner, Werner Heisenberg und Homi Bhabba, mit dem Philosophen Michael Polanyi und dem amerikanischen Erbbiologen Herman Muller erinnern, um nur einige Namen zu nennen. Und ich muß an Lisa Meitners Bemerkung denken, wie nützlich die Konferenz gewesen sei, und sei es auch nur, weil zum erstenmal so viele Gelehrte aus ganz verschiedenen Disziplinen der exakten und der angewandten Wissenschaft zusammengekommen seien, um ein einziges, klar umrissenes Thema zu besprechen. »Zu Anfang war ich besorgt, daß der Begriff Freiheit nur Verwirrung stiften würde«, sagte sie, »aber genau das Gegenteil trat ein: Es stellte sich heraus, daß die Freiheit für jedermann ein deutlich erkanntes Problem war.«

Ist vielleicht das beklommene Schweigen, das jetzt den ganzen »Kongreß für kulturelle Freiheit« umgibt, nur dem unmöglichen System seiner »geheimen« Finanzierung zu danken? Es liefert wahrhaftig den Beweis für die seltsame Begriffsverwirrung, die damals und zum Teil noch heute in den letzten Verästelungen der amerikanischen kapitalistischen Gesellschaft und dem ihr entsprechenden Regierungsapparat vorherrscht.

Welcher Natur dieses Schweigen auch immer sein mag, es ist kein wohltätiges Schweigen. Das Gedächtnis ist kurz, Dokumente gehen verloren, Menschen sterben dahin, und es wird zusehends schwieriger werden, eine Monographie zu schreiben, deren Gegenstand allzu lange in Schweigen gehüllt gewesen ist. Die Frage aber, die man rückblickend stellen möchte, lautet: War es wirklich unmöglich, für die Finanzierung des »Kongresses für kulturelle Freiheit« offene, unverhüllte Kanäle zu finden? Oder war es nur groteske Gedankenlosigkeit und bürokratische Indolenz, daß unsere kulturelle Organisation ausschließlich durch die diversen CIA-Röhren gespeist wurde? Hätte man das Ganze mit etwas Phantasie und Kühnheit nicht etwas anders machen können, etwa indem man aus den bewußten *Counterpart-Funds,* die in den späten vierziger Jahren überall herumlagen, eine internationale Stiftung konstituierte, eine Art Marshall-Plan der Kultur?

Wenn man es offen und ehrlich gemacht hätte, wäre der ganze Schlamassel, der 1964/65 über den Kongreß hereinbrach, ohne weiteres zu vermeiden gewesen. Viele Reputationen wären verschont, unzählige Lügen wären unausgesprochen geblieben, und das in meinen Augen höchst ehrenwerte und ehrliche Problem des Kalten Krieges, das heute wegen der euphemistisch so benannten Entspannung in Grund und Boden verdammt wird, hätte im Bereich des Geistes und der Kultur in allem Freimut behandelt werden können. Um so eher, als das Geld dazu ja damals reichlich vorhanden war und sich erst später zu Euro-Dollars oder gar Petro-Dollars zu verflüchtigen begann.

Die abstruse und unzulängliche Unangemessenheit des Denkansatzes, oder richtiger: die völlige Abwesenheit eines solchen, die in dem Entschluß lag, eine kulturelle Organisation von der CIA finanzieren zu lassen, fällt nur noch greller ins Auge, wenn man bedenkt, daß der Kalte Krieg eigentlich die erbittertste und umfassendste ideologische Auseinandersetzung seit dem Beginn des 19. Jahrhunderts gewesen ist und daß sich das ganze Mißgeschick in einem Lande zutrug, das eine jahrhundertealte Tradition der moralischen Formen politischen Denkens aufzuweisen hat, wie Camus es genannt hat. Noch heute schmerzen mich, wenn ich daran denke, die »leichtfertig geschlagenen Wunden der Unmoral«, die *»wanton bruises of immorality«,* und die Tatsache, daß ein so wunderbares, mit soviel Liebe und Sorgfalt von hervorragenden, hingebungsvollen und ganz und gar unbestechlichen Männern und Frauen errichtetes Gebäude mit Schmutz beworfen und niedergerissen worden ist – woran nur die älteste Form der Hybris, die Gedankenlosigkeit, die Schuld trägt.

Mein Rasputin

»Wenn ich Russe wäre, dann würde ich eine Oper über Rasputin schreiben«, sagte Giancarlo Menotti zu mir. »Ich glaube, das könnte nur ein Russe. Ich habe schon einmal für mich selbst an den Stoff gedacht, aber die Idee wieder fallen gelassen. Warum machen Sie es nicht?«

Das war im Frühjahr 1954; ich hatte mit Samuel Barber und Menotti einen schönen Tag in Menottis Haus in Mount Kisco bei New York verbracht.

Auf der Heimfahrt nach New York, im leeren, klappernden, ratternden Zug, ging die Idee in meinem Kopf herum. »Rasputin«, dachte ich, »wie scheußlich! Nach all diesen schmutzigen Filmen und den amerikanischen Vortragsreisen von ›Prinz‹ Jussupow mit dem unappetitlichen Titel: ›Wie ich Rasputin tötete!‹ Nein. Giancarlo irrt sich! Das ist verblaßt! Abgestanden! Und wer soll dazu ein Libretto schreiben? Und in welcher Sprache? Nein! Nichts davon!«

Am nächsten Morgen ging ich in ein Antiquariat auf die Suche nach Rasputin. Nach einer staubigen Stunde bei den Buchstaben G und R fand ich schließlich ein dürftiges und albernes Buch über ihn auf deutsch. Ich ging in die Bibliothek und fragte in der russischen Abteilung nach Büchern über Rasputin, den letzten Zaren und seine Familie und den ganzen Todeskampf des kaiserlichen Rußland, als dessen Zeuge ich viel zu jung und unzuverlässig war. Ich verbrachte drei Tage damit, mir Notizen zu machen, die Fakten zu ordnen und aus den äußersten Winkeln meiner eigenen Erinnerung Bilder, Wörter, Geräusche und Gerüche heraufzubeschwören, die zu dem gottlob Vergessenen gehörten. Ich sprach mit niemandem und aß und schlief kaum. Die Bücher mit all den verblaßten Fotos nahm ich mit in mein Hotel.

Wenige Tage später mußte ich zurück nach Europa. Ich flog über London, um Stephen Spender zu besuchen, und dann nach Hamburg zu Rolf Liebermann; mit beiden hatte ich als Generalsekretär des »Kongresses für kulturelle Freiheit« zu tun, aber beide sollten auch von Rasputin erfahren.

Der Dichter Stephen Spender ist ein großer Mann mit unschuldigen blauen Augen und einem wirren blonden Haarschopf. Natascha, seine Frau, ist dunkelhaarig, dunkeläugig und nur ein wenig kleiner als er. Beide sind liebenswürdige, unendlich gastfreundliche und mitfühlende Menschen, aufgeschlossen und immer zu einem Scherz aufgelegt.

Als ich Stephen von meinem Rasputin-Plan erzählte und ihn fragte, ob er Lust habe, das Libretto zu schreiben, hielt er das für einen Witz.

»Das meinen Sie doch nicht im Ernst, Nicky, ein so langweiliges Thema ... *and so vulgar.*«

»Meine Reaktion war genauso, als mir Menotti den Vorschlag machte«, sagte ich, doch sei ich nun, nachdem ich viel historisches Material eingesehen hätte, der Meinung, es stecke tatsächlich ein Opernstoff darin. Natascha schlug Stephen vor: »Lies doch auch etwas über Rasputin, und dann sprecht ihr beide darüber, wenn ihr Hansi Lambert in Gstaad besucht.«

Im Gegensatz zu Spender fand Liebermann Menottis Idee vorzüglich, aber das Libretto bereitete ihm Kopfschmerzen. Er überlegte eine Weile und sagte dann: »Ich glaube, Sie müßten sich das Libretto von einem Deutschen schreiben lassen. Hier in Deutschland ist der Opernmarkt. In Amerika wird es ein oder zwei Aufführungen geben, hier aber gibt es unendlich viele Opernhäuser. Wenn ein Deutscher mit einem bekannten Namen das Libretto schreibt und ein deutscher Verleger es veröffentlicht, kann Ihnen die Sache viel Geld einbringen.«

Damals wußte ich noch nicht, wie klug der Ratschlag war, aber wie die Dinge lagen, befolgte ich ihn nicht.

Rolf Liebermann versprach, mit Moritz von Bomhard, dem Direktor der Louisville Opera Company, zu reden. Dieser schien ernsthaft interessiert zu sein und schlug vor, Spender und ich sollten einen Entwurf für das Libretto ausarbeiten.

Als ich Spender später im Mai in der Schweiz im Chalet unserer Freundin und Wohltäterin, der Baronin Hansi Lambert, traf, war der Grundriß der Handlung schon klar erkennbar.

In wenigen Tagen brachten wir einen Entwurf zu ›Rasputins Ende‹ zustande, einer Oper in drei Akten und sechs Szenen, besser bekannt unter dem Titel ›Der Tod des Grigorij Rasputin‹ oder ›La fin de Rasputin‹ oder auch ›La Morte di Grigorij Rasputin‹.

Die Handlung, wie Stephen und ich sie sahen, war eine Art »Übung für die Erinnerung«, Stephen zog aus meinem Gehirn Erinnerungsfetzen aus der Vergangenheit. Er half mir, Köpfe auf die Beine zu setzen, Augen in Gesichter zu stecken, Charaktere auszubauen und sie zu Operngestalten zu verwandeln, und vor allem, sie mit der Gabe einer sangbaren Sprache auszustatten.

Wir studierten absichtlich keine anderen Libretti, nicht weil wir durchaus etwas Originelles schaffen, sondern weil wir unserer eigenen Vorstellung treu bleiben wollten. Insofern arbeiteten wir genau umgekehrt wie Hofmannsthal, Auden und Kallman und viele andere Librettisten. Wir versuchten unsere Arbeit in einer dunklen Wolke des Unbewußten und verließen uns nur auf unsere Vorstellungskraft. Wir drehten die Geschichte zugleich vor und zurück durch die Räume der Erinnerung, bis die Oper mit der krassen, grotesken und nutzlosen Ermordung Rasputins schließt. Im Grunde handelte unser Libretto vom »Absurden«, von der mutwilligen Absurdität des Mordens, der Absurdität menschlichen Handelns innerhalb und außerhalb der Geschichte und der linkischen Absurdität von sogenannten guten Absichten. Aber es handelte auch von der Unvermeidlichkeit der Geschichte, von dem Ende einer historischen Epoche und der Tragödie des Krieges.

Ich traf Moritz von Bomhard in Salzburg und übergab ihm unseren Entwurf. Er gefiel ihm, und Moritz von Bomhard trat in das Spender-Nabokov-Team als Mitverschwörer in dem Rasputinabenteuer ein. Es gelang ihm, mir den Auftrag zu verschaffen. Man wollte die Oper in Louisville 1958 uraufführen, wenn Spender und ich sie rechtzeitig lieferten. Das Komitee, oder wer auch immer zu sagen hatte, fand den Entwurf brauchbar, aber man hatte Einwände gegen den Umfang der Oper und die Anforderungen, die sie an die Louisville Opera Company stellte.

Ich sollte bedenken, daß Louisville kein richtiges Opernhaus besaß, sondern nur eine Universitätsaula mit einer kleinen Bühne ohne Orchestergraben zur Verfügung hatte. Deshalb müsse sich die Orchestration in Grenzen halten und zu viele Blechbläser vermeiden.

Dann informierte man mich, daß es schwer sein würde, einen Chor auf der Bühne zu placieren; wenn ich tatsächlich einen brauchte, müßte man ihn entweder auf Band aufnehmen oder irgendwo hinter der Bühne verstecken, es dürften auch nicht mehr als zwölf – vorzugsweise männliche – Choristen sein.

Darauf teilte man mir mit, ich möchte nicht zu schwierige Gesangspartien schreiben. Die Hauptsänger der Truppe seien zwar gut (was tatsächlich stimmte), daneben aber beschäftigte man eine Reihe von Amateuren oder Gesangsschülern von der Universität.

Einige Wochen später kam eine neue Lawine von Ratschlägen, Informationen und Warnungen: Bitte nicht zu viele schwierige Szenenwechsel und Kostüme. Die letzte Botschaft erschien mir besonders ominös: Die Länge der Oper sollte eine Stunde nicht überschreiten, sonst könnte man sie weder aufführen noch auf Platten aufzeichnen.

Ich antwortete meinem lieben Mitverschworenen in Louisville, daß ich, wenn er es wünsche, auch eine Oper für eine

Piccolo-Flöte und eine singende Petroleumlampe schreiben könne. Wir würden das eingesparte Geld dann unter uns aufteilen. Aber mein Verlegerfreund von Ricordi in Paris, der verstorbene Hervé Dugardin, überredete mich, mit meiner Komposition fortzufahren. Man würde später schon einen Ausweg finden.

Was konnten Spender und ich tun? Wir mußten entweder die Flügel unserer Oper stutzen oder uns von Moritz trennen (und dem Gedanken an einen Dollarscheck, eine Aufführung, eine Schallplattenaufnahme). Also kastrierten wie Rasputin um einen Akt, in der Hoffnung, ihn später einmal zur vollen Größe aufzublasen.

Das meiste an ›The Holy Devil‹, wie die Kentucky-Version der Oper heißt, habe ich in Gstaad im Berner Oberland geschrieben. Unsere wunderbare Freundin Hansi Lambert fand in einem Bauernhaus in der Nähe ihres Chalets ein Zimmer mit Klavier für mich. Durch das Fenster drangen süße schweizerische Gerüche: nach gebratenen Zwiebeln und Kuhmist mit gelegentlichen Obertönen von Harz und Heu. Ich verbrachte täglich mehrere Stunden mit der Arbeit und fühlte mich so geborgen wie der Kuckuck in seiner Uhr.

Die »Petroleumlampenfassung« von ›The Holy Devil‹ wurde zur rechten Zeit fertig. Anfang April traf ich in Louisville zu den Orchesterproben ein.

Das Hochschulauditorium war klein, rechteckig, hellbraun gestrichen und durch einen großen, weit vorragenden Balkon verbaut. Die Bühnentiefe betrug höchstens neun Meter, es gab praktisch keine Seitenbühnen, kaum Maschinerie, und die Aushängung war nicht zu beleuchten.

Ich war entsetzt. Aber mein lieber, tatkräftiger, hingebungsvoller Moritz von Bomhard war nicht kleinzukriegen. Er rannte wie ein Mädchen für alles herum, überwachte das Nähen der Kostüme, das Bauen und Malen der Dekoration und das Aufhängen der dürftigen Beleuchtungskörper. Alles wurde mit der Hand gemacht. Er durchsuchte die ganze Stadt bis tief ins Land hinein nach dem Fell eines Polarbären (Jussupows Frühstückszimmer mußte eins enthalten) und nach einem Samowar (beides ist in Kentucky nicht heimisch). Er war allgegenwärtig, leistungsfähig und erregbar, aber immer guter Dinge.

Allmählich nahm die kastrierte Version von ›Rasputin‹ Gestalt an. Die jungen Menschen auf der Bühne und im Orchester gaben sich die größte Mühe, so daß mit jeder Probe der ›Holy Devil‹ sich mehr und mehr wie eine wirkliche Oper anhörte.

Wenige Tage vor der Premiere traf Stephen ein, so charmant und unbeschwert wie stets. Auch andere Leute kamen. Durch puren Zufall entdeckte ich, daß die große Party nach der Premiere nicht für Moritz, die Darsteller und das Orchester gegeben wurde, sondern für Aaron Copland und andere amerikanische Komponisten, deren Werke am gleichen Abend in einer anderen Aula von Louisville gespielt wurden. Ich durfte also kaum wichtige Kritiker und andere Persönlichkeiten bei *unserer* Premiere erwarten.

Tatsächlich war der Zuschauerraum nur zu zwei Dritteln besetzt, das Publikum verwirrt bis gleichgültig. Unter diesen Umständen war die Vorstellung eine gloriose Leistung (und die zweite eine noch größere). Aber nur wenigen Menschen schien die Oper zu gefallen, und der Presse – soweit sie da war – schon gar nicht.

Glücklicherweise waren Moritz und ich all dem gegenüber immun. Was zählte, war die Schallplattenaufnahme, die herausgebracht werden sollte, und die Liebe und Sorgfalt des Teams, mit dem wir arbeiteten. Nur der arme Stephen war untröstlich. Er hätte am liebsten die ganze Rasputinsaga zerrissen und in alle vier Winde verstreut.

Ich verließ Louisville mit einem Tonband des ›Holy Devil‹ in der Tasche. Das war die wichtigste Leistung dieser Stadt.

Dank der beiden internationalen Musikfestivals, die ich in Europa Anfang der fünfziger Jahre organisiert hatte, kannte ich einige VIPs der europäischen Opernwelt. Ich besuchte sie und spielte ihnen mein Band aus Louisville vor. Nach monatelangem Suchen, vielen gebrochenen Versprechen und höflichen Ablehnungen nahm Oscar Fritz Schuh, gerade zum Intendanten der Städtischen Bühnen Köln ernannt, meine Oper an. Noch verlockender war sein Angebot, die Oper selbst zu inszenieren und Caspar Neher die Ausstattung zu übertragen.

Doch er wollte natürlich das ganze Werk und nicht die Kentucky-Version. Das hieß, daß ein zweiter Akt hinzukomponiert und die ganze Oper neu instrumentiert werden mußte. Wieder konnte ich nur mit Unterbrechungen arbeiten. Mehrmals fuhr ich in Hansi Lamberts Chalet, in dem es jetzt ein Musikzimmer mit einem großen Konzertflügel gab (aber keine Düfte nach gebratenen Zwiebeln und Kuhmist mehr). Auch in den Häusern anderer Freunde arbeitete ich: in Alix Rothschilds behaglichem

Schloß in der Normandie und in der Weinherrlichkeit von Pauline und Philippe Rothschild in Mouton.

Die Kölner Premiere fand im November 1959 statt. Die Oper erhielt ihren endgültigen, ein wenig hochtrabenden Titel: ›Der Tod des Grigorij Rasputin‹. Die Aufführung war herrlich. Es gab erfindungsreiche Beleuchtungseffekte, Szenenwechsel auf leise rollenden Podien und zeitgerechte Kostüme. Es wurde sehr schön gesungen und gespielt. Mein Freund Josef Rosenstock nahm sich der Partitur aufs sorgfältigste an. Es war, was man einen »großen Erfolg« nennt.

Hansi Lambert und Alix Rothschild gaben einen wunderbaren Empfang, diesmal wirklich für die Sänger, für Schuh, für Rosenstock, für mich und für die vielen Freunde, die aus dem Ausland gekommen waren.

Fünfundzwanzigmal wurde die Oper in Köln innerhalb zweier Spielzeiten aufgeführt. 1961 wurde sie konzertant auf französisch vom Rundfunk in Paris gespielt und 1963 auf italienisch zur Eröffnung der Saison in Catania – in dem entzückenden Opernhaus Vincenzo Bellini, unter der Stabführung von Hermann Scherchen.

Dann ging der alte »Jack in the Box«, Grigorij Rasputin, in seine Schachtel zurück, und bis zum heutigen Tage schläft er fest und wartet auf jemanden, der ihn aufweckt.

Es steckt in seiner Geschichte eine ironische Pointe, die weniger mit der Musik meiner Oper als mit der Heimatlosigkeit der Emigranten zu tun hat.

›Der Tod des Grigorij Rasputin‹ wurde auf ein *englisches* Libretto von einem *russischen* Emigranten und neutralisierten *Amerikaner* komponiert. Sie ist auf deutsch, französisch und italienisch aufgeführt worden, aber trotz aller Bemühungen von keinem englischen oder amerikanischen Opernhaus, ganz zu schweigen von einem russischen.

›Love's Labour's Lost‹

»Warum schreibst du nicht mehr Musik«, dröhnte mir Lincoln Kirstein durch das Geratter des Taxis ins Ohr. »Hör auf mit all diesen komischen Jobs. Hör auf zu unterrichten, Festivals zu leiten und nach Europa hin- und zurückzurasen. Kannst du nicht für eine Weile stillsitzen und dich aufs Komponieren konzentrieren? Warum schreibst du keine neue Oper? Du bist bald der einzige Komponist, der sich noch für Melodien interessiert, und das mögen und brauchen die Sänger.«

Er blitzte mich durch seine dicken Brillengläser an, und seine Stimme wurde ernst: »Wovor läufst du davon? Wovor hast du Angst? Vor dir selbst? Daß du nicht modern genug bist?«

Es war ein klarer, frischer Februartag, 1969, und Lincoln fuhr mich vom New York State Theatre zu mir nach Hause. Ich hatte gerade die (viel zu kurzen) Proben für ›Don Quixotte‹ hinter mir, das Ballett, das ich für George Balanchine geschrieben hatte, mit den üblichen Änderungen, Berichtigungen, Zugaben und Strichen, die der Meister immer verlangte.

Lincoln war an diesem Morgen besonders freundlich. Er kam während der Probe, setzte sich neben meine Frau und schwärmte ihr von meiner Musik vor.

Meine Beziehungen zu Lincoln waren immer zwiespältig gewesen, plötzlichen Stimmungsumschwüngen unterworfen, ein Hin und Her, bei dem Lincoln die Zügel fest in der Hand behielt. Manchmal war er nett und zugänglich, dann wieder, ohne ersichtlichen Grund, distanziert und abweisend. Aber Auden empfahl mir, die Stimmungen anderer zu respektieren, und meinte, Lincoln sei ein sehr gütiger Mensch. So befolgte ich seinen Rat und kümmerte mich nicht darum, ob Lincoln mich gerade grüßte oder nicht, ob er brüsk oder liebenswürdig war.

An diesem Tage hörte ich mir seine Ermahnungen schweigend an. Ich mußte ihm innerlich zustimmen. Ich tat zuviel auf einmal, reiste zuviel herum und kümmerte mich um zu viele Menschen. Ich wollte ihm gerade entgegenhalten, daß ich immerhin für seine Balletttruppe (und natürlich für George, oder Mr. B., wie er im Hause genannt wurde) außer dem ›Don Quixotte‹ noch zwei Liederzyklen für Solo und Orchester und eine Sinfonie komponiert hatte, aber er ließ mich nicht zu Wort kommen.

»Warum komponierst du nicht mit Wystan und Chester eine Oper? Es wäre gut, wenn man die beiden wieder an ein Libretto setzen könnte. Sie haben seit Henzes ›Bassariden‹ nichts mehr gemacht, und wie du besser weißt als ich, sind sie Meisterlibrettisten. Du warst der erste, der Strawinsky etwas von Auden erzählt hat.«

»Aber ... warum sollten sie mit mir arbeiten wollen?« fragte ich zögernd. »Sie haben für Strawinsky und Henze Libretti gemacht. Ich habe in meinem Leben nur eine Oper geschrieben und, nebenbei bemerkt, weiß ich nicht einmal, ob Wystan und Chester meine Musik kennen und mögen ... Sie wird so selten gespielt, und es gibt so wenig Schallplatten davon.

»O ja! O ja! Sie kennen sie!« rief Lincoln aus. »Wystan muß deine Musik gefallen, besonders weil sie melodisch ist und weil sie keinen Modetorheiten unterworfen ist ...«

Und nach einer Weile fügte er mit veränderter Stimme hinzu: »Weißt du, erst kürzlich hat mir Auden erzählt, das einzige Stück von Shakespeare, das wie eine Oper geschrieben sei und leicht in ein Libretto zu verwandeln wäre, sei ›Love's Labour's Lost‹ ...«

Als er das sagte, klickte es in meinem Gehirn.

Ich erinnerte mich, eine Aufführung von ›Love's Labour's Lost‹ in England vor fünf oder sechs Jahren – ich glaube, von Peter Brook inszeniert – gesehen zu haben. Obwohl ich über den Inhalt nicht mehr Bescheid wußte, war mir eine Szene, eine der letzten, frisch in Erinnerung:

Rauhreif fällt plötzlich auf eine sich verdunkelnde Szene, die Blätter fallen von den Bäumen, jedermann fröstelt; wie in vielen Shakespeare-Komödien wird die Handlung traurig, bitter – und real.

Ich fragte Lincoln: »Würdest du mit Auden und Kallman sprechen und sie fragen, ob sie Lust hätten, mit mir eine Oper zu schreiben? Ich meine, für mich ein Libretto aus ›Love's Labour's Lost‹ zu arbeiten? Aber ich muß das Stück natürlich erst lesen, bevor ich darüber selbst mit Auden spreche.«

Ich hatte L. L. L. nie zuvor gelesen, hatte es auch nicht in meiner Bibliothek. Am nächsten Morgen besorgte ich mir ein Exemplar. Ich wollte es in der Arden-Ausgabe haben, von der ich wußte, daß sie die wissenschaftlichste und verläßlichste war. Nach langem Suchen fand ich endlich den Band in einer muffigen Gruft von Buchhandlung auf der 23. Straße.

Auf den ersten Blick erschien das Stück ungeeignet, nicht nur wegen der sperrigen Sprache mit ihren vielen antiquierten Wortformen, altmodischen Späßen und Wortspielen, die, zumindest für mich, völlig unbegreiflich waren, aber *last not least* auch wegen der Arden-Edition. Nach jedem Satz gab es ein Gestrüpp von Fußnoten. Aber ich schlug mich beharrlich durch das Dickicht dieser Ausgabe von der ersten Seite mit römischen Zahlen bis zur letzten in arabischen.

Das erste Lesen betäubte und verwirrte mich. Ob ich wollte

oder nicht, ich war von der vollkommenen Schönheit einzelner Teile gefesselt, nur war mir völlig unklar, wie man daraus ein Opernlibretto machen wollte.

Dann las ich das Stück wieder, diesmal aber ohne alle wissenschaftlichen Fußnoten und wie jemand, der zum erstenmal ins Theater geht. Erst nach dem zweiten Lesen begriff ich vage, was Auden mit seiner Bemerkung gemeint hatte, daß L.L.L. die einzige Shakespeare-Komödie sei, aus der man eine Oper machen könne.

Nachdem ich einige Tage mit solchen Liebesmühen verbracht hatte, rief ich Auden an. – Ja, sagte er, Lincoln habe ihm gesagt, daß ich anrufen würde. Wann ich vorbeikäme? Auden war, wie immer am Telefon, knapp und kurz. Wir machten einen Termin aus, und eine Woche später besuchte ich ihn am St. Mark's Place im unteren New York.

Aber in der Zwischenzeit wurde ich von Bedenken gezwickt und gezwackt. War es von mir, einem Ausländer, richtig, zu versuchen, in die abgeschlossene Ideenwelt Shakespeares einzudringen, die so fest mit der englischen Psyche verbunden war? Oder – noch exakter – würde ich je in der Lage sein, mich in dieser Welt frei zu bewegen, selbst aufgezogen und geformt von einer völlig anderen und in vieler Hinsicht antinomischen kulturellen und sozialen Umgebung?

Ich wußte natürlich, was für eine Herausforderung Shakespeare für alle Komponisten seit dem 17. Jahrhundert bedeutete, so verführerisch, und doch so schrecklich riskant. (Und für nicht allzu wenige eine Bananenschale.) Ich fragte mich immer wieder, wer unter den Komponisten von Rang Shakespeares Stücken hatte Gerechtigkeit widerfahren lassen. Ich meinte mit ihnen nicht die Liedkomponisten, wie Morley, Tallis und ein Dutzend anderer, nicht einmal meinen geliebten Mendelssohn. Ich meinte Komponisten, die versucht hatten, Shakespeares Dramen und Komödien für Opern oder Opernvorlagen zu benutzen.

War es zum Beispiel richtig, sich Shakespeares Stücken so zu nähern, als wären sie Offenbarungen (wie es einige meiner zeitgenössischen Fundamentalisten getan haben), und jedes Wort von Primadons und Primadonnen singen oder singsangen zu lassen? Führte das nicht unvermeidlich zu extrem weitschweifigen Kilometerlängen Musik und zu abgrundtiefer Langeweile beim Publikum?

Die einzigen, die für mich Shakespeares Werken auf der

Opernbühne gerecht geworden waren und daher die Herausforderung erfolgreich überstanden hatten, waren die beiden italienischen Maestri des 19. Jahrhunderts, Verdi und Boito. Sie gaben dem *»illustrissimo e glorioso bardo«*, wie Boito Shakespeare in einem seiner Briefe an Verdi bezeichnete, einen vollkommen italienischen Zuschnitt, transformierten seine Sprache in ein operngemäßes Äquivalent und verliehen den Personen, obwohl vergröbert und verwandelt, ein neues musik-theatralisches Leben.

Aber konnten wir in unserem selbstbewußten und hoffnungslos philologischen Jahrhundert mit Shakespeares Stücken, seinen *dramatis personae,* seinen Handlungen und Nebenhandlungen ebenso nonchalant umgehen, wie Boito und sein berühmter Kollege Verdi? Dennoch sagte mir mein Gefühl, daß man nur so an L. L. L. herangehen konnte, daß dies der einzig richtige Weg war.

Nachdem ich mich eine Woche lang mit Bedenken gequält hatte, entschied ich mich, die Shakespearesche Herausforderung anzunehmen. Instinktiv, aber auch mit Bedacht beschloß ich, mich auf die Erfahrung meines janusköpfigen Teams der Dichterlibrettisten zu verlassen. Da ich wußte, daß sie ebenso integre Männer von außerordentlichem Talent waren wie auch zu keinem Kompromiß entschlossene Fundamentalisten, was Opernlibretti betrifft, dachte ich, es könnte nicht schiefgehen.

»Wenn Wystan sagt, daß L. L. L. in ein Opernlibretto verwandelt werden kann, weiß er, wovon er spricht«, sagte ich mir.

Ich hatte, wie sich herausstellte, nicht unrecht. Das Komponieren von L. L. L. wurde dank der Meisterlibrettisten ein unaufhörliches Vergnügen. Ich arbeitete daran mit einem kompositorischen Gusto, den ich nie zuvor erfahren hatte.

»Ja, natürlich, Nicky«, sagte Auden, als ich mich in seinem schlecht beleuchteten, rauchgeschwängerten Arbeitszimmer am St. Mark's Place hinsetzte, »L. L. L. ist das einzige Shakespearesche Stück, das sich für eine Oper eignet. Es ist quasi dafür gebaut, und so vieles darin ist schon gereimt. Haben Sie es gelesen? Ich meine, kürzlich? Aber warten Sie noch einen Moment, lassen Sie mich erst die Drinks besorgen«, und er schlurfte in seinen Filzpantoffeln in eine Art Kleiderkammer, aus der er mit zwei eisbeschlagenen Gläsern zurückkam.

»*Cheers*«, sagte er und lächelte mich an ... »Wie geht es

Ihnen, Nicky? Ist alles in Ordnung? Geht es Ihnen gut? Ich höre, Sie haben wieder geheiratet ... Gratuliere!«

»*Cheers*«, antwortete ich. »Mir geht es gut.« (»Wie er sich verändert hat«, dachte ich, als ich mir sein schlaffes, müdes, verwüstetes Gesicht ansah. »Er scheint einsam zu sein.«) Wir hatten uns sechs Jahre lang nicht gesehen, ohne besonderen Grund.

Ich erzählte von meinem Kampf mit der Arden-Edition, den archaischen Wörtern, den mir unverständlichen Späßen und Wortspielen.

»Nun, ich glaube nicht, daß Sie sich darüber Sorgen machen sollten«, sagte Auden, »einige veraltete Wörter können ersetzt werden, andere können ebensogut stehenbleiben. Das ist nicht das Problem. Die Hauptsache ist, das ganze Stück für eine Oper zurechtzustutzen. Eine Reihe zweitrangiger Personen muß gestrichen werden, und viele von den witzigen Szenen müssen heraus. Sie taugen nicht für eine Oper. Es muß alles an dem Stück schlanker werden. Ich sehe es«, fuhr er fort, »als schnell abspulende *Opera buffa,* in einem ständigen Allegro bis zur letzten Szene. Dann aber muß alles langsam und ernst werden – das ist das Wichtigste. Der moralische Schluß und seine Bedeutung müssen ganz klar und intakt bleiben.«

Wir verabredeten, daß er an Chester schreiben sollte. Wenn der einer Zusammenarbeit zustimmte, würden wir uns im Verlauf des Sommers in Kirchstetten in der Nähe Wiens treffen, wo Auden ein Landhaus besaß. Er wollte in vierzehn Tagen nach Europa reisen, ich würde einen Monat später nachkommen. Wir tauschten unsere Adressen aus.

Schüchtern fragte ich, wie ihm meine Musik gefalle.

»Was ich davon kenne, gefällt mir«, sagte er, »aber ich muß zugeben, ich kenne nur wenig.«

Zehn Tage später bekam ich von Auden eine Postkarte: Chester sei zur Mitarbeit bereit, und es bleibe dabei: Im Sommer träfen wir uns in Kirchstetten. Von nun an korrespondierten wir eifrig. Gewöhnlich war es Chester, der meine Briefe detailliert beantwortete. Wenn ich mich recht erinnere, erhielt ich die erste Szene und die Anlage des ersten Aktes noch vor meiner Reise nach Europa.

Als ich im Juli nach Kirchstetten kam, war der erste Akt von Chester und Wystan abgeschlossen worden. Auch hatten sie schon eine Rohfassung des zweiten und dritten Aktes vorbereitet. Auf dem Flughafen übergaben sie mir im Herbst zwischen

zwei Flügen das vollständige Libretto. Auf gemeinsamen Be-
schluß waren die Zahl der Rollen auf zehn reduziert und von
den komischen Personen die meisten gestrichen worden. Nur
Don Armado und Jacquenetta behielten wir bei als phantasie-
vollen Spanier und als Landmädchen. Auf der Seite Aragons
blieben von den drei Adligen nur Berowne und Dumaine als
Gefolgsleute ihres Königs und auf der Seite Frankreichs von
drei Hofdamen nur zwei, Rosalinde und Catherine, bei ihrer
Prinzessin und späteren Königin zurück. Boyet, den französischen Höfling, mußten wir behalten.

»Boyet muß bleiben«, hatte Auden ausgerufen. »Ich weiß, er
ist langweilig, aber wir brauchen ihn am Ende, wenn er ganz in
Schwarz gekleidet kommt und den Tod des Königs verkündet.
Es muß sehr ernst sein. Das ist der Punkt, an dem sich das ganze
Stück plötzlich verändert, ernst und real wird.«

Auf Audens Vorschlag wurde Moth, der Botenjunge und
Page Armados, zu einer Hauptfigur gemacht, einer Synthese
aus Ariel, Cupido und Puck. Er hatte alle Songs zu singen, die
Briefe mit den Liebessonetten zu vertauschen und überhaupt
so zu tun, als habe er das ganze Stück ausgeheckt.

Ich begann im Flugzeug das Libretto zu lesen und las es in
Paris wieder und wieder. Erst allmählich wurde mir klar, was
für eine hervorragende Arbeit meine beiden Autoren geliefert
hatten. Sie hatten Shakespeares Komödie in ein perfektes
Opernlibretto verwandelt.

Mit der Komposition wartete ich auf eine Zeitspanne, in der
ich frei von anderen Verpflichtungen war, damit ich mich der
Arbeit ohne Unterbrechung widmen konnte. Das war erst im
Sommer 1970 der Fall, als ich zwei Monate als *Composer in
Residence* am Institute for Humanistic Studies in Aspen, Colo-
rado, verbrachte. Am 1. Juli fing ich an, Ende des Sommers war
der erste Akt fertig.

Ich benutzte eine Reihe von traditionellen Opernformen und
-tricks, aber genaugenommen komponierte ich weder eine Komische Oper noch eine Buffa. Ich setzte eine Komödie in Musik. Um Personen und Situationen zu charakterisieren und mich
über alles lustig zu machen, gebrauchte ich die Persiflage als ein
Komödienmittel. So verjazzte ich zum Beispiel den Tristanak-
kord für Berownes Liebesarie am Ende der zweiten Szene des
ersten Aktes und beendete das Ganze »närrisch« mit den ersten
Tönen der Fünften Sinfonie von Beethoven (oder ist sie nicht
überhaupt vom BBC?). Ich persiflierte Renaissanceformen po-

lyphoner Musik, die den Engländern sehr am Herzen liegen, wie den Catch und das Madrigal. Für den *discourse about love* im zweiten Akt fühlte ich mich bemüßigt, die Herren Weill, Eisler und Brecht aufzuspielen, und in zweien der Songs von Moth verulkte ich amerikanische Schlager der dreißiger Jahre.

Ich fand es angemessen, während der ganzen Oper kleine orientalische Brocken zur Charakterisierung Aragons zu benutzen. Ich glaube, dies ist dadurch gerechtfertigt, daß die meisten Komödien Shakespeares in für damalige Engländer als exotisch empfundenen Ländern angesiedelt sind, und Shakespeares Aragon mit seinem König Ferdinand (alias Henri IV.) liegt den maurischen Grenzen Spaniens nahe. Die Maskerade des dritten Aktes hat die Regieanweisung: »Alle Herren außer Boyet erscheinen als Moskowiter verkleidet.« (Nach Auden das einzige Mal, daß Shakespeare meine Landsleute erwähnt.) Hier war also eine Persiflage auf Mussorgsky und Glinka mit einem dazugehörigen Kontrapunkt das Einleuchtendste.

Mit Respekt vor den Wünschen meiner Librettisten (und Shakespeares) aber behandelte ich das Ende von ›Love's Labour's Lost‹. Nachdem die Nachricht von des Königs Tod verkündet ist, verändern sich Ton, Charakter und Stil der Musik. Sie wird ernst, gelassen und feierlich. Und wenn am Schluß der Oper Don Armado die letzten Worte des berühmten Satzes *»Harsh are the words of Mercury after the songs of Apollo«* singt, tut er das zu einem Thema aus Strawinskys ›Apollon‹, und das hat nichts mehr mit Persiflage zu tun. Es ist ein *In Memoriam* für einen Freund und Meister, der zu jener Zeit in New York im Sterben lag.

Die Premiere von ›Love's Labour's Lost‹ fand am 7. Februar 1973 im Théâtre Royal de la Monnaie in Brüssel statt. Es war eine Gastvorstellung der Deutschen Oper Berlin, noch ehe sie das Werk in ihr Repertoire übernahm. Die Bonner Regierung hatte, indem sie zu den Reisekosten der Berliner Oper beitrug, einem ausländischen Komponisten und seinen ausländischen Librettisten mehr Großzügigkeit erwiesen als je irgendeine andere europäische Regierung. Der Anlaß war auch deshalb besonders festlich, weil der Bundeskanzler, der zu einer Konferenz in Brüssel weilte, mit seiner Frau anwesend war, und mit ihnen eine Reihe von Botschaftern und anderen offiziösen Persönlichkeiten.

Es war wirklich eine sehenswerte Vorstellung. Das Bühnen-

bild und die Kostüme von Filippo Sanjust waren bewunde-
rungswürdig, die Regie des jungen Berliner Regisseurs Winfried
Bauernfeind voller Phantasie und die Leistung des Dirigenten
Reinhard Peters hervorragend. Aber alles wurde durch das
herrliche junge Ensemble amerikanischer, englischer und deutscher Sänger übertroffen. Ich hätte mir keine besseren Interpreten erträumen können.

Auden und Kallman trafen am Tag vor der Generalprobe ein.
Ihnen gefielen die Musik, das Bühnenbild, die Kostüme, die Sänger, nicht aber die Regie, und sie fanden das Orchester zu laut,
das ihrer Meinung nach zuviel des poetischen Textes zudeckte.

Der Abend war ein Erfolg und hatte insgesamt eine freundliche Presse. Auden murrte über die unzähligen Partys und Empfänge, die um die Uraufführung herum stattfanden. »Ungefähr
viermal soviel wie bei ›Rake's Progress‹«, sagte er unwillig und
versuchte mich zum Schuldigen zu stempeln, als sei ich für die
gesellschaftliche Seite verantwortlich gewesen. In gewisser
Weise hatte er nicht unrecht, denn es waren annähernd hundert
meiner Freunde von überall her zur Premiere gekommen, was
verschiedenen Brüsseler Honoratioren den Anlaß zu mancher
Party geliefert hatte.

Ganz glücklich fühlte ich mich mit ›Love's Labour's Lost‹
trotzdem nicht. Ich stellte leider viel zu spät fest, daß das Stück
nie auf eine große Bühne gehört hätte und nie für ein großes
Orchester hätte komponiert werden dürfen. Das Libretto verlangt Intimität, so daß jedes Wort verstanden werden kann. Der
Klang eines großen Orchesters, die Trennung von Publikum
und Szene durch den breiten Orchestergraben läßt vieles von
dem Bühnengeschehen verpuffen. Eine Shakespearesche Komödie, vielleicht mit Ausnahme des ›Sommernachtstraums‹,
braucht die unmittelbare Beziehung zwischen Publikum und
Akteuren, und Audens und Kallmans Libretto akzentuiert diese
Forderung noch.

Dazu kommt, daß ›Love's Labour's Lost‹ den Opernbesucher
durch seine ungewöhnliche Konstruktion erschreckt. Sie beginnt als *Opera buffa* und wird gegen Ende immer stiller, intro-
vertierter und schließlich bittere Wirklichkeit. Gerade das hatte
Auden und wahrscheinlich auch Kallman (und sicherlich mich)
besonders angezogen. Es ist das Märchen eines weisen alten
Mannes, und nichts für ein bürgerliches Publikum, das sich in
seinem Altersspeck jugendlich belustigt fühlen möchte, sobald
es das Wort Komödie im Programmheft liest.

Seit der Premiere in Brüssel und später in Berlin träume ich von einer Aufführung mit einer für kleines Orchester neu gesetzten Musik in einem kleinen, intimen Opernhaus. Ich weiß, daß dies Audens und Kallmans Absichten entgegenkäme, die mit ›Love's Labour's Lost‹ ein Juwel geschaffen haben, in meinen Augen ein viel schöneres Libretto als ›The Rake's Progress‹. Ich bedaure nur, daß weder Auden noch Kallman dabei sein werden, wenn das Werk einmal in dieser Form gespielt wird.

Strawinsky in Hollywood

Anfang 1941 veröffentlichte ich im ›Atlantic Monthly‹ einen Artikel über die Situation der Musik in Diktaturen. Ich erhielt einige ablehnende und eine Reihe zustimmender Briefe, und darunter war einer aus Hollywood, der auf russisch mit der Maschine geschrieben war – er kam von Strawinsky.

Ich wußte, daß er nach einer langen Reihe familiärer Unglücksfälle – Strawinskys Mutter, seine erste Frau und seine älteste Tochter waren alle in einem Jahr gestorben, und er selbst war sehr krank gewesen – schließlich Amerikas Küste erreicht, Vera Arturowna de Bosset geheiratet und sich aus rein klimatischen Gründen in Hollywood niedergelassen hatte – ein damals noch nicht vom Smog verpesteter Anziehungspunkt für talentierte Menschen aus Europa.

Strawinsky hatte in meinem Artikel anscheinend besonders die Stelle gefallen, wo ich die Sinfonien Schostakowitschs mit einer Auster verglich, die aus ihrer Schale herausgenommen ist und an einem Gabelzinken baumelt. »Wann können wir uns sehen?« fragte er am Ende des Briefes. »Können Sie uns nicht mal in Hollywood besuchen?«

Von nun an korrespondierten wir regelmäßig, und jedesmal, wenn Strawinsky an die Ostküste kam, eilte ich, von wo auch immer, zu ihm. 1947 schrieb mir Strawinsky:

»Lieber Nika Dimitrijewitsch.
Ja, natürlich erwarten wir Sie zu Weihnachten. Sie werden bei uns hier wohnen. Sie schlafen auf dem Sofa, auf dem Nadja Boulanger, Olsen, Auden und andere geschlafen haben. Huxley war dafür zu lang. Ich hoffe, es wird für Sie lang genug sein. (Wie groß sind Sie?)

Sie und Balanchine werden wahrscheinlich den ›Superchief‹ nehmen, der um 8.30 morgens in Pasadena ankommt. Dort holen wir Sie ab. (Pasadena ist die letzte Station vor Los Angeles und liegt zu uns näher.)

Bitte, enttäuschen Sie uns diesmal nicht – *kommen Sie!* Vera läßt Sie grüßen.

Ihr Igor Str.«

Der Brief war in Russisch verfaßt und auf einer Seite eines Luftpostpapierbogens in Strawinskys zackiger Handschrift mit schwarzer Tinte geschrieben. Der Satz »Wie groß sind Sie?« war mit Rotstift an den linken Rand geschrieben, ein Sternchen verband ihn mit dem vorangegangenen Satz. Der Satz über Pasadena war mit Blaustift von rechts oben nach links unten geschrieben, ihn verband ein blaues Sternchen mit dem vorangegangenen Satz. Das Wort *prijesshaitje* (kommen Sie) war dick rot unterstrichen. Das ganze kleine Blättchen Papier gab den Eindruck ausgeklügelter Ordnung, in seiner Verschiedenfarbigkeit sah es wie eine lustige Zeichnung aus.

»Lieber Igor Fedorowitsch.
Bitte verzeihen Sie mir, daß ich so spät antworte, aber ich wollte ganz einfach sicher sein, und erst gestern habe ich mich *définitivement* entschlossen zu fahren. Während Balanchine sich im Zug ›ausruhen‹ möchte, würde ich gerne fliegen. So schlossen wir einen Kompromiß: Wir fahren im Zug hin und fliegen zurück. Im ›Chief‹ konnten wir allerdings keinen Platz mehr bekommen. Jemand besorgte uns eine ›roomette‹ in einem durchgehenden Waggon. Ich glaube, der Zug fährt hier um vier Uhr nachmittags von Central Station ab, aber ich weiß nicht, wann er in Los Angeles ankommt. Soweit ich verstanden habe, kommt er nicht durch Pasadena. Wir schicken Ihnen aus Chicago ein Telegramm.

Auden, der heute zurückgekehrt ist, erzählte mir, daß Sie Klavierauszüge von Händel-Opern brauchen. Haben Sie ›Caesar‹ und ›Rodelinde‹? Wenn nicht, bringe ich sie mit. Wie ist das Libretto? Meine besten Wünsche für Vera Arturowna und Sie.

Ihr N. N.«

»Lieber Nika Nabokov.
Wir sind froh, daß Sie kommen. Verpassen Sie den Zug nicht. Wenn Sie vom Grand Central abfahren, ist es möglicherweise

der ›Commodore Vanderbilt‹, der einen durchgehenden Waggon hierher hat. Der wird in Chicago an den ›Grand Canyon Limited‹ angehängt (der sehr langsam fährt). Der ›Commodore Vanderbilt‹ kommt in Chicago um 8.30 morgens Chicagoer Uhrzeit an, ich habe das gerade im Kursbuch festgestellt, und der ›Grand Canyon Limited‹ verläßt Chicago um Mitternacht. So werden Sie, wenn Sie am 19. um halb fünf Uhr nachmittags (New Yorker Zeit) abfahren, in Los Angeles (L. A. Zeit) am 22. um 11 Uhr früh ankommen. Wir holen Sie vom Bahnhof ab, es sei denn, Maria Balanchine holt George in ihrem Auto ab. In dem Fall kann sie Sie bei uns absetzen, was sowieso auf ihrem Weg liegt.

Wir beide haben uns mit Auden ausgezeichnet verstanden, und das Libretto wird sehr gut werden. Ja, natürlich, bringen Sie alle Händel-Opern mit, die Sie haben. Alles übrige besprechen wir hier. Kommen Sie, kommen Sie bald. Grüße von uns beiden.

Ihr I. S.

P. S. (auf dem rechten Rand mit Bleistift) Fragen Sie George, ob er (nun mit Blau- und Rotstift) zwei Flaschen Eau de Geneviève mitbringen kann, es ist besser als Wodka. Ich kann es hier nicht bekommen. George wird wissen, wo er es herkriegt. Kommen Sie!«

Es war meine erste Reise nach Kalifornien. Ich hatte nie dort hinfahren wollen. Bis zur letzten Minute schwankte ich, ob ich nicht doch einer mir sehr gelegen kommenden Neuralgie nachgeben und Balanchine allein fahren lassen sollte. Die ganze Reise erschien mir albern und zu extravagant. Sich für drei Tage und Nächte der Langeweile, Unruhe und Schlaflosigkeit bei luxuriösem Essen im Pullmanwagen zu unterziehen, nur um das Vergnügen zu haben, vier oder fünf Tage in Kalifornien zu sein, erschien mir wie eine verrückte Idee, einer Laune entsprungen.

Gewiß, am Ziel der Reise gab es Strawinsky und Vera Arturowna, die ich beide liebte und die ich in den Jahren seiner Zurückgezogenheit immer besser kennengelernt hatte. Auden hatte mir erzählt, wie warmherzig sie ihre Freunde aufnahmen, wie einfach und lustig sie in ihrem winzigen Haus sein konnten. Und dann erinnerte ich mich auch der ernsten Warnung Strawinskys: »Enttäuschen Sie uns diesmal nicht. Kommen Sie!« Ihn in seinem Haus zu sehen, ihn bei der Arbeit in seinem

Arbeitszimmer zu beobachten und, vor allem, seine neuesten Partituren zu durchforschen war schließlich verlockend genug, um die offensichtliche Absurdität einer so ermüdenden Reise vergessen zu lassen.

Meine Sorge, ob ich Vera und Igor nicht lästigfallen würde, wenn ich das versprochene Sofa ausgerechnet über Weihnachten belegte, zu einer Zeit, da sicher viele Gäste erwartet würden, zerstreute Balanchine.

»O nein«, sagte er, »sie haben gern Gäste. Er besonders. Mache dir keine Sorgen, er wird dich keine Minute allein lassen, er wird Tag und Nacht mit dir reden und dir Tausende von Fragen stellen. Sie werden mit dir in Hollywood herumfahren und dich in die besten Restaurants ausführen. Morgens wirst du mit ihm und seinem Papagei frühstücken, und du wirst ihn bei seiner ungarischen Gymnastik erleben. Du weißt, wie durchtrainiert er ist (George schlug mit den Armen um sich) und phänomenal stark: er hat Muskeln wie ein Ringer. Er springt wie ein Ball, geht auf Händen und macht mit der Behendigkeit eines Zwanzigjährigen Klimmzüge. Außerdem wird er dir aus seinen neuen Partituren vorspielen. Es wird dir guttun, sie sorgfältig anzusehen. Vergiß den Gedanken an ein Hotel. Du wirst ihn nur verletzen, und das wird er dir nie vergeben.«

Es war etwas nach zwölf Uhr mittags am 22. Dezember, als Balanchine mit dem Auto am Abhang des North Wetherly Drive anhielt. Zu unserer Rechten war ein weißer Zaun aus Pfählen, der von einer hohen immergrünen Hecke überwuchert wurde. Etwa siebzig Meter hinter dem Gebüsch stand, wie eine Silhouette gegen die blaubraunen Hügel, ein kleines, flaches, eingeschossiges Haus mit einer engen Veranda und einer großen Terrasse auf der linken Seite.

Hinter dem Gebüsch hörten wir hastige Schritte und russische Stimmen. Eine Minute später tauchten Igor und Vera aus einer kleinen Seitenpforte neben der Garage auf. Igor trug einen gepunkteten dunkelroten Morgenrock, auf dem Kopf einen schmalrandigen, schwarzen zerbeulten Filzhut, Vera ein makellos weißes Negligé, das sie groß und stattlich aussehen ließ. Beide lächelten und gestikulierten. Wir umarmten uns alle.

»*Nu prijechali!* – Nu, endlich sind Sie da«, sagte Vera Arturowna.

»*N-da ... enfin*«, echote es unter Strawinskys Hut hervor. Dieser Anblick machte mir plötzlich den außergewöhnlichen körperlichen Unterschied beider klar. Darin lag etwas Rühren-

des und Amüsantes. Die große olympische Gestalt Vera Artu-
rownas, ihre regelmäßigen, geradezu skandinavischen Gesichtszüge, ihre weit offenen und matt lächelnden Augen standen in
starkem Kontrast zu Igors scharfen Zügen – seiner schnabelarti-
gen Nase und seinen fleischigen Lippen – und seinem kurzen,
ausgemergelten Körper, der so überraschend jung, agil und ela-
stisch war.

Ich erinnerte mich plötzlich, daß Tschelitschew Strawinsky
eine »paradierende Heuschrecke« genannt hatte und daß Cocteau zu bemerken pflegte, er sähe aus wie eine »aufgerichtete
Ameise, die in einer Fabel von La Fontaine eine Rolle spiele«.
Es war tatsächlich etwas Grilliges, Insektenhaftes in den Bewegungen Strawinskys. Sie waren behend, präzise und immer sehr
kontrolliert, wie die Bewegungen eines vollendeten Tänzers
oder Akrobaten. Dennoch wußte ich in dem Augenblick, als ich
Strawinsky vor seinem Garten in Kalifornien sah, daß beide,
Cocteau und Tschelitschew, unrecht hatten. Strawinsky sah weder wie eine Ameise noch wie eine Heuschrecke aus. Er war
überhaupt kein Insekt: Er glich eher einem kleinen Vogel mit
großem, kräftigem Schnabel und schnellen, nervösen Bewegungen.

»Geben Sie mir das«, sagte Strawinsky und nahm meine Tasche. »Himmel, was ist denn da drin? Irgendeine Leiche?«

»Es sind nur Noten«, antwortete ich, »und ein paar Flaschen.«

»Ah, Sie haben mir meine Klavierauszüge mitgebracht ...
Sehr lieb von Ihnen. Nur – ich brauche sie nicht mehr. Ich
meine die Händel-Opern. Ich habe die meisten hier finden können, und Hawkes hat mir versprochen, einige in London zu
besorgen.«

»Los, los«, sagte Vera Arturowna, »laßt uns hineingehen.«

Als wir durch das Tor zum Haus hinaufgingen, führte uns der
Pfad durch einen Garten, der auf der einen Seite von Büschen
und auf der anderen von langstieligen rosa und gelben Rosen
begrenzt war.

»Geht nach rechts, durch das Wohnzimmer«, sagte Vera Arturowna, als wir in den Flur eingetreten waren. Ich durchquerte
den großen, sonnigen, mit Frühlingsblumen, modernen Bildern, hellen Möbeln und verschiedenen Vogelkäfigen gefüllten
Raum und betrat einen kleineren, in dem an zwei Wänden Bü-
cherborde standen. Auf der anderen Seite, mit dem Rücken zum
Terrassenfenster, stand »das« Sofa.

Vera Arturowna befahl mir, meine Schuhe auszuziehen. »Das erste ist«, sagte sie, »daß wir die Gäste messen.«

»Hier sind alle ihre Zeichen«, sagte Strawinsky und zeigte auf viele Markierungen in verschiedenen Abständen auf dem Türrahmen.

»Hier, das ist die winzige Mrs. Bolm. Sie war die kleinste von allen. Und dies hier ist Olsen, der größte.«

Sie waren beide erleichtert, daß meine Größe nicht die Audens überschritt.

»Oh«, sagte Vera Arturowna, »ich dachte, Sie wären viel größer als Auden.«

»Das macht nur sein Haar«, kommentierte Igor. »Kommen Sie her. Strecken Sie sich auf dem Sofa aus. Sehen Sie«, und er wandte sich an Balanchine, »er paßt vorzüglich drauf, von Socke bis Locke, wie eine Geige in ihrem Kasten.«

Die Balanchines verließen uns. Sie wollten uns abends zum Essen im Napoli, Strawinskys Stammlokal, abholen.

»Ich nehme an, Sie wollen baden und sich umziehen«, sagte Vera.

»Warum, er sieht doch ganz sauber aus«, meinte Strawinsky, »et il ne sent pas trop mauvais.«

»Komm, komm, Igor, laß ihn allein.« Sie zog ihn am Ärmel. »Wenn Sie fertig sind, werden wir essen.«

»Aber ich muß ihm zeigen, wo er sich waschen kann«, sagte Strawinsky und führte mich zum Badezimmer. An der Tür blieb er plötzlich stehen, wandte sich zu mir um und umarmte mich. Seine Augen waren voller Wohlwollen und Wärme. »Ich bin sehr froh, Nika, daß Sie endlich gekommen sind.«

»Ich muß mit Ihnen über so vieles reden, und ich will sehen, was Sie jetzt komponieren.«

Er öffnete die Tür und ließ mich in ein kleines Badezimmer mit einem schwarzen Waschbecken und einer Dusche eintreten.

»Das ist mein Duschraum. Ich hoffe, es stört Sie nicht, wenn Sie nur duschen können. Während Sie da sind, wasche ich mich im anderen Badezimmer. Fühlen Sie sich wie zu Hause.«

Er zeigte mir, wie sich die Tür abschließen ließ, wo sich der Lichtschalter befand und wie die Dusche zu bedienen war – dann zog er sacht die Tür hinter sich zu.

Ich hatte mich kaum gewaschen und umgezogen, als Strawinsky zurückkehrte. »Nika, wenn Sie fertig sind, kommen Sie her zu einem Drink. Ich habe gerade zwei Flaschen ›Marc‹ von einem Bauern aus der Bretagne bekommen.«

Wir gingen durch einen kleinen Korridor zum Wohnzimmer. Bevor wir eintraten, blieb Strawinsky vor einem kleinen Wandschrank stehen und öffnete ihn.

»Sehen Sie, das ist mein Weinkeller. Ich habe einige bemerkenswerte Sachen hier drin, Weine und Brandys. Möchten Sie etwas zum Essen trinken? Was halten Sie von einem ›Mouton Rothschild 1937‹? Es sind nur noch ein paar Flaschen da – ein einzigartiger Wein.«

Strawinsky nahm eine Flasche Marc heraus und entkorkte ihn behutsam. Dann sagte er, sehr ernst dreinblickend: »Hm, das ist ein sehr zuverlässiger Marc«, und dann auf englisch: *»Not so bad!«*

Wir probierten und machten dabei schmatzende Geräusche.

»Nun schnell ein paar Proteine! Veroschka, wo sind die Proteine?« rief er aufgeregt. »Gib Nika und mir ein paar Proteine!«

»Ah, da sind sie«, sagte er, als wir das Wohnzimmer betraten. Strawinsky reichte mir eine Platte mit Crackers, die dick mit Camembert bestrichen waren.

Während des Essens stellten mir beide eine Reihe von Fragen, die meist die politische Situation betrafen. Ich war eben nach zwei Jahren Dienst bei der US-Militärregierung aus Berlin zurückgekommen. Dies machte mich in ihren Augen zu einem Experten für die Analyse jeder beliebigen politischen Situation. Obendrein mußte ich ohne Zweifel um »Geheimnisse« der Regierung wissen und schon darum den Lauf der Welt vorhersagen können.

Die Hauptfrage war, ob es noch einen Krieg geben würde und ob es daher klug wäre, im folgenden Sommer eine Reise nach Europa zu unternehmen. Es lag sehr viel Angst in ihrer Art zu fragen. Mir war bewußt, wie sehr Strawinsky jede Art von gesellschaftlicher Umwälzung haßte, sei es Krieg, Revolution, ein Streik oder auch nur eine harmlose politische Demonstration. »Wie kann man bei Unordnung arbeiten?« pflegte er zu sagen.

Strawinskys früherer Verleger, Gabriel Paitschadse, hatte mir beschrieben, wie verwirrt und verängstigt Strawinsky gewesen war, als er vom Ausbruch des Weltkrieges in Paris überrascht wurde. Er konnte weder essen noch schlafen, noch arbeiten. Er wurde nervös und reizbar und hatte nichts anderes im Sinn, als so schnell wie möglich aus Paris, aus Europa hinauszukommen und nach Amerika zu fahren, wo das Leben noch in Ordnung zu sein schien ...

Ich erinnerte mich auch an eine Bemerkung, die er kurz nach

Pearl Harbor zu einem Freund gemacht hatte. Auf dem Weg zurück nach Hollywood nach einer amerikanischen Tournee nahm Strawinsky ihn auf dem Bahnsteig der Grand Central Station beiseite und fragte flüsternd: »Sag mir, ganz unzweideutig, wird es in Amerika eine Revolution geben oder nicht?«

Der Mann überlegte hin und her und antwortete: »Wie soll man das wissen? ... Kann sein, kann auch nicht sein ...«

»Aber wohin soll ich denn dann?« sagte Strawinsky erschrocken und indigniert: »Ich kann doch nicht nach ... Polynesien ziehen!«

Für Strawinsky bedeutete soziale Unordnung in erster Linie ein Hindernis, seine Arbeit, und das bedeutete, seine Pflicht zu tun. Er haßte Unordnung mit der ganzen Kraft seines egozentrischen Wesens. Er haßte selbst Begriffe wie »Revolution« und »revolutionär«, wenn sie auf Musik angewandt wurden. Er konnte sehr ärgerlich werden, wenn Musikhistoriker diese Begriffe benutzten in Sätzen wie: »Die frühen revolutionären Werke Strawinskys ...« oder »Die revolutionäre Entdeckung Beethovens ...« oder »Die revolutionäre Erkenntnis der Tonalität als einer traumatischen Bedingung«. – »Was wollen sie denn damit sagen?« pflegte Strawinsky zu fragen. »Revolution heißt das Überbordwerfen einer vorhandenen Ordnung durch Gewalt. Das ist notwendigerweise mit Unordnung verbunden. Musik bedeutet Ordnung, Maß, Proportionen, lauter Begriffe, die der Unordnung entgegengesetzt sind. ›Revolution‹ darf eigentlich nichts anderes bedeuten als Umlauf, eine ordentliche, meßbare Zeitspanne«, und dann fügte er mit einer emphatischen Betonung jedes Wortes hinzu: »Das ist die einzig *korrekte* Weise, diesen Begriff zu benutzen.«

Ebenso fürchtete und haßte Strawinsky jeden Fall von Überwachung, Reglementierung oder gar Unterdrückung des Künstlers und seines Werkes durch Staatsgewalt. Daher auch sein starker Widerwille gegen die Sowjetunion, »wo jeder Bürokrat einem sagen kann, was man tun soll«, wie andererseits seine spontane Neigung zu den Vereinigten Staaten, wo er in Ruhe arbeiten, gut verdienen und sich sicherer als in Europa fühlen konnte. »Amerika ist für mich sehr gut«, pflegte er in jenen Nachkriegsjahren zu sagen. Und Vera Arturowna ergänzte: »Er ist glücklicher geworden und ärgert sich nicht mehr so häufig.«

Nach dem Essen erschien Strawinsky auf der Terrasse und rief: »Nika, wenn Sie nicht zu müde sind, kommen Sie und zeigen Sie mir Ihre Musik.«

Ich sagte, daß ich nicht müde sei: »Aber vielleicht könnte ich Ihnen meine Musik ein andermal zeigen. Jetzt möchte ich mir lieber Ihren ›Orpheus‹ und die ›Messe‹ ansehen.«

»Gut, kommen Sie mit«, sagte Strawinsky und führte mich in sein Arbeitszimmer am anderen Ende des engen Korridors. Er setzte sich an den Flügel, putzte mit einem kleinen Lappen sorgfältig seine Brille und öffnete die Partitur von ›Orpheus‹. Einen Augenblick später waren wir beide tief darin versunken.

Ich stand hinter ihm und sah zu, wie seine kurzen, nervösen Finger die Tastatur hinauf und hinunter eilten, die korrekten Intervalle suchten und fanden, die breitgespannten Akkorde und die weiten Melodiesprünge. Hals, Kopf – der ganze Körper akzentuierte den genialen Rhythmus der Musik. Strawinsky grunzte und summte, und gelegentlich hielt er inne, um eine Bemerkung zu machen.

»Sehen Sie hier, diese Fuge«, er zeigte auf den Beginn des Epilogs. »Zwei Hörner führen sie aus, während eine Trompete und eine Violine unisono eine lange Melodie, eine Art *Cantus firmus* spielen. Hört sich diese Melodie für Sie nicht wie eine mittelalterliche *Vielle* an? Passen Sie auf ...« Und seine Finger eilten wieder suchend über die Tasten. Bei einer Passage, an der eine Harfe den langsamen Fortgang der Fuge unterbrach, hielt er wieder inne und sagte: »Hier, sehen Sie, habe ich die Fuge wie mit der Schere abgeschnitten.« Er schnitt mit zwei Fingern in die Luft. »Ich führe diese kurze Harfenstelle ein wie zwei Takte einer Begleitung. Dann nehmen die Hörner die Fuge wieder auf, als wäre nichts geschehen. Das wiederhole ich in regelmäßigen Abständen hier und da. Würde man dieses Harfensolo streichen und die Teile der Fuge wieder zusammenkitten, würde sich wieder ein zusammenhängendes Stück ergeben.«

»Warum haben Sie die Fuge auf diese Weise unterbrochen?«

Er lächelte mit hochgezogenen Brauen, als wollte er mich in eines seiner Privatgeheimnisse einweihen. »Haben Sie das nicht gehört?« Er blätterte auf die Mitte der Partitur zurück. »Es ist eine Erinnerung an dies hier – an den Gesang von Orpheus.« Und er fügte gedankenvoll hinzu: »Hier im Epilog klingt es wie eine Art Obsession, wie etwas, das man nicht beenden kann ... Orpheus ist tot, sein Gesang ist verklungen, aber die Begleitung geht weiter.«

Hier entdeckte mir Strawinsky wieder einmal seinen ausgeprägten Sinn für die geradezu persönliche Eigenart der einzelnen Orchesterinstrumente. Dieser Sinn war es, der ihn befähigte, für jede dramatische Situation die passendste und damit ausdrucksstärkste Kombination von Instrumenten zu finden, aber eben auch jedesmal eine neue und überraschend frische Klangmixtur zu entdecken. Der ausgeklügelte Einsatz der besonderen Qualitäten der einzelnen Instrumente ermöglichte es ihm, seine Kompositionen mit der größten Sparsamkeit in den Mitteln zu schreiben. Ich glaube, in der ersten Hälfte dieses Jahrhunderts hat sich niemand wie er mit der Erforschung der Charakteristika der Instrumente befaßt. Wie kaum ein anderer wußte er die in einem Instrument liegenden Klangtechniken auszunutzen. Er behandelte jeden Orchestermusiker wie einen erfahrenen Solisten, einen Meister seines Handwerks. Er verlangte von ihm die Fähigkeit, mit größter Schnelligkeit die zugleich komplizierten rhythmischen Figuren zu spielen, mit höchster Präzision alle Lagen seines Instrumentes zu beherrschen.

Das ist aber auch der Grund, weshalb die meisten Orchestermusiker, trotz der Schwierigkeiten, seine für jedes Instrument so interessant geschriebene Musik gerne spielen.

Indem er die unerforschten Register der Instrumente durch die Entdeckung neuer technischer Kniffe ausnutzte, indem er bestimmten Instrumenten die Melodieführung überließ, die sonst nur in Gruppen zu hören waren, oder indem er Klangkombinationen herstellte, die man im Orchesterkanon des 19. Jahrhunderts für nicht klingend und unorthodox gehalten hatte, erreichte Strawinsky eine unglaubliche Differenzierung im Klang. Die Textur seines Orchesters nahm in den letzten vierzig Jahren eine glasklare Durchsichtigkeit an, die von seinen Zeitgenossen nie erreicht wurde.

Wir verbrachten den größten Teil dieses Nachmittags damit, uns die Partitur des ›Orpheus‹ und die zwei Teile der Lateinischen Messe anzusehen. Vom langen Stehen müde, ließ ich mich schließlich auf eine weiche, schmale Couch fallen, die hinter dem Flügel stand. Aber da hatte Strawinsky meine Gegenwart schon völlig vergessen. Er war ganz in eine Partiturseite seiner Messe vertieft.

Immer wieder hatten mich seine Bewegungen fasziniert. Wenn ich seiner Musik mit geschlossenen Augen folgte, sah ich ihn deutlich vor mir: Etwa wie er in lebhafter Diskussion auf Zehenspitzen über den Fußboden schlich, den Oberkörper vorgebeugt wie ein fröschefangender Storch, die Arme zur Seite abgewinkelt. In seinem elastischen Gang, dem synkopischen

Nicken seines Kopfes und dem Zucken der Schultern spiegelte sich der innere Gestus seiner Kompositionen, noch verstärkt bei den plötzlichen Unterbrechungen in der Unterhaltung, wenn er wie ein Tänzer in einer Pose einfror und sein Argument durch ein breites, sarkastisches Grinsen verdeutlichte, geradezu unwiderstehlich in den Raum stellte.

Wie die Körperbewegungen und charakteristischen Gesten seine Musik widerspiegelten, so spiegelt sich in seinen Werken seine ganze Lebenshaltung – seine Attitüde gegenüber seiner Umgebung, gegenüber anderen Menschen, der Natur und den Dingen. Besonders spiegelt sich in seiner Musik die Liebe zur Ordnung und seine Arbeitsdisziplin, die bar jeden Selbstmitleids war. Und auch das alles fand seinen Ausdruck: sein Nachdenken über alle möglichen Arten von technischen Objekten, angefangen vom Reißnagel über Stoppuhren zu Taschenmetronomen, seine Leidenschaft für Eisenwarenhandlungen und das Vergnügen, das er darin fand, eine Nachricht in 25 Worten in ein Telegramm zu zwängen. Aber in vielleicht noch stärkerer Weise spiegelt seine Musik scharfen Haß auf jede Art von Dummheit (dumme Menschen, dumme Kunst, dumme Briefe), den Haß auf stickige Zimmer, auf Schmutz und Unordnung, auf staubige Möbel und schlechte Gerüche. Strawinskys Witz, der sich in ätzenden Bemerkungen über Menschen und hauptsächlich über schlechte Musik artikulierte, ist von der gleichen Art, wie man ihn in seinen Partituren wiederfindet – zum Beispiel in seinem Ballett ›Jeu de Cartes‹, in der ›Geschichte vom Soldaten‹ oder im ›Renard‹. Es ist eine vernichtende, gnadenlose Art von Humor.

Strawinskys Arbeitszimmer war ein weiteres Beispiel für Ordnung und Präzision. In ihm standen ein Flügel, ein Klavier, zwei Schreibtische (ein kleiner eleganter Sekretär und ein Zeichentisch), in zwei Vitrinen mit Glasborden lagen Bücher, Partituren und Notenpapier streng geordnet. Zwischen den beiden Instrumenten, den Schränken und den Arbeitstischen standen einige kleine Tische (einer war eine Art von »Rauchers Freuden«, auf ihm lagen Unmengen von Zigarettenschachteln, Feuerzeugen, Zigarettenspitzen, Flüssigkeiten, Feuersteinen und Pfeifenreinigern), fünf oder sechs Lehnstühle und die Couch, die Strawinsky für seinen Nachmittagsschlaf benutzte.

Außer den Instrumenten und den Möbeln gab es noch eine ungeheure Menge Krimskrams, der auf den Tischen herumstand oder an die Schränke geheftet war. Ich glaube, daß Strawinsky alles, was man zum Schreiben benötigte, in seinem Arbeitszimmer hatte, alles, was ein Eisen- oder Schreibwarenladen hergibt. Dennoch war er ständig auf der Suche nach Neuem.

Die Natur war einzig durch einen Strauß weißer Rosen in einer Chinaporzellanvase vertreten, die auf seinem Schreibtisch stand. Vera Arturowna schnitt sie ihm jeden Morgen von einem besonderen Strauch.

Doch trotz der Menge der Möbel und der Fülle anderer Gegenstände hatte man den Eindruck, sich in einem geräumigen Zimmer zu befinden, weil alles so gut organisiert und funktionell war. Es war, als blickte man auf ein Schachbrett mit weißen und schwarzen Figuren, die alle in einer exakt geplanten Beziehung zueinander standen.

Zugleich erschien das Zimmer wie ein dichter Ameisenhaufen. Wenn Strawinsky sich durch die engen Korridore, die von den verschiedenen Möbelstücken gebildet wurden, wie in einem Käfig umherbewegte, drängte sich doch der Vergleich mit einer geschäftigen und fleißigen Ameise auf, die in dem geordneten Labyrinth in ihrer Zitadelle hin und her kriecht. Wie eine Ameise schleppte er gerne allerhand Gegenstände hinein. Wenn jemand ihm ein Geschenk brachte, öffnete er es nicht vor den Augen seiner Frau oder irgend jemand anderem. Er wartete, bis sich eine günstige Gelegenheit ergab und er sich leise in sein Arbeitszimmer schleichen konnte. Dort packte er es aus, und wenn es ihm gefiel oder es ihm nützlich erschien, fand er dafür einen Platz zwischen dem anderen Krimskrams ...

Die Tage in Kalifornien vergingen viel zu schnell. Das Wetter war außergewöhnlich sonnig und warm, selbst für alte Hollywooder wie Igor und Vera. Die sanfte, weiche Luft, die Rosen und Nelken im Garten, die Anhäufung ordentlicher und phantasievoll farbiger Päckchen im Wohnzimmer und die Flut der Weihnachtspostkarten auf dem Kaminsims, all dies machte mich glücklich und sorgenfrei. Es brachte mir Ferienerinnerungen an meine Kindheit zurück, die Gerüche der französischen Riviera, die fliederfarbene See in Jalta und die Tuberosen im Zimmer meiner Mutter zu Ostern in Odessa. Tatsächlich war dieses Weihnachten in Hollywood mehr ein Osterfest.

Jeder Tag war angefüllt mit Musik, Unterhaltungen, Vergnügungen und Fröhlichkeit. Ich hatte Strawinsky kaum je so glücklich und vergnügt gesehen. Balanchine hatte recht. Strawinsky ließ mich nicht einen Augenblick allein. Er unterbrach seinen sonst so geregelten Arbeitsplan, um seine ganze Zeit mit mir und Balanchine zu verbringen. Wir machten Weihnachtseinkäufe, gingen mit den Aldous Huxleys und einigen Freunden in ein bekanntes Frühstückslokal, wo ich mich im Labyrinth der italienischen, französischen und spanischen Büfetts verirrte, und am Abend hörten wir Plattenaufnahmen.

Am Weihnachtsmorgen führte Strawinsky mir auf meinen Wunsch seine ungarischen Körperübungen vor. Da ich nichts von Gymnastik verstand, begriff ich nicht, worin sie sich von den gewöhnlichen Leibesübungen oder von »Dr. Müllers körperlichen Morgenauffrischungsübungen« unterschieden, die in meiner Kindheit in Rußland sehr populär waren. Einige der Übungen schienen mir einen türkischen oder magyarischen Einschlag zu haben, vielleicht, weil Strawinsky dabei mit den Augen wie ein Derwisch in Trance rollte.

Am Abend versammelte sich ein kleiner Kreis von Familie und Freunden. Es waren nur wenige: Strawinskys Tochter mit ihrem französischen Mann, die beiden Bolms – der berühmte Tänzer und seine kleine Frau –, der Maler Eugene Berman und Strawinskys Arzt, Dr. Edel, mit einem breiten österreichischen Akzent, und schließlich Balanchine und ich. Wir aßen in Ruhe und Zufriedenheit, tranken viel Wein, und jeder von uns bekam ein sorgfältig ausgesuchtes Geschenk (Balanchine und ich einen Silberbecher für Wodka). Während des Abendbrots ging die Konversation in einem Pidgin-Englisch hin und her, aber nach dem Essen und bis spät in die Nacht blies der sprachliche Wind in russische Richtung, sehr zum Mißvergnügen Dr. Edels und des französischen Schwiegersohns.

Als alle gegangen waren, sagte Strawinsky: »Nika, kommen Sie mit, ich muß Ihnen noch etwas zeigen, bevor wir ins Bett gehen.« Wir gingen in sein Arbeitszimmer, und er holte eine Pappschachtel hervor, die ein Schildchen mit der Aufschrift »Unbeantwortete Briefe« trug.

Er zog eine Postkarte heraus, die mit einer nervösen, intellektuellen Handschrift bekritzelt war. Ich kann mich nicht mehr an den genauen Inhalt erinnern, sie drückte jedenfalls nicht nur das übliche Interesse eines Fans für Strawinskys Musik aus, sondern enthielt einen präzisen Vorschlag: Der Schreiber wollte in New York ein Konzert mit Strawinskyschen Vokalwerken dirigieren. Die Postkarte trug merkwürdigerweise keine Unterschrift und keinen Absender. Es gab nur einen Hinweis: Die Person, die sie geschrieben hatte, war Chorleiter am Hunter College.

»Was halten Sie von dieser merkwürdigen Sache? Ist er eine sie oder ist sie ein er?« fragte Strawinsky. »Die Handschrift ist ein bißchen weiblich, aber der Inhalt gar nicht. Er klingt nach einem Mann, der aufrichtig an meiner Musik interessiert ist und bereit, etwas dafür zu tun.«

Und während ich noch die Hieroglyphen studierte, fuhr er fort: »Können Sie nicht, wenn Sie jetzt nach New York zurückfliegen, den Namen und die Adresse von ihm oder ihr herausfinden und ihn oder sie treffen und mir dann schreiben, was ich davon halten soll?«

Ich versprach ihm, das zu tun.

Gleich am nächsten Tag rief ich im Hunter College an, aber noch waren Weihnachtsferien. Ich hinterließ eine Nachricht für den Chordirektor, wer immer das sein mochte.

Einige Tage später rief mich jemand an, dessen Stimme zurückhaltend und schüchtern klang. Er sagte, er heiße Robert Craft und habe tatsächlich eine Postkarte an Strawinsky geschrieben. Er bot mir an, sich mit mir zu treffen, aber ich mußte verreisen und schlug ihm deshalb vor, direkt an Strawinsky zu schreiben und diesmal seinen Absender nicht zu vergessen. Am gleichen Abend rief ich Strawinsky an und nannte ihm den Namen des Chordirektors.

»Kraft wie der Käse oder Kraft wie unser Schokoladengeschäft in St. Petersburg?« fragte seine Stimme am anderen Ende der Leitung.

Ich sagte, der Name habe weder mit Käse noch mit Schokolade zu tun, er schreibe sich mit »C«.

»Nun gut, wenn das so ist«, meinte Strawinsky, »aber einstweilen können wir ihn ja Schokolade *und* Käse sein lassen.«

Irgendwann zwischen 1947 und 1949 vollzog sich ein leichter, aber deutlich bemerkbarer Wechsel in unserer Beziehung. Nicht daß sie sich verschlechterte, sie wurde im Gegenteil enger, warmherziger, sogar zärtlicher. Aber ich fühlte, daß nun immer jemand zwischen uns stand, jemand, der den ersten und nächsten Platz neben Vera und Igor einnahm: Robert Craft.

Eine der besonderen Charaktereigenschaften Strawinskys, für mich seine bemerkenswerteste, war, daß er sein Leben lang ein Neubeginner und zugleich Autodidakt blieb. In beidem aber war er ein wahres Genie. Und das ist es, was sein Werk und ihn über so viele Jahrzehnte hin so jung und frisch erhalten hat.

Strawinsky war ständig auf Entdeckungen aus, und obwohl

der Impuls dazu meist von außen kam und von ganz unerwarteter Seite, war der Prozeß der Entdeckung ganz seine eigene Sache, unwiederholbar mit ihm selbst verbunden. Ob es sich um Glinka oder Tschaikowsky handelte, um Rossini oder Bach, er entdeckte sie für sich selbst und in ihnen genau das, was er für seine eigene Musik brauchte. Er nahm von der entdeckten Domäne voll Besitz, so als habe er ein Haus gekauft, das er völlig umbaute und mit neuen Möbeln versah – auf jedem dieser Objekte ließ er das Zeichen seiner einzigartigen Persönlichkeit zurück.

Strawinsky war unerhört eifrig und voller Aufregung, wenn es darum ging, neue Territorien seinen musikalischen Domänen hinzuzufügen. In gewisser Weise war er ein Kolonialist der Musik, aber mehr im Sinne der Spanier und der Portugiesen, die nicht wegzudenkende Male auf ihren Kolonialreichen zurückließen, anders als die angelsächsischen Kolonialisten, die entweder die Ureinwohner zur Ohnmacht zurückdrängten oder sich verachtungsvoll davor hüteten, sich in die Angelegenheiten ihrer »Eingeborenen« einzumischen, soweit es nicht darum ging, aus deren Arbeit hohe Gewinne zu schlagen.

Nur ein Musik-Kolonialist wie Strawinsky konnte aus dem Territorium »Pergolesi« ein so persönliches Stück schaffen wie ›Pulcinella‹, ganz zu schweigen von der Strawinskysierung Tschaikowskys im ›Baiser de la Fée‹ und der Orchestrierung oder besser noch »Registrierung« von Bachs Choralpräludium ›Vom Himmel hoch‹ (mit den Strawinskyschen Kontrapunkten) und jener bewundernswerten Madrigale von Gesualdo.

Wie oft hörte ich Strawinsky ausrufen: »Nika, kennen Sie Bachs A-cappella-Motetten? Kennen Sie Rossinis ›Messe‹?« Immer im Ton eines Forschungsreisenden, der von seiner Entdeckung eines unbekannten afrikanischen Wasserfalls oder einer toten Stadt in Tibet berichtet.

Und zwanzig Jahre später fragte er mich: »Nika, kennen Sie Guillaume de Machault und Meister Isaac?«

Ich nickte dann zustimmend und erinnerte mich der Langeweile in Berlin, wo mich mein Lehrer Paul Juon ein Bruchstück einer Messe schreiben ließ, die genau den Stil und die Technik Machaults oder die isorhythmischen Motetten Meister Isaacs nachahmte (wie gespreizt und leblos war das Ergebnis meiner Arbeit!).

Strawinsky aber fuhr aufgeregt fort: »Das ist eine außergewöhnliche Musik! Man sollte sie von den Dächern herunter-

schreien! Bob hat mir Partituren von Machault und Isaac gebracht ... Das liegt mir jetzt alles ganz nah und betrifft meine
gegenwärtigen Probleme.«

Und ganz sicher tauchte in einem der nächsten Werke ein
typisch Strawinskysches, aber stilistisch und technisch erkenn-
bares Stückchen der Meister Machault und Isaac auf.

Die gesamte Vergangenheit der Musik war für ihn ein sozusagen jungfräuliches Territorium. Und er war nicht zu sättigen,
bevor er nicht den Stil, die Technik und die Form jedes dieser
Territorien in ihrer ganzen Tiefe ausgelotet hatte. Erst dann
wurde es ganz sein eigen, hatte er seiner Krone eine neue Kolonie hinzugewonnen.

Als ich im Jahre 1951 um die Osterzeit ein zweites Mal nach
Hollywood zu Besuch kam, hatte gerade einige Tage zuvor ein
Konzert in der Town Hall in New York stattgefunden, in dem
Pierre Boulez' Musik erstmals in Amerika aufgeführt worden
war. Strawinsky begrüßte mich mit der Frage: »Wie war denn
das Konzert von Boulez?«

Ich antwortete, ich sei am Tage der Aufführung nicht in New
York gewesen, doch hätte ich gehört, der Saal sei nur halbvoll
gewesen, das Publikum habe mit der Musik wohl nicht viel
anfangen können und die Kritiken seien zum größten Teil nega-
tiv gewesen. Strawinsky grinste, verschwand und kam mit einer
beschlagenen Flasche Veuve Cliquot zurück, deren Inhalt er in
zwei große Wassergläser goß.

»Lassen Sie uns auf den Nicht-Erfolg von Boulez trinken.«

Zwei Jahre später hatte sich Strawinskys Verhältnis zur seriellen Musik so gewandelt, daß er sie auch für sein eigenes musikalisches Schaffen adaptierte. Für Strawinsky war ein großer Auf-
schwung damit verbunden. Es reizte ihn jetzt, ein neues Kom-
positionsprinzip ganz für sich zu erobern und zu beherrschen –
obwohl diese Musik nicht mehr frei in das Strawinskysche Bewußtsein einfließen konnte und er nun selbst in einer »Zwangsjacke« saß.

Er brauchte einige Jahre, um den neuen Stil vollständig zu
beherrschen, aber das war schon immer das Ziel seines Lebens
gewesen: die neue Domäne zu erobern und sie dann mit all
ihren technischen und stilistischen Möglichkeiten zu beherrschen. Und Strawinsky schaffte es. Seine ›Movements for Piano
and Orchestra‹ und seine ›Requiem Canticles‹ sind das Zeugnis

einer vollständigen Strawinskyanisierung eines nahezu totalen Serialismus.

Das Erstaunliche daran ist, daß dieser »Sprung nach vorn« zu einer Zeit stattfand, als er schon ein alter Mann war, und nicht wie Schönberg, Webern oder Boulez bei dem gleichen Schritt in jungen oder mittleren Jahren. Zudem hat Strawinsky sie auf mehr als eine Weise überholt. Die beiden erwähnten Werke beweisen zwar eine vollständige Beherrschung des seriellen Stils und der Technik, sind aber trotzdem ganz eigener Strawinsky.

Es gab Strawinsky das – wenn auch illusorische – Gefühl, wieder in einer Führungsposition zu stehen. Es gab neue Gesichter um ihn herum, jüngere Geister suchten seine Gesellschaft, und er machte Frieden mit alten Feinden wie Schönberg und freundete sich mit dem köstlichen Edgard Varèse an, der ihn sehr bewunderte, ihm sich aber früher nicht zu nahen gewagt hatte, aus Angst, zurückgewiesen zu werden.

Die meisten alten Freunde aus den Jahren der Unsicherheit und den sogenannten frivolen Zwanzigern wurden aus dem einen oder anderen Grund in die Liga der Feinde eingereiht oder wurden ihm gleichgültig. Nur einige Getreue blieben, Nadja Boulanger, Vittorio Rieti, ich ... Aber wir sprachen nur noch sehr selten über Strawinskys neue ästhetische Ansichten.

Von einer glamourhaften Filmhauptstadt verwandelte sich Hollywood damals zusehends in einen verdreckten Ameisenhaufen mit mehr Smog- als Sonnentagen und einer immer kleineren Zahl bekannter Gesichter. Doch trotz der Hinweise von Freunden wie mir lehnte es Strawinsky ab, an die Ostküste zu ziehen, in eine Wohnung in New York oder ein Haus in Connecticut oder auch irgendwo in den Süden Europas.

»Was soll ich mit alldem hier anfangen?« rief Strawinsky und zeigte auf die Regale voller Bücher, Partituren, Papiere, Archive, auf die mit Fotos und Bildern bepflasterten Wände, die Tische und Kommoden voller Krimskrams und Erinnerungsstücke.

»Wo soll ich das alles hintun? Nein, nein, *non merci!!*« und er stampfte mit dem Fuß auf: »Sprecht mir nicht vom Umziehen. Ich bin in meinem Leben oft genug umgezogen! Danke! Genug ist genug! ...«

Trotzdem blieb Strawinsky von nun an nicht mehr viele Monate hintereinander in Hollywood. Er unternahm ausgedehnte Reisen in den Osten, quer durch Amerika und einmal im Jahr nach Europa, wo das Bauer-Grünwald-Hotel in Venedig mit seiner *table d'hôte* und seinem unersetzlichen Portier Tortorella zu seinem Stammquartier wurde. Er hatte schon immer gerne in Suiten europäischer Luxushotels gewohnt, wie viele »heimatlose Kosmopoliten«. Mein Vetter Wladimir erfreut sich seines Lebens in einem altmodischen Palace-Hotel in Montreux. Das erste, was der emigrierte Schriftsteller Iwan Bunin tat, als er den Nobelpreis bekam, war, in ein Luxus-Hotel in Stockholm zu ziehen.

Auch ich wohne, wenn ich nach London komme, gern in dem altmodischen Ritz oder treffe mich mit Freunden in der Halle des Ritz zum Tee (bei Kresse-und-Gurken-Sandwiches!) und lausche dem sanften Plätschern des Wassers aus einem vergoldeten Jugendstilbrunnen, der vermutlich schon seit meiner frühesten Jugend da steht.

Strawinsky beherrschte die englische Sprache gut, er benutzte sie aber auf ganz unorthodoxe Weise. Sein Englisch war farbenreich und manchmal ungeheuer komisch, aber natürlich war es im Russischen oder Französischen oder selbst im Deutschen verwurzelt. Das ist nun einmal das Los der Emigranten. Ein Wort kommt einem in einer der vier oder fünf Sprachen, die man wie Devisen zu benutzen gelernt hat, in den Sinn, und dann muß man nach seiner Entsprechung im Englischen, Französischen, Deutschen oder Italienischen suchen. Sprachvirtuosen wie mein Vetter Wladimir sind außerordentlich selten, und selbst bei ihnen wird manchmal eine gewisse Gestelztheit nicht vermieden.

Strawinsky liebte die Sprache als solche. Er war von Lexika umgeben, immer auf der Suche nach präzisen Ausdrücken und knappen Definitionen. Manchmal korrigierte er jemanden, der ein Wort in irgendeiner Sprache falsch gebrauchte, mitten in der Diskussion und suchte so lange, bis das genaue Äquivalent gefunden war.

Mit der Sprache zu spielen, mit ihr Scharaden aufzuführen, die verborgene Bedeutung eines Wortes aufzuspüren, das war für ihn eine stete Quelle des Vergnügens.

Als ich 1951 Generalsekretär einer militanten, antitotalitären (lies antistalinistischen) Organisation wurde, war – wie ich schon erzählt habe – mein erster Vorschlag, ein Festival »Meisterwerke des 20. Jahrhunderts« zu veranstalten. Es sollte Sinfonie- und Kammermusikkonzerte, Ballett- und Opernvorstellungen umfassen, aber auch eine Ausstellung mit Malerei des 20. Jahrhunderts und einen Kongreß von Schriftstellern und Dichtern.

»Unbedingt muß ich Strawinsky überreden«, dachte ich bei mir, »nach Paris zu kommen, der undankbarsten Hauptstadt der Welt, damit er hier seine Revanche feiern kann.«

Mit zwei Vorschlägen in der Tasche flog ich nach Hollywood. Der erste war, eine Aufführung des ›Oedipus Rex‹ zu veranstalten, mit den von Jean Cocteau entworfenen Dekorationen. Der zweite war, im gleichen Saal, in Anwesenheit des Komponisten, das Boston Symphony Orchestra den ›Sacre du Printemps‹ unter dem gleichen Dirigenten, Pierre Monteux, spielen zu lassen, der es neununddreißig Jahre zuvor aufgeführt hatte.

Strawinsky stimmte zu, aber nur unter der Bedingung, daß er nichts mit den »stinkenden französischen Musikkritikern« und der französischen Presse zu tun haben und daß es keine gesellschaftlichen Verpflichtungen für ihn geben würde, die, wie er sagte, »immer sinnlos und in Paris ein reiner Zeitverlust sind«.

Strawinsky kam mit Vera und Bob Craft nach Paris und erlebte auf dem Frühlings-Festival 1952 einen Triumph. Darauf folgte eine ganze Serie gemeinsamer Unternehmungen. Er kam auch zu dem zweiten von mir veranstalteten Festival in Rom und dirigierte dort seine Musik.

Wenige Jahre später arrangierte ich eine Begegnung zwischen ihm und meinem Freund Rolf Liebermann, dem Komponisten, damals Direktor des Nordwestdeutschen Rundfunks, später der gefeierte Intendant der Hamburgischen Staatsoper und noch später der Großen Oper in Paris. Diese Begegnung hatte zwei Aufträge zur Folge: ›Threni‹ und ›Noahs Flut‹.

Der ungarische Dirigent Ferenc Fricsay fragte mich, ob Strawinsky interessiert sei, ein Stück für Klavier und Orchester für die Pianistin-Gattin eines wohlhabenden Schweizer Kaufmanns zu schreiben. Ich gab diese Frage an Strawinsky weiter. Er akzeptierte und schrieb seine ›Movements for Piano and Orchestra‹.

Ich machte ihn auch mit meinem Freund Sir Isaiah Berlin in Oxford bekannt und mit A. Z. Propes, dem Direktor des Israel Festival, und er schrieb für dieses Festspiel sein Oratorium ›Abraham and Isaac‹.

Als er 1962 achtzig Jahre alt wurde, war wiederum ich es, der mit Hilfe meines Freundes Arthur M. Schlesinger jr. die Initiative ergriff, daß Präsident Kennedy und seine Frau aus diesem Anlaß ein Festessen für ihn gaben.

Und 1963, als er schon recht krank war, arrangierte ich für ihn bei den Berliner Festwochen ein triumphales Konzert in Anwesenheit des Bundespräsidenten und des damaligen Regierenden Bürgermeisters Willy Brandt.

Ich folgte Strawinsky überallhin, außer – leider – in die Sowjetunion. Ich fuhr nach London, Hamburg, München, Rom, Berlin, Kopenhagen, selbst nach Japan, immer bereit, meine Pläne den seinen anzupassen, um soviel wie möglich bei ihm zu sein und seine Premieren mitzuerleben. Und während dieser langen letzten Jahrzehnte seines Lebens gab es zwischen uns nichts als die herzlichste, zärtlichste Freundschaft.

Aber wir sprachen kaum mehr über seine neue Musik, und er zeigte mir auch nicht, wie er es früher getan hatte, seine Arbeiten in der Entstehung. Wir redeten über tausend Dinge, lachten zusammen, aßen und tranken zusammen, ich war bei den meisten seiner Proben anwesend, aber über seine »neue« (und meine sehr alte) Musik, über die damit verbundenen ästhetischen, technischen und stilistischen Fragen schwiegen wir uns aus – als wären wir stillschweigend übereingekommen, dieses heikle Thema zu vermeiden.

Ich konnte die neue serielle Musik Strawinskys nicht so lieben lernen – wenigstens nicht schnell genug und nicht aus so vollem Herzen, wie ich mir gewünscht hätte –, wie ich spontan alle seine Kompositionen bis zu ›Rake's Progress‹ und ›Agon‹ geliebt hatte. Ich bewunderte natürlich sein phänomenales Handwerk, aber mit wenigen Ausnahmen waren diese Werke mir fremd.

Ich blieb, und werde es wohl immer bleiben, zu sehr der tonalen Tradition der russischen Musik verhaftet, unfähig, das Phönixhafte an Strawinsky für mich in Anspruch zu nehmen, ohne mein russisches Ich zu verraten.

Gegen Ende seines Lebens änderte sich etwas für Strawinsky. Als er sein letztes großes Werk schrieb, die ›Requiem Canticles‹, hatte er seine neue Technik, obwohl er sie auch hier anwandte, gleichsam überwunden. Mir gefiel dieses Stück ganz instinktiv sofort. Mein altes Ich drang mühelos zum Kern seiner tragischen Schönheit vor. Ich wurde davon gefangengenommen, wie es mir in den dreißiger und vierziger Jahren mit all seinen Stücken gegangen war.

Als er dann in den letzten beiden Jahren seines Lebens nicht mehr komponieren konnte, wandte er fast allem den Rücken zu, vor allem aber der zeitgenössischen Musik.

Er bat Robert Craft, ihm Schallplatten von Händel- und Mendelssohn-Oratorien vorzuspielen, denen er aufmerksam, die Auszüge mitlesend, zuhörte. Und selber spielte er, so gut es eben gehen wollte, wieder und wieder Bachs ›Wohltemperiertes Klavier‹ und transkribierte einige Präludien und Fugen daraus für Gruppen von Soloinstrumenten. Vor allem aber entdeckte er seinen Hang zu Beethoven, zu dessen ›Fidelio‹, in den Beethoven, wie er sagte, »alle seine Sinfonien hineinkatapultiert« habe, und zu dessen späten Streichquartetten.

»Diese Musik«, flüsterte er mir zu, »steht mir jetzt am nächsten, Nika ... sehr nah ...«

Viele Leute haben Strawinsky beschuldigt, geizig zu sein, andere wiederum fanden ihn hochmütig, unnahbar und kratzbürstig.

Beide Vorwürfe sind unzutreffend. Sie verfälschen Strawinskys Charakter.

Natürlich wirkte er auf *nudnicks* und Langweiler hochmütig und unnahbar, und diese sind leider eine weitverbreitete Spezies. Wer aber sonst Gelegenheit hatte, ihm näherzukommen, fand ihn voller Warmherzigkeit, Geist und Charme. Und was den Geiz anbetrifft ... Als ich ihn das allerletzte Mal sah, saß er in seinem kleinen Rollstuhl in dem New Yorker Hotel Essex House, dünn und durchsichtig, mit einem Profil von außergewöhnlicher orientalischer Schönheit. Er hielt meine Hand und flüsterte: »Nika, gehen Sie nicht fort ... bleiben Sie bei mir ... lassen Sie mich nicht allein *avec ces femmes de chambre* ...«

Aber Vera hatte meine Frau und mich zu einem Essen mit dem Komponisten Xenakis eingeladen. Sie trat an Strawinskys Rollstuhl heran, zum Ausgehen angezogen, und sagte: »Nika, es ist schon spät, wir müssen los.«

»Aber wo geht ihr hin, und warum?« flüsterte Igor und sah seine Frau an.

»Ich habe Nika und Dominique zum Abendessen ins ›Pavillon‹ eingeladen.«

Plötzlich brach es aus ihm heraus: *»Et qui paye?!«*

Das war am 12. Februar 1971, weniger als zwei Monate vor seinem Tod.

Natürlich liebte er Geld; wer tut das nicht?

Er schätzte es, weil er es brauchte, und zeitweise brauchte er es ganz dringend, um das Leben zu führen, das er leben wollte, aber auch um anderen zu helfen. Strawinsky war, wie viele Russen und besonders die Emigranten, pausenlos von Geldsorgen bedrängt.

Von den Tagen seines plötzlichen frühen Ruhmes in Paris an gewöhnte er sich an Luxus und Komfort. Er fand Geschmack an üppigen Hotels, teurem Essen, guten Weinen und eleganter Kleidung. All dies erforderte Geld.

Er war kein Picasso, von dem ein Kunsthändler in wenigen Tagen und zu sehr hohen Preisen fünfundzwanzig Bilder verkaufen konnte, die in weniger als zwei Monaten gemalt worden waren. Seine Kompositionen verlangten Zeit, schon um sie mit seiner außerordentlich sauberen Handschrift niederzuschreiben – diese Tausende von kleinen Noten, die eine Partitur wie die des ›Rake‹ erforderte. Die »astronomische« Summe, die er von der RAI und der Biennale für die Uraufführungsrechte des ›Rake‹ bekam, war noch um 5000 Dollar niedriger als der Preis für ein Bild Picassos im gleichen Jahr. Picassos Händler erzählte mir, daß der Maler zwischen zwei Stunden und drei Tagen brauchte, ein Bild zu malen. Strawinsky schrieb an ›Rake's Progress‹ drei volle Jahre.

Ich glaube auch, daß jene mageren und schwierigen Jahre in der Schweiz während des Ersten Weltkrieges, als Strawinsky schon eine große Familie hatte und plötzlich von allen Einkommensquellen abgeschnitten war, eine unauslöschliche Narbe bei ihm hinterlassen hatten.

Das Schlimmste war die schimpfliche Ungerechtigkeit, die Strawinsky länger als sein halbes Leben verfolgte: die idiotische Tatsache, daß das kaiserliche Rußland kein Mitglied der Berner Konvention zum Schutz der Urheberrechte und die Musik aller Russen und Exilrussen ohne Schutz war, vor allem in Amerika. All jene berühmten frühen Werke Strawinskys, ›Petruschka‹, ›Feuervogel‹, ›Le Sacre du Printemps‹, hätten ihn schon früh so reich gemacht, wie Richard Strauss es dank ›Till Eulenspiegel‹ und des ›Rosenkavalier‹ geworden ist, doch sie nützten ihm nichts.

Dies war die Quelle seines steten, unverminderten und voll gerechtfertigten Ärgers. Zum Teil auch deshalb instrumentierte er seine frühen Werke neu, nachdem er amerikanischer Staatsbürger geworden war, und verschaffte sich auf diese Weise den Schutz des Copyright.

Geldsorgen verfolgten Strawinsky sein Leben lang. Nachdem er sich in Amerika niedergelassen hatte, kam noch die wüste amerikanische Steuer hinzu, eine weitere Quelle seines flammenden Ärgers.

Als ich Strawinsky in Venedig mit Rolf Liebermann bekannt machte und der Auftrag für ›Threni‹ besprochen werden sollte, rief mich Strawinsky um sieben Uhr früh in meinem Hotelzimmer an: »Nika, kommen Sie sofort zu mir. Ich habe die ganze Nacht nicht geschlafen. Ich muß Sie sehen, bevor ich mit Liebermann spreche.«

Im Bademantel ging ich zu ihm hinüber. Er saß in einem zerknüllten Pyjama, die Baskenmütze auf dem Kopf, nervös im Bett und begann sofort aufgeregt zu sprechen: »Hören Sie, Nika, Sie müssen das arrangieren. Sie müssen Liebermann sagen, daß ich das Stück nicht schreiben kann! Ich kann das einfach für die 5000 Dollar, die sie mir anbieten, nicht tun. Sie müssen mir mehr zahlen, oder wir vergessen das Ganze. Ich werde es für Paul Sacher in Basel schreiben. Sein Chor ist nicht so gut wie der Chor des Norddeutschen Rundfunks, aber er wird zahlen. Er wird mehr zahlen als Liebermann.«

Ich bat ihn, sich wegen solcher »Bagatellen« nicht aufzuregen und um den Schlaf zu bringen.

»Das ist keine Bagatelle!« schrie er mich an. »Es geht um Geld! Ich brauche 2500 Dollar mehr!«

Ich antwortete nicht, ging in mein Zimmer zurück, griff zum Telefon und rief Liebermann an. Er wiederum rief in Hamburg an, und um die Mittagszeit war die Sache zu aller Zufriedenheit geregelt. Da wurde Strawinsky wieder fröhlich und lud uns alle zum Essen ein. In einem der teuersten Restaurants Venedigs bogen sich die Tische vor Schüsseln und Flaschen, und natürlich zahlte Strawinsky für alle.

Er konnte über sein *faible* für Geld auch witzeln.

Auf dem Weg zu den Norton-Vorlesungen in Harvard erzählte er mir: »Sie wollten von mir zehn Vorlesungen für 10 000 Dollar ... Aber ich habe ihnen geschrieben, daß ich für diesen Betrag unter keinen Umständen mehr als sechs halten könnte.«

Ich antwortete nicht, sondern sah ihn nur perplex an.

»Warum sehen Sie mich so an?« fragte er.

»Nun«, sagte ich, »ich kann Ihre Arithmetik nicht verstehen ...«

Er blickte mich ein Weilchen an und grinste dann: »Sie haben recht, Nika, vollkommen recht! Ich werde denen in Harvard sagen, daß ich für 10 000 Dollar nicht mehr als fünf Vorlesungen halten kann. Und dann schenke ich ihnen die sechste ... ganz umsonst.«

Gesund war Strawinsky nie gewesen. In seiner Familie gab es Fälle von Tuberkulose, und einige seiner Familienmitglieder waren daran gestorben. Er selbst war auch tuberkulös. Aber er hatte seinen Körper phantastisch trainiert, ohne ein Gramm überflüssiges Fett in einer ständigen Anspannung gesund zu bleiben. Dennoch bekam er leicht einen Schnupfen oder eine Bronchitis, und wenn jemand das leiseste Anzeichen einer Erkältung zeigte, kam er ihm lieber nicht zu nahe. Die Furcht vor Ansteckung war in ihm tief verwurzelt, wie in so vielen Russen der oberen Stände im 19. Jahrhundert.

Wenn ich an all die Krankheiten, die irrsinnigen Kuren und Operationen zurückdenke, mit denen Strawinsky gequält worden ist, besonders in den letzten Jahren seines Lebens, kann ich mich nur wundern, daß er *le grand âge* erreicht hat.

In seinen letzten Lebensjahren war er sich seiner debilen Physis klar bewußt und wandte sich mit der ganzen Kraft seines Geistes in einem unendlich heftigen Haß gegen den eigenen Körper. Nichts konnte ihn davon ablenken, höchstens hin und wieder die Musik oder die tiefe, unzerstörbare Zuneigung zu Vera – dann lächelten seine Augen ihr zu und wurden zart und freundlich.

Als ich ihn einige Monate vor seinem Ende einmal besuchte, fragte ich ihn mit einem gedankenlosen Lächeln: »Wie geht es Ihnen heute, Igor Feodorowitsch?«

Da zuckte er in seinem Rollstuhl in unbeherrschter Wut am ganzen Körper und schrie mich unter Qualen seiner halbzerstörten Stimmbänder an: »Warum stellen Sie mir eine so blöde Frage! *C'est bête! Bête!*« Und er befahl seiner Pflegerin, ihn hinauszurollen. Ich war zerknirscht und ging sofort weg.

Am Tag darauf sah mich Strawinsky aus seinem kleinen Bett freundlich an, küßte mich und flüsterte: »Nika, Nika, ich liebe Sie sehr. Vergeben Sie mir, daß ich Sie gestern so verletzt habe.«

Spät in ihrem Leben erst begannen die Strawinskys, ausgedehntere Reisen zu machen. Sie fuhren in der ganzen Welt umher, durch den nordamerikanischen Kontinent, durch Südamerika, nach Japan, in die Sowjetunion, durch Europa, nach Australien und Südafrika und zu den Philippinen. Einige dieser Reisen müssen Vera und Igor sehr erschöpft haben, besonders seit er gezwungen war, am Stock zu gehen. Waren all diese Reisen, diese Konzerte in den letzten beiden Jahrzehnten seines Lebens notwendig? Und waren alle diese Empfänge, Essenseinladungen mit oder ohne Berühmtheiten (aber immer mit einer gehörigen Portion Scotch oder Bordeaux) einträglich oder nicht eher vermeidbar? Untergrub das nicht alles Strawinskys Gesundheit? Es gibt auf diese rhetorischen Fragen keine Antwort, doch immerhin zwei begründete Erklärungen: einmal, daß Strawinsky es so haben wollte, und zweitens, daß die amerikanische Einkommensteuer erlaubt, alle beruflichen Reisekosten inklusive aller Partys usw. abzusetzen.

Strawinsky reiste immer mit großem Gepäck; schon für sich allein brauchte er fünf oder sechs Koffer und Taschen von verschiedener Form und Größe. Das Ein- und Auspacken war ein Ritual, so gründlich wie eine japanische Teezeremonie. Jeder Gegenstand, Kleidung, Noten, Bücher, Toilettenartikel und die zahlreichen Medikamente, bekam seinen bestimmten Platz in einem Schrank, einer Kommode, auf einem Tisch in seinem oder in Veras Zimmer. Und am Tage vor einer Abreise packte er den halben Tag bis spät in die Nacht geschäftig seine unzähligen Sachen in die verschiedenen Schachteln, Koffer und Taschen. Und wenn er plötzlich irgendeinen Gegenstand nicht finden konnte, sei es auch nur eine wertlose Pillendose, wurde er gereizt und verärgert. »Warum, warum«, stieß er dann hervor, »muß dieses dumme kleine Ding verschwinden, gerade jetzt, wo ich es brauche?« Und er weckte Vera, den Hausdiener und die Zimmermädchen, und es wurde gesucht, bis man das dumme kleine Ding, manchmal in seiner Westentasche, gefunden hatte.

Anfang der sechziger Jahre kam Strawinsky in einer großen, geliehenen Limousine zum Fürsten von Fürstenberg auf dessen Schloß in Donaueschingen. Er sollte einem Wochenendkonzert der dortigen Festspiele beiwohnen, in dem Boulez ein Stück von ihm dirigierte. Die Strawinskys sollten im Schloß wohnen und am nächsten Morgen weiter in die Schweiz fahren.

»Vera und ich packten dergestalt«, erzählte er mir später, »daß wir nichts von unserer ganzen Bagage aufmachen mußten außer einer kleinen Tasche für die Nacht.

Wir kamen zur Teezeit an. Der liebenswürdige Prinz und die Prinzessin führten uns direkt in ihren Salon zum Tee. Wir saßen und unterhielten uns, und alle waren sehr liebenswürdig. Bald war es Zeit, auf die Zimmer zu gehen und sich für das Konzert umzuziehen.

Als der Diener die Tür zu unseren Zimmern öffnete und wir hineingingen, sperrte ich vor Schreck den Mund auf und erzitterte. Alle Schachteln und Koffer, vom kleinsten bis zum größten, waren sorgfältig ausgepackt und ihr Inhalt auf die Schränke, Kommoden, Tische und Regale verteilt worden! Ich setzte mich hilflos und wußte nicht, was ich zu dieser geordneten Katastrophe sagen sollte!

Ich brauche Ihnen nicht erst zu erzählen, daß Vera und ich die halbe Nacht damit zubrachten, alles wieder einzupacken, so daß wir am nächsten Tage müde, bleich und halbtot in Basel ankamen.«

Strawinsky liebte gutes Essen, wie es die altmodischen russischen Grandseigneurs seiner Klasse schätzten und genossen. Und Vera glich ihm darin nicht nur, sie war auch eine vorzügliche Köchin.

Dennoch war er das Gegenteil eines Schlemmers. Er aß wenig und sehr vorsichtig, und die Gerichte, die er am meisten liebte, waren die gutgekochten, einfachen Dinge und nicht die pseudo-raffinierte Küche der Schickeria. Er aß auch gerne in Gesellschaft, und deshalb liebte er die einfachen, zwanglosen Restaurants von Venedig, wo man immer noch einen Stuhl an den Tisch stellen konnte, wenn unerwartet Freunde auftauchten. Er spielte gerne den Gastgeber, einen aufmerksamen und liebenswürdigen Gastgeber, der witzige Tischgespräche über alles schätzte.

Ebensosehr liebte er guten Wein und seinen Scotch. Bordeaux ging ihm über alles und war gleichbedeutend mit Lafite.

»Puschkin hat nie von Bordeaux gesprochen, er kannte nur Lafite.«

Strawinsky trank Wein nicht schlückchenweise, sondern glasweise. Und er konnte eine ganze Menge davon vertragen. Wohl trat ein seliges Grinsen auf sein Gesicht, und er schwankte leicht, wenn er aufstand. Aber er behielt einen klaren Kopf, und sein Humor entwickelte sich nur um so besser.

Scotch brauchte er so nötig wie ein Lamm die Muttermilch. Er trank ihn pur und natürlich ohne Eis. Nach einer Probe, zwischen Schallplattenaufnahmen, in Konzertpausen – ein kurzer Schluck und ein Schmatzen der Zufriedenheit.

Aber der Scotch mußte sehr gut sein, er kannte alle Marken, Haigs Pinch Both, den zwölf Jahre alten Ballantine's, den vor zwanzig Jahren noch seltenen Chivas Regal und natürlich den in Eichenfässern gelagerten Ambassador. Strawinsky kannte alle ihre Eigenheiten, ihren Wert. Menschen, die seine Liebe zum Scotch kannten, schickten ihm ganze Kisten davon, es war das schönste Geschenk, das man ihm machen konnte. Aber der Scotch spielte ihm auch manchen bösen Streich ...

Im Jahr seines achtzigsten Geburtstages begegneten wir uns im Sommer in Rom. Strawinsky war gerade von seiner Rußlandreise zurückgekehrt und wohnte mit Vera und Bob im Hotel Hassler neben der Trinità del Monte mit einem Blick über die Piazza di Spagna, ich in dem nahegelegenen »Hôtel de la Ville« mit einem Blick auf die Villa Medici.

Wie ich erfuhr, hatte der sowjetische Botschafter ihn zu Ehren seines achtzigsten Geburtstages zu einem Essen eingeladen, während man in der Amerikanischen Botschaft nicht einmal wußte, daß er in der Stadt war, obwohl damals seine Reisen in der Weltpresse verfolgt wurden wie die eines Potentaten. Ich rief Freddie Reinhard, den Botschafter, und seine Frau an. Es bedurfte einiger Überredungskunst, sie zu einer Einladung für Strawinsky anzustacheln, und zwar für den Tag nach unserer Ankunft, um die Sowjetbotschaft um vierundzwanzig Stunden zu schlagen.

Es waren die Kennedy-Jahre, und eine leichte Brise hatte auch die muffige Villa Madama, die Residenz des amerikanischen Botschafters, belebt. Wir wurden von dem fröhlichen Botschafterpaar begrüßt, und sofort reichte man Drinks in großen und wohlgefüllten Gläsern. Ich sah, wie Strawinsky das seine in einem Zug hinunterstürzte, während eine der anwesenden Damen ihn etwas fragte; doch Strawinsky hörte gar nicht zu, sondern lächelte nur herablassend.

»Oh, Scotch ...«, flüsterte er mir ins Ohr. »Reiner Scotch ...«

Und er trank noch ein weiteres Glas, so daß, als wir uns zu Tisch setzten, schon das selige Lächeln auf seinem Gesicht stand, das Vera so gut kannte und das in unmittelbarem Zusammenhang mit der Alkoholmenge stand, die er in sich aufgenommen hatte.

»Er ist schon betrunken«, flüsterte mir Vera ins Ohr.

Das Abendessen war so langweilig wie all solche Botschaftsessen. Niemand interessierte sich dafür, wer die Gäste waren. Man aß und trank und ließ es dabei bewenden. Kurz vor der

Cassata wurde Champagner serviert, der Botschafter erhob sich und brachte einen Toast auf den Ehrengast aus. »Auf das Wohl unseres großen Maestro, der gerade von einer langen Reise aus der Sowjetunion zurückgekehrt ist.«

Wir stießen alle mit ihm an. Strawinsky hatte immer noch das selige Lächeln im Gesicht. Er hielt die Hand ans Ohr und beugte sich zu Mrs. Reinhard hinüber, die ihm irgend etwas sagen zu wollen schien, was er nicht verstand.

Von der anderen Seite des Tisches gab ihm Vera ein Zeichen, aufzustehen und den Toast zu erwidern, aber in seinem Zustand der *béatitude écossaise*, von den perlenden Champagnerblasen nur noch intensiviert, schien er ihre Winke nicht zu bemerken.

»Nika, hilf mir«, flüsterte sie.

Die übrigen Gäste beugten sich vor und starrten in Erwartung eines Toastes auf Igor.

Endlich, nach einigen verzweifelten Signalen von seiten Veras, hatte er verstanden, erhob sich, und auf den Stock gelehnt, ein halbleeres Champagnerglas in der Rechten, rief er aus: »Und ich möchte gerne auf die Gesundheit des Herrn Chruschtschow trinken!«

Es gab einen kurzen Augenblick peinlicher Stille.

Glücklicherweise reagierte Freddie Reinhard schnell. Er stand auf, beugte sich vor und sagte: »Aber Maestro, könnten Sie nicht auch Präsident Kennedy in Ihren Toast einschließen?«

»Warum nicht?« antwortete Strawinsky gutgelaunt mit dem gleichen breiten Lächeln. »Warum nicht ... Lassen Sie uns auf Chruschtschow und auf Kennedy trinken ...«

Und wieder stießen wir alle mit Strawinsky an, wenn auch die meisten dabei ein bißchen verwirrt dreinblickten.

Als wir in den Salon gingen, nahm mich Strawinsky beim Arm und fragte auf russisch: »Was war los? ... Irgend etwas ist passiert ... Habe ich etwas falsch gemacht? Ich glaube, ich habe die Botschaften verwechselt ...«

Die Plakate, die Strawinskys Beerdigung ankündigten und die von der Stadt Venedig gedruckt und ausgehängt worden waren, besagten:

»... *Che con gesto di squisita desiderò in vita essere sepolto nella città che amo sopra ogni altra.*«

Gruppchen von Venezianern standen davor und lächelten.

Die *contrepèterie* war zu offensichtlich. Das »*desiderò in vita essere sepolto*« konnte leicht dahin mißverstanden werden, daß

Strawinsky gewünscht habe, in dieser Stadt *lebendig* begraben zu werden.

Wie würde er über diesen letzten ironischen Pfeil gelacht haben, von wo immer er auch abgeschossen worden war.

Über die Mauer

»Wie bin ich überhaupt hier hineingeraten?« dachte ich, während der Wolga weiterratterte und Elvira Nikitischna die vielfältigen Vergnügungen und Unterhaltungen aufzählte, die mich während meines »offiziellen« Besuches (sie betonte zweimal das »offiziell«) in Moskau und Leningrad erwarteten.

Tatsächlich konnte man sich fragen, wieso ein Weißgardist, ein Faschistenschwein, ein Lakai des Wallstreet-Kapitalismus oder -Imperialismus, von dem Kulturministerium und seinem musikalischen Wurmfortsatz, dem sowjetischen Komponistenverband, in die Sowjetunion eingeladen worden war (Reise, Hotel, Wolga plus Fahrer und Dolmetscher inklusive).

So unlogisch es auch bei oberflächlicher Betrachtung aussehen mochte, die Antwort war und ist ganz einfach. Im August 1961, als die Berliner Mauer errichtet wurde, beschloß ich, der Einladung des Regierenden Bürgermeisters Willy Brandt zu folgen und nach Westberlin zu ziehen. Ich hatte Berlin immer geliebt, und diese Liebe hielt auch während der bitteren Hitlerjahre an. Aber würde man mich fragen, warum ich Berlin anderen europäischen Hauptstädten vorziehe, so wüßte ich darauf auch heute noch keine ausreichende oder gar überzeugende Antwort.

Ist es, weil ich hier einige wenige glückliche und nützliche Jahre meiner Jugend verbrachte und feste Freundschaften gründete, oder ist es die äußere Schönheit Berlins: die Großzügigkeit seiner bequemen, breiten, lindengesäumten Straßen und Alleen, der Jugendstil und die herrlichen modernen Architekturen, seine bewundernswerten künstlerischen Einrichtungen – die Oper, die Philharmoniker und das Radiosinfonieorchester, die Museen und lebendigen Theater, sind es seine erfrischend trockne und saubere Luft und die großen Seen rings um die Stadt? Oder vielleicht die menschlichen Qualitäten seiner Einwohner, ihre Weltoffenheit, Gastfreundlichkeit, ihr Respekt vor persönlicher Freiheit, ihr Mangel an moralinsaurem Denken, ihr gemessenes Lebenstempo, ihre sozialistischen Bürgermeister Ernst Reuter, Willy Brandt und Klaus Schütz, die diese von Grund auf demokratische Stadt seit dem Ende des Krieges regiert haben?

Das alles ist es und doch noch etwas mehr, und dieses »Mehr« ist ungreifbar. Auf jeden Fall war ich von Herzen »ein Berliner«, lange bevor es der später ermordete Präsident Kennedy wurde und aus ganz anderen Gründen. Der Regierende Bürgermeister hatte mich zum »Berater für internationale kulturelle Angelegenheiten des Berliner Senats« berufen. Mir schwebte vor, daß Westberlin wieder eine wichtige kulturelle Rolle spielen müßte, um etwas von dem kosmopolitischen Reiz, den es verloren hatte, zurückzugewinnen. Und mir war klar, daß man dazu die Unterstützung und Teilnahme von Wissenschaftlern und Künstlern aus der Sowjetunion und dem »sozialistischen Lager« erwirken mußte.

Ich hatte nicht die leiseste Idee, wie das zu bewerkstelligen war, noch hatte ich irgendeinen Kontakt zu sowjetischen Repräsentanten – weder in Berlin noch anderswo. Ich konnte nur vermuten, daß mein Name ziemlich oben auf der Liste der unverbrüchlichen Feinde der UdSSR stand. Dazu kam, daß ich erstens kein Deutscher war, und zweitens, obwohl Amerikaner der Staatsangehörigkeit nach, von Geburt Russe war und daher leicht einer Neigung zu meinem ehemaligen Vaterland verdächtigt werden konnte.

Ich konnte kaum ahnen, daß ich bald zwei mächtige Verbündete besitzen würde, die sich aus verschiedenen, wenn nicht sogar entgegengesetzten Gründen darüber im klaren waren, daß es Zeit sei, Westberlin zu entpolitisieren. Der eine dieser Alliierten war Willy Brandt, der andere der sowjetische Botschafter in der DDR, Pjotr Andrejewitsch Abrassimow.

Ich ging nicht nach Westberlin, um meine Bindungen zum »Kongreß für die Freiheit der Kultur« zu lösen. Ganz im Gegenteil. Meine engsten Freunde in dieser Organisation begrüßten meine Berliner Initiative. Ende 1961 hatte ich ein ziemlich detailliertes Programm entworfen, wie man die Notlage Westberlins – die Auswirkungen des Mauerbaus – im kulturellen Bereich auffangen könnte.

Shepard Stone, damals Direktor für das Europäische Programm der Ford Foundation, der mir einige Jahre zuvor geholfen hatte, das ungarische Flüchtlingsorchester, die Philharmonia

Hungarica, aufzubauen, machte Geld bei der Ford Foundation locker. Meine Vorschläge wurden von ihr gut aufgenommen, von meinen damaligen Projekten sind zwei seitdem institutionalisiert und vom Berliner Senat übernommen worden.

Am 14. Februar 1963 starb ein alter Freund, Gerhard von Westerman, ein liebenswerter und fähiger Mensch, Intendant des Berliner Philharmonischen Orchesters, Begründer und Direktor der Berliner Festwochen.

Nach einem Jahr Interregnum übernahm ich zu meiner bisherigen Aufgabe auch das Amt des Leiters der Berliner Festwochen.

Die Festwochen von 1964 sollten mit einer Feierstunde zum Gedächtnis an den Präsidenten John F. Kennedy eröffnet werden. Diese begann mit einer Ansprache des Regierenden Bürgermeisters Willy Brandt und schloß mit einer Rede von Dr. Martin Luther King jr. Die Sowjets witterten dahinter eine politische Absicht – den Versuch, möglichst vielen Menschen aus den Entwicklungsländern die Berliner Mauer vorzuführen. Der Kulturattaché der Sowjetischen Botschaft in Ostberlin stattete mir einen mißtrauischen Besuch ab, dann aber forderte er mich auf, in seiner Gesellschaft den Botschafter aufzusuchen.

Ich hatte von amerikanischen Beamten gehört, daß Abrassimow ein harter Brocken sei, daß er aber ebenso verbindlich und manchmal charmant und liebenswürdig sein könne.

»Wie wird er sein?« fragte ich mich, als ich mit Julij Kwizinskij gemeinsam den Checkpoint Charly passierte. »Kann er sich wirklich für solche Trivialitäten wie die Westberliner Festwochen interessieren oder für die Frage, ob sowjetische Künstler dort auftreten sollten oder nicht? Aber warum hat er mir dann seinen Kulturattaché geschickt und mich eingeladen?«

Der Wolga hielt vor dem Portal der Botschaft. Kwizinskij führte mich durch einen Seiteneingang in einen tristen Vorraum, dann durch einen düsteren Korridor zu einer großen, rotausgelegten Treppe, ein Stockwerk hoch, zu einem kleinen Lift und mit diesem noch ein Stockwerk höher.

»Nehmen Sie bitte Platz«, sagte Kwizinskij und bot mir einen Stuhl in einem sonnigen, sauberen Salon an. »Ich werde dem Botschafter sagen, daß Sie da sind. Hätten Sie inzwischen gerne einen Cognac oder eine Tasse Kaffee?« Er zeigte auf einen runden Tisch, auf dem Kaffee, Tassen und Gläser, eine Flasche Cognac und eine Schale mit Obst standen.

»Nein danke«, antwortete ich, »ich warte, bis der Botschafter kommt. Aber sagen Sie mir bitte, ist Pjotr Andrejewitsch richtig?«

»Ja, ganz richtig«, sagte Kwizinskij.

Abrassimow, der gleich darauf erschien, sah gut aus, gepflegt und sportlich. Sein Haar war blond, ins Graue übergehend, seine kalten, blauen Augen blickten direkt in die meinen. Es lag etwas Offenes und Freies und merkwürdig Fesselndes in diesem Blick, keine Feindseligkeit, nur Interesse, gepaart vielleicht mit ein wenig Vorsicht.

Er begann gleich, mir die üblichen Fragen zu stellen. Wann ich Rußland verlassen hätte? Ob ich je wieder da gewesen sei? Wo ich geboren sei, und wo meine Familie gelebt hätte? Ob ich in Rußland studiert hätte oder im Ausland? Wann ich nach Berlin gekommen sei? Ob ich Berlin vor dem Krieg gekannt hätte? Vor den Nazis? Welche Fremdsprachen ich spräche? Wann ich nach Amerika gegangen sei? Welches mein wirklicher Beruf sei, und warum ich den Job des Festwochendirektors angenommen hätte?

Ich antwortete so exakt wie möglich. Dann plötzlich fragte er mich: »Wie kommt es, daß Sie nach so vielen Jahren im Ausland immer noch so gut Russisch sprechen? Es ist makellos.« Und er wandte sich an Kwizinskij: »Sollten wir Nikolai Dimitrije-witsch nicht fragen, ob er unseren Leuten hier in der Botschaft Unterricht geben wolle, damit sie ein kultiviertes, literarisches Russisch sprechen?« Und er blitzte mich mit einem amüsierten Lächeln an. »Heutzutage hören wir solches Russisch nicht oft ... Ich gratuliere!« Und er hob sein Glas: »Auf das Russisch von Gospodin Nabokov!«

Dann wurde er wieder ernst: »Sie haben eben gesagt, daß Sie in Weißrußland geboren sind, nahe der litauischen Grenze. Wo genau? Ich komme selbst daher. Wissen Sie noch den Namen des Ortes?«

»Ich erinnere mich nicht nur an den Namen des Ortes, er zählt auch zu meinen schönsten Kindheitserinnerungen«, antwortete ich. »Er heißt Lubcza und liegt am Ufer des Njeman. Das Haus stand auf einem Hügel hoch über dem Fluß. Es ist während des Ersten Weltkrieges zerstört worden.«

»Oh, ich kenne Lubcza! Wollen Sie sagen, daß Sie in der alten Ruine über dem Fluß mit den beiden mittelalterlichen Türmen geboren sind?«

Ich nickte.

»Dann sind wir ja Landsleute! Ich bin nämlich nicht weit von Lubcza entfernt geboren«, und er nannte einen Ort, an den ich mich noch ganz undeutlich erinnern konnte.

»Sind Sie je in meinem Dorf gewesen? Vielleicht erinnern Sie sich nicht. Unsere Dörfer sehen alle gleich aus. Aber Sie müssen sich an den Verkehrsknotenpunkt in unserer Nähe erinnern, den Bahnhof von Baranowitschi?«

Ich nickte wieder.

»Nun, wenn Sie von Lubcza nach Baranowitschi fahren, müssen Sie durch unser Dorf.«

»Ich kann mich nur daran erinnern«, sagte ich, »daß wir in Baranowitschi in den Zug nach Odessa gestiegen sind.«

»Nach Odessa oder nach Kiew, das ist noch heute so. Baranowitschi ist eine bedeutende Stadt geworden.«

Sein Gesicht strahlte. Ich fragte ihn, wann er zum letztenmal dort gewesen sei.

»Oh, ich fahre oft nach Weißrußland. Ich jage und fische dort. Können Sie sich noch an den Kroman-See erinnern?«

»Ja, ja, natürlich«, versicherte ich eifrig. »Wann waren Sie dort?«

»Nicht so lange her ... nur ein Jahr. Er ist immer noch so rund und schön wie eh und je. Gut zum Fischen, viele Krebse. Immer noch von Wäldern umgeben. Wie im Märchen ...« Und mit warmer und freundlicher Stimme: »Sie sollten zurückkommen, Nikolai Dimitrijewitsch. Ich nehme Sie nachts zum Krebsfang mit. Ich weiß, daß Ihnen das gefallen wird. Und jetzt möchte ich, daß Sie bleiben und mit mir und meinem Kollegen hier essen.« Kwizinskij verschwand auf seinen Wink hinter einem Vorhang.

»Das ist also Ihr erster Besuch in der Botschaft?« fragte Abrassimow, »sozusagen auf feindlichem Boden?«

Ich gab zur Antwort, daß es nicht nur mein erster Besuch in dieser Botschaft sei, sondern überhaupt mein erster in einer sowjetischen Botschaft. Mit sowjetischen Repräsentanten hätte ich zuletzt 1945 und 1946 zu tun gehabt, als ich in Berlin bei OMGUS stationiert gewesen sei.

»Damals besuchte ich meine sowjetischen Gegenspieler in Karlshorst sehr oft, besonders Oberst Tulpanow.«

»Aber sind Sie nie in unserer Botschaft in Amerika gewesen, oder in Paris?«

»Nein, niemals«, gab ich zurück. »Es bestand kein Anlaß.«

Abrassimow sah mich überrascht an.

»Aber wurden Sie nicht zu den Nationalfeiertagen, zum Beispiel zum 1. Mai, eingeladen, wenn unsere Botschaft überall Empfänge gibt?«

Ich lächelte. »Wissen Sie, Pjotr Andrejewitsch, es gibt keinen Grund, es zu verbergen, aber ich wäre die letzte Person, die man in eine sowjetische Botschaft einlädt, als Emigrant und Antibolschewist. Außerdem bin ich, wie Sie vielleicht wissen, seit über zehn Jahren der Generalsekretär einer antikommunistischen Organisation. Nicht gerade die richtige Voraussetzung, wie Sie zugeben müssen, um in eine sowjetische Botschaft eingeladen zu werden.«

»Mit anderen Worten, ich sollte Sie einsperren, anstatt mit Ihnen zu essen«, sagte er spaßend, »oder Sie wenigstens rausschmeißen?« Wieder sah er mich mit einem amüsierten Glitzern in den Augen an.

»Eigentlich ja«, sagte ich. »Wollen Sie lieber, daß ich gehe?« Und ich machte Anstalten dazu.

Er hielt mich zurück. »Nicht bevor Sie ein Gabelfrühstück, wie Kollege Ulbricht es nennt, mit mir eingenommen haben... Bleiben Sie bitte sitzen.«

Sein Ausdruck veränderte sich, und er sagte ernst: »Sie wissen, ich mag Offenheit. Es ist so viel einfacher, mit Menschen umzugehen, die ehrlich sind. Finden Sie nicht auch? Ich weiß zum Beispiel, daß ich aus dem Emigranten Nabokov nie einen guten Kommunisten machen oder zu machen versuchen werde, noch werden Sie je aus mir, einem alten Bolschewisten, einen Kapitalisten machen. Und das ist ein guter Anfang.« Er goß uns beiden ein neues Glas Cognac ein und sagte: »Auf gegenseitige Offenheit und Respekt.«

Nun erschien Kwizinskij wieder und in seinem Gefolge ein Diener in einer weißen Jacke, der einen Teewagen, beladen mit *hors d'œuvres*, Tassen mit dampfender Bouillon und einem Kübel mit geeistem Wodka vor sich herschob.

»Bitte, bedienen Sie sich«, sagte Abrassimow, wies auf die Gerichte und goß ein.

Er hob sein Glas und sagte bedeutungsvoll: »Auf Ihren ersten Besuch in unserer Botschaft ... Ich hoffe, es ist nur der erste von vielen.«

Ich hatte das Gefühl, daß der Toast mehr an Kwizinskij und den Diener gerichtet war als an mich. Es war, als wolle er ihnen klarmachen, daß ich von nun an ein regelmäßiger Gast in der Sowjetischen Botschaft sein würde.

Er wandte sich an Kwizinskij und sagte: »Nikolai Dimitrijewitsch hat mir erzählt, daß er Oberst Tulpanow hier nach dem Krieg gekannt hat. Ist er noch da?«

»Nein, er ist vor einer Woche zurückgefahren«, antwortete Kwizinskij.

»Sehen Sie, Nikolai Dimitrijewitsch«, erklärte der Botschafter, »Oberst Tulpanow ist heute Direktor des Leningrader Polytechnischen Institutes. Er war letzte Woche hier und hielt Vorlesungen an der Humboldt-Universität ... Schade, daß Sie ihm nicht begegnet sind. Ich bin sicher, es hätte ihn gefreut. Ich habe gehört, daß Sie mit Oberst Tulpanow sehr gut zusammengearbeitet haben. Nun, ich hoffe, wir können diese Zusammenarbeit wieder aufnehmen. Ich sehe keine Hindernisse für die Teilnahme sowjetischer Künstler an Ihrem Westberliner Festival. Aber Sie müssen akzeptieren, was wir Ihnen anbieten ... Weil«, er sah mich höflich an, »unsere Künstler sehr gefragt sind, wie Sie ohne Zweifel wissen. Beim nächsten Festival werden wir versuchen, unser Bestes zu tun. Dieses Jahr können wir Ihnen nur einen unserer größten Künstler anbieten, der zufälligerweise auch einer meiner besten Freunde ist. Ich weiß, daß er im September nach Ostberlin kommt. Er ist unser bester Cellist. Er heißt Mstislaw Rostropowitsch. Aber wir nennen ihn Slawa.« Er wandte sich wieder an Kwizinskij. »Werden Sie das mit Nikolai Dimitrijewitsch ausarbeiten? Und vielleicht taucht auch inzwischen noch etwas anderes auf.«

So trat im Herbst 1964 Rostropowitsch in mein Leben, und damit veränderte sich vieles. Rostropowitsch ist ein Mensch, auf den normale Maßstäbe einfach nicht anzuwenden sind: nicht nur einer der begabtesten musikalischen Interpreten unserer Zeit, ein Mann von ungewöhnlicher Bildung und ungeheuer großem Charme, sondern von einer einzigartigen Aura der Freundschaft, der menschlichen Wärme und der Begeisterungsfähigkeit umgeben.

Er, seine Frau Galina und ich wurden sofort gute Freunde. Ich erinnere mich noch genau, wie ihn Kwizinskij in die hübsche kleine Villa im Grunewald mitbrachte, in die ich 1964 eingezogen war. Es war, als begegnete ich einem lange verloren geglaubten Freund. Slawa, wie wir ihn alle nannten, hatte übrigens Prokofjew sehr gut gekannt und konnte mir daher sehr viel über dessen letzte Lebensjahre erzählen.

Nach Rostropowitschs Besuch wurden meine Beziehungen zu Abrassimow viel wärmer, und ich wurde ein ständiger Gast in der Sowjetischen Botschaft. Kwizinskij ging bald darauf in seine Heimat zurück und wurde durch einen jüngeren Kulturattaché, Jurij Alexandrowitsch Gremizkich, abgelöst, der von vornherein viel freundlicher und entgegenkommender war. Wir machten sofort Pläne für einen immer größeren Anteil der Sowjetunion an den kommenden Festwochen. Den Jurlow-Chor und Kondraschin hatte ich 1964 nicht bekommen. Nun versprach er, sie mir zu beschaffen, und der Botschafter sicherte sie mir für 1965 zu.

Aber vor allem drängte mich Abrassimow, so bald wie möglich nach Moskau und Leningrad zu fahren. »Sie müssen hinfahren und sich selbst überzeugen«, sagte er. »Sie werden Leuten begegnen, man wird Ihre Musik spielen, Sie können alle Ihre Vorhaben besprechen.« Auch Rostropowitsch redete mir zu. Und dann verging doch viel Zeit. Im Juni 1967 schließlich war es soweit.

Gremizkich brachte mich zum Ostberliner Flughafen Schönefeld und setzte mich ins Flugzeug, zu meiner ersten Rückkehr ins Land meiner Vorfahren.

Nach Moskau

»Mjister Nab-o-kov ... Cherr Nab-o-kov!« gurgelte eine Stimme aus dem Lautsprecher. »Tuuuu ... informeischon ... kauntr ... plies! ... bittey ... tzu ... informatsions ... büro!«

Ich blieb an einer behelfsmäßigen Bude stehen. Über ihr verblaßten einige kyrillische Buchstaben, und vollständiger stand darunter: »Information«.

Vor der Bude ein plappernder Haufen von 1,60 Meter großen Sowjetbürgern, lauter Zentralasiaten. Ich lehnte mich über sie hinweg: »He ... Pst! ... Haben Sie nach mir gerufen?« fragte ich auf englisch. »Ich bin nämlich Nicolas Nabokov.«

Jemand faßte mich von hinten sanft am Ellenbogen. Ich wandte mich um. Ein schmächtiges Männchen mit blauen Augen lächelte mich offiziell an.

»Feretzeijen Sie bittey«, begann er. »Sie Cherr Nabokov?«

»Da, da, das bin ich«, antwortete ich auf russisch.

»Iech schljiecht Doitsch«, erklärte er, mein Russisch nicht wahrnehmend. »I spik better English. You spik English?«

»Aber können wir nicht miteinander Russisch sprechen?« fragte ich.

»Oh, Gospodin Nabokov!« Farbe trat in sein Gesicht, und seine Stimme klang erleichtert ... »Die Botschaft hat es versäumt, uns wissen zu lassen, daß Sie Russisch sprechen. Verzeihen Sie bitte ... Darf ich mich vorstellen? Ich heiße«, und er murmelte einen langen Namen mit vielen M. »Ich bin vom Kulturministerium, Musikabteilung«, und darauf noch etwas zeremonieller: »Willkommen in Moskau!«

Er trat zur Seite, und es tauchte eine blasse und dunkelhaarige, irgendwie exotisch aussehende Frau um die Mitte Dreißig auf.

»Und dies, Gospodin Nabokov, ist Ihre Dolmetscherin, Elvira Nikitschna Melkumian.«

»Aha«, dachte ich, »eine Armenierin.«

»Guten Tag, Herr Professor Nabokov«, sagte die armenische Dame in mühsamem Deutsch. »Man hat uns nicht informiert, welche Sprache Sie zu sprechen wünschen.« Und sie streckte mir ihre Hand entgegen.

Ich schüttelte sie, sagte guten Tag und bedauerte, es nicht auf armenisch sagen zu können.

»Kann ich Ihren Paß und die Gepäckscheine haben?« fragte die Musikabteilung. »Und würden Sie mir bitte folgen.«

Wir quetschten uns durch ein Seitentor der Paßkontrolle. Ein mürrischer Mann riß die Einreise-Seite von meinem doppelten Visum ab. Dann marschierten wir drei Seite an Seite zur Eingangshalle des Flughafens Scheremetjewo.

Dort erwartete mich ein sehr beruhigender Anblick: Inmitten der Halle lag ein unordentlicher Haufen vielfarbigen Gepäcks, das von ungeduldigen Passagieren auseinandergezerrt wurde. Ich wandte mich lächelnd an die armenische Dame und sagte: »Es sieht aus wie eine neorealistische Plastik, nicht wahr?«

»Nein«, sagte sie, immer noch auf deutsch, »das ist *bagásch*.«

»Bitte gehen Sie doch schon mit Frau Melkumian zum Auto«, sagte die Musikabteilung, »während ich mich um das Gepäck kümmere.«

Ich folgte der armenischen Dame nach draußen.

Sie öffnete den Wagenschlag eines dunklen Wolga und sagte: »Verzeihen Sie, Herr Professor, aber ich muß dringend telefonieren.« Sie verschwand.

Der Fahrer sagte kein Wort und sah sich auch nicht nach mir um.

Ich wartete eine halbe Stunde. Hier war es viel heißer als in Berlin. Ich schwitzte und fühlte mich klebrig. Hinter uns wurden Männer und Frauen mittleren Alters in pyjamaartiger Kleidung in Busse verladen.

Plötzlich war die Musikabteilung wieder mit einem abgezehrten Mann da, der meine Berge von Gepäck hinter sich herschleifte.

»Ihre Noten sind gesichert«, sagte der Herr vom Ministerium und kletterte neben den Fahrer. Auch Mme. Elvira kam zurück und setzte sich zu mir nach hinten.

»Wir wurden nicht informiert«, begann die Musikabteilung in dem gleichen entschuldigenden Ton, »in welchem Hotel Sie untergebracht zu werden wünschten. Wegen des Filmfestivals sind jetzt alle Hotels besetzt. Es ist sehr schwer, Reservierungen zu bekommen. Wie Sie möglicherweise wissen, wurde uns Ihre Ankunft erst vor zehn Tagen mitgeteilt. Aber ich bin froh, Ihnen sagen zu können, daß unser Ministerium in der Lage war, Ihnen ein Zimmer in einem Hotel mitten im Zentrum zu reservieren, dem Hotel Peking.«

Ich sagte, mir sei jedes Hotel recht, meine Reise in die Sowjetunion sei jedoch schon vor mehreren Monaten von den Beamten des Botschafters Abrassimow geplant worden.

»Ich verstehe nicht, warum Sie nicht früher annonciert worden sind?«

Der Motor des Wolga sprang unter vielem Gehuste an und glitt in eine graue Dieselwolke, die aus dem Auspuff eines der Busse vor uns hervorqualmte.

»Haben Sie schon früher in Moskau gewesen?« fragte Mme. Elvira und machte damit ihren ersten Schnitzer im Deutschen.

»Verzeihen Sie«, sagte ich, »aber müssen wir uns wirklich auf deutsch unterhalten? Sprechen Sie überhaupt kein Russisch? Dann müßte ich deutsch reden und Sie es ... in welche Sprache übersetzen? Ins Armenische?« Und ich lächelte. »Und wer wird dann ins Russische dolmetschen?«

Mme. Elvira blickte gekränkt drein. Sie spitzte den Mund und erwiderte: »Natürlich spreche ich Russisch, aber unsere Botschaft hat es versäumt ...«, und sie wiederholte den gleichen Satz, diesmal auf russisch. »In der Dolmetscherabteilung des Ministeriums«, erklärte sie, »haben ›sie‹ beschlossen, daß Sie nur dem Paß nach Amerikaner sind, nur dem Namen nach Russe, denn Sie leben schließlich in Berlin, nicht wahr?« Ich nickte.

»Keiner hat uns gesagt, daß Sie russisch sprechen«, und wieder ganz salbungsvoll: »Sprachkenntnisse erleichtern menschliche Beziehungen.«

Nachdem die Sprachbarriere somit beiseite geräumt war, zog sie aus ihrer Handtasche ein Papier hervor und verlas meinen Zeitplan, der von der Musikabteilung des Ministeriums auf das minuziöseste ausgearbeitet worden war. »Heute abend Moskauer Künstlertheater. Morgen früh um neun Besuch des Lenin-Mausoleums, danach ein Treffen mit Herrn Tichon Chrennikow vom Komponistenverband, Mittagessen um vierzehn Uhr mit ...« Und so fort.

»Sind Sie jemals in Moskau gewesen?«

Diesmal war es nicht meine armenische Beschützerin, sondern die Musikabteilung, die diese Frage stellte.

Nein, ich war niemals in Mütterchen Rußlands oder in des Sozialismus Hauptstadt gewesen ... oder doch? Einmal in sehr zartem Alter wurde ich aus der unteren Koje eines *Wagonmikst* gescheucht, in Wollsachen und Pelze gehüllt, in einen Schlitten gepackt und von einem Moskauer Bahnhof zum anderen gefahren. Alles, woran ich mich erinnere, sind trübe Laternen im Morgengrauen, eine vom Frost gepiekte Nase, der scharfe Geruch von Pferdemist, schmutzige Bürgersteige und eine sehr, sehr holprige Fahrt. Der Rest war von Busen verdeckt: Tante Karolina zur Linken, jemand anders, ebenso Fülliges zur Rechten.

»Nein«, antwortete ich, »ich bin nie in Moskau gewesen.«

»Oh, in dem Fall«, schlug die armenische Dame vor, »sollten wir ein bißchen herumfahren und Herrn Nabokov einiges zeigen. Wir haben noch Zeit, bevor das Theater anfängt.«

»Ja, warum nicht?« echote schüchtern die Musikabteilung.

Das Auto fuhr in eine Art Vorstadt und in ein Verkehrschaos hinein. Der Chauffeur fluchte und hupte, Mme. Elvira schwitzte. Ihre Oberlippe und ihre Stirn waren von Schweißperlen bedeckt. Unter ihren Achseln glänzten feuchte Flecken. Die Luft im Wagen war heiß und stickig.

Wie hieß diese Vorstadt? Sollte ich fragen? Lag sie nördlich, südlich oder westlich vom Zentrum? Ich besaß einen Stadtplan von Moskau und einen russischen Baedeker aus der Zeit vor dem Ersten Weltkrieg. Wie dumm von mir, beide nicht mitgebracht zu haben.

Wir kamen durch eine andere Vorstadt und in ein neues Verkehrschaos. Wieder ein Hupkonzert. Und nun die dritte. Welch eine Karawanserei von einer Stadt! Lauter Vorstädte, seltsam gesichtslos, aber sauber, gut gepflegt, nicht wie unser schmutziges New York.

Plötzlich aber wurden wir konfrontiert mit all den berühmten Postkarten! Alle auf einmal und alle dreidimensional. »Dies hier, Herr Nabokov«, verkündete Mme. Elvira, »ist der Krasnaja Ploschtschad. Ich glaube, Sie nennen es auf deutsch den ›Roten Platz‹ ... Und dies«, sie zeigte noch etwas feierlicher auf einen dunklen Steinkubus, der sich gegen eine nackte Ziegelwand lehnte, »dies ist unser Nationalschrein, das Mausoleum, Lenins Grab. Zweifellos haben Sie es auf Fotos schon gesehen.«

Wie hätte ich dem entgehen können? Ich konnte mich noch an die Bilder in ›Life‹ erinnern, knallige Farbfotos vom Äußeren und vom Inneren dieses größten aller Fetischisten-Tempel. Damals lagen beide Idole noch Seite an Seite, wächsern mit einem hübschen Make-up, im bläulichen Licht ihrer Glasbassins schwimmend wie seltene Südseefische. Nun liegt Lenin allein. Wo haben sie wohl den Georgier begraben? Auf welcher Seite der Kreml-Mauer? Sollte ich fragen? Lieber nicht.

»Wir haben besondere Ausweise für das Mausoleum. Morgen früh um neun Uhr«, sagte Mme. Elvira.

»Warum besondere?« fragte ich. »Ich dachte, er wäre für jedermann geöffnet.«

»Außer der Reihe«, erklärte sie, »sonst müßten wir uns anstellen, und die Schlangen sind manchmal sehr lang, besonders jetzt während der Touristen-Saison.« Und sie fügte hinzu: »Sie sind ein Gast des Kulturministeriums, und das Ministerium verschafft seinen Gästen besondere Privilegien.«

Ich antwortete nicht, nahm aber zur Kenntnis, daß es im sowjetischen Mutterland, selbst für seinen Nationalschrein, besondere Privilegien gab.

»Und was Sie dort drüben sehen, am anderen Ende des Platzes ...«, begann Mme. Elvira wieder.

»Ich weiß, ich weiß«, unterbrach ich, »ich habe es schon erkannt. Es ist die Basilius-Kathedrale.«

Noch eine berühmte Postkarte: die Lebkuchen-Kirche mit ihren lackierten Zwiebeln obendrauf. *Una fantasia molto barocca.* Sie paßt besser in eine Operndekoration, in Rimskys ›Zar Saltan‹ zum Beispiel, als zu christlicher Andacht.

»Und auf dieser Seite«, Mme. Elvira zeigte auf das viktorianisch aussehende Gebäude mit seiner ochsenblutfarbenen Fassade, »ist das Gum, das staatliche Kaufhaus. Sie können dort alles kaufen, was Sie wollen.«

Von den drei monumentalen Postkarten gefiel mir diese am besten. Es sieht gemütlich, harmlos und ganz hübsch aus.

Der Wagen hatte angehalten, wir drei kletterten auf das holprige Pflaster des Unplatzes hinaus. Mme. Elvira gestikulierte und zeigte auf verschiedene weitere Sehenswürdigkeiten, alle hochberühmt. Zuerst auf den Glockenturm Iwan Welikji mit seinem purpurroten Stern, der »bei Nacht leuchtet und das Kreuz ersetzt«. Dann zeigte sie rückwärts auf den Palast Nikolaus' I., so pompös und scheußlich wie der Invaliden-Dom, die Ecole Militaire und der Buckingham-Palast zusammen, Sitz der Sowjetmacht.

Mme. Elvira zeigte auf die Kreml-Mauer und die dazugehörigen Türme und nannte mir jeden Namen. Die alten Ziegel sahen verwittert aus und die Architektur, obwohl ausgesprochen italienisch, zweitklassig. All diese Bologneser Architekten müssen Schwindler gewesen sein. Sie verwandten billige Ziegel und steckten sich die goldenen des Zaren in die eigene Tasche.

Hinter den Kreml-Mauern zeichneten sich noch mehr Zwiebeln ab, gold, blau. Mme. Elvira kannte sie alle beim Namen. Es tut mir leid, *non mi piace il cupolismo russo!* Russische Kirchenarchitektur ist mir von Grund auf fremd, zu sehr Märchen, Folklore. Alles Außendekoration. Mein Herz sollte höher schlagen, aber es rührte sich nicht. *»C'est bien pour des âmes simples«*, schrieb Balzac an die Gräfin Hanska.

»Waren diese Mauern und Türme früher nicht weiß gekalkt?« fragte ich. – »Nein, ich glaube nicht«, antwortete Mme. Elvira. »Nicht zu unserer Zeit«, sekundierte die Musikabteilung. – »Aber sicher muß es einmal so gewesen sein«, beharrte ich, »sonst wäre der Begriff ›das weiße Moskau‹ niemals aufgekommen.« – »Nicht, daß ich wüßte«, sagte Mme. Elvira etwas verzagt, durch meine Frage aus der Fassung gebracht. »Vielleicht wurde es auch wegen der Kirchen und Päläste innerhalb des Kremls so genannt, die aus weißem Sandstein von den Steinbrüchen nahe der Moskwa und der Oka gebaut worden sind.« – »Sie meinen, wie diese Steine hier?« und Mme. Elvira zeigte auf eine niedrige Mauer im Halbkreis vor dem Haupttor des Kremls. »Dies ist der *Lobnoje Mesto*, der Huldigungsplatz. Es ist ...« – »Es ist«, unterbrach die Musikabteilung, »der Platz, auf dem Stepan Rasin, Jemeljan Pugatschow und die Strelitzen ...«

»Ja, ich weiß, ich weiß«, unterbrach ich nun wiederum meinerseits, »hingerichtet, geviertelt und in einem Käfig ausgestellt wurden, aber es ist auch der Platz, wo sich die Zaren nach ihrer Krönung dem Volk zeigten. Und war Iwan III. nicht der erste, der sich dort dem Volk zur Schau stellte?«

»Vielleicht, ich weiß es nicht«, murmelte die Musikabteilung und blickte auf ihre Uhr.

»Ich denke, Elvira Nikitischna, es ist Zeit, weiterzufahren«, sagte sie, »Nikolai Dimitrijewitsch wird sich vor dem Theater noch waschen und umziehen wollen. Und ich muß in mein Büro, ich habe noch zu arbeiten.«

Wir klettern in den Wagen zurück. Ich wende mich um und werfe einen letzten Blick auf die Türme des Kremls. Plötzlich schwimmt aus den Tiefen meiner Erinnerung ein Vers von Anna Achmatowa herauf: »Wie die Weiber der Strelitzen werde ich unter den Kreml-Türmen heulen.« Hat sie diese Zeilen hier in Moskau geschrieben, nachdem sie versucht hatte, unter den schrecklichen Türmen hindurchzukommen? Um wen zu sehen? Um von wem Gnade zu erbitten?

Als ich und mein Gepäck wieder in meinem Hotelzimmer vereint waren, was mindestens eine Stunde vom Augenblick unseres Eintreffens vor dem Portal andauerte, lächelte Mme. Elvira höflich und sagte: »Herr Nabokov, ich hoffe, Sie haben nichts dagegen, wenn ich Sie für einige Minuten verlasse. Ich habe meine Abendkleidung mitgebracht. Ich werde mich im Damen-Waschraum umziehen. Es wird nicht lange dauern, denn das Theater fängt in einer halben Stunde an, und wir müssen uns beeilen.« Ich beschloß, mich nicht umzuziehen. Ich wusch meine Hände, setzte mich aufs Bett und sah mich um. Das Zimmer war öde und ungepflegt, aber glücklicherweise hoch, und daher gab es viel Himmel und Licht.

Weniger als zehn Minuten später klopfte es an die Tür, und Mme. Elvira tauchte wieder auf, völlig verändert. Sie trug ein schmuckes, dunkles Tailleur und sah überraschend hübsch aus. Eine gutgewachsene armenische Schönheit, ein bißchen füllig. Blasse Haut, dunkle Haare, orientalisch-verschattete Augen und regelmäßige Gesichtszüge. Offensichtlich ein zivilisierter, intelligenter Mensch, der Sympathie hervorrief und Charme verbreitete. Nur die tiefen Ringe unter den Augen verrieten ein schweres Leben und Überarbeitung.

Das Stück, das wir uns gemeinsam ansahen, hieß ›Tschechow‹. Langsam, optisch überladen, aber gut gespielt. Leider war es zu offensichtlich die Kopie eines angloamerikanischen Modells, ein Stück, das nach dem Briefwechsel Bernard Shaws mit Ellen Terry fabriziert worden war. Ich hatte es erst jüngst in New York gesehen und langweilig gefunden. Dies hier war netter (weil Tschechow netter als Shaw war), aber handwerklich schlechter gemacht und darum viel dürftiger, aus der Tschechowschen Korrespondenz mit Olga Leonardowna Knipper und seiner Schwester Mascha zusammengebastelt.

Nach dem ersten Akt schlug ich schüchtern vor, daß wir »vielleicht« gehen könnten. Mme. Elvira schien erleichtert.

Ich hatte gehofft, daß wir uns nun trennen würden und ich ins Bett gehen könnte. Nichts davon! Mme. Elvira bestand auf einem Nachtmahl. »Sie sind unser Gast«, sagte sie, »Sie haben seit Mittag nichts gegessen. Bevor Sie ins Bett gehen, müssen Sie etwas zu sich nehmen. Es dauert nicht lange.«

Das Restaurant des Hotel Peking war überfüllt. Mme. Elvira quetschte sich durch die Menge am Eingang und sprach den Oberkellner an. Eine Minute später wurde ich durch die gleiche Menge wie durch einen Fleischwolf gedrängt und zu einem Tisch in der Nähe einer der viereckigen Säulen des Hauptganges geführt. Mme. Elvira bat mich zu warten. Wieder ein dringendes Telefonat. »Ich verspreche Ihnen, es wird das letzte heute abend sein.«

Ich saß, wartete und beobachtete. Das Restaurant war langgestreckt, voller Säulen, hoch und schlecht beleuchtet. Auf den Tischen standen Sträuße mit verblühten orangen- und zitronenfarbenen Blumen in Phantasievasen. Am anderen Ende spielte eine Kapelle unverkennbar russischen Jazz: schlüpfrig und gedämpft. Paare in dunkler Kleidung und mit ernsten Gesichtern bevölkerten die Tanzfläche vor der Kapelle.

In meiner Nähe am Eingang fanden in getrennten Nischen zwei laute Partys statt. Es schien sich um Hochzeiten zu handeln. Die Männer trugen weiße Blüten im Knopfloch. Die Tische um mich herum waren mit mongolisch aussehenden Männern mittleren Alters und mittlerer Größe besetzt, sichtlich angetrunken und sehr laut. Sie sprachen eine fremde Sprache, und einige von ihnen trugen wie Gorki Tataren-Kappen. Es mußte eine zentralasiatische Delegation sein, vermutete ich.

Es gab nicht genug Kellner, und die am Tisch vorbeikommenden sahen gehetzt und mürrisch drein. Endlich flatterte einer auf mich zu, sagte etwas Unverständliches, übergab mir eine speckige Speisekarte und eilte wieder davon.

Ich begann mechanisch, die Karte zu lesen, und entdeckte ein Quartett von Gerichten, das – wie sich bald herausstellen sollte – den kulinarischen Kern aller Hotelrestaurants in der Sowjetunion bildete:

Sudak Orloff
(barschähnlicher gebratener Fisch mit Tomatensauce)
Bœuf Stroganoff
(Filetgulasch mit Pilzen, Sahne und Paprikasauce)
Schaschlik karskij
(gegrillte Lammfilets, vorher mariniert)
Posharskije Kotljet
(eine Art Frikadelle)

Mme. Elvira blieb länger fort, als ich erwartet hatte. Wen rief sie an? Die Familie? Oder jemand anders, um über ihr Mündel zu berichten? (»Nein, wir sind nicht bis zum Ende geblieben. Er sagte, er sei müde. Ja, wir wollen jetzt essen. Ja, hier im Hotel. Nein, er hat mit niemand Kontakt aufgenommen. Ja, morgen um 9 Uhr bringe ich ihn zum Mausoleum.«)

»Es tut mir leid, Herr Nabokov, es hat lange gedauert.« Mme. Elvira erschien wieder, ihr Gesicht frisch gepudert, die Wangen mit Rouge belegt und Parfüm auf ihr Tailleur gesprüht. Es roch nach Flieder. Ihre Augen waren traurig und freundlich.

»Ich mußte in einer Schlange warten. Vor mir kamen noch eine ganze Menge dran. Endlich erreichte ich meine Mutter.« Ihre Mutter sei krank, erklärte sie. Nichts Ernstes, nur eine Grippe mit hohem Fieber. »Aber sie ist sehr alt, und sie muß auf meine Kinder aufpassen, während ich arbeite.« Mme. Elvira hatte wissen wollen, ob eine ihrer Nachbarinnen, wie sie versprochen hatte, gekommen war, nun war sie beruhigt.

»Ich bin auch erleichtert, weil es meiner Mutter besser geht. Das Fieber ist heruntergegangen. Bitte verzeihen Sie mir, daß ich Sie habe warten lassen. Haben Sie schon bestellt?«

Kein Kellner war mehr an unseren Tisch gekommen. Mme. Elvira mußte aufstehen und den Oberkellner suchen, einen älteren Mann mit gelangweiltem Gesicht, der unsere Bestellung entgegenzunehmen kam.

»Was wollen Sie essen, Herr Nabokov?« fragte sie. Ich sagte, ich sei nicht hungrig, ein Butterbrot genüge.

»O nein!« rief Mme. Elvira mütterlich aus. »Sie müssen etwas Warmes essen, wie wäre es, wenn wir zum Beispiel mit Kaviar anfangen und danach *Posharskije kotljet*?«

»Kaviar reicht schon«, antwortete ich. »Ich bin wirklich nicht hungrig.«

»Nein, nein«, protestierte sie. »Sie müssen wenigstens eine Suppe essen. Es steht Hühnersuppe auf der Karte. Nehmen Sie die. Wollen Sie zuerst Wodka und dann Wein? Wir haben ausgezeichneten georgischen Wein, roten und weißen.«

»Nein, vielen Dank, vielleicht einen kleinen Wodka und etwas Mineralwasser. Und ein bißchen Eis für das Wasser.«

Der Oberkellner schrieb alles auf und trollte sich.

Mme. Elvira holte wieder das Programm hervor, das von ihrem Ministerium für meinen vierzehntägigen Aufenthalt in der Sowjetunion vorbereitet war.

»Wie ich Ihnen schon gesagt habe, werde ich Sie morgen«, sie blickte auf ihre Uhr, »entschuldigen Sie – heute um halb neun abholen. Wir fahren zum Mausoleum, das dauert ungefähr eine Stunde einschließlich der Besichtigung. Dann erwartet Sie um halb elf Tichon Nikolajewitsch Chrennikow, um Sie im Namen des Komponistenverbandes zu begrüßen. Es werden auch andere Komponisten zugegen sein. Das dauert grob gerechnet zwei Stunden. Dann haben Sie um ein Uhr eine Verabredung mit Goskonzert, Herrn Boni. Und um zwei Uhr kommt Ihr Bekannter aus Berlin, Julij Alexandrowitsch Kwizinskij, der Sie zum Essen in Ihrem Hotel abholt. Um acht Uhr wird Rostropowitsch Sie anrufen. Soweit ich verstanden habe, will er Sie am Sonntag mit auf seine Datscha hinausnehmen. Am Abend ist ein Konzert im Bolschoi, wo Sie vermutlich hingehen werden, und am Nachmittag nach Ihrem Essen mit Kwizinskij werden Sie und ich . . .«

Sie redete wie ein aufgezogenes Uhrwerk. Es klang wie eine Litanei, tonlos und hypnotisierend. Ich bewunderte die Geschwindigkeit und Präzision, mit der diese blasse und müde Frau das beschwerliche Programm herunterbetete und nur ab und an verstohlen in ein kleines Notizbuch blickte.

Eine ganze Menge von Leuten mußte an der Vorbereitung dieses Programms gearbeitet haben. Es war so sorgfältig kalkuliert, wie es nur die Japaner oder die Deutschen gemacht haben würden. Sie mußten die Botschaft in Berlin, verschiedene Dienststellen in Leningrad angerufen haben, diverse schwer greifbare Menschen wie Rostropowitsch oder überbeschäftigte wie Chrennikow, um Pässe, Eintrittskarten, Züge, Flugzeuge und Hotels zu arrangieren.

Ich kam mir vor wie ein empfindlicher Gegenstand, in Watte

gehüllt und in einen Pappkarton mit der Aufschrift: »Achtung, zerbrechlich!« gepackt, um dann sorgfältig ausgewickelt und ebenso freundlich wie bestimmt von Moskau nach Leningrad, von Suzdal nach Vladimir weitergereicht zu werden, bis er einen neuen Glanz von Sowjetophilie angenommen hat und wohlbehalten wieder nach Berlin zurückgeschickt werden kann.

Mme. Elvira wurde von einem Ober unterbrochen, der uns mitteilte, daß die Küche geschlossen sei und kein Essen mehr serviert würde.

»Keine Suppe«, sagte er mürrisch, »und auch kein Kaviar. Es ist auch keiner mehr da.« Er stellte eine Karaffe mit Wodka und eine Halbliterflasche Narzan, das kaukasische Sprudelwasser, auf den Tisch.

»Aber was *können* Sie servieren?« fragte Mme. Elvira perplex.

»Wein, Cognac, Tee oder Kaffee«, antwortete der Kellner.

»Ich meine, zu essen!« rief Mme. Elvira indigniert.

»*Nitschewo*, es ist nichts mehr da«, war die Antwort.

»Rufen Sie den Oberkellner«, sagte Mme. Elvira. »Ich will mit ihm persönlich sprechen.«

»Der Oberkellner ist nach Hause gegangen.«

»Entschuldigen Sie, Herr Nabokov«, sagte Mme. Elvira, »ich werde sehen, was sich tun läßt.« Und bevor ich sie aufhalten konnte, sprang sie vom Stuhl und verschwand auf den Eingang zu.

Ich saß und wartete von neuem. Die beiden lauten Partys in den Nischen waren aufgebrochen. Andere Gäste, meist mittleren Alters, dickliche Männer und einige wenige vierschrötige Frauen gingen nach Hause und kamen an meinem Tisch vorbei. Sie bewegten sich schwerfällig, unsicher, ihre Gesichter waren rot und blickten gelangweilt und ausdruckslos drein. Nur die Mongolen waren noch da, erstaunlich fröhlich. Die Kapelle begann lauter zu spielen, mir vertraute Melodien. Die Zahl der Paare auf der Tanzfläche verringerte sich, und diese schienen sich schneller zu bewegen. Ich hatte eine verblühte Blume aus dem Strauß auf dem Tisch genommen und zwirbelte ihren Stiel zwischen den Fingern. Ihr Geruch kam mir seltsam bekannt vor. Ich wußte, woran er mich erinnerte. Der Name fiel mir jedoch nicht ein.

Mme. Elvira kam grollend zurück. »Ein wahrer Skandal! Ich werde das dem Management berichten. Bitte entschuldigen Sie.«

Derselbe Kellner kam hinter ihr her und brachte Fisch in Aspik, etwas müde aussehenden Aufschnitt, Brot und Butter.

»Es tut mir sehr leid, Herr Nabokov«, begann Mme. Elvira wieder, »Ihre erste Mahlzeit in Moskau – und so gräßlich.«

»Machen Sie sich nichts draus«, unterbrach ich sie und faßte sie freundlich an den Ellbogen. »Ich bin wirklich nicht hungrig. Es ist schon gut so. Und – warum nennen Sie mich nicht bei meinem richtigen russischen Namen: Nikolai Dimitrijewitsch? Was für eine Art von ›Herr‹ bin ich schon!« sagte ich lachend.

»*Nu choroschò.*« Sie lächelte zurück. »Wo waren wir stehengeblieben, Nikolai Dimitrijewitsch? Ach ja! Bei der Tretjakow-Galerie am Dienstag. Danach gehen wir ...« und während wir aßen, fuhr sie unbarmherzig mit dem Programm fort. Ich trank lauwarmen Wodka und abgestandenen Narzan und lauschte ihr.

Als Mme. Elvira ihre *explication du texte* beendet hatte, sagte sie mir, daß Änderungen noch möglich seien. »Vielleicht haben Sie noch einige zusätzliche Wünsche, Nikolai Dimitrijewitsch?« fragte sie. »Es wäre sehr hilfreich, wenn Sie mich das morgen wissen ließen.«

»Oh, ich kann es Ihnen gleich sagen.« Und ich erzählte ihr, daß ich einige Telefonnummern brauchte, zuerst die der Amerikanischen Botschaft, und, wenn möglich, die der Residenz des Botschafters im Spasso-Haus.

»Botschafter Thompson«, erklärte ich ihr, »und seine Frau sind persönliche Freunde von mir. Ich hätte auch gerne die Nummer von Lina Iwanowna Prokofjewa. Ich muß sie morgen anrufen. Auch sie und ihr Mann waren gute Freunde von mir, aber das ist lange her, in Paris. Und ein Sonderwunsch: Ich würde gerne Ihren Landsmann Aram Chatschaturian treffen. Ich bin ihm noch nie begegnet. Alle Leute sagen mir, daß er sympathisch ist, und auch sein Sohn oder Neffe, den Strawinsky so gerne hatte, als er hier war.«

»Oh, Aram Iljitsch!« rief Elvira Nikitischna und strahlte. »Sie werden ihn in Leningrad sehen. Er dirigiert die Philharmoniker, während Sie dort sind. Er ist ein wunderbarer Mensch! Wissen Sie, daß seine Frau auch komponiert?«

Plötzlich erschien der mürrische Kellner wieder und fragte mich, ob ich Coupons hätte. »Oder wollen Sie in Rubeln bezahlen?«

Mme. Elvira wurde wütend. »Dieser Herr ist unser Gast, bitte belästigen Sie ihn nicht. Ich werde mich um die Rechnung kümmern«, und sie holte eine Art Ausweis hervor. Der Ober ging, ohne ein Wort zu sagen.

»Verzeihen Sie bitte«, sagte Elvira Nikitischna. »Ihr erster Abend in Moskau – und so mißlungen.«

Sie wollte aufstehen, aber ich hielt sie zurück. »Sie sagten, daß ich Änderungen im Programm vorschlagen könnte. Ich habe eine kleine Bitte, die Sie vielleicht verstehen werden. Ich bin sehr müde heute abend, und Sie müssen es auch sein. Es war ein langer Tag, und ich würde morgen gerne ein bißchen ausschlafen. Könnten wir den Besuch im Mausoleum um neun Uhr nicht fallenlassen?«

Elvira sah mich erstaunt und überrascht an.

»Wie Sie wollen.« Sie sagte es kalt, und ich fühlte, daß mein Wunsch die Sympathie zwischen uns abgekühlt hatte. Wir gingen in das leere Vestibül und standen schweigend vor dem Lift. Erst als die Liftbedienung auftauchte, sagte ich Dankeschön und *do swidanja* und küßte Mme. Elviras ausgestreckte Hand. Sie lächelte wieder, ein wenig unbeholfen: »In Ordnung also, bis wann? Halb zehn oder zehn? Sagen wir lieber zehn, damit Sie sich wirklich ausruhen können. Gute Nacht, Nikolai Dimitrijewitsch, schlafen Sie gut.«

»Ich hoffe, Ihrer Mutter geht es morgen besser«, sagte ich noch aus dem Lift heraus und fügte auf deutsch hinzu: »Grüßen Sie sie unbekannterweise von mir.«

Als ich in mein Zimmer trat, funktionierte das Licht nicht. Die Etagenaufsicht, ein Mehlsack von Frau, saß wie eine Topfpflanze am anderen Ende des Korridors, strickte und hob nicht einmal den Kopf.

»Warten Sie bis morgen«, bellte sie, »der Ingenieur kommt um sieben.« Glücklicherweise war die Gardine hautdünn, und es drang genügend Licht von außen durch. Ich fand mich zurecht, zog mich aus und ging ins Bad. Der Heißwasserhahn hustete, nieste, gurgelte, aber ließ kein Wasser. Ich wusch mich kalt, zog den Pyjama an, öffnete das Fenster und legte mich auf das Bett. Das Zimmer war muffig und trotz des offenen Fensters voll schlechter Luft. Es war nach ein Uhr. Bald würde es dämmern, und es gab keine Aussicht auf Schlaf.

Was für ein seltsamer Tag war es gewesen, eine merkwürdige Unheimkehr, wie eine Parabel mit einem falschen Schluß: Der verlorene Sohn kehrt heim, aber an die falsche Adresse. Anstelle seines Vaters findet er das Hotel Peking, Mme. Melkumian, die

Musikabteilung und die offizielle *hospitalité touristique* vor. In mir war nicht der Hauch eines Zitterns, nicht die Andeutung einer Gefühlsbewegung, noch selbst das leiseste nostalgische Berührtsein, ich war nur etwas verwirrt und ungeduldig, und ich wünschte mir nur, dieses Willkommen hinter mich zu bringen, die wenigen Freunde, die ich hier hatte, zu besuchen und diejenigen zu treffen, die ich treffen mußte. Aber ich hatte auch den Wunsch, diesen Besichtigungen zu entgehen: dem Mausoleum, dem Inneren des Kremls, den Museen, den Ausflügen nach Kolomenskoje und selbst nach Sagorsk, alles zweifellos in Begleitung von Donna Elvira oder irgendeiner anderen Führerin.

Das Bett hatte eine lose Feder und eine Kuhle in der Mitte. Jedesmal, wenn ich mich bewegte, quietschte der Draht ein »d«. Das Kissen war dünn und mit Gummi gefüllt und roch nach der billigen Seife, die man in der ganzen sozialistischen Welt benutzt. Das Zimmer war stickig, kein Lüftchen bewegte sich. Ich stand auf, ging zum Fenster und setzte mich auf das Fensterbrett. Ich versuchte auf die Uhr zu sehen, aber dazu war das Licht zu schwach. Auch am Fenster war die Luft nicht besser. Der Hof des Hotels Peking lag still und düster da. Ich ging ins Bett zurück und wartete auf die Dämmerung. Was hatten sie unten im Restaurant gespielt, gerade als wir weggingen? Etwas so Bekanntes und Altes, so *pre*, so *retro*. So süß und so hilflos zärtlich. Plötzlich wußte ich es, und ich sah vor mir das schwarzverschmierte Gesicht auftauchen, die weißen *fil d'écosse*-Handschuhe und die breiten, gebleichten Lippen über dem Smoking, und dazu die krächzende Stimme von Al Jolson von einem alten Grammophon, Gott weiß wo, Gott weiß wann zum erstenmal gehört.

Ich werde geschüttelt von dem Gefühl, das alles schon einmal gesehen und erlebt zu haben. Ich suche etwas, und ich weiß, daß es vor mir auftauchen wird, unzusammenhängend, wie in Zeitlupe, in Unterbrechungen.

Aber es ist, als ob dahinter etwas Wirkliches, Konkretes verborgen ist. Wie eine Urangst. Als ob aus den entferntesten Winkeln der Erinnerung alte Fotografien sich selbst zu einem neuen Leben erwecken wollten, verblichen, verschwommen und dennoch merkwürdig greifbar. Wovon handelt es? Von wem? Von wann? Wie weit liegt es zurück? Ich zwinge mich zur Erinnerung, aber nichts geschieht. Ich bin bereit aufzugeben, als der Computer in meinem Kopf mit einem Schlag mir triumphierend ein Wort in kyrillischen Lettern ins Gedächtnis ruft: *nastur-tium*. Es springt mit einem Stoß in den Vordergrund. Ich sehe die orangen- und zitronenfarbenen Spitzen der Kletterpflanzen – »*les capucines – on les mange chez nous en salde*«, sagt Mademoiselle Verrière. – Scharfer Geruch wie der Stiel, den ich unten zwischen meinen Fingern gezwirbelt habe, fächerförmiges Blatt, der Form nach wie ein Gingko-Blatt, blumenkästenweise herunterhängend von einem Balkon, aber ich sehe es innen in einem Saal, in einem Speise- oder Tanzsaal, mit Tischen und Stühlen. Schwaches Licht und ein Podium am entfernten Ende und jemand darauf. Aber wo? Wann? Mit wem? Lange, lange Stille. Dann wieder ein Blitz, wieder in kyrillischen Buchstaben: Hotel Rossija, Jalta.

Ein Wohltätigkeitskonzert! Für wen? Das Rote Kreuz? Die Weiße Armee? Auf der Bühne jemand, der singt oder rezitiert? Er hat schon ein Gedicht rezitiert, ein nicht sehr gutes von Fedor Sologub, und nun schauspielert er. Aber er ist nicht allein. Es sind zwei. Wer sind sie? Ich erinnere mich: Mossju-chin und Lissenko. Zwei Filmstars, glatt wie Künstlerpostkar-ten. Mann und Frau. Und neben mir am gleichen Tisch Vetter Sergej und jemand Älteres. Könnte es Onkel Genja sein? Der General mit dem beschwipsten Namen: Rausch von Trauben-berg? Und auch ein Mädchen. Wer? Muma oder Katja Nabo-kov? Nein, nein, keine von beiden. Jemand anderes, Aufregen-deres, *plus désirable*. Plötzlich explodiert der Name in mir, wie-der in kyrillischen Buchstaben: Ira Schibajewa, das Mädchen, das mit uns das Jahr verbringt. Ich weiß nicht warum. Ein süßer weicher Pudding von einem Mädchen. Aber, ach, so verführe-risch, so unglaublich appetitlich. Ich nenne sie »meine kleine Eva mit dem Apfel, *jewushka s jablokom*« – meine erste Verfüh-rerin, fleischig, mittelgroß, mit Brüsten wie ein Kinderpopo, so blond und seiden wie ihr Haar, schmollende Lippen und Hasel-nußaugen. Ein wenig orientalisch (ihre Mutter war Georgierin), orientalisch träge: *des yeux en alcool*. Sie ist zwei Jahre älter als ich, viel reifer und wissender im Liebesspiel. Sie sagt, sie hat es von ihrem Onkel gelernt, als sie vierzehn Jahre alt war. Wir spielten es ängstlich und wohlanständig zu Hause, aber auf Spa-ziergängen schon aggressiver. Sie kommt und wartet auf mich nach meinen Harmoniestunden bei Rebikow. Wir gehen die Hafenmole entlang und küssen uns. Sie liebt es, gestreichelt zu werden. Sie faßt mich auch gerne an und kitzelt mich, aber niemals lange genug. Sie hört vor dem Ende auf und lacht:

»Armer kleiner Junge«, und haucht einen Kuß auf meine allein-
gelassene Erektion. Ungeschickt versuche ich sie auszuziehen,
aber sie läßt es nicht zu.

Dann gehen wir eines Tages im Mai den Hügel oberhalb der
Stadtgrenze zur armenischen Kirche hinauf. Es ist ein Wochen-
tag. Die Kirche und der Friedhof liegen verlassen da. Wir verstecken uns im Eingang auf einer Steinbank. Nun läßt sie sich
nackt ausziehen, und ich darf ihren frischen elastischen Körper
streicheln. Überall. Wir küssen und küssen und küssen, jede
Falte, jede Schwellung. Sie ist weniger ungeduldig als ich, aber
viel feinfühliger, instinktsicherer.

Sie zieht sich langsam an und bittet mich, ihr die Bluse vorne
zuzuknöpfen, und während ich das tue, kitzelt sie mit ihrer
Zungenspitze meinen Mund. Später gehen wir Seite an Seite
händehaltend langsam den steilen, kieselreichen Pfad hinunter.
Es hat geregnet. Der Geruch von persischem Flieder umweht
uns. Wir summen ein Lied von Vertinsky. Wir bleiben stehen
und pressen uns gegeneinander. Wir küssen und küssen uns so
wild, daß unsere Lippen bluten. Und dann läuft sie den Pfad
hinunter und ich hinterher. Wir bleiben auf einer kleinen, offenen Aussichtsplattform mit einer Bank stehen. Unten legt sich
ein frühlingshaft nebliger Abend auf Jalta. Und der Himmel
läßt schimmernde, perlmutte Spuren auf den stillen Wassern
des Hafens zurück. Und ...

Jemand donnert an die Tür. »Einen Augenblick«, rufe ich auf
englisch und versuche in die Wirklichkeit zurückzufinden. Wo
bin ich? Wer ist da? Wie spät ist es?

Ein blasser, dünner und unglaublich schäbig aussehender
Mann steht vor der Tür. Er trägt einen winzigen abgeschabten
Handwerkskasten aus Kunststoff. »Ich Elektrotjeknik ... muß
reparieren ... njicht Ljicht brennen.«

»Kommen Sie herein«, antworte ich auf russisch.

»Ah, Sie sprechen Russisch«, ruft er, »warum hat man mir
unten erzählt, daß Sie Deutscher sind?« Und ich sehe das erste
russische Lächeln auf einem moskowitischen Gesicht.

Der Monteur reparierte das Licht im Nu und ging. In der
Hoffnung auf ein warmes Bad eilte ich ins Badezimmer. Aber
diesmal hustete der Warmwasserhahn nicht einmal, von Gur-
geln ganz zu schweigen. Er blieb stumm und trocken.

Am Abend zuvor hatte ich neben meinem Zimmer einen
Raum entdeckt, auf dessen Tür stand: »Zutritt verboten. Auf-
enthaltsraum für das Hotelpersonal.« Ich dachte, dort würde

ich vielleicht jemanden finden, der den Wasserhahn reparieren könnte.

Ich klopfte und öffnete die Tür. Der Raum war leer. Drinnen standen verschiedene große Tische, auf denen Teller und Bestecke gestapelt waren. Ein riesiger kupferner Samowar in der Ecke war das Hauptmöbel des Zimmers. Im Korridor kam eine Frau auf mich zu. Als sie an mir vorüberging, sagte sie verdrossen: »Kein heißes Wasser heute. Die Boiler werden repariert.«

Ich kehrte in mein Badezimmer zurück.

Der Fußboden war dreckig. Dunkelbraune, angeschlagene Fliesen. Einige fehlten. Um das Waschbecken und das Klo Kaugummiflecken, die wie zerquetschte Käfer aussahen. Durch die Ventilation hörte ich Stimmen und sanfte Musik.

Mein elektrischer Rasierapparat ließ sich nicht anschließen. So rasierte ich mich naß und wusch mich kalt in der stöpsellosen Wanne. Als ich gerade fertig war, hörte ich ein zaghaftes Klopfen an der Tür.

»Einen Augenblick«, rief ich, zog mir etwas über und öffnete.

Eine kleine Putzfrau mit einem Gesicht wie ein Äpfelchen aus dem letzten Jahr stand vor mir. Sie sah aus wie aus einem Volksmärchen.

»Wann ick komm soll«, murmelte sie stotternd in einem Niemandsdeutsch.

»Wann sollen Sie hier was tun?« fragte ich auf russisch.

Und wie beim Elektriker schmolz das Gesicht, daß fast die Runzeln verschwanden, und strahlte mich zahnlos an.

»Oh, Gott segne Sie!« sagte sie sehr freundlich. »Sie sprechen Russisch! Wie schön!« Sie sah mich zärtlich an. »Ich möchte nur, daß Sie mir sagen, wann ich bei Ihnen aufräumen soll?«

»In ungefähr einer Stunde«, gab ich zur Antwort, »wenn es Ihnen recht ist.«

»Aber natürlich«, murmelte sie eilig. »Und haben Sie etwas zu waschen? Hemden, Taschentücher? Wenn Sie es mir gleich geben, haben Sie es noch vor vier Uhr zurück, bevor die Spätschicht kommt.«

»Ich will in meinem Koffer nachsehen«, sagte ich. »Ich habe nicht viel zu waschen. Ich bin erst gestern abend angekommen. Vielleicht dieses Hemd. Ich habe noch zwei andere, die gebügelt werden müßten. Könnten Sie das tun?« Und da ich nicht wußte, wie ich sie anreden sollte, sagte ich *sudarinja* zu ihr. Sie lachte ein winziges, spitzes Lachen und zeigte wieder ihre zahnlosen Kiefer.

»Was bin ich schon für eine *sudarinja*«, rief sie aus. »Nennen Sie mich einfach Tanja. Und wie heißen Sie, mein Herr, wenn ich fragen darf?«

Ich nannte ihr meinen Namen, Buchstaben für Buchstaben.

»Das klingt wie Russisch«, strahlte sie. »Und Sie sprechen wie wir, nur feiner. Aber warum haben die unten uns gesagt, daß Sie eine Art Deutscher sind?! Es sind solche Lügner. Ich meine, die Aufseher. Hier Sind Sie, sprechen wie wir, tragen einen russischen Namen, und die nennen Sie einen Deutschen.« Sie schüttelte den Kopf. »Trauen Sie ihnen nicht, *barin milyj* – ich meine Nikolai Demjanjitsch ...«

»Dimitrijewitsch«, verbesserte ich sie ...

»Oh, verzeihen Sie, Nikolai Dimitrijewitsch ... Mein Kopf ist ein Sieb ... Ich vergesse alles sofort ... Ich bin so kaputt wie alter Kohl ... Was sagte ich eben? ... Ach ja ...« Und sie kam mir ganz nahe und flüsterte mir ins Ohr: »Machen Sie lieber die Tür zu«, und zeigte auf die Badezimmertür.

»Warum?« fragte ich.

»Fragen Sie nicht. Tun Sie's«, und sie ging und schloß die Tür geräuschlos.

»Wenn Sie hier sprechen, lassen Sie lieber die Tür zu. Glauben Sie mir, Nikolai Dimitrijewitsch, es ist sicherer. Besonders wenn Sie ein Ausländer sind, der unsere Sprache spricht.«

»Sie sagten etwas über das Aufsichtspersonal«, unterbrach ich sie, »meinen Sie die Frau, die neben dem Lift sitzt, am Ende des Korridors?«

»Ach! Was soll ich von denen sagen?« bemerkte sie mit Verachtung. »Sie werden es selbst sehen, nicht wahr? Die für den Tag ist eine Hexe, sie grollt und beißt. Und die für die Nacht ist eine fette Kuh, dumm und ekelhaft. Das ist alles. Aber trauen Sie ihnen nicht, *barin milyj*. Und geben Sie denen keine Trinkgelder. Sie sind es nicht wert. Sie sind eine Teufelsbrut! Alle! Hier im Hotel sind alle wie die Wölfe. Gott ist mein Zeuge: Ich sage die Wahrheit«, und sie machte mit großer Gebärde das Zeichen des Kreuzes und murmelte etwas.

»Woher kommen Sie, Tanja?« fragte ich, um vom Thema abzulenken.

»Wer? Ich? Von den Schtscherbatowschen Gütern nicht weit von hier. Ich kann mich kaum erinnern, wie unsere Herrschaft fortgejagt wurde. Mein Vater ist schon seit vielen Jahren tot. Gott schütze seine Seele«, und wieder bekreuzigte sie sich, »und meine Mutter auch. Wir waren die beiden einzigen Kinder.

Meine Schwester und ich. Keine von uns hat geheiratet. Nun sind wir ganz allein. Meine Schwester, Gott segne sie, ist älter als ich und beinah blind. Als sie jung war, wollte sie Nonne werden. Aber diese Gottlosen haben die Klöster geschlossen. Sie wissen, wen ich meine«, sie zeigte mit dem Daumen aus dem offenen Fenster. »Dann haben meine Schwester und ich als Reinemachefrauen gearbeitet, ganz nahe bei unserem Dorf, in einem Sanatorium. Dann kam der Krieg, und die Deutschen brannten unser Dorf nieder. Darum zogen wir näher nach Moskau. Meine Schwester kann nicht mehr arbeiten. Sie ist zu alt und sieht nicht mehr. Aber wir leben weit außerhalb der Stadt, drei Kilometer bis zur nächsten Bushaltestelle. Manchmal meine ich, ich kann nicht länger durchhalten ... aber, was soll ich machen?« Sie nahm mein schmutziges Hemd auf, sah es sich mit Kennerblick an und sagte ganz sachlich: »Dies darf nicht gekocht werden, Nikolai Dimitrijewitsch. Ich wasche es mit der Hand. Es trocknet schnell ... gutes *amerikanskij material* ... Ich mache das noch vor dem Essen.« Sie blitzte mich wieder mit einem zarten und strahlenden Blick an und sagte: »Vielen Dank, *barin milyj*.«

Als ich um zwei Uhr nachmittags ins Hotel zurückkam, stand auf meinem Nachttisch ein kleines Wodkaglas mit einem Sträußchen welkender Vergißmeinnicht.

Brief an einen freundlichen Botschafter

Lieber Freund!
Als ich zu Ihnen zum Mittagessen kam, gleich am ersten Tag nach meiner Rückkehr aus Rußland, und mit Ihnen allein in der Monsterbotschaft in Ostberlin saß, baten Sie mich, frank und frei herauszusagen, wie es mir in meiner Heimat ergangen sei, was mir gegen den Strich gegangen sei und ob ich eine gute Zeit gehabt hätte.

»Und, bitte, Nikolai Dimitrijewitsch«, fügten Sie hinzu, »lügen Sie nicht. Haben Sie keine Angst, mir die Wahrheit zu sagen. Ich bin ein alter Loschak, ein alter Maulesel. Ich kann das ertragen. Und ich verspreche Ihnen, es nicht gegen Sie zu verwenden, eben weil es von einem alten, unterdrückten Kapitalisten wie Ihnen kommt.«

Ich erzählte Ihnen alles so offen und ehrlich wie ich konnte. Ich beschrieb meinen Aufenthalt in Moskau und in Leningrad in allen Einzelheiten. Ich erzählte Ihnen, wie herzlich der Empfang war, wie wunderbar es gewesen war, Slawa und Galina Rostropowitsch in Moskau und später in ihrer Datscha zu besuchen, und von der riesigen Geburtstagsfeier für ihre beiden Töchter, mit den Schostakowitschs und den Roshdjestwentskijs und Slawas Mutter und Schwestern. Ich erzählte Ihnen, wie gerne ich Aram und Nina Chatschaturian, ihren Sohn und ihren Neffen gemocht hatte und wie besonders nett die jungen und alten Kollegen aus der Sowjetunion zu mir gewesen sind.

Ich erzählte Ihnen auch, daß eines der angenehmsten Dinge das Essen mit Ihrem ehemaligen Kollegen, J. A. Kwizinskij, in seinem Hause gewesen sei. Ich fühlte mich bei ihm und seiner Frau in ihrer Wohnung in einem Moskauer Außenbezirk so wohl. Sie glich sehr meiner eigenen kleinen Wohnung in Paris, in der Sie mich einmal mit Ihrer Frau besucht haben, als Sie Botschafter in Frankreich waren. Erinnern Sie sich?

Manche Theatervorstellungen, die ich in Moskau gesehen habe (besonders im Taganka-Theater das Stück über Majakowsky, von Ljubimow inszeniert), und die Musik, die ich in Konzerten oder auf Tonband gehört habe, Musik von jungen sowjetischen Komponisten, die bis dahin im Ausland noch unbekannt waren – Tischtschenko, Denissow, Silwestrow, Schnittke und noch einige andere –, haben mir sehr gefallen.

Ich habe mich in die russische Porträtmalerei verliebt und bin mehrere Male in die Tretjakow-Galerie zurückgekehrt, um die drei oder vier Säle mit Porträts wiederzusehen. Ich machte für mich die Entdeckung, daß die russische Begabung für Porträtmalerei ganz einzigartig und beständig ist. Ich glaube, das hat etwas mit dem den Russen angeborenen Sinn für Realismus zu tun.

Ich schlug vor, daraus eine Ausstellung für das Ausland zu machen. Sie schienen an diesem Vorschlag interessiert zu sein und baten mich, ein Memo darüber zu machen, was ich sofort tat. »Einhundert Porträts großer Russen«, wäre das nicht ein guter Titel?

Ich drängte Sie auch, dem sowjetischen Komponistenverband klarzumachen, wie wichtig, ja wie unumgänglich notwendig es für junge sowjetische Komponisten ist, frei herumzureisen und kennenzulernen, was ihre Zeitgenossen in anderen Ländern treiben. Sonst fangen sie nämlich an, sich wie in einem Getto zu fühlen, und beginnen erst recht, fremde Muster zu imitieren, einerlei ob sie gut oder schlecht sind.

Ich habe Ihnen auch eine ganze Menge Negatives über das erzählt, was ich in Moskau und Leningrad gesehen habe. Sie haben meine Kritik großzügig angehört und schienen mir für meine Offenheit dankbar zu sein. Sie haben mich sogar eingeladen, im nächsten Jahr noch einmal nach Rußland, und speziell nach Weißrußland zurückzukehren. Sie sagten, Sie würden mit mir kommen, um Minsk, Nowogrudok und meinen Geburtsort Lubcza zu besuchen, und mit mir am Kroman-See Krebse fangen.

Aber das nächste Jahr war das Jahr 1968. Und gerade zu dem Zeitpunkt, als meine Frau und ich nach Rußland fliegen sollten, fand die unglückselige Invasion in die Tschechoslowakei statt. Ich lehnte die Einladung des Ministeriums und des Komponistenverbandes ab. Und dabei hatten Slawa und Roshdjestwenstskij ein Konzert mit meiner Musik in Moskau arrangiert.

Ich weiß, das Sie darüber verärgert waren, daß ich »kalte Füße« bekommen hatte. Aber später besänftigte der unnachahmliche, wunderbare Slawa, der ergebene, warmherzige und treue Freund, Ihren Zorn. Wir wurden wieder Freunde, und ich glaube, daß Sie tief in Ihrem russischen Herzen für meine »kalten Füße« Verständnis hatten.

Bei dem langen Sonntagmittagessen erzählte ich Ihnen, was mich am meisten beeindruckt hatte, zunächst mein Besuch in Sagorsk und dann natürlich mein Aufenthalt in Leningrad.

Dort in Sagorsk, in der dunklen Kapelle des Grabes des heiligen Sergej, hörte ich, als kämen sie von weit, weit her, wie die entfernten Klänge einer Harfensaite, die ruhigen Schläge des russischen Herzens, unauslöschlich, unaufhaltbar, wie das Tikken einer Uhr. Und der Raum war überfüllt, nicht nur von Frauen, sondern von Menschen jeden Alters und Geschlechts, einigen in der Uniform der Roten Armee. Die Gesichter, die ich sah, waren schön und merkwürdig feierlich.

Nach Leningrad fuhr ich mit Bangen – es zog mich an, und zugleich fürchtete ich mich davor. Das werden Sie möglicherweise nicht verstehen können. Sie haben ein Land, zu dem Sie gehören, ein Stück, ein sehr großes Stück unserer Erde. Sie haben dafür gekämpft. Aber ich? Ich habe nichts. Ich bin wie einer der Juden der ersten Diaspora, der für sein »nächstes Jahr in Jerusalem« betet – mein Jerusalem – St. Petersburg. Ich weiß, daß ich nie hinkommen werde, und dennoch bete ich tief in meinem Unterbewußtsein darum. Es ist die Kultur, in der ich und meine ganze Familie in unserer russischen Diaspora aufgezogen wurden.

Da war das nun alles wieder – heil und unversehrt oder mit unendlicher Liebe und Sorgfalt von den Einwohnern wieder aufgebaut: Die »Königin des Nordens« stand stolz an den Ufern der Newa mit ihren vielen Zuflüssen und den Kanälen, die Zar Peter graben ließ, um sie Amsterdam ähnlich zu machen. Glanzvoll, offen und luftig, merkwürdig zerstreut und dennoch die eigentümlichste Stadt, die Menschen je geplant und gebaut haben.

Sie kam mir wie eine leere Riesenmuschel vor. Der Inhalt der Muschel, ihr Geist, ihre Seele, war für mich auf immer verloren. Ich fühlte mich wie ein Forscher, der ein unberührtes Pharaonengrab in seiner ganzen wohlerhaltenen Schönheit betritt, mit dem unwiderruflich toten Pharao und den Weizenkörnern, die nie wieder keimen werden.

Ich glaube, ich habe Ihnen alles dies erzählt. Aber was ich Ihnen nicht gesagt habe und was Sie auch nicht verstehen würden, war meine nagende Traurigkeit darüber, daß – im Gegensatz zu dem jüdischen Jerusalem, wo wenigstens ein paar Steine in einer Mauer für das Gebet nachgeblieben sind – mein eigenes Jerusalem, mein St. Petersburg, in all seinem rekonstruierten Glanz für mich noch mehr zu einem Niemandsland geworden war, völlig unerreichbar, doch stets gegenwärtig. Ein Urmythos und, wie alle Mythen, grausam wirklich, eingebrannt in die Tiefe meiner Seele und durch Myriaden von Blutgefäßen mit dem Kern meines diasporatischen Lebens verbunden.

Während ich ihren reinen Glanz mit meinen Augen berührte, fühlte ich mich wie der Gärtner in Strindbergs ›Traumspiel‹: »Ja, es ist grün«, sagt der Gärtner, als er auf eine Schmetterlingsschachtel sieht, die er sich sein ganzes Leben lang gewünscht hat und nun endlich bekommt, »aber es ist nicht das Grün, das ich mir vorgestellt habe.«

Und so ging es mir mit Petersburg, mit seinem allzu glanzvollen, aber seelenlosen Körper, mir dem alten, wandernden, nichtjüdischen Juden.

Vielleicht werden Sie dieses hier irgendwann in irgendeiner Sprache lesen.

Erinnern Sie sich dann bitte daran, daß ich Ihnen und Slawa Rostropowitsch immer dankbar sein werde, diesen verrückten

Versuch der Heimkehr eines Petersburgers in die Wege geleitet zu haben.

Wann werden wir im Kroman-See Krebse fangen? Soll ich meine drei Söhne mitbringen – Iwan, den Russen, Peter, den Amerikaner, und Alexander, den Franzosen?

Bedenken Sie, daß alle drei gute, alte russische, ja zaristische Namen tragen. Aber schließlich tragen auch Sie den Namen eines der gefürchtetsten Zaren Rußlands, der immerhin Gründer meiner nördlichen Hauptstadt war.

Personenregister

Abrassimow, Pjotr Andrejewitsch 355–361, 363
Achmatowa, Anna 367
Adam, Adolphe 211
Adler, Mortimer 265
Alabjew, Alexander 171, 210
Alexander II. 25, 111, 134, 136
Alexander III. 73, 134
Alexej, Zar 133
Aljechin 189
Arcimboldi, Giuseppe 79
Aristoteles 269
Astor, Alice 225
Auden, Wystan Hugh 273–278, 313, 318–328, 331
Ayer, Alfred Jules 304

Babel, Isaak 267
Bach, Carl Philipp Emanuel 215
Bach, Johann Sebastian 103 ff., 170, 202, 214 f., 241, 270, 340, 346
Bagration 112
Balakirew, Milij Alexejewitsch 39, 204
Balanchine, George 175, 183, 208 f., 211 f., 223, 318, 327 ff., 331, 337 f.
Balanchine, Maria 328
Balzac, Honoré de 366
Barber, Samuel 312
Barnes 225
Barr, Stringfellow 265
Bauchant, André 176, 208
Bauernfeind, Winfried 325
Beaton, Cecil 228, 230 f.
Beethoven, Ludwig van 103 f., 106, 126, 170, 270 f., 323, 333, 346
Beichmann, Arnold 297, 300
Bellini, Vincenzo 79
Bennigsen, Levin 112
Berg, Alban 170, 205
Berlin, Irving 224
Berlin, Isaiah 273 ff., 344
Berman, Eugene 338
Bernstorff, Albrecht 140
Bespalow 281 f.
Bethmann-Hollweg, Felix von 140
Bhabba, Homi 310
Bizet, Georges 79, 187

Blake, Patricia 295 f.
Blintz 289 f.
Blok, Alexander 147 f.
Bohlen, Charles 263, 267 f., 305
Boileau, Nicolas 208
Boito, Arrigo 321
Bokow 284
Bolm, Adolph 331, 338
Bomhard, Moritz von 313–316
Boni 370
Borodin, Alexander Porfirjewitsch 39, 103, 106, 204
Borowski 290
Boulanger, Nadja 326, 342
Boulez, Pierre 170, 341 f., 350
Brandt, Willy 345, 354 ff.
Brecht, Bertolt 324
Broadwater, Bowden 295
Brook, Peter 319
Brown, Irving 308
Buchanan, Scott 262, 264 ff., 271 f.
Bucharin 151
Bulgakow, Michail 267
Bullitt, Bill 267
Bunin, Iwan 130, 343
Byron, George 274

Camus, Albert 307, 311
Cartier-Bresson, Henri 229–232
Chabalow 118
Chabrier, Emanuel 187
Chadwick, Dorothy 222
Chanel, Coco 167
Chatschaturian, Aram 199, 372, 380
Chatschaturian, Nina 380
Cherubini, Luigi 165
Chirico, Giorgio de 208
Chopin, Frédéric 102 f.
Chrennikow, Tichon Nikolajewitsch 364, 370
Chruschtschow, Nikita 302, 353
Churchill, Winston 302
Clay, Lucius D. 295
Coates, Albert 114
Cocteau, Jean 213, 219, 230, 234, 248, 330, 344
Copland, Aaron 260 f., 316

Cotoni 109
Craft, Robert 339f., 344, 346, 352
Croce, Bênedetto 300
Cui, Caesar 108, 204
Curie, Eve 78

Dargomyschsky, Alexander Sergeje-
    witsch 171
Davidow 105
Debussy, Claude 187
Degas, Edgar 144
Degejters, Pierre 120
Delibes, Léo 211
Denissow 380
Derain, André 175f., 213
Desormièr, Roger 172, 181
Diaghilew, Aljoscha 106f.
Diaghilew, Kolja 107
Diaghilew, Pawlik 106
Diaghilew, Sergej 108, 140, 142,
    160-171, 173-184, 190, 195f.,
    206-214, 223
Diaghilew, Valentin Pawlowitsch 107f.
Dietrich, Marlene 234
Dimitrij, Großfürst 116
Dostojewsky, Fjodor Michailowitsch
    130
Dougherty, Marion 222, 249
Downes, Olin 301f.
Dubinsky 297
Dubrowskaja 175
Dudelskij, Wladimir 223
Dugardin, Hervé 315
Duncan, Isadora 141f., 239
Duncan, Mary 240, 242f., 246
Dymschiz 298

Edel 338
Ehrenburg, Ilja 195
Eisler, Hanns 324
Eliot, T.S. 300
Elisabeth, Zarin 166f., 192, 208
Engels, Friedrich 113
Erlanger, d' 184

Falz-Fein 28 et passim
Fiebich, Zdenko 39
Filipow 281
Fincke, Edith 222, 226, 228, 263, 266f.
Foch, Ferdinand 192
Fokine, Michail 178

Ford, Charlie 228
Fricsay, Ferenc 344

Garbo, Greta 234
Gershwin, George 223f.
Gesualdo, Carlo 340
Gide, André 274
Gluck, Christoph Willibald 211
Glinka, Michail Iwanowitsch 171,
    204, 210, 324, 340
Goethe, Johann Wolfgang von 277
Gogol, Nikolai 79, 190
Gorki, Maxim 130, 368
Gremizkich, Jurij Alexandrowitsch
    361
Grieg, Edvard 102f.
Grigoriew 173
Grunelius, Alexander 219
Grunelius, Antoinette 219, 259
Guriljow, Alexander Lwowitsch 171,
    210

Haas, Joseph 205
Händel, Georg Friedrich 214f., 327f.,
    330, 346
Hauska 366
Hauptmann, Gerhart 143
Haydn, Joseph 103f.
Heisenberg, Werner 310
Henze, Hans Werner 318
Hindemith, Paul 168, 182, 219, 301
Hitler, Adolf 140, 159, 232, 307, 354
Hölderlin, Friedrich 277
Hofmannsthal, Hugo von 143, 313
Hofmannsthal, Raimund von 225f.,
    228, 233
Holladay, Constance 248, 261, 295
Homer 269
Hook, Sidney 297f., 301f., 305
Huehne, Hoynigen 228
Hurok, Sol 221
Hutchins, Robert 262, 265
Huxley, Aldous 326, 338

Ignatiew 282
Igumnowa, Julia Iwanowa 93, 95
Isaac, Heinrich 340f.
Iwan III. 367
Iwanow, Michail Fedorowitsch 94f.,
    97

Jacob, Max 213, 249
Jaspers, Karl 300
Jeanne d'Arc 191 f.
Jessenin, Sergej 141
Judenitsch 125
Juon, Paul 340
Jussupow 115 f.

Kallman, Chester 313, 318f., 322, 325 f.
Kamenew 151
Kankrin 89
Katharina II. 89
Kennan, George 267
Kennedy, John F. 345, 352f., 355 f.
Kepler, Johannes 269
Kessler, Harry 140–145, 147, 149f., 152–160
Kierkegaard, Sören 277
King, Martin Luther 356
Kirsanow 281–285
Kirstein, Lincoln 317–320
Klemperer, Otto 205
Knipper-Tschechowa, Olga Lenardowna 130f., 368
Kochanski, Paul 226
Kochanski, Zocia 226f.
Kochno, Boris 164f., 167, 173, 177–180, 183f., 206f., 209, 211
Koestler, Arthur 304
Kondraschin, Kyrill 361
Konraetz 94
Koribút-Kubitowitsch, Pawel Jegorowitsch 178
Koslow 93
Koussewitzky, Sergej 204, 223, 261, 298
Kreisler, Fritz 39
Krylow, Iwan Andrejewitsch 37
Krym, Salomon Salojmowitsch 255
Kschessinsky 150f.
Kusnezowa, Maria 114
Kutusow, Michail Larionowitsch 111
Kwizinskij, Julij Alexandrowitsch 356–360, 370, 380

Labbé, Louise 148
La Fontaine, Jean de 330
Lambert, Hansi 313, 315 ff.
Lamont, Corliss 300
Lankes, J. J. 241
Lasky, Melvin 303

Lenin, Wladimir Iljitsch 113, 149f., 151f., 189, 198, 230, 232, 299, 365
Lermontow, Michail 51
Lewis, John L. 305
Liebermann, Rolf 312f., 344, 348
Lifar, Sergej 164, 173, 175, 177f., 181, 184, 206, 209
Lipper, Elinor 305
Lissenko 375
Ljubimow 380
Lomonossow, Michail 166, 208
Lourié, Arthur 189, 213f.
Lunatscharsky, Anatolij 97, 151
Lwoff 120

Machault, Guillaume de 269, 340f.
McCarthy, Joseph 296
McCarthy, Mary 295ff., 301
McClure 281,284–287, 292, 295
McDonald, Dwight 301
MacLeish, Ada 220
MacLeish, Archibald 220, 222, 224
Magalow, Nikita 198f.
Mahler, Gustav 72
Maillol, Aristide 140, 143f.
Majakowsky, Wladimir 147f., 380
Malewitsch, Kasimir 212
Malraux, André 300
Manet, Edouard 243
Mao Tse-tung 95
Maria, Königin 136
Maritaïn, Jacques 220, 242, 262, 300
Maritain, Raïssa 220
Markewitsch, Igor 182f., 186
Martow 113
Marx, Karl 113, 232
Massine, Léonide 171, 173, 176–180, 211, 221
Mack, Nadeschda von 36, 38
Méhul, Etienne Nicolas 165
Meikeljohns, Alexander 265
Meitner, Lise 310
Melkumian, Elvira Nikitschna 354, 362–373
Mendelssohn, Eleanore 226, 229
Mendelssohn-Bartholdy, Felix 320, 346
Menotti, Giancarlo 311ff.
Messiaen, Olivier 53
Meyerhold, Wsewolod 141, 190, 195
Michelangelo Buonarroti 243
Mickiewicz, Adam 19, 42f.

Milhaud, Darius 170, 172, 219
Miljukow, Pawel 136
Minkus, Ludwig 211
Moissi, Alexander 130
Mondrian, Piet 212
Monteux, Pierre 344
Monteverdi, Claudio 243, 269
Morley, Thomas 320
Mossjuchin 375
Mozart, Wolfgang Amadeus 103 f.,
    106, 126, 165, 211, 215, 270
Münch, Charles 219
Münch, Fritz 219
Muller, Herman 310
Mussorgsky, Modest Petrowitsch 39,
    103, 204, 214, 324

Nabokow, Wladimir 129–132, 137,
    219, 286, 343
Napoleon Bonaparte 185
Neher, Caspar 316
Nemirowitsch-Dantschenko 130
Nicholson 289 f.
Niebuhr, Reinhold 304
Nietzsche, Elisabeth 144
Nijinsky, Waslaw 141
Nikisch, Arthur 126 f.
Nikitina 175
Nikolaus I. 89 f., 366
Nikolaus II. 128
Nostitz, Helene von 153–159
Nouvel, Walitschka 164 f., 176, 206 f.,
    209

Offenbach, Jacques 202
Olescha, Juri 267
Olsen 326, 331
Ormandy, Eugene 298

Paitschadse, Gabriel 332
Parrish, Carl 238 ff.
Parrish, Catherine 238 f.
Paul I. 120
Pawlik 230 f.
Pawlow, Iwan Petrowitsch 50, 244
Pawlowa, Anna 141
Pergolesi, Giovanni Battista 340
Peter I. 111
Peter der Große 133, 166, 192
Peters, Reinhard 325
Peucker, Nicolas von (Koló) 14 et
    passim

Pflaum, Barbara 273
Picasso, Pablo 213, 347
Pilnjak, Boris 267
Pitzele, Mel 297, 300
Pius XII. 227
Pjorkowskij, Ossip Ossipowitsch
    105 ff.
Platon 269, 272
Plechanow, Georgij Walentinowitsch
    113
Polanyi, Michael 310
Porter, Cole 224
Poulenc, Francis 170
Prokofjew, Sergej Sergejewitsch 164 f.,
    168 ff., 180, 183–201, 210, 219, 224,
    286, 360
Prokofjewa, Lina Iwanowna 185,
    191 ff., 199, 372
Propes, A. Z. 344
Puccini, Giacomo 291–294
Puschkin, Alexander 19, 36, 127, 146,
    148, 351

Rabinowitsch, Michail Zinowitsch 69 f.
Rachmaninow, Sergej 187 ff., 224
Rasputin, Grigori Jefimowitsch
    114 ff., 311–317
Rebikow, Wladimir 121 f., 210, 375
Reger, Max 205
Reinhard, Freddie 352 f.
Reinhardt, Max 130 f.
Renoir, Auguste 144
Reuter, Ernst 303 f., 355
Ribbentrop, Joachim von 140
Ridgeway, George 241
Rieberger 95, 100
Rieti, Vittorio 210, 342
Rilke, Rainer Maria 140, 143–150, 152
Rimsky-Korssakow, Nikolaj Andre-
    jewitsch 39, 103, 109, 112, 169, 204,
    365
Robespierre, Maximilien de 151
Rodin, Auguste 143, 154 ff., 159
Roosevelt, Franklin D. 227, 265
Rosenstock, Josef 317
Roshdjestwenskij, Geunadij 380 f.
Ross, Hugh 226
Rossini, Gioacchino 340
Rostropowitsch (Wischnewskaja),
    Galina 360, 380
Rostropowitsch, Mstislaw 360 f., 370,
    380 ff.

Rothschild, Alix 316f.
Rothschild, Pauline 317
Rothschild, Philippe 317
Rousset, David 305
Russell, Bertrand 300

Sacher, Paul 348
Sanjust, Filippo 325
Satie, Erik 170, 172, 187
Sauguet, Henri 172, 219
Scarlatti, Domenico 104
Schdanow, Alexander 198f., 284, 302, 307
Scherchen, Hermann 317
Schlesinger, Arthur M. 344
Schlippe, von 152
Schnittke, Alfred 380
Schönberg, Arnold 103, 170, 205, 301, 342
Schostakowitsch, Dimitrij 198f., 301f., 326, 380
Schütz, Klaus 355
Schuh, Oscar Fritz 316f.
Schukow, Georgij 282
Schumann, Robert 167
Schweitzer, Albert 219, 300
Scotto, Renato 178f.
Sert, Misia 140, 167, 183f., 206
Shakespeare, William 64, 246, 319ff., 323ff.
Shaw, George Bernard 368
Sianko, Klim 95, 100
Silone, Ignazio 304
Siloti, Alexander 203f.
Silva, Carmen 136
Silvestrow 380
Sinowjew 151
Skriabin, Alexander 103, 152, 187f.
Smit, Leo 225
Snow, Carmel 230f.
Sokrates 272
Sologub, Fedor 375
Solschenizyn, Alexander 302
Sophokles 246, 248
Spalding 26
Spender, Natascha 312f.
Spender, Stephen 312–316
Stalin, Jossiff 95, 199, 201, 267, 298f., 302, 307, 365
Stanislawsky, Konstantin 130f.
Stein, Gertrude 236
Stone, Shepard 355

Strauß, Johann 202
Strauss, Richard 169, 182, 202, 347
Strawinsky, Igor Feodorowitsch 56, 103, 168, 170, 175f., 190, 193, 202–218, 223f., 270, 300f., 318, 324–354, 372
Strawinsky, Vera 214, 220, 326–331, 337, 339, 344, 346, 350–353
Strindberg, August 131
Suworow, Alexander Wassiljewitsch 108

Tairow, Alexander 195
Tallis, Thomas 320
Taylor, Myron 227, 234, 237
Terry, Ellen 368
Thayer, Charlie 267, 295
Thompson 372
Thukydides 269
Tischtschenko 380
Tolly, Barclay de 112
Tolstoi, Leo 66, 81, 93, 130f., 269, 309
Trotzki, Leo 141, 310
Troussewitsch, Alexandrina 175, 211
Tschaikowsky, Modest 36
Tschaikowsky, Peter Iljitsch 36, 38, 103, 112, 121, 126f., 168, 171, 204, 211, 340
Tschechow, Anton 116, 130f., 146, 368
Tschechowa, Maria Pawlowna 146f., 368
Tschelitschew, Pawlik 171, 176, 179ff., 228f., 330
Tschernitschewa 175
Tulpanow, Sergej Iwanowitsch 283–289, 358, 360
Turgenjew, Iwan Sergejewitsch 81
Tyler, John 241, 248

Ulbricht, Walter 359

Valéry, Paul 141
Varèse, Edgard 342
Vechten, Carl van 228
Velde, Henry van de 143
Verdi, Giuseppe 79, 114f., 129, 168, 243, 321
Verrière, Lucie 27 et passim
Vertinsky 376
Vestri 211

Wagner, Richard 103f., 129, 168, 170, 182
Wahl, Jean 274
Weber, Margrit 344
Webern, Anton 103, 170, 342
Weill, Kurt 223, 324
Weld 227, 233f., 237, 244f., 249
Werjbelowitsch 105

Westerman, Gerhard von 356
Wilhelm I. 73
Wilhelm II. 111
Wilson, Woodrow 122
Woodruff, L. 248

Xenakis, Yannis 346

Yermilow 308f.

Yehudi Menuhin

Unvollendete Reise

Lebenserinnerungen. Sonderausgabe. 1979.
461 Seiten mit 63 Abbildungen.

Die Sonderausgabe des Lebensberichts eines
genialen Musikers unserer Zeit: »... weit über das
Autobiographische hinaus ist die »Unvollendete
Reise« seit langem einer der interessantesten
Beiträge zur Kulturgeschichte des Geigenspiels
und – eine Liebeserklärung an das vollkommenste
Musikinstrument.« (Frankfurter Allgemeine Zeitung)
Menuhin ist ein Künstler, der seine Mission als
Geiger, als Pädagoge und als Dirigent ernst nimmt,
ein politischer Künstler der Versöhnung, dessen
»Waffe« eine schlichte Geige ist; ein jüdischer
Künstler und Kämpfer, der weiß, daß das geistige
Klima unserer Welt nur mit lauteren, intellektuellen
und künstlerischen Mitteln zu beeinflussen und
zu retten ist: »Ich bin schon oft gegen ideologische
Mauern angerannt, aber ich bin der Überzeugung,
daß die Musik nicht kuschen darf vor der Unver-
söhnlichkeit der Menschen. Kein Musiker darf nur
dumpf vor sich hin fiedeln, wenn die Welt in
Flammen steht.«

Alfred Döblin

November 1918
Eine deutsche
Revolution
Roman in
vier Bänden
dtv 1389

**Die Ermordung
einer Butterblume**
Ausgewählte Erzählungen
(erscheint Juli 1980)

Berlin Alexanderplatz
Die Geschichte vom
Franz Biberkopf
dtv 295

**Hamlet
oder
Die lange Nacht
nimmt ein Ende**
Roman
dtv 1484

 **bibliothek**

Literatur · Philosophie · Wissenschaft

6001   Georg Trakl: Das dichterische Werk

6004   Theodor Fontane: Meine Kinderjahre. Autobiographischer Roman

6005   Sueton: Leben der Caesaren

6008/ Pausanias:
6009   Beschreibung Griechenlands. 2 Bände

6011   Aristoteles: Die Nikomachische Ethik

6012   Friedrich Engels: Die Lage der arbeitenden Klasse in England

6019   Thukydides: Geschichte des Peloponnesischen Krieges. Dünndruck-Ausgabe

6021   Thomas Robert Malthus: Das Bevölkerungsgesetz

6022   Aristoteles: Politik

6025   Theodor Fontane: Von Zwanzig bis Dreißig. Autobiographisches nebst anderen selbstbiographischen Zeugnissen

6028   Catull: Sämtliche Gedichte. Lateinisch und deutsch

6031   Luther: Die gantze Heilige Schrifft. 3 Bände. Dünndruck-Ausgabe.

6034   Andreas Gryphius: Die Lustspiele

6035   Keith Bullivant/Hugh Ridley (Hrsg.): Industrie und deutsche Literatur 1830–1914

6036   Heinrich Heine: Buch der Lieder. Nachlese zu den Gedichten 1812–1827. Dünndruck-Ausgabe

6037/ Adalbert Stifter:
6038   Studien. 2 Bände. Dünndruck-Ausgabe

6041   Theodor Fontane: Von Dreißig bis Achtzig. Sein Leben in seinen Briefen

6042   Norbert Hoerster/Dieter Birnbacher (Hrsg.): Texte zur Ethik

6043   Sören Kierkegaard: Entweder–Oder. Dünndruck-Ausgabe

6044   Joseph von Eichendorff: Sämtliche Gedichte. Dünndruck-Ausgabe